■2025年度高等学校受験用

山手学院高等学校

収録内容一覧

★この問題集は以下の収録内容となっています。また、編集の都合上、解説、解答用紙を省略させていただいている場合もございますのでご了承ください。

（○印は収録、一印は未収録）

入試問題と解説・解答の収録内容		解答用紙
2024年度	英語・数学・国語	○
2023年度	英語・数学・国語	○
2022年度	英語・数学・国語	○
2021年度	英語・数学・国語	○
2020年度	英語・数学・国語	○
2019年度	英語・数学・国語	○

★当問題集のバックナンバーは在庫がございません。あらかじめご了承ください。

●凡例●

【英語】

≪解答≫

〔　〕　①別解

②置き換え可能な語句（なお下線は置き換える箇所が2語以上の場合）

(例) <u>I am</u>〔I'm〕glad〔happy〕to ~

(　)　省略可能な言葉

≪解説≫

1，2…　本文の段落（ただし本文が会話文の場合は話者の１つの発言）

〔　〕　置き換え可能な語句（なお〔　〕の前の下線は置き換える箇所が２語以上の場合）

(　)　①省略が可能な言葉

(例)「(数が) いくつかの」

②単語・代名詞の意味

(例)「彼（＝警察官）が叫んだ」

③言い換え可能な言葉

(例)「いやなにおいがするなべにはふたをするべきだ（＝くさいものにはふたをしろ）」

//　訳文と解説の区切り

cf.　比較・参照

≒　ほぼ同じ意味

【数学】

≪解答≫

〔　〕　別解

≪解説≫

(　)　補足的指示

(例)（右図１参照）など

〔　〕　①公式の文字部分

(例)〔長方形の面積〕＝〔縦〕×〔横〕

②面積・体積を表す場合

(例)〔立方体 ABCDEFGH〕

∴　ゆえに

≒　約、およそ

【社会】

≪解答≫

〔　〕　別解

(　)　省略可能な語

＿＿　使用を指示された語句

≪解説≫

〔　〕　別称・略称

(例) 政府開発援助〔ODA〕

(　)　①年号

(例) 壬申の乱が起きた（672年）。

②意味・補足的説明

(例) 資本収支（海外への投資など）

【理科】

≪解答≫

〔　〕　別解

(　)　省略可能な語

＿＿　使用を指示された語句

≪解説≫

〔　〕　公式の文字部分

(　)　①単位

②補足的説明

③同義・言い換え可能な言葉

(例) カエルの子（オタマジャクシ）

≒　約、およそ

【国語】

≪解答≫

〔　〕　別解

(　)　省略してもよい言葉

＿＿　使用を指示された語句

≪解説≫

〈　〉　課題文中の空所部分（現代語訳・通釈・書き下し文）

(　)　①引用文の指示語の内容

(例)「それ（＝過去の経験）が ～」

②選択肢の正誤を示す場合

(例)（ア，ウ…×）

③現代語訳で主語などを補った部分

(例)（女は）出てきた。

／　漢詩の書き下し文・現代語訳の改行部分

山手学院高等学校

所在地	〒247-0013 神奈川県横浜市栄区上郷町460
電　話	045-891-2111
ホームページ	https://www.yamate-gakuin.ac.jp/
交通案内	JR京浜東北・根岸線 港南台駅より徒歩12分

普通科

男女共学

くわしい情報は
ホームページへ

応募状況

年度	募集数	受験数	合格数	倍率
2024	併願A　80名	1511名	1511名	1.0倍
	併願B　30名	109名	109名	1.0倍
	オープンA　40名	85名	40名	2.1倍
	オープンB　20名	53名	21名	2.5倍
2023	併願A　80名	1162名	1162名	1.0倍
	併願B　30名	83名	83名	1.0倍
	オープンA　40名	124名	41名	3.0倍
	オープンB　20名	54名	20名	2.7倍
2022	併願A　80名	1064名	1064名	1.0倍
	併願B　30名	106名	106名	1.0倍
	オープンA　40名	96名	43名	2.2倍
	オープンB　20名	53名	20名	2.7倍

試験科目　（参考用：2024年度入試）

併願・オープン：国語・数学・英語

沿　革

1966年　山手学院中学校開校（男子のみ）
1969年　山手学院高等学校開校（男女共学）
　　　　アメリカ研修旅行始まる
1970年　交換留学生制度発足
1986年　理数コース設置
1987年　アメリカに加えカナダにも研修旅行を実施，北米研修旅行と改称
2016年　創立50周年を迎える
2021年　理数コースを特別進学コースに改編

建学の精神

本校は，未来への夢をはぐくみ，その夢の実現をたくましくになっていく人，世界を舞台に活躍でき，世界に信頼される人間の育成を目的として創設された。

特　色

＜北米研修プログラム＞

２年次にアメリカ・カナダの都市へ15泊16日の研修旅行がある。生徒は２人１組でホームステイし，現地の学校行事にも参加するので，語学の習得や文化的視野を広げることができる。また，訪問したアメリカ・カナダの生徒を迎え，ホームステイしてもらうリターン・ビジットを行っている。

＜国際交流＞

北米研修プログラムのほかに，国連世界高校生会議への生徒派遣，交換留学制度（１年間）などがある。また，グローバルリーダープログラムの一貫として，シンガポールイマージョンプログラムなどの国際教育を行っている。

＜土曜講座＞

土曜日の午前中に土曜講座を実施。補習講座や大学受験対策講座をはじめ，資格対策講座や教養を深める講座など，多彩な講座を設けている。

進路状況

2024年・大学合格実績（2024年３月現在）

東京大１名，東京工業大８名，一橋大３名，北海道大５名，東北大８名，名古屋大１名，大阪大１名，筑波大３名，東京外国語大４名，東京藝術大２名，東京学芸大１名，電気通信大３名，東京農工大７名，横浜国立大13名，千葉大３名，埼玉大１名，東京都立大14名，横浜市立大７名，早稲田大96名，慶應義塾大49名，上智大36名，東京理科大76名，明治大194名，青山学院大105名，立教大90名，中央大92名，法政大117名，学習院大24名，国際基督教大１名ほか。

編集部注―本書の内容は2024年4月現在のものであり，変更されている場合があります。正確な情報は，学校のホームページ等で必ずご確認ください。

出題傾向と今後への対策　英語

出題内容

	2024	2023	2022
大問数	7	7	7
小問数	47	56	41
リスニング	×	×	×

◎近年は，大問７題で，小問数は一定していない。基本的な出題構成は，長文読解２題，書き換えの適語(句)選択・補充，整序結合，正誤問題，適語(句)選択などである。

2024年度の出題状況

1 長文読解総合—説明文
2 長文読解総合—説明文
3 適語(句)選択・語形変化
4 適語補充—共通語
5 整序結合
6 正誤問題
7 書き換え—適語補充

解答形式

2024年度	記　述／マーク／併　用

出題傾向

出題分野は広範囲に及んでおり，基礎学力の習熟度を多面的に試す問題が中心である。長文読解は２題で，説明文，物語，対話文などジャンルはさまざまである。設問は適語(句)・適文選択，内容真偽の形式が多い。整序結合は基本的な構文，熟語が出題されている。また，正誤問題が頻出で，正確な英文の理解が求められている。

今後への対策

教科書の単語や重要構文を全て暗記してしまうくらい教科書を読み込み，何度も音読しておくこと。単語や構文は自分でノートにまとめ，手で書くとよい。問題集は１冊決めて繰り返し解き，テストで間違った問題は間違えないように復習しておこう。過去問題集を解き，問題形式と時間配分を確認しておくのも大事である。

◆◆◆◆◆ 英語出題分野一覧表 ◆◆◆◆◆

分野			2022	2023	2024	2025 予想※
音声	放送問題					
	単語の発音・アクセント					
	文の区切り・強勢・抑揚					
語彙・文法	単語の意味・綴り・関連知識				●	△
	適語(句)選択・補充		●	●	■	◎
	書き換え・同意文完成		●	●	●	◎
	語形変化		●		●	◎
	用法選択					
	正誤問題・誤文訂正		●	■	●	◎
	その他					
作文	整序結合		●	●	●	◎
	日本語英訳	適語(句)・適文選択				
		部分・完全記述				
	条件作文					
	テーマ作文					
会話文	適文選択		●			△
	適語(句)選択・補充		●			△
	その他					
長文読解	内容把握	主題・表題				
		内容真偽	●	●	●	◎
		内容一致・要約文完成		●	●	△
		文脈・要旨把握	●		●	◎
		英問英答		●		△
	適語(句)選択・補充		★	★	★	◎
	適文選択・補充		●	●	■	◎
	文(章)整序					
	英文・語句解釈(指示語など)					
	その他					

●印：１～５問出題，■印：６～10問出題，★印：11問以上出題。
※予想欄　◎印：出題されると思われるもの。　△印：出題されるかもしれないもの。

出題傾向と今後への対策

数学

出題内容

2024年度

大問６題，25問の出題。[1]，[2]は数・式の計算，方程式の計算で，計７問。[3]は小問集合で，９問。数と式，関数，場合の数，方程式の応用，図形などが出題されている。[4]は関数で，放物線と直線に関するもの。平行線を利用する問題もある。[5]は確率で，３問。取り出した２枚のカードの数の和や積を考えるもの。[6]は平面図形で，円と直角三角形でつくられた図について問うもの。特別な直角三角形の辺の比などの理解が問われる。

2023年度

大問６題，25問の出題。[1]～[3]は小問集合で，計16問。[1]は数・式の計算が４問，[2]は方程式の計算が３問，[3]は各分野から９問の出題。[4]は関数で，放物線と直線に関するもの。点の座標や回転体の体積などについて問われた。平行四辺形の性質の理解が問われた。[5]は空間図形で，立方体と球について問うもの。計量題のほかに２つの球が入った立方体の断面図についても問われた。[6]はくじを利用した確率３問。計算に工夫が必要。

作…作図問題　証…証明問題　グ…グラフ作成問題

解答形式

2024年度　記　述／マーク／併　用

出題傾向

大問６題，総設問数25問前後の出題。[1]～[3]は小問集合で，[1]は計算問題４問，[2]は方程式３問，[3]は各分野からの小問で９問。計算はやや複雑で，少しレベルの高い問題が含まれることもある。[4]以降は，関数，図形，確率となることが多い。

今後への対策

まずは計算力の強化を。やや複雑な計算問題にも対応できるよう，毎日練習を積むこと。これと並行して，各分野の基礎基本をしっかり定着させ，そのうえで標準レベルの問題集で演習を積んで，いろいろな解法や考え方を身につけるようにしていこう。できなかった問題は必ず解き直すこと。余裕があれば他のアプローチの仕方を考えるのもよい。

◆◆◆◆◆ 数学出題分野一覧表 ◆◆◆◆◆

分野		2022	2023	2024	2025 予想※
数と式	計算，因数分解	★	★	★	◎
	数の性質，数の表し方	●	●	●	◎
	文字式の利用，等式変形				
	方程式の解法，解の利用	★	★	★	◎
	方程式の応用	■	■	●	◎
関　数	比例・反比例，一次関数				
	関数$y=ax^2$とその他の関数	★	★	★	◎
	関数の利用，図形の移動と関数				
図　形	（平面）計　量	●	●	★	◎
	（平面）証明，作図				
	（平面）その他				
	（空間）計　量	★	■	●	◎
	（空間）頂点・辺・面，展開図				
	（空間）その他		●		
データの活用	場合の数，確率	★	★	★	◎
	データの分析・活用，標本調査		●		△
その他	不 等 式				
	特殊・新傾向問題など				
	融合問題				

●印：１問出題，■印：２問出題，★印：３問以上出題。
※予想欄　◎印：出題されると思われるもの。　△印：出題されるかもしれないもの。

出題傾向と今後への対策　国語

出題内容

2024年度

論説文/小説

国語の知識

課題文

一四方田犬彦『「かわいい」論』／太宰治『女生徒』・『斜陽』

2023年度

論説文

小説

国語の知識

課題文

一安藤　宏『「私」をつくる』

二夏目漱石『三四郎』

2022年度

論説文

小説

国語の知識

課題文

一港　千尋『風景論』

二志賀直哉『或る朝』

解答形式

2024年度	記　述／マーク／併　用

出題傾向

大問の構成が変わることもあるが，ここ数年は，基本的に論説文の読解，小説の読解，国語の知識問題の出題という方針に変化は見られない。なお，近年，論説文と小説とで，互いに関連し合う課題文が出されている。記述解答は，漢字以外は，抜き書きが中心となっている。

今後への対策

現代文については，論説文と小説を正確に読む力をつけておかなければならない。そのためには，日頃の読書のほかに，基礎学力養成用の問題集をたくさんこなすのがよい。国語の知識については，あらゆる分野から出題されているので，それぞれの分野について，ノートに整理し，最後に問題集で知識の確認をしておくとよい。

◆◆◆◆◆ 国語出題分野一覧表 ◆◆◆◆◆

分野		年度	2022	2023	2024	2025予想※
現代文	論説文・説明文	主題・要旨	●			△
		文脈・接続語・指示語・段落関係				
		文章内容	●	●	●	◎
		表現				
	随筆・日記・手紙	主題・要旨				
		文脈・接続語・指示語・段落関係				
		文章内容				
		表現				
		心情				
	小説	主題・要旨				
		文脈・接続語・指示語・段落関係	●			△
		文章内容	●	●	●	◎
		表現	●	●	●	◎
		心情	●	●	●	◎
		状況・情景				
韻文	詩	内容理解				
		形式・技法				
	俳句・和歌・短歌	内容理解				
		技法				
古典	古文	古語・内容理解・現代語訳				
		古典の知識・古典文法				
	漢文	(漢詩を含む)				
国語の知識	漢字・語句	漢字	●	●	●	◎
		語句・四字熟語	●	●	●	◎
		慣用句・ことわざ・故事成語		●		△
		熟語の構成・漢字の知識				
	文法	品詞			●	△
		ことばの単位・文の組み立て	●		●	◎
		敬語・表現技法			●	△
	文学史		●	●	●	◎
作文・文章の構成・資料						
その他			●			△

※予想欄　◎印：出題されると思われるもの。　△印：出題されるかもしれないもの。

合格を勝ち取るための

本書の使い方

本書に掲載されている過去問をご覧になって，「難しそう」と感じたかもしれません。でも，大丈夫。ほとんどの受験生が同じように感じるのです。高校入試の出題範囲は中学校の定期テストに比べて広いですし，残りの中学校生活で学ぶはずの，まだ習っていない内容からも出題されているかもしれません。

ですから，初めて本書に取り組む際には，点数を気にする必要はありません。点数は本番で取れればいいのです。

過去問で重要なのは「間違えること」です。自分の弱点を知るために，過去問に取り組むのです。当然，間違った問題をそのままにしておいては意味がありません。

本書には，長年にわたって高校受験に関わってきたベテランスタッフによる詳細な解説がついています。間違えた問題は重点的に解説を読み，何度も解きなおしてください。時にはもう一度，教科書で復習するのもよいでしょう。

別冊として，抜き取って使える解答用紙を収録しました。表示してあるように拡大コピーをとれば，実際の入試と同じ条件で，何度でも過去問に取り組むことができます。特に記述問題では解答欄の大きさがヒントになる場合があります。そうした，本番で使える受験テクニックの練習ができるのも，本書の強みです。

前のページにある「出題傾向と今後への対策」もよく読んで，本校の出題傾向に慣れておきましょう。

2024年度 山手学院高等学校

【英　語】（50分）〈満点：100点〉

1 次の英文を読み、問いに答えなさい。

Life on the Edge of the Earth

Puerto Williams and Longyearbyen are two cities on the edge of the earth. Puerto Williams is the southernmost city in the world and almost 10,000 kilometers away, Longyearbyen is the northernmost. You may imagine life in these cities would be very different. However, ＿＿ア＿＿. In this article we will look into what life is like in these two cities on the edge of the earth.

Puerto Williams is a small city on Navarino Island in the south of Chile. About 2,800 people call Puerto Williams home. The city was founded in 1953 and named after John Williams, a British-Chilean sailor. (1) the city was founded in 1953, people have been living in the area for thousands of years.

Longyearbyen is a small city in the Arctic. It is located on a Norwegian group of islands called Svalbard. Around 2,300 people live there. Longyearbyen has a short but interesting history. John Longyear, an American coal miner, moved to the area in 1906 to open a mine. He built a city and named it after himself, Longyear City. However, now it is called Longyearbyen which means Longyear City in Norwegian. Even though the city was only built in 1906, people have been visiting the area for hundreds of years.

[A]. Longyearbyen is very cold. Winters are long and dark. The sun doesn't rise for many weeks. In the summer, the sun doesn't set for weeks. That means residents and visitors can enjoy the midnight sun. Puerto Williams is also very cold but it never gets as cold as Longyearbyen. Also, summers in Puerto Williams are a little longer and warmer than those in Longyearbyen. However, the midnight sun can't be seen in Puerto Williams (2) it's not far enough south.

B . There are tall mountains, beautiful fjords, and huge glaciers. Puerto Williams has wonderful scenery too, including snow-capped mountains and glaciers. Both Puerto Williams and Longyearbyen have ①abundant wildlife. In Longyearbyen you can see various animals, including polar bears, reindeer, and arctic foxes. And in Puerto Williams there are sea lions, dolphins, and whales, (3) others.

C . In Longyearbyen, scientists study the Arctic, climate change, and wildlife conservation. In Puerto Williams, scientists look into human impact on the Antarctic environment. Recently the Cape Horn International Center (CHIC) was formed in Puerto Williams. 250 scientists from around the world work together at CHIC to study conservation in the Antarctic.

Longyearbyen is a friendly community. Even though the population is small, people from many different countries live there. Most people are from the Scandinavian countries of Norway, Sweden, and Denmark. However, people from many other countries also live and work there, including Australians, Ukrainians, Thais, and Filipinos. There are many social events like festivals, concerts, and sports activities where everyone can join in and have fun together.

D . Visitors often comment on how easy it is to talk to the locals. (4) Longyearbyen's multicultural makeup, most of the population are from Chile. There is also a small Yaghan community in Puerto Williams. The Yaghans were the original inhabitants of the area before the Europeans arrived in the nineteenth century.

E . There is (5) no crime. In fact, many people leave their front doors unlocked. People leave their houses unlocked and their keys in their cars in Puerto Williams, too.

Life in Longyearbyen and Puerto Williams can be quite difficult. The people of both cities face many challenges and overcome them together. Now, let's hear from the people who live on the edges of the earth.

Sven Jensen

Hello. I'm Sven Jensen. I'm a Swedish scientist living in Longyearbyen. I moved here about five years ago. Yes, it's far away from big cities. Yes, very few people live here. Yes, it's cold and dark for most of the year. But that's not the whole story. The best thing about living in Longyearbyen is the community. There are so many people from so many different countries living here. We have so much fun together. In summer, lots of people go hiking and camping. And in winter, we enjoy indoor activities such as music concerts. People may think that life in Longyearbyen is ＿＿イ＿＿.

Maria Gonzalez

Hi. I'm Maria Gonzalez. I was born in Puerto Williams. I'm a teacher at the local school. Puerto Williams is a beautiful place, especially in the summer. In summer, many people come from around the world to enjoy hiking, fishing, and camping. However, during other times of the year, Puerto Williams is very quiet. There is very little to do, especially in the evenings. There's no movie theater, shopping mall, or any other place to go after it gets dark. Most people stay home and watch TV. Only people who are interested in astronomy should come in winter because the night sky is very clear then. In my opinion, ＿＿ウ＿＿.

問１　（１）～（５）に入る最も適切なものを選び、番号で答えなさい。
ただし文頭にくる語も小文字にしてあります。同じものを２回以上使わないこと。

1. because	2. like	3. but	4. almost	5. although
6. yet	7. among	8. most	9. between	10. unlike

問２　A ～ E に入る最も適切なものを選び、番号で答えなさい。
同じものを２回以上使わないこと。

1. Longyearbyen is a very safe place to live
2. The climates in Longyearbyen and Puerto Williams are similar
3. People say Puerto Williams is a friendly community too
4. Longyearbyen is surrounded by natural beauty
5. Longyearbyen and Puerto Williams are both known for environmental research

問３　下線部①の abundant と同じ意味のものを選び、番号で答えなさい。

1. beautiful
2. plenty of
3. large
4. Arctic

問４　＿＿ア＿＿に入る最も適切なものを１つ選び、番号で答えなさい。

1. Longyearbyen and Puerto Williams are almost 10,000 kilometers apart so they are different
2. life in Longyearbyen and Puerto Williams is very difficult and not fun at all
3. even though Longyearbyen and Puerto Williams are far away from each other, they are similar in many ways
4. Longyearbyen and Puerto Williams are on the edges of the earth so they are very cold

問５　____イ____に入る最も適切なものを１つ選び、番号で答えなさい。

1. fun but it’s not
2. dangerous but it’s not
3. cold but it’s not
4. boring but it’s not

問６　____ウ____に入る最も適切なものを１つ選び、番号で答えなさい。

1. most tourists shouldn’t visit in autumn, winter or spring
2. tourists who enjoy outdoor activities should visit in spring or autumn
3. tourists who enjoy looking at stars and planets shouldn’t visit in winter
4. Puerto Williams is a wonderful place to visit all year

問７　According to the article, which is true about Longyearbyen?

1. You can see the midnight sun in winter.
2. 250 scientists work at CHIC.
3. Longyearbyen is not the original name of the town.
4. Most of the population come from Australia, Ukraine, Thailand, and the Philippines.

問８　According to the article, which is true about Puerto Williams?

1. Ukrainians, Australians, and Filipinos live there.
2. You can see the midnight sun in summer.
3. Scientists at CHIC study the Antarctic and Arctic.
4. People lived there before it became a city.

2 次の英文を読み、問いに答えなさい。

Cullen Skink

Preparation: 10 mins *Cooking: 30 mins* *Difficulty level: beginner*

Serves: 4 *Calories per serving: approx. 430 kcal*

Cullen skink is an old Scottish soup that has been enjoyed (1) the people of Scotland and other parts of the UK for hundreds of years. In many ways it is similar to the seafood chowders of North America. Cullen skink is made (2) haddock (a common fish in the seas around the UK), potatoes, onions, milk, and cream, and is traditionally served with a thick slice of bread. It can be served as a main course or starter.

You may be wondering why it's called Cullen skink. Well, Cullen is the name of a town (3) north east Scotland. The soup comes from there. Skink, however, is more difficult to explain. Some people think it comes from an old German word for weak beer. But most people nowadays think it comes from the German word for ham, "schinken." So in the past, Cullen skink was probably a ham soup. Nowadays most recipes replace the meat with fish because fish is popular all over Scotland.

The name is a little strange, but don't worry about that because the soup itself is delicious. In my opinion, it is the perfect soup for a cold Scottish (or Japanese) winter day. Why don't you try it this winter?

Ingredients

- 500g smoked haddock (any other white fish is okay if you can't get haddock)
- 2 large potatoes (cut into small cubes)
- 1 onion (chopped finely)
- 450ml milk
- 175ml cream
- 50g butter
- Salt and pepper
- Parsley (chopped finely)

Instructions:

1. Fry the onion in butter until it becomes soft. Don't let it turn brown.
2. Add the potatoes to the pan and stir. Cook the onion and potato together for about 5 minutes.
3. Pour in the milk when the potatoes are soft. Cook for 10 minutes.
4. While the potatoes, onions, and milk are gently boiling, prepare the smoked haddock. Put the smoked haddock in a new pan. Add about one liter of water and cook for about 8 minutes.
5. Take the haddock out of the pan and let it cool. Take the bones out of the fish and use your fingers to break (4) the fish into small pieces. Remove all of the bones.
6. Add the small pieces of haddock to the soup and stir.
7. Add the cream. Stir. Add salt and pepper. ＿＿ア＿＿ the soup and add more salt and/or pepper if needed.
8. Pour the soup into bowls and put chopped fresh parsley (5) top.
9. Enjoy the soup with a thick piece of bread.

Notes:

- Check carefully that there are no bones in the fish before you put it in the soup.
- If you don't have haddock, you can use another white fish, such as pollock or hake. Don't use oily fish like salmon, sardines, or mackerel.
- If you don't like fish, try using ham or any other meat.
- Vegetarians can replace the fish with tofu.
- For people who want a richer, creamier soup, add extra butter and cream as you like.

問1　(1)～(5)に入る最も適切なものを選び、番号で答えなさい。
同じものを２回以上使わないこと。

1. with	2. in	3. for	4. up	5. on
6. by	7. to	8. of	9. as	10. away

問２　___ア___に入る最も適切なものを１つ選び、番号で答えなさい。

1. Eat
2. Drink
3. Look at
4. Taste

問３　本文と内容が一致しているものを１つ選び、番号で答えなさい。

1. Cullen is a town in Scotland and Skink is a town in Germany.
2. You can use pollock, haddock, or salmon.
3. It takes about 40 minutes to make Cullen skink.
4. Cullen skink is a difficult soup to make.

問４　In which order are the ingredients used?

1. potato → onion → milk → cream → fish
2. onion → potato → fish → milk → cream
3. potato → onion → milk → fish → cream
4. onion → potato → milk → fish → cream

問５　The author thinks readers should make Cullen skink because

1. it has an unusual name.
2. it is good soup for cold winter days.
3. it has a long history.
4. it can be a starter or main course.

3 それぞれの(　　)に入る最も適切なものを1つ選び、番号で答えなさい。

(1) My brother was born (　　) the morning of April 16.

1. at　2. in　3. for　4. on

(2) Please remember (　　) a bottle of milk on your way home tomorrow.

1. buy　2. buying　3. bought　4. to buy

(3) My brother has (　　) I have.

1. as many books as　2. as many as books
3. as much books as　4. as much as books

(4) A : Do you mind if I use your computer?
B : (　　).

1. Yes, I like it very much　2. No, not at all
3. Yes, please　4. Not very often

(5) A : How often does the bus run?
B : (　　).

1. In ten minutes　2. Until ten
3. Ten minutes later　4. Every ten minutes

4 次の各組の (　　) に共通して入る語を答えなさい。

(1) ア) Turn (　　) at the post office.

イ) I cannot find my umbrella anywhere. I may have (　　) it on the bus.

ウ) His airplane (　　) for Paris at ten o'clock last night.

(2) ア) What a (　　) baby he is! He smiles all the time.

イ) It is (　　) hot this summer.

ウ) Our work is (　　) well finished.

(3) ア) I don't know how to read this Chinese (　　).

イ) Mr. Yamada has a good (　　). Everybody likes him.

ウ) Who is going to play the main (　　) in the movie?

(4) ア) What do you do in your (　　) time?

イ) The pamphlets were given to all the students for (　　).

ウ) Please feel (　　) to use my bicycle any time.

5 次の会話文が成立するように［　　　　　］の語句を並べ替えたとき、(①)と(②)に入るものを記号で答えなさい。ただし不要な語句が１つずつ含まれており、文頭の空欄に入る語も小文字で始まっています。

(1) A: (　　)(①)(　　)(　　)(　　)(②)(　　)(　　)(　　) dinner tomorrow.

B: That sounds great! I hope you all will have a good time!

ア also	イ are	ウ but	エ coming	オ my cousins
カ not	キ my sister	ク only	ケ to	コ will

(2) A: We have a lot of homework this summer. Have you finished it all?

B: Yes, I have. In fact, (　　)(　　)(　　)(①)(②)(　　).

ア had	イ help	ウ my homework	エ helped	オ I
カ me	キ my sister	ク with		

(3) A: (　　)(　　)(　　)(①)(　　)(　　)(②)(　　)(　　) in the world?

B: Haruki Murakami is. I hope he will win the Nobel Prize someday.

ア best	イ do	ウ famous	エ is	オ Japanese writer
カ most	キ the	ク think	ケ who	コ you

(4) A: I had a very good time with you in Japan. I hope you will visit me next time!

B: Yes, I'd love to. I (　　)(　　)(①)(　　)(②)(　　)(　　)(　　)(　　) year.

ア am	イ Canada	ウ forward	エ in	オ looking
カ next	キ see	ク seeing	ケ to	コ you

6 次の各文において、文法的に正しければA、誤りがあればBと答えなさい。

(1) Picture books by Dick Bruna has been read by children for many years.

(2) The school garden is taken care by the students.

(3) I'm sorry for not answering your phone call last night.

(4) My child learned that the earth goes around the sun at school today.

(5) We were very exciting at the baseball game between the Giants and the Dragons last night.

7 次のア)、イ)の各文がほぼ同じ意味になるように、(①)および(②)に入る適切な語を答えなさい。

(1) ア) You don't have to get angry like that.
イ) (①) is no need (②) you to get angry like that.

(2) ア) I paid two million yen for this car.
イ) It (①) me two million yen (②) get this car.

(3) ア) I wish she lived near my house.
イ) I'm sorry she (①) (②) near my house.

(4) ア) I am against you, but she isn't.
イ) I don't (①) (②) you, but she does.

【数　学】 (50分) 〈満点：100点〉

注意　1．答えに根号がふくまれるときは，根号の中は最も小さい自然数にすること。
　　　　また，分母に根号がふくまれるときは，分母に根号をふくまない形にすること。
　　　2．答えが分数になるとき，約分できる場合は約分すること。
　　　3．答えが比になるとき，最も簡単な整数の比にすること。
　　　4．円周率はπとすること。

1　次の計算をしなさい。

(1)　$\left(-\frac{1}{3}\right)^2 \times \left(-\frac{3}{2}\right)^3 \div \left\{-\frac{1}{3}-\left(-\frac{2}{3}\right)^3\right\}+\left(-\frac{1}{2}\right)^3$

(2)　$(\sqrt{5}-1)^2-\frac{2\sqrt{5}-8\sqrt{2}}{\sqrt{10}}+\sqrt{\frac{4}{5}}$

(3)　$-\frac{4-2x}{3}+x-\frac{1+5x}{2}-\frac{-5x-2}{6}$

(4)　$\left(\frac{2}{3}a^2bc^2\right)^3 \div (-2ac^2)^2 \div \left(-\frac{1}{5}b^2c\right)^3 \times \frac{27}{5a^3c}$

2　次の方程式を解きなさい。

(1)　$5x-3\left(x-\frac{3-5x}{2}\right)=\frac{2x+69}{3}$

(2)　$\begin{cases} (x+3) : y = 2 : 1 \\ \frac{3}{x}=\frac{1}{y} \end{cases}$

(3)　$-2x^2+5x-1=-3x^2+13x+1$

3　次の各問いに答えなさい。

(1)　$x(x-3)^2-x(3x-5)$ を因数分解しなさい。

(2)　$\sqrt{3a}$ の小数第１位を四捨五入すると４となるような正の整数 a をすべて求めなさい。

(3)　２次関数 $y = ax^2$ と１次関数 $y = \frac{1}{2}x-3$ について，x の値が -3 から -1 まで増加するときの変化の割合が一致しました。このとき，a の値を求めなさい。

(4)　$x = \sqrt{7}+\sqrt{3}$，$y = \sqrt{7}-\sqrt{3}$ のとき，$\frac{y}{x}+\frac{x}{y}$ の値を求めなさい。

(5)　A，B，C，D，E，F，Gの７人を３人と４人の２つの組に分けます。このとき，AとBの２人が同じ組に入る場合の数を求めなさい。

(6)　n は自然数とします。$1 \times 2 \times 3 \times 4 \times \cdots \times 30$ が 3^n でわり切れるとき，n の最大の値を求めなさい。

(7)　ある中学校の今年の男子と女子の人数は，昨年に比べて男子は26人減り，女子は12人増えたため，男子と女子の人数の比が昨年の３：２から今年は４：３に変わりました。今年の男子の人数を求めなさい。

(8)　次の図において，$AB=8$，$BC=12$，$CE=4$，$DE=12$，$FG=\boldsymbol{x}$，$BG=\boldsymbol{y}$，$AB \parallel FG \parallel DE$ とします。このとき，$\boldsymbol{x}$，$\boldsymbol{y}$ の値を求めなさい。

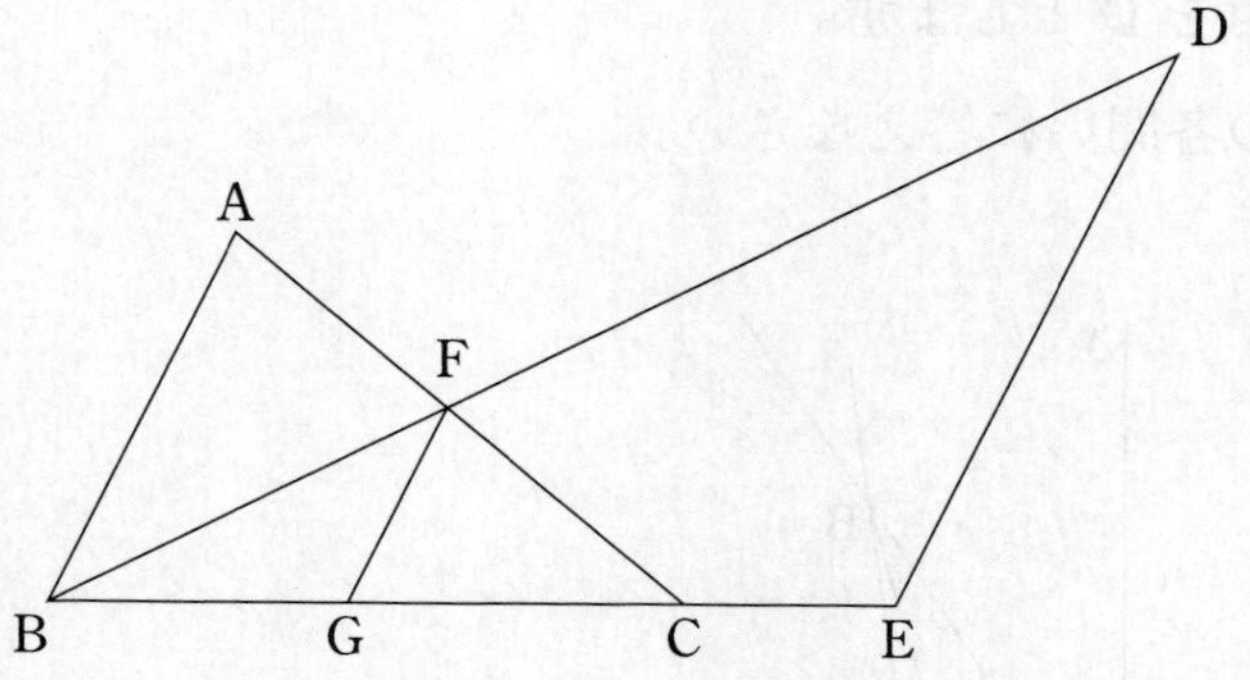

(9)　立方体と正八面体の一辺の長さが等しいとき，この２つの立体の体積の比は $\boldsymbol{x} : \sqrt{2}$ です。このとき，$\boldsymbol{x}$ の値を求めなさい。

4 次の図のように，放物線 $y = x^2$ 上に 3 点 A，B，C があります。

直線 OC の式は $y = \frac{3}{2}x$ で，直線 OC と直線 AB は平行です。

また，2 直線 AC，BO が交わる点を D とします。

点 A の x 座標が -2 のとき，次の各問いに答えなさい。

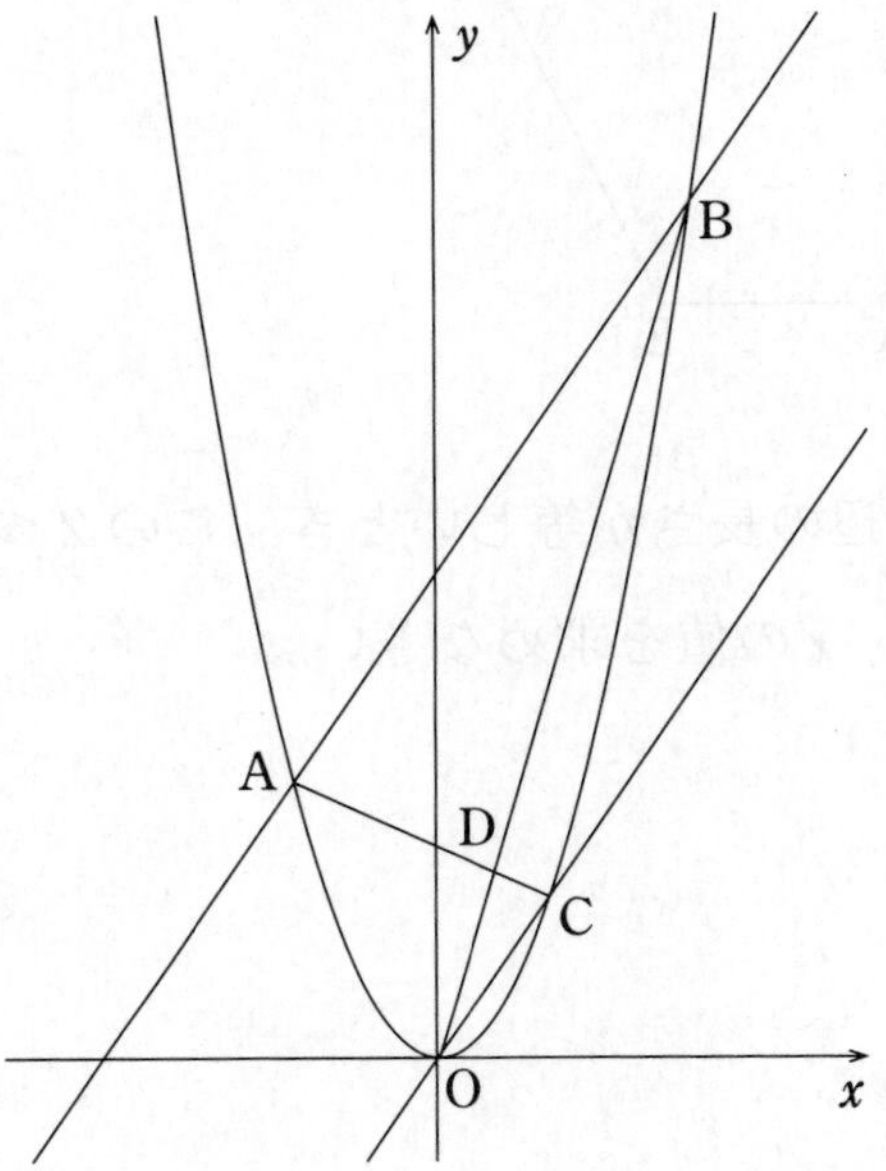

(1) 点 B の座標を求めなさい。

(2) △ABC の面積を求めなさい。

(3) △ABD の面積を求めなさい。

5 1から10までの数が1つずつ書いてある10枚のカードが箱の中に入っています。この箱からカードを1枚取り出し，それを元に戻さないでさらに1枚のカードを取り出します。1回目に取り出したカードに書いてある数をA，2回目に取り出したカードに書いてある数をBとします。

このとき，次の各問いに答えなさい。

(1) A＋Bが偶数になる確率を求めなさい。

(2) A×Bが8の倍数になる確率を求めなさい。

(3) A×Bが6の倍数または8の倍数になる確率を求めなさい。

6　次の図形は，点 O が中心の円と，4 つの直角三角形がくっついてできたものです。直角三角形はすべて，$\angle O = 90°$，$\angle B = 30°$ の三角形 OAB と合同です。また，どの斜辺も円に接しています。1 つの直角三角形の面積が $8\sqrt{3}$ であるとき，次の各問いに答えなさい。

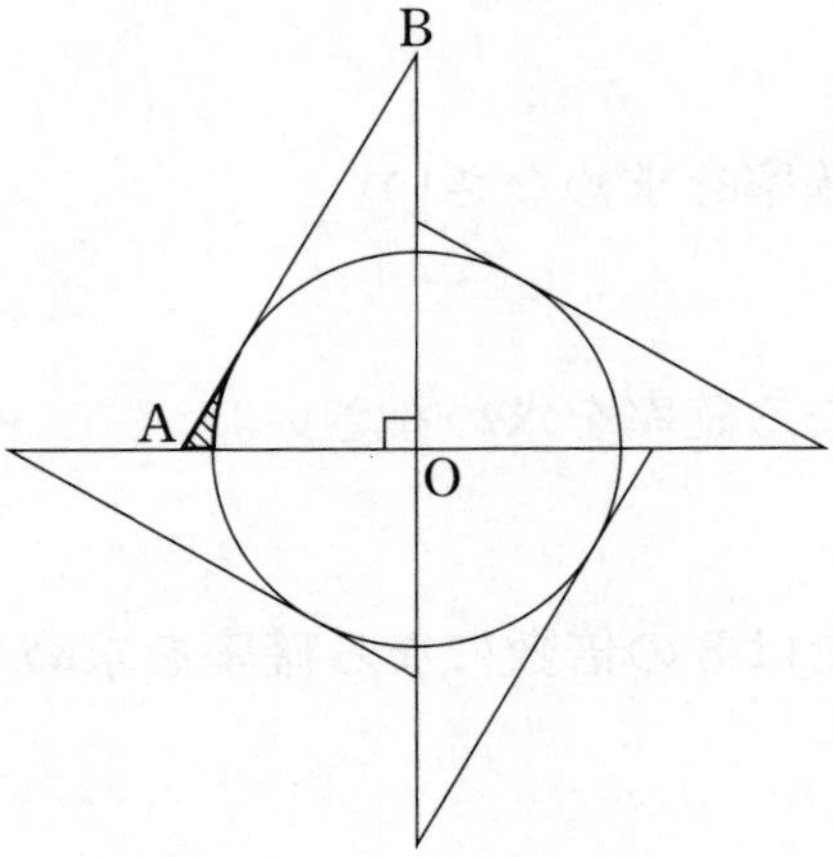

(1)　OA の長さを求めなさい。

(2)　図の斜線部分の面積を求めなさい。

(3)　この図形を，点 O を中心に時計回りに 60° 回転させるとき，この図形が通過する部分の面積を求めなさい。

問三　「森鷗外」に関連のないものをひとつ選び、記号で答えなさい。

ア　ドイツ留学
イ　医学
ウ　『青年』
エ　『破戒』

問四　次の傍線部について、カタカナは漢字に直し、漢字は読みをひらがなで答えなさい。

①　カナダのシュトはオタワだ。
②　わがままな妹にホンロウされる。
③　高校ではカンゲンガク部に入りたい。
④　いざという時のためにチョチクをしておく。
⑤　悪いイメージを払拭する。
⑥　計画の進捗状況が気になる。

二 次の各問いに答えなさい。

問一 次の文章の中で、表現に誤りのないものを選び、記号で答えなさい。

ア 「このたび、映画の主演を務めさせていただくこととなりました。」
イ 「この件に関して、私どもの社長、江守も承知しております。」
ウ 「校長先生は、早い時間から学校に来て、私たちを待っていたようだ。」
エ 「ご注文は、以上でお間違いございませんでしょうか。」

問二 次の文章を読んで、後の問いに答えなさい。

広大なアメリカ大陸には、広い空と激しい寒暖差の砂漠がある。

(1) 文章中の単語数を算用数字で答えなさい。
(2) 文章中の形容詞の数を算用数字で答えなさい。

問九　傍線部⑨「アイロニーに満ちた実験」とあるが、なぜそのように言えるのですか。その説明として最もふさわしいものを選び、記号で答えなさい。

ア　何ら疑問を抱かない決まりきった日常語だけを集めることによって、その映画を観る多くの世代に、自分が当たり前だと思っている言葉の意味が全世代に普遍的であるということを皮肉的に示しているから。

イ　形骸化した言葉だけを集めることによって、その映画を観る多くの大衆に、自分たちの使っている言葉で交わされている会話がいかに意味がなく、何も生み出していないかを教訓的に示しているから。

ウ　立体的で臨場感のある言葉だけを集めることによって、その映画を観る多くの人々に、自分の言葉がいかにモノローグのようにつぶやいている、他者に向けられていない言葉であるかを侮蔑的に示しているから。

エ　思い込みに満ちた言葉だけを集めることによって、その映画を観る多くの客層に、自らが用いている言葉によって繰り広げられる会話の背景に潜む他者との真のコミュニケーションの困難さを逆説的に示しているから。

※これより評論文（一）の問いに戻ります。

問八　傍線部⑧「居心地の悪い用法として用いられている」について説明したものとして最もふさわしいものを選び、記号で答えなさい。

ア「かわいい」という言葉があまりに陳腐であるため、それに対して人々が正確な意味をとらえようという努力をしないことによって、人と人とがすれ違い、誤解をするという状況を生み出していってしまうということ。

イ「かわいい」という言葉があまりにも使い古されているため、その意味するところが人によって全く異なり、そのことがかえって、「言葉」を介して人と人が生き生きとしたコミュニケーションを行うことを妨げているということ。

ウ「かわいい」という言葉が世代によって好まれるかどうかがあまりに大きく異なるものであるため、その言葉を使うことがかえって世代間のギャップと対立を生み、コミュニケーションの、溝を深めてしまうということ。

エ「かわいい」という言葉があまりにも広範囲の意味を表す言葉であるため、それがさすところがその場の状況や対象によって異なることによって、人々が真にお互いを理解しあう対話をあきらめさせてしまうということ。

(8) 空欄 (8) に入る最もふさわしいものを選び、記号で答えなさい。

ア どんな職業でもいいから、男に愛されて幸せになりたいという誰でも考えそうな平凡な願望が、美の探究者として生きてきた自分のあり方を消し去ってしまうことへの「私」の怯え

イ 自分の美的意識を共有してくれる人間を求め、さらにそのような人と人生を共にしたいと願う強い気持ちが、美の無意味さを説く自分の考えと矛盾してしまうことへの「私」の不安

ウ 女は男と結婚して子どもを産み、夫や子どものためにつくす人生を送るものだという考えが、自分自身の生き方を模索したいという考えを超えてしまうことへの「私」の恐れ

エ 美というものを、周囲の男に対して意識するようなあさましい女としての在り方が、気高く孤高に生きようとしてきた自分のこれまでの倫理観を破壊していってしまうことへの「私」の嘆き

※ここまでが問七です。

(6) 空欄 (6) に入る最もふさわしいものを選び、記号で答えなさい。

ア 美を古い道徳や価値観など、人間を縛りがちなさまざまな「概念」を超えたところにこそ存在しうると考えていること

イ 美を人間の行動をがんじがらめにするあらゆる道徳的なものから解き放てる唯一の世界だと考えていること

ウ 美を世間が女性に押し付けてくる古い道徳的な行動規範や精神的な規範を打破する救いだと考えていること

エ 美を人間が世界に対して求めてしまう「意味」や「価値」・「倫理」といったものを無化してくれるものだと考えていること

(7) 空欄 (7) に入る最もふさわしいものを選び、記号で答えなさい。

ア 人間同士が持つ憎しみや負の感情から解放されうること

イ 人間自身が作った美の枠組みから花を解放しうること

ウ 人間だけが持ちうる美の価値観から世界を解放すること

エ 人間自身が作った意味の世界から人間を解放しうること

③ 空欄［(3)③］には文中の動詞が一語入ります。最もふさわしい語を**場面**［Ⅱ］の文中より抜き出し、後の文につながるようにしてひらがな四字で答えなさい。

(4) 空欄［(4)］には「デカダン生活」とほぼ同義で用いられている言葉が入ります。**場面**［Ⅲ］の文中より四字で抜き出しなさい。

(5) 空欄［(5)］には、傍線部(5)「海の表面の波は何やら騒いでいても、その底の海水は、革命どころか、みじろぎもせず、狸寝入りで寝そべっているんですもの」の解釈が入ります。その解釈として最もふさわしいものを選び、記号で答えなさい。

ア 当時の人々は、人から見えるところでは古い道徳を批判していても、人から見えないところではしたり顔で、新しい価値観を否定する運動にいそしんでいた。

イ 当時の人々は、口では古い道徳を打破して新しい価値観を打ち出した生活の必要を説いていても、実際の生活においては知らぬ顔で、それが実行されることはなかった。

ウ 当時の人々は、諸外国に向けた対面として新しい価値観に変更していくそぶりを見せていても、国内ではしかめ面をして、古い考えを断固として守り通していた。

エ 当時の人々は、生活スタイルなどは古い道徳を排斥して新しい行動形式に変化させていても、精神的には後ろ向きで、古い価値観を頑なに重んじていた。

(3) 傍線部(3)「ロココという言葉を、こないだ辞典でしらべてみたら、華麗のみにて内容空疎の装飾様式、と定義されていたので、笑っちゃった。名答である」について次の問いに答えなさい。

① 空欄 (3)① に入る最もふさわしい語句を選び、記号で答えなさい。

ア 最新の情報に基づくものが反映されている
イ 一部の偏った趣向が反映されている
ウ 間違った解釈が反映されている
エ これより古い時代の通念が反映されている

② 空欄 (3)② に入るやしおさんの考察として最もふさわしいものを選び、記号で答えなさい。

ア その「辞典」の語の定義に対する称賛であり、「ロココ」という美術の本質をするどく指摘した洞察力に敬服している
イ その「辞典」の語の定義に対する驚嘆であり、遠いヨーロッパ美術に触れる環境が少ない日本の中で見事に定義したことを評価している
ウ その「辞典」の語の定義に対する皮肉であり、美術に「内容」を前提としていることそのものに錯誤があると批判している
エ その「辞典」の語の定義に対する疑問であり、「内容」のない芸術などあるわけないのに「内容空疎」と述べることを見下している

ている。A④の「雲」があくまでも「風」にその「綺麗」さを支配されていることが、男性に「女らしい綺麗」さを強要される女性をほうふつとさせることをあわせると、「綺麗」は、「私」が無意識に支配されている「女らしさ」を評価する言葉として使われていると考えるべきではないだろうか。

エ　A①の「おばさん」は「年寄りのくせに厚化粧をして、髪を流行まきにして」いることで「顔は綺麗」だが「厭だった」と否定しており、A②の「風呂敷」は「箪笥のものを整理して、そのときに、この風呂敷が出て来て、私がもらった」もので、「結ぶのが惜しい」と、その偶然性のもとに現れた姿を保持することを望んでいる。A③で「小杉先生」は「私の風呂敷みたいに綺麗」と言われる一方で、「『つくる』ということが無かったら、もっともっとこの先生すきなのだけれど。」とその作為的な人格の改善を望んでいる。A④で「風の強い故か、雲が綺麗だ。」と、風などの他の条件によっていかようにも変化する「雲が綺麗だ」と述べているように、「雲」の無作為な、ありのままでいる存在の在り様を「綺麗」と言っていることをあわせると、「綺麗」は、何らの作為もなく、ありのままの姿が保たれてる状態を評価する言葉として使われていると考えるべきではないだろうか。

(2)　空欄 (2) に入る最もふさわしい語句を七字で 評論文（一） の文章より抜き出しなさい。

(1)　［(1)］に入る、A①～A④の四つの「綺麗」のまとめとして最もふさわしいものを選び、記号で答えなさい。

ア　A①は「おばさん」の「顔は綺麗」だが「あさましく、ぶってやりたいほど厭だった」とその人間性に嫌悪感を持っており、A②の「風呂敷」は「綺麗だから、結ぶのが惜しい」と、その形が崩れるのを恐れている。A③で「小杉先生」は「私の風呂敷みたいに綺麗」といわれるように「風呂敷」という「モノ」の形の「綺麗」さに結び付けられる一方で、「あまりにポオズをつけすぎる。どこか、無理がある。」と「小杉先生」の「『つくる』ということ」への不快感を示し、「性格も、どこか難解なところがある。」「頭がわるいのじゃないかしら。」と人間としての中身には批判的である。A④が「風の強いゆえか、雲が綺麗だ。」というように、風によって作られた雲の「形」を「綺麗」と評価しているとかんがえられることからも、「綺麗」はあくまでも「顔の造作」など「形」のことを評価する言葉として使われていると考えるべきではないだろうか。

イ　A①の「おばさん」は人からよく見える「顔は綺麗」だが、「のどの所に皺が黒く寄ってい」ると見えにくいところまで気を配っていないことに不快感を抱いており、A②の膝の上に載せた「風呂敷」は「綺麗」なのに電車の中の人が「誰も見ない」と人が「綺麗」さを見ないことを残念に思っている。A③で「小杉先生」は「青色」と「真紅のカーネーション」を対比させるなど、人から見られる「綺麗」の具現者として称賛される一方で、「暗い性質なのに、無理に明るく見せようとしているところも見える」とやはり「見えない」部分まで行き届かないことをシニカルに指摘する。A④の「雲が綺麗だ」が、空を見上げなければ誰にも気づかれない「雲」がいつでも「綺麗」であることをたたえていることからも、「綺麗」は人から見られようとみられまいとにかかわらずに、いつでも整った状態に保たれていることを評価する言葉として使われていると考えるべきではないだろうか。

ウ　A①の「子供背負ってねんねこ着ているおばさん」は「厚化粧をして」いることで「顔は綺麗」だが、「髪を流行まきにしてい」たり、子育てをしている女の人らしくないと「ぶってやりたい」とまで憎々しく思っており、A②の「風呂敷」は「綺麗な女らしい風呂敷」と評価している。A③の「小杉先生」は「私の風呂敷みたいに綺麗」とされることから「女らし」さを評価していると予想される一方、「山中、湖畔に住んでいる令嬢」と、山の中の古城に閉じ込められることで一個人としての社会的活動を封じ込められた女性と位置付けて「厭に、ほめてしまったものだ」と言っ

ゆきこ　没落華族のかず子が不倫関係にあった上原の子を一人で産んで育てる決意をするシーンです。上原は酒におぼれるいわゆる「デカダン生活」すなわち「　(4)　」をしていたわけだけれど、かず子はそれとは異なる道徳革命をしようとしています。(5)「海の表面の波は何やら騒いでいても、その底の海水は、革命どころか、みじろぎもせず、狸寝入りで寝そべっているんですもの。」とあるように、　(5)　とかず子は考えていると思われます。この作品は昭和22年（1947年）の発表で『女生徒』より8年後のものですが、このことから考えると、『女生徒』の「私」が、「純粋の美しさは、いつも無意味で、無道徳だ」と述べることは　(6)　を意味しているでしょう。

やしお　であるならば、傍線部C「花の美しさを見つけたのは、人間だし、花を愛するのも人間だもの。」という発言からは、「私」が人間は　(7)　を心のどこかで信じているとも考えられますね。

ゆきこ　そうですね。それに従えば、傍線部B「本能が、私のいままでの感情、理性を喰ってゆくのを見るのは、情ない」も　(8)　と考えられるのではないでしょうか。

場面Ⅲ

私には、はじめからあなたの人格とか責任とかをあてにする気持はありませんでした。私のひとすじの恋の冒険の成就《じょうじゅ》だけが問題でした。そうして、私のその思いが完成せられて、もういまでは私の胸のうちは、森の中の沼のように静かでございます。

私は、勝ったと思っています。

マリヤが、たとい夫の子でない子を生んでも、マリヤに輝く誇りがあったら、それは聖母子になるのでございます。

私には、古い道徳を平気で無視して、よい子を得たという満足があるのでございます。

あなたは、その後もやはり、ギロチンギロチンと言って、紳士やお嬢さんたちとお酒を飲んで、デカダン生活とやらをお続けになっていらっしゃるのでしょう。でも、私は、それをやめよ、とは申しませぬ。それもまた、あなたの最後の闘争の形式なのでしょうから。

お酒をやめて、ご病気をなおして、永生きをなさって立派なお仕事を、などそんな白々しいおざなりみたいなことは、もう私は言いたくないのでございます。「立派なお仕事」などよりも、いのちを捨てる気で、所謂《いわゆる》悪徳生活をしとおす事のほうが、のちの世の人たちからかえって御礼を言われるようになるかも知れません。

犠牲者。道徳の過渡期《かとき》の犠牲者。あなたも、私も、きっとそれなのでございましょう。

革命は、いったい、どこで行われているのでしょう。すくなくとも、私たちの身のまわりに於《お》いては、古い道徳はやっぱりそのまま、みじんも変らず、私たちの行く手をさえぎっています。(5)海の表面の波は何やら騒いでいても、その底の海水は、革命どころか、みじろぎもせず、狸寝入《たぬきねい》りで寝そべっているんですもの。

けれども私は、これまでの第一回戦では、古い道徳をわずかながら押しのけ得たと思っています。そうして、こんどは、生れる子と共に、第二回戦、第三回戦をたたかうつもりでいるのです。

こいしいひとの子を生み、育てる事が、私の道徳革命の完成なのでございます。

あなたが私をお忘れになっても、また、あなたが、お酒でいのちをお無くしになっても、私は私の革命のために、丈夫で生きて行けそうです。

太宰治『問五解答の作品名』

やしお　わたしは傍線部(3)の「ロココ」の定義が気になったのでインターネット（コトバンク）で調べてみました。そこではいくつかの百科事典の項目が載せられていましたが、共通するのは「装飾性」ということだと思いました。その中の「世界大百科事典　第二版」に「〈バロック〉との対比から生まれた蔑称的な隠語である。しかし、１９世紀後半より、次第にこの時代の装飾様式の様式名として用いられ」という記述があり、『女生徒』の発表が昭和１４年（１９３９年）であるので「私」が見た辞典の定義は、[(3)①]と考えられると思いました。だから「私」は「笑っちゃった」のではないでしょうか。「名答である」というのは、[(3)②]のではないでしょうか。

ゆきこ　「私」は「ロココ料理」は[(3)③]こととも言ってますしね。だから「美しさに、内容なんてあってたまるものか。純粋の美しさは、いつも無意味で、無道徳だ。」という言葉が出てくるのですね。「無道徳だ」という言葉から、わたしは太宰治の『　問五解答の作品名　』における「道徳革命」を思い出します。次に引用します。

場面Ⅱ

いけない、いけない。お客様へ、早く夕食差し上げなければ。さっきの大きいお魚は、どうするのだろう。とにかく三枚におろして、お味噌《みそ》につけて置くことにしよう。そうして食べると、きっとおいしい。料理は、すべて、勘《かん》で行かなければいけない。キュウリが少し残っているから、あれでもって、三杯酢《さんばいず》。それから、私の自慢の卵焼き。それから、もう一品。あ、そうだ。ロココ料理にしよう。これは、私の考案したものでございまして。お皿ひとつひとつに、それぞれ、ハムや卵や、パセリや、キャベツ、ほうれんそう、お台所に残って在るもの一切合切《いっさいがっさい》、いろとりどりに、美しく配合させて、手際よく並べて出すのであって、手数は要らず、経済だし、ちっとも、おいしくはないけれども、でも食卓《しょくたく》は、ずいぶん賑《にぎ》やかに華麗《かれい》になって、何だか、たいへん贅沢《ぜいたく》な御馳走《ごちそう》のように見えるのだ。卵のかげにパセリの青草、その傍に、ハムの赤い珊瑚礁《さんごしょう》がちらと顔を出していて、キャベツの黄色い葉は、牡丹《ぼたん》の花弁《かべん》のように、鳥の羽の扇子《せんす》のようにお皿に敷《し》かれて、緑したたる菠薐草《ほうれんそう》は、牧場か湖水か。こんなお皿が、二つも三つも並べられて食卓に出されると、お客様はゆくりなく、ルイ王朝を思い出す。まさか、それほどでもないけれど、どうせ私は、おいしい御馳走なんて作れないのだから、せめて、ていさいだけでも美しくして、お客様を眩惑《げんわく》させて、ごまかしてしまうのだ。料理は、見かけが第一である。たいてい、それで、ごまかせます。けれども、このロココ料理には、よほどの絵心が必要だ。色彩の配合について、人一倍、敏感でなければ、失敗する。せめて私くらいのデリカシイが無ければね。(3)ロココという言葉を、こないだ辞典でしらべてみたら、華麗のみにて内容空疎《くうそ》の装飾《そうしょく》様式、と定義されていたので、笑っちゃった。名答である。美しさに、内容なんてあってたまるものか。純粋《じゅんすい》の美しさは、いつも無意味で、無道徳だ。きまっている。だから、私は、ロココが好きだ。

太宰治『女生徒』

なっちゃう。さっきから、愛国心について永々と説いて聞かせているのだけれど、そんなこと、わかりきっているじゃないか。どんな人にだって、自分の生れたところを愛す気持はあるのに。つまらない。机に頬杖ついて、ぼんやり窓のそとを眺める。風の強い故か、雲がA④綺麗だ。お庭の隅に、薔薇の花が四つ咲いている。黄色が一つ、白が二つ、ピンクが一つ。ぽかんと花を眺めながら、人間も、本当によいところがある、と思った。C花の美しさを見つけたのは、人間だし、花を愛するのも人間だもの。

太宰治『女生徒』

ゆきこ　四方田犬彦さんの［評論文（二）］では「かわいい」と「美しい」が取り上げられていたけれど、この場面［Ｉ］を読むとそこに「綺麗」も入れるべきではないかと思いました。私は傍線部A①～A④の「綺麗」の四か所の違いを比較して次のようにまとめてみました。

［　(1)　］

やしお　確かに。A③で結び付けられている「風呂敷」について、四方田氏も［(2)］と定義しているし、ゆきこさんのまとめは納得できますね。そうすると、傍線部Cの「花の美しさを見つけたのは、人間だし、花を愛するのも人間だもの。」に出てくる「美しさ」についても考えなければいけませんね。この「美しさ」について考えるのに、四方田氏が引用した部分を含む、次の箇所も重要だと思ったので引用します。

も見ない。この可愛い風呂敷を、ただ、ちょっと見つめてさえ下さったら、私は、その人のところへお嫁《よめ》に行くことにきめてもいい。本能、という言葉につき当ると、泣いてみたくなる。本能の大きさ、私たちの意志では動かせない力、そんなことが、自分の時々のいろんなことから判って来ると、気が狂《くる》いそうな気持になる。どうしたらよいのだろうか、とぼんやりなってしまう。否定も肯定もない、ただ、大きな大きなものが、がばと頭からかぶさって来たようなものだ。そして私を自由に引きずりまわしているのだ。引きずられながら満足している気持と、それを悲しい気持で眺めている別の感情と。なぜ私たちは、自分だけで満足し、自分だけを一生愛して行けないのだろう。B本能が、私のいままでの感情、理性を喰《く》ってゆくのを見るのは、情ない。ちょっとでも自分を忘れることがあった後は、ただ、がっかりしてしまう。あの自分、この自分にも本能が、はっきりあることを知って来るのは、泣けそうだ。お母さん、お父さんと呼びたくなる。けれども、また、真実というものは、案外、自分が厭だと思っているところに在るのかも知れないのだから、いよいよ情ない。

もう、お茶の水。プラットフオムに降り立ったら、なんだかすべて、けろりとしていた。いま過ぎたことを、いそいで思いかえしたく努めたけれど、一向に思い浮ばない。あの、つづきを考えようと、あせったけれど、何も思うことがない。からっぽだ。その時、時には、ずいぶんと自分の気持を打ったものもあったようだし、くるしい恥ずかしいこともあったはずなのに、過ぎてしまえば、何もなかったのと全く同じだ。いま、という瞬間《しゅんかん》は、面白い。いま、いま、いま、と指でおさえているうちにも、いま、は遠くへ飛び去って、あたらしい「いま」が来ている。ブリッジの階段をコトコト昇《のぼ》りながら、ナンジャラホイと思った。ばかばかしい。私は、少し幸福すぎるのかも知れない。

けさの小杉先生はA③綺麗。私の風呂敷みたいに綺麗。美しい青色の似合う先生。胸の真紅《しんく》のカーネーションも目立つ。「つくる」ということが無かったら、もっともっとこの先生すきなのだけれど。あまりにポオズをつけすぎる。どこか、無理がある。あれじゃあ疲《つか》れることだろう。性格も、どこか難解なところがある。わからないところをたくさん持っている。暗い性質なのに、無理に明るく見せようとしているところも見える。しかし、なんといっても魅《ひ》かれる女のひとだ。学校の先生なんてさせて置くの惜しい気がする。お教室では、まえほど人気が無くなったけれど、私は、私ひとりは、まえと同様に魅かれている。山中、湖畔《こはん》の古城に住んでいる令嬢《れいじょう》、そんな感じがある。厭に、ほめてしまったものだ。小杉先生のお話は、どうして、いつもこんなに固いのだろう。頭がわるいのじゃないかしら。悲しく

問七　以下は、傍線部⑦『女生徒』についてのやしおさんとゆきこさんの討論です。二人はこの評論文（一）で問題にされていることに関係する場面Ⅰ～Ⅲを取り上げて討論をしました。それを読んで(1)～(8)の問いに答えなさい。

場面Ⅰ

おや、あそこ、席が空いた。いそいで網棚から、お道具と傘をおろし、素早く割りこむ。右隣りは中学生、左隣りは、子供背負ってねんねこ着ているおばさん。おばさんは、年よりのくせに厚化粧をして、髪を流行まきにしている。A①顔は綺麗なのだけれど、のどの所に皺《しわ》が黒く寄っていて、あさましく、ぶってやりたいほど厭《いや》だった。人間は、立っているときと、坐っているときと、まるっきり考えることが違って来る。坐っていると、なんだか頼りない、無気力なことばかり考える。私と向い合っている席には、四、五人、同じ年齢《とし》格好《かっこう》のサラリイマンが、ぼんやり坐っている。三十ぐらいであろうか。みんな、いやだ。眼が、どろんと濁《にご》っている。覇気《はき》が無い。けれども、私がいま、このうちの誰かひとりに、にっこり笑って見せると、たったそれだけで私は、ずるずる引きずられて、その人と結婚《けっこん》しなければならぬ破目におちるかも知れないのだ。女は、自分の運命を決するのに、微笑《びしょう》一つでたくさんなのだ。おそろしい。不思議なくらいだ。気をつけよう。けさは、ほんとうに妙なことばかり考える。二、三日まえから、うちのお庭を手入れしに来ている植木屋さんの顔が目にちらついて、しかたがない。どこからどこまで植木屋さんなのだけれど、顔の感じが、どうしてもちがう。大袈裟《おおげさ》に言えば、思索家みたいな顔をしている。色は黒いだけにしまって見える。目がよいのだ。眉もせまっている。鼻は、すごく獅子《しし》っぱなだけれど、それがまた、色の黒いのにマッチして、意志が強そうに見える。唇のかたちも、なかなかよい。耳は少し汚い。手といったら、それこそ植木屋さんに逆もどりだけれど、黒いソフトを深くかぶった日陰の顔は、植木屋さんにして置くのは惜しい気がする。お母さんに、三度も四度も、あの植木屋さん、はじめから植木屋さんだったのかしら、とたずねて、しまいに叱られてしまった。きょう、お道具を包んで来たこの風呂敷《ふろしき》は、ちょうど、あの植木屋さんがはじめて来た日に、お母さんからもらったのだ。あの日は、うちのほうの大掃除だったので、台所直しさんや、畳《たたみ》屋さんもはいっていて、お母さんも箪笥《たんす》のものを整理して、そのときに、この風呂敷が出て来て、私がもらった。A②綺麗な女らしい風呂敷。綺麗だから、結ぶのが惜しい。こうして坐って、膝《ひざ》の上にのせて、何度もそっと見てみる。撫《な》でる。電車の中の皆の人にも見てもらいたいけれど、誰

問四　傍線部④「『美しい』とみごとな対位法を演じる」とありますが、それはどのようなことですか。その説明として最もふさわしいものを選び、記号で答えなさい。

ア「かわいい」とは身近で親しみやすい概念であるのに対して、「美しい」は近寄りがたい概念であるが、そのように大きな隔たりのある対立的な存在として互いに対峙《じ》しながら、作品全体に緊張感をもって語られていくということ。

イ「かわいい」とは具体的なものに対する概念であるのに対して、「美しい」は普遍性を求める概念であるが、そのように異なる概念がそれぞれが独立したテーマを持ちながら作品全体として調和を持って語られていくということ。

ウ「かわいい」とは誰でもイメージできる卑近な概念であるのに対して，「美しい」とは人々が常に距離を感じるような概念であるが、そのような人間の他者に対する意識の違いを、作品が顕著に語っていくということ。

エ「かわいい」とは多様な意味を持つ概念であるのに対して、「美しい」とは絶対的な概念であるが、そのように違いのある概念は全く交わることが無いことを、作品全体で対立的に語っていくということ。

問五　空欄[⑤]には太宰治が「没落貴族」の家庭を舞台に描いた作品の名称が入ります。この作品の題名を用いた流行語もできました。その作品名を次の中から記号で答えなさい。

ア　斜陽　イ　走れメロス　ウ　富岳百景　エ　人間失格

問六　傍線部⑥「嚆矢《こうし》」の意味として最もふさわしいものを選び、記号で答えなさい。

ア　物事の模範　イ　物事の競争　ウ　物事の初め　エ　物事の頂点

問二　傍線部②「警句」と同じ意味の語を一つ、次の中から記号で答えなさい。

ア　アフォリズム　イ　アルゴリズム　ウ　アナクロニズム　エ　アナキズム

問三　傍線部③「どの『かわいい』も～対応している」とありますが、それはどのようなことですか。その説明として最もふさわしいものを選び、記号で答えなさい。

ア　どの「かわいい」という言葉の使われ方も、ひとつひとつが他に代替不能な正しい使われ方であるように、「私」という語り手も、たとえある場面では善人で、ある場面では悪人であっても、代わりの利かない唯一無二の存在であるということ。

イ　「かわいい」という言葉が絶対的な、唯一の意味を持っているわけではなく、用いられる対象や、場面によって変化する多義的なものであるように、「私」という語り手も、ある時、ある場所、ある関係性などによって相対的に変容する主体であるということ。

ウ　「かわいい」という言葉を、単一の意味でなくその時その時で全く違う意味に使い分けることによって、「私」という語り手は、自らを他者からは捉えがたいような変幻自在な女性として演出しているということ。

エ　「かわいい」という言葉が指し示す概念は決して一定ではなく、時代・場所・文化などが異なれば変わってしまうものであるように、「私」という語り手の存在も不変ではなく、時の移ろいとともに変化していくはかない存在であるということ。

けているのかもしれないのだ。
『家族ゲーム』で描かれているのは、「かわいい」という、とうに磨り減ってしまった感のある言葉をめぐる居心地の悪さである。ここには『女生徒』のように、この言葉に真摯《しんし》にして生気潑剌《はつらつ》していた感情を託そうとする姿勢はどこにも見られない。「かわいい」という言葉は、誰によって口にされるかでまったく異なった意味の含みをもっており、それらが一致したり、理解しあったりすることはもはやない。監督の森田が意図していたのは、ステレオタイプの極にまで辿り着いた言葉だけを集めて、はたして脚本が成立するだろうかという、⑨アイロニーに満ちた実験であった。

（四方田犬彦『「かわいい」論』より）

問一　傍線部①「隠喩」とありますが、ここで指摘される「隠喩」とはどのようなことを表していると考えられますか。次にあげる『女生徒』の部分を参考にして、最もふさわしいものを選び、記号で答えなさい。

きのう縫い上げた新しい下着を着る。胸のところに、小さい白い薔薇の花を刺繍《ししゅう》して置いた。上衣を着ちゃうと、この刺繍見えなくなる。誰にもわからない。得意である。

（太宰治『女生徒』）

ア　「小さく赤く光って、可愛い」唇に対して「小さい白い薔薇の花」は対照をなしており、「わたし」の「かわいさ」とは対照的な魅力を持つ「薔薇の花」を胸に隠し持っているということ。

イ　本来「薔薇の花」こそが「赤い」イメージを持っているが、その「赤」の「かわいさ」は「わたし」の唇だけが持つもので、「薔薇の花」は「白」にして、人から見られない下着に追いやり、自分の方が上だと勝ち誇るということ。

ウ　「わたし」の唇は、本来は「白い薔薇の花」のように清廉で清らかなものであるが、それは下着に封じ込めてしまい、外に見える部分では「赤く光っ」た攻撃的な姿をして周囲を寄せ付けないようにしているということ。

エ　「わたし」の唇にあらわれる「かわいさ」は安易に他人に向けてアピールするようなものではなく、むしろ内にひっそりと秘めて自分ひとりだけがその魅力を愉しむことができるものであるということ。

るあまたの少女小説、ジュニア小説、さらに橋本治の『桃尻娘』から舞城王太郎の『阿修羅ガール』まで、日本の戦後文学にあって一大ジャンルとなった少女独白小説の⑥嚆矢《こうし》ともなった、記念碑的作品である。「かわいい」という主題と「かわいく」語るという文体がその間にいかに変化発展していったかを辿《たど》れば、興味深い文学史が辿れることだろう。

⑦『女生徒』は「かわいい」が肯定的に用いられている例であった。次にここでそれが微妙な捩《ねじ》れのもとに、⑧居心地の悪い用法として用いられている場合をあげてみよう。森田芳光『家族ゲーム』のなかで、サラリーマン伊丹十三と専業主婦由紀さおりの家庭に、長男の家庭教師として松田優作が到来した夜の、夕食の情景である。

父親「で、どうだね、シゲユキは」

家庭教師「まあ、かわいい、じゃないですか」

父親「かわいいって、あんた、犬や猫を選んでるんじゃあないのだからね」

母親「今日は猫、被ってるんですよ」(……)

父親「もてるかね、ホラ、その女の子にさ」

家庭教師「駄目ですね。お金ないですから」

父親「金かあ」

母親(思い出したかのように、しげしげと家庭教師を見て)「かわいいですもんね」

父親「顔、いいかねえ?」

家庭教師「かわいいですよ、ぼくは」

みごとに不均衡で噛《か》みあっていない対話なのだが、そのなかではいかにも旧世代に属する父親と新世代の家庭教師とでは、同じ「かわいい」という言葉をめぐって、まったく異なった使用法がなされている。父親にとってこの言葉は、犬や猫のような、目下の動物を愛玩するための基準の形容詞であって、自分の愛する息子にそれが向けられることは耐えられないことである。だが正体不明の大学生の松田優作にとって「かわいい」とは、世間を無難にやり過ごす隠れ蓑《みの》のようなクリシェの言葉にすぎない。彼は「かわいい」という仮面を被って、あちらこちらの家庭に出没したり、女から女へと無為な彷徨《ほうこう》を続生という「綺麗《きれい》」な先生がいる。「私」は小杉先生に魅かれているのだが、先生には「どこか、無理なところがある」と思い、同情している。

放課後、「私」は友だちのキン子さんといっしょにこっそりと美容院に行くが、出来あがった髪が気に入らない。「私は、ちっとも可愛くない」と思う。けれどもキン子さんが上機嫌で「このまま、見合いに行こうかしら」などといい出すので、「ほんとに、何も考えない可愛らしいひと」という感想を抱く。帰り際に夕焼けの空を眺めていると、父親のことが思い出され、気分が高揚してくる。「みんなを愛したい」と涙が出そうなくらいに思い、「美しく生きたい」と口走ってしまう。帰宅すると、飼い犬のジャピイが井戸端の茱萸《ぐみ》を食べているので「急に、歯ぎしりするほどジャピイを可愛く」なってしまう。本章の冒頭に引いた一節は、その後、自分の部屋に戻った「私」が鏡を覗いて口にする感想である。その後も「私」は台所に行き、お米を研ぎながら「お母さんが可愛く、いじらしくなって、大事にしようと、しんから思う」。彼女が夜、物思いに耽《ふけ》りながら蒲団《ふとん》のなかで眠りに落ちてゆくところで、この短編は終る。

『女生徒』には、短い分量ながら「かわいい」をめぐって、さまざまな用例が登場している。たとえば「風呂敷」の「かわいい」とは、好ましく小さいという意味である。美容院で気に入らなかった髪形の「かわいい」は納得がいくほどに魅力的であり、キン子さんをめぐる「かわいい」は、憐れむべくおめでたいという、いささか見下した用法である。ジャピイの「かわいい」は愚かしくも愛くるしいであり、お母さんの「かわいい」は哀れで同情に値し、守ってあげたいという気持ちの表現である。そして冒頭の一節にある「私」の唇の「かわいい」は、小さくて、可憐で、愛おしさに満ちているという意味であり、「私」が下着にこっそりと縫いこんだ「白い薔薇の花」と①隠喩の関係を保っている。

さすがに太宰だなと唸《うな》ってしまうのは、彼が表向きは「美しさ」について、無理が感じられるとか、道徳や内容を超えたものだという②警句を発しながら、その実、「私」を回転軸として「かわいい」のさまざまな変奏を披露しているところである。③どの「かわいい」も微妙に異なった陰影のもとにあり、それが語り手である「私」の、そのたびごとに別の人間になってしまうような未決定感に対応している。かくして身近にある「かわいい」が、遠くにある④「美しい」とみごとな対位法を演じることによって、作品全体は幕を閉じる。

この作品によって太宰は、一人称で若い女性が独白するというスタイルを確立した。その意味で戦後の『　⑤　』や『皮膚と心』の祖形が、ここには現れている。だが同時にそれは、久生十蘭の『だいこん』に始まり、戦後に書かれることにな

二〇二四年度　山手学院高等学校

【国　語】（五〇分）〈満点：一〇〇点〉

※字数制限のあるものは、句読点および記号も一字とする。

一　次の評論文（一）を読んで、後の問いに答えなさい。

評論文（一）

　鏡を覗《のぞ》くと、私の顔は、おや、と思うほど活き活きしている。顔は、他人だ。私自身の悲しさや、そんな心持とは、全然関係なく、別個に自由に活きている。きょうは頬紅も、つけないのに、こんなに頬がぱっと赤くて、それに、唇も小さく赤く光って、可愛い。眼鏡をはずして、そっと笑ってみる。眼が、とってもいい。青く青く、澄んでいる。美しい夕空を、ながいこと見つめたから、こんなにいい目になったのかしら。しめたものだ。

　太宰治が一九三九年に発表した短編『女生徒』の一節である。この短編の語り手である「私」は、どうやら中央線沿線の東京近郊に住んで、お茶の水あたりの女学校に通っているらしい。彼女は父親を亡くした直後である。朝、ひどく憂鬱《うつ》な気分で目覚めると、嫌々ながら眼鏡をかけ、「きのう縫い上げた新しい下着」を着る。下着に小さい白い薔薇《ばら》の花を刺繍《ししゅう》しておいたのが、密かな自慢である。彼女は母親譲りの「アンブレラ」と、文房具を入れた「可愛い風呂敷」を手に学校へ出かける。こんな古風な傘をもって、ボンネット風の帽子を被り、黒い絹のレースの長い手袋をして、パリの下町にあるレストランに昼食を食べに行ったら、どれほど素敵だろうと想像してみる。

「私」は本ばかり読んでいて、そのたびごとに別の人間になってしまったような気がする。どれが本当の自分なのかがわからない。「女は、自分の運命を決定するのに、微笑一つで沢山なのだ」と思って、恐ろしいと思うが、一方で「美しさには、内容なんてあってたまるものか。純粋の美しさは、いつも無意味で、無道徳だ」といってみたりもする。学校には、小杉先

2024年度／山手学院高等学校

英語解答

1 問1　(1)…5　(2)…1　(3)…7　(4)…10　(5)…4
問2　A…2　B…4　C…5　D…3　E…1
問3　2　問4　3　問5　4
問6　1　問7　3　問8　4

2 問1　(1)…6　(2)…1　(3)…2　(4)…4　(5)…5
問2　4　問3　3　問4　4
問5　2

3 (1)　4　(2)　4　(3)　1　(4)　2　(5)　4

4 (1)　left　(2)　pretty
(3)　character　(4)　free

5 (1)　①…ク　②…オ
(2)　①…イ　②…ク
(3)　①…ク　②…カ
(4)　①…ウ　②…ク

6 (1)　B　(2)　B　(3)　A　(4)　A
(5)　B

7 (1)　①…There　②…for
(2)　①…cost　②…to
(3)　①…doesn't　②…live
(4)　①…agree　②…with

1〔長文読解総合─説明文〕

≪全訳≫地球の果ての生活❶プエルト・ウィリアムズとロングイェールビーンは，地球の果てにある２つの町だ。プエルト・ウィリアムズは世界で最も南にある町で，そこからほぼ１万キロ離れて，ロングイェールビーンは最も北にある。あなたは，この２つの町での生活は大きく違っていると思うかもしれない。しかし，ア ロングイェールビーンとプエルト・ウィリアムズは，互いから遠く離れているが，この２つの町は多くの点でよく似ている。この記事では，地球の果てにあるこの２つの町での生活がどんなふうなのかを見てみよう。❷プエルト・ウィリアムズは，チリ南部のナバリノ島にある小さな町だ。約2800人にとってプエルト・ウィリアムズが故郷だ。この町は1953年につくられ，イギリス系チリ人船員ジョン・ウィリアムズにちなんで名づけられた。町ができたのは1953年だが，人々は数千年もの間この地域に住み続けている。❸ロングイェールビーンは北極にある小さな町だ。スバールバルと呼ばれるノルウェーの群島に位置している。約2300人がそこに住んでいる。ロングイェールビーンの歴史は，短いが興味深い。アメリカ人の炭鉱労働者ジョン・ロングイヤーは，鉱山を開くために1906年にこの地に移った。彼が町をつくり，自分の名を取ってその町をロングイヤー町と名づけた。しかし，今では，ノルウェー語でロングイヤー町という意味のロングイェールビーンと呼ばれている。この町は1906年につくられたばかりだが，人々は数百年の間この地域を訪れている。❹A ロングイェールビーンとプエルト・ウィリアムズの気候はよく似ている。ロングイェールビーンはとても寒い。冬は長く暗い。太陽は何週間も昇らない。夏には，太陽は何週間も沈まない。これは，居住者や来訪者が真夜中に太陽を見て楽しむことができるということだ。プエルト・ウィリアムズもとても寒いが，ロングイェールビーンほど寒くなることはない。また，プエルト・ウィリアムズの夏は，ロングイェールビーンよりも少し長くて暖かい。しかし，プエルト・ウィリアムズでは真夜中に太陽を見ることはできない，というのは，そこまで南ではないからだ。❺B ロングイェールビーンは美しい自然に囲まれている。高い山，美しいフィヨルド，巨大な氷河がある。プエルト・ウィリアムズでも，雪をかぶった山や氷河をはじめとする美しい景色が見られる。プエルト・ウィリアムズにもロングイェールビーンにもたくさんの野生動物がいる。ロングイェールビーンでは，ホッキョクグマ，トナカイ，ホッキョクギツネをはじめとするさまざまな動物を見ることができる。そしてプエルト・ウィリアムズには，アシカ，イルカ，クジラなどがいる。❻ C ロングイェールビーンとプエルト・ウィリアムズはともに環境調査で知られている。ロングイェールビーンでは，科学者が北極，気候変動，野生動物の保護の研究をしている。プエルト・ウィリアムズでは，科学者が南極の環境に対する人間の影響を調査している。最近では，ホーン岬国際センター(CHIC)がプエルト・ウィリアムズに創設された。世界中の250人の科学者が，南極の保護を研究するためにCHICでともに研究をしている。❼ロングイェールビーンは友好的な地域だ。人口は少ないが，たくさんのさまざまな国から来た人がそこで暮らしている。ほとんどの人は，ノルウェー，スウェーデン，デンマークというスカンジナビア諸国の出身だ。しかし，オーストラリア人，ウクライナ人，タイ人，フィリピン人など，他の多くの国の出身の人もそこで暮らし，働いている。祭り，コンサート，スポーツ活動のような，誰もが参加してともに楽しむことができる社交イベントがたくさんある。❽ D プエルト・ウィリアムズも友好的な地域だと言われている。地元の人たちはとても話しやすいと，来訪者はよく言う。ロングイェールビーンが多文化で構成されているのとは違って，その人口のほとんどはチリ出身だ。プエルト・ウィリアムズには，ヤーガン族の小さな集落もある。ヤーガン族の人たちは，19世紀にヨーロッパ人がやってくる前に，この地域にもともと住んでいた人たちだ。❾ E ロングイェールビーンは，暮らすのに非常に安全なところだ。犯罪はほとんどない。実際，多くの人は玄関のドアに鍵をかけないままにしている。プエルト・ウィリアムズでも，家に鍵をかけないままにしているし，車にキーをつけたままにしている。❿ロングイェールビーンとプエルト・ウィリアムズでの暮らしは，とても厳しいことがある。2つの町の人々はたくさんの難題に直面するが，一丸となってその難題を克服する。では，地球の果てで暮らす人の声を聞いてみよう。⓫スベン・イェンセン／こんにちは。私はスベン・イェンセンです。私はロングイェールビーンに住んでいるスウェーデン人の科学者です。5年くらい前にここに移ってきました。ええ，大都市からは遠いですよ。そう，ここには人は少ししか住んでいません。ええ，1年のほとんどは寒くて暗いです。でも，話はそれだけではないんです。ロングイェールビーンでの生活で一番いいところは，コミュニティです。多種多様な国出身の人たちがここではたくさん暮らしています。一緒にとても楽しんでいます。夏にはたくさんの人がハイキングやキャンプに行きます。そして冬には，コンサートのような屋内での活動を楽しむんです。ロングイェールビーンでの生活は イ 退屈だと思うかもしれませんが，そんなことはないんです。⓬マリア・ゴンザレス／こんにちは。私はマリア・ゴンザレスです。私はプエルト・ウィリアムズ生まれです。地元の学校で教師をしています。プエルト・ウィリアムズは美しい地で，夏は特にそうです。夏になると，たくさんの人がハイキングや釣りやキャンプを楽しむために世界中からやってきます。でも，他の時期にはプエルト・ウィリアムズはとても静かです。やることはほとんどなく，夜は特にそうです。映画館もショッピングモールも日が沈んでから行く他の場所もありません。ほとんどの人は家にいて，テレビを見ます。冬の夜空がとてもきれいなので，天文学に興味がある人だけは，冬にここに来ればいいと思います。ウ ほとんどの観光客は秋，冬，春には来ない方がいいと思います。

問1＜適語選択＞⑴文前半の「町ができたのは1953年」と後半の「人々が数千年もの間この地域に住み続けている」が相反する内容になっている。although は「～だけれども」という意味の接続詞。

⑵空所後の「そこまで南ではない」という内容が，前の「真夜中に太陽を見ることはできない」という内容の‘理由’になっている。　⑶ among others で「～など，とりわけ」という意味。

⑷空所後の「ロングイェールビーンが多文化で構成されている」という内容と「ほとんどの人はチリ出身」という内容をつなぐ語が入るが，空所の後の Longyearbyen’s multinational makeup は名詞句なので接続詞は使えない。unlike は「～と違って」という意味の前置詞。　⑸直後の文の内容から，犯罪が少ないことがわかる。almost no ～ で「～はほとんどない」という意味になる。

問２＜適文選択＞Ａ．この段落では，気候について述べられている。　Ｂ．この段落では，自然と野生動物について述べられている。　Ｃ．この段落では，科学者の研究について述べられている。　Ｄ．ロングイェールビーンが友好的な地域であることを述べた前の段落に続き，直後の文では，プエルト・ウィリアムズの人々の話しやすさが述べられている。　Ｅ．この後に続く，犯罪がほとんどない，玄関のドアに鍵をかけない，という内容から，安全な場所だと考えられる。

問３＜単語の意味＞直後の２文で，ロングイェールビーンとプエルト・ウィリアムズのさまざまな動物が紹介されていることから推測できる。abundant「豊富な，大量の」　plenty of ～「たくさんの～」

問４＜適文選択＞直前に However「しかしながら」があるので，その前の「この２つの町での生活は大きく違っていると思うかもしれない」と相反する内容のものを選ぶ。similar「似た」

問５＜適語句選択＞スベン・イェンセンは地理や気候についてのマイナス面に触れているものの，彼の最も言いたいことは第８文の But 以降にあり，そこではロングイェールビーンの生活の楽しさを伝えている。boring but it's not は，boring but it's not boring ということである。

問６＜適文選択＞マリア・ゴンザレスは，夏には世界中からたくさんの人が来ると言っているものの，However で始まる第７文以降では，冬の天体観測を除けば，夏以外の時期(＝秋，冬，春)はすることがない，と述べている。

問７＜内容真偽＞「記事によると，ロングイェールビーンについて正しいものはどれか」　1.「冬には真夜中に太陽を見ることができる」…×　第４段落第５，６文参照。真夜中に太陽を見ることができるのは，「夏」である。　2.「250人の科学者が CHIC で働いている」…×　第６段落第３～５文参照。CHIC はプエルト・ウィリアムズにある。　3.「ロングイェールビーンは町のもともとの名前ではない」…○　第３段落第６，７文に一致する。　4.「ほとんどの人は，オーストラリア，ウクライナ，タイ，フィリピン出身だ」…×　第７段落第３文参照。多くはスカンジナビア諸国の出身である。

問８＜内容真偽＞「記事によると，プエルト・ウィリアムズについて正しいものはどれか」　1.「ウクライナ人，オーストラリア人，フィリピン人がそこで暮らしている」…×　第７段落第４文参照。ロングイェールビーンについての記述である。　2.「夏には真夜中に太陽を見ることができる」…×　第４段落最終文参照。見ることはできない。　3.「CHIC の科学者は南極と北極を研究している」…×　第６段落最終文参照。研究しているのは南極についてである。　4.「人々はそこが町になる前からそこで暮らしていた」…○　第２段落最終文に一致する。

2〔長文読解総合―説明文〕

≪全訳≫カレン・スキンク／準備：10分／調理：30分／難易度：初心者向き／４人前／１人前のカロリー：約430キロカロリー❶カレン・スキンクは，数百年もの間，スコットランドとイギリスの他の地域の人々によって楽しまれているスコットランドのスープだ。多くの点で，北米のシーフードチャウダーに似ている。カレン・スキンクは，ハドック(イギリス近海で一般的な魚)，ジャガイモ，タマネギ，牛乳，クリームでつくられ，伝統的に厚切りしたパンとともに提供される。メイン料理または前菜として提供できる。❷あなたはなぜカレン・スキンクという名前なのかと思っているかもしれない。カレンはスコットランド北東部にある町の名前だ。このスープはその町発祥なのだ。しかし，スキンクを説明するのはもっと難しい。アルコール度数の低いビールを表す古いドイツ語に由来すると考えている人もいる。しかし今日では，大半の人はハムを表すドイツ語「schinken」に由来すると考えている。ということは，カレン・スキンクは昔おそらくハムスープだったのだろう。スコットランド中で魚が人気なので，今日では，ほとんどのレシピでは肉の代わりに魚を使っている。❸名前は少し変わってはいるが，スープそのものはとてもおいしいので，心配はいらない。私の意見では，スコットランドの(あるいは日本の)寒い冬の日にはうってつけのスープだ。この冬に試してみてはいかがだろうか。❹材料／くん製にしたハドック500g(ハドックが手に入らない場合は，白身魚であれば何でもかまわない)／大きめのジャガイモ２個(さいの目切りにする)／タマネギ１個(みじん切りにする)／牛乳450ml／クリーム175ml／バター50g／塩・コショウ／パセリ(みじん切りにする)❺手順／１．柔らかくなるまでタマネギをバターでいためる。焦がさないようにする。／２．フライパンにジャガイモを加えて，かき混ぜる。約５分間タマネギとジャガイモを加熱する。／３．ジャガイモが柔らかくなったら牛乳を注ぐ。10分間加熱する。／４．ジャガイモ，タマネギ，牛乳をことこと煮ている間に，くん製にしたハドックを準備する。くん製にしたハドックを別のフライパンに入れる。約１リットルの水を加えて，約８分間加熱する。／５．ハドックをフライパンから取り出し，冷ます。魚の骨を取り，指で魚の身をほぐす。骨は全て取り除く。／６．ほぐしたハドックの身をスープに加えて，かき混ぜる。／７．クリームを加える。かき混ぜる。塩とコショウを加える。スープの味見をして，必要ならさらに塩とコショウ(両方あるいは片方)を加える。／８．スープを深い皿に注ぎ，みじん切りの新鮮なパセリを上にのせる。／９．厚切りにしたパンとともにスープを食べる。❻覚え書き／スープに入れる前に，魚に骨がないことを慎重に確かめる。／ハドックがない場合，ポラックやメルルーサのような白身魚も使える。サケやイワシやサバのような脂っこい魚は使わないこと。／魚が苦手なら，ハムや他の肉を試してみる。／菜食主義者の方は，魚の代わりに豆腐を使うことができる。／もっと濃厚でクリーミーなスープがお好みの方は，好みに応じてバターとクリームをさらに加える。

問１＜適語選択＞⑴直前のhas been enjoyedは現在完了の受け身で，直後のthe peopleが動作主である。　⑵be made with ～で「～を使ってつくられる」という意味。材料そのものがカレン・スキンクに変わるわけではないので，be made of ～「～でできている」は使えない。　⑶north east Scotlandという場所が続いているので，‘in＋場所’とする。　⑷‘break up ～(into …)’で「～を(…に)分解する」という意味。　⑸on topで「上に」という意味。

問２＜適語(句)選択＞文の後半に「必要ならさらに塩とコショウ(両方あるいは片方)を加える」とある。その必要があるかどうかを知るためにすることは「味見をする」である。

問３＜内容真偽＞１．「カレンはスコットランドにある町で，スキンクはドイツにある町である」…×　第２段落参照。スキンクは町の名前ではない。　２．「ポラックやハドックやサケを使うことができる」…×　覚え書きの２つ目参照。サケは使えない。　３．「カレン・スキンクをつくるのには約40分が必要だ」…○　冒頭のPreparation「準備」とCooking「調理」の合計時間に一致する。　４．「カレン・スキンクはつくるのが難しいスープだ」…×　冒頭のDifficulty level「難易度」参照。

問４＜要旨把握＞「どの順番で材料は使われるか」　手順１にonion，手順２にpotatoes，手順３にmilkが出てきている。

問５＜内容一致＞「筆者が，読者がカレン・スキンクをつくるべきだと考えているのは(　　)からだ」―２．「それは冬の寒い日に適するスープだ」　第３段落第２，３文参照。

3 〔適語(句)選択・語形変化〕

⑴「朝に，午前中に」はin the morningと表すが，‘特定の日の朝・昼・夜’などの場合は，前置詞にonを用いる。「私の兄〔弟〕は４月16日の朝〔午前〕に生まれた」

⑵「(これから)～するのを覚えている，忘れずに～する」はremember to ～で表す。remember

～ing は「(過去に)～したことを覚えている」という意味を表す。　「明日帰り道に牛乳１瓶を忘れずに買ってきてください」

(3) ‘as ～ as …’「…と同じくらい～」の表現で‘数’に関して述べる場合は‘as many＋名詞の複数形＋as …’という形になる。　「兄〔弟〕は，私と同じくらい本を持っている」

(4) Do you mind if I ～？は許可を求める表現。「～してもかまいませんか」という意味だが，mind は「嫌がる」という意味なので，直訳は「私が～するとあなたは嫌ですか」となる。そのため，許可する場合は No で，許可しない場合は Yes で答えることに注意が必要。それをふまえたうえで，会話が成立するのは No, not at all.「いいえ，全く(嫌ではない)」と答える２である。　A：あなたのコンピューターを使ってもかまいませんか？／B：ええ，いいですよ。

(5) How often は‘頻度’を尋ねる表現。‘every＋数詞＋複数名詞’で「～ごとに」という意味を表す。　A：バスはどのくらいの間隔で走っていますか？／B：10分おきです。

4〔適語補充―共通語〕

(1)ア：「左に」という意味の副詞 left。　「郵便局のところを左に曲がりなさい」　イ：「～を置き忘れる」という意味の leave の過去分詞 left(leave－left－left)。‘may have＋過去分詞’で「～したかもしれない」という意味。「どこにも傘が見つからない。バスの中に忘れてきたかもしれない」　ウ：「出発する」という意味の leave の過去形 left(leave－left－left)。leave for ～で「～に向けて出発する」という意味。　「彼の乗った飛行機は昨夜10時にパリに向けて飛び立った」

(2)ア：「かわいい」という意味の形容詞 pretty。　「なんてかわいい赤ちゃんなんだ！　いつも笑っているよ」　イ：「かなり，とても」という意味の副詞 pretty。　「今年の夏はかなり暑い」　ウ：pretty well で「ほとんど，ほぼ」という意味の慣用表現。　「私たちの仕事はほぼ終わっている」

(3)ア：「文字」という意味の character。Chinese character で「漢字」という意味。　「私にはこの漢字の読み方がわからない」　イ：「性格」という意味の character。　「山田さんは性格がいい。みんな彼のことが好きだ」　ウ：「登場人物」という意味の character。play the main character で「主役を演じる」という意味。　「その映画では誰が主演するのですか」

(4)ア：「暇な，用事のない」という意味の形容詞 free。　「空き時間には何をしていますか」　イ：for free で「無料で」という意味を表す。　「パンフレットは無料で生徒全員に与えられた」　ウ：feel free to ～で「遠慮なく～する」という意味。　「私の自転車をいつでも遠慮なく使ってください」

5〔整序結合〕

(1)語群から‘not only *A* but also *B*’「*A* だけでなく *B* もまた」の形をつくる。この表現を主語で使う場合，動詞は‘*B*’に一致するので，‘*B*’には are coming に対応するように複数の my cousins を置く。不要語は will。　Not only my sister but also my cousins are coming to dinner tomorrow.　A：姉〔妹〕だけでなくいとこたちも明日夕食を食べに来るんだ。／B：それはいいね！　みんなが楽しく過ごせるといいね！

(2)宿題をすでに終えている理由を説明する文。‘help＋人＋with＋物事’「〈人〉の〈物事〉を手伝う」の形で my sister helped me with my homework とすると，３語余るので，‘have＋目的語＋動詞の原形’「～に…してもらう〔させる〕」の形で表す。不要語は helped。　... I had my sister help me with my homework.　A：今年の夏は宿題が多いね。全部やり終えた？／B：うん，終わったよ。実は，姉〔妹〕に宿題を手伝ってもらったんだ。

(3) Bが人名を答えていることから，Aは「誰だと思う？」と尋ねたと考えられる。「〜は誰だと思いますか」のようなYes／Noで答えられない疑問文は疑問詞から始め，‘疑問詞＋do you think＋(主語＋)動詞’という語順になることに注意。ここでは疑問詞who「誰が」が主語でもあるので‘疑問詞＋do you think＋動詞’という語順になる。不要語はbest。 Who do you think is the most famous Japanese writer in the world? A：世界で一番有名な日本人作家は誰だと思う？／B：村上春樹だね。いつか彼がノーベル賞をとってくれればいいなと思っているんだ。

(4) look forward to 〜ingで「〜するのが楽しみだ」という意味。このtoは前置詞なので後ろに動詞が続く場合は動名詞(〜ing)になることに注意。不要語はsee。 I am looking forward to seeing you in Canada next year. A：日本では君と一緒でとても楽しかったよ。次は君に僕のところに来てほしいな！／B：ええ，ぜひそうしたいわ。来年カナダであなたに会えるのが楽しみよ。

6 〔正誤問題〕

(1) 主語が複数形のPicture booksなので，動詞はhasではなくhaveが正しい。 「ディック・ブルーナの絵本は何年もの間子どもたちに読まれている」

(2) take care of 〜「〜の世話をする」の受け身形はbe taken care of (by …)となるのでofが必要。このように動詞句の受け身形は，過去分詞の後ろにその動詞句を構成する語(句)をそのままの順で置き，その後に「〜によって」のbyを置く。 「学校の庭は生徒たちに手入れされている」

(3) be sorry for not 〜ingで「〜しなかったことを申し訳なく思う」という意味。このように動名詞(〜ing)を否定する場合は，動名詞の前にnotを置く。 「昨夜あなたの電話に出なくてすみません」

(4) 「地球は太陽の周りを回っている」といった‘不変の真理’を表す場合，通例，時制の一致は適用されず，現在形が使われる。 「私の子どもは，今日学校で地球は太陽の周りを回っていると習った」

(5) excitingは「(物事が)興奮させる(ような)」という意味なので，ここでは「(人が)興奮して」という意味のexcitedが正しい。 「私たちは昨夜，ジャイアンツ対ドラゴンズの野球の試合を見てとても興奮した」

7 〔書き換え—適語補充〕

(1) どちらも「あなたはそんなふうに怒る必要はない」という意味。don’t have to 〜を‘There is no need for＋人＋to 〜’「〈人〉は〜する必要はない」の形にする。

(2) ア)「私はこの車に200万円を支払った」→イ)「私がこの車を手に入れるのに200万円かかった」 ア)は‘人＋pay＋金額＋for＋品物’「〈人〉が〈品物〉の〈代金〉を支払う」の形。これを‘It costs＋人＋金額＋to 〜’「〈人〉が〜するのに〈金額〉がかかる」の形にする。 cost－cost－cost

(3) ア)「彼女が私の家の近くに住んでいればなあ」→イ)「彼女が私の家の近くに住んでいなくて残念だ」 ア)は‘現在の事実に反する願望’を表す‘I wish＋主語＋(助)動詞の過去形 〜’「〜ならいいのに」の形(仮定法過去)。イ)では‘事実’を述べる文にする。

(4) ア)「私はあなたに反対だが，彼女は反対ではない」→イ)「私はあなたに賛成ではないが，彼女は賛成だ」 前置詞againstには「〜に反対して」という意味がある。agree with 〜で「〜に賛成する」という意味。

数学解答

1 (1) 10　(2) $6-\sqrt{2}$　(3) $-\dfrac{3}{2}$

(4) $-\dfrac{50a}{b^3c^2}$

2 (1) $x=-3$　(2) $x=-9$, $y=-3$

(3) $x=4\pm3\sqrt{2}$

3 (1) $x(x-2)(x-7)$　(2) 5, 6

(3) $-\dfrac{1}{8}$　(4) 5　(5) 15通り

(6) 14　(7) 352人

(8) $x=\dfrac{72}{17}$, $y=\dfrac{96}{17}$　(9) 3

4 (1) $\left(\dfrac{7}{2},\ \dfrac{49}{4}\right)$　(2) $\dfrac{77}{4}$　(3) $\dfrac{121}{8}$

5 (1) $\dfrac{4}{9}$　(2) $\dfrac{4}{15}$　(3) $\dfrac{5}{9}$

6 (1) 4　(2) $2\sqrt{3}-\pi$

(3) $32\pi+16\sqrt{3}$

1〔独立小問集合題〕

(1)＜数の計算＞与式$=\dfrac{1}{9}\times\left(-\dfrac{27}{8}\right)\div\left\{-\dfrac{1}{3}-\left(-\dfrac{8}{27}\right)\right\}+\left(-\dfrac{1}{8}\right)=\dfrac{1}{9}\times\left(-\dfrac{27}{8}\right)\div\left(-\dfrac{9}{27}+\dfrac{8}{27}\right)-\dfrac{1}{8}=\dfrac{1}{9}\times\left(-\dfrac{27}{8}\right)\div\left(-\dfrac{1}{27}\right)-\dfrac{1}{8}=\dfrac{1}{9}\times\left(-\dfrac{27}{8}\right)\times(-27)-\dfrac{1}{8}=\dfrac{81}{8}-\dfrac{1}{8}=\dfrac{80}{8}=10$

(2)＜数の計算＞与式$=(5-2\sqrt{5}+1)-\left(\dfrac{2\sqrt{5}}{\sqrt{10}}-\dfrac{8\sqrt{2}}{\sqrt{10}}\right)+\dfrac{2}{\sqrt{5}}=6-2\sqrt{5}-\dfrac{2}{\sqrt{2}}+\dfrac{8}{\sqrt{5}}+\dfrac{2}{\sqrt{5}}=6-2\sqrt{5}-\dfrac{2}{\sqrt{2}}+\dfrac{10}{\sqrt{5}}=6-2\sqrt{5}-\dfrac{2\times\sqrt{2}}{\sqrt{2}\times\sqrt{2}}+\dfrac{10\times\sqrt{5}}{\sqrt{5}\times\sqrt{5}}=6-2\sqrt{5}-\dfrac{2\sqrt{2}}{2}+\dfrac{10\sqrt{5}}{5}=6-2\sqrt{5}-\sqrt{2}+2\sqrt{5}=6-\sqrt{2}$

(3)＜式の計算＞与式$=\dfrac{-2(4-2x)+6x-3(1+5x)-(-5x-2)}{6}=\dfrac{-8+4x+6x-3-15x+5x+2}{6}=\dfrac{-9}{6}=-\dfrac{3}{2}$

(4)＜式の計算＞与式$=\dfrac{8}{27}a^6b^3c^6\div4a^2c^4\div\left(-\dfrac{1}{125}b^6c^3\right)\times\dfrac{27}{5a^3c}=\dfrac{8a^6b^3c^6}{27}\times\dfrac{1}{4a^2c^4}\times\left(-\dfrac{125}{b^6c^3}\right)\times\dfrac{27}{5a^3c}=-\dfrac{8a^6b^3c^6\times1\times125\times27}{27\times4a^2c^4\times b^6c^3\times5a^3c}=-\dfrac{50a}{b^3c^2}$

2〔独立小問集合題〕

(1)＜一次方程式＞$5x-3x+\dfrac{3(3-5x)}{2}=\dfrac{2x+69}{3}$，$5x-3x+\dfrac{9-15x}{2}=\dfrac{2x+69}{3}$として，両辺を6倍すると，$30x-18x+3(9-15x)=2(2x+69)$，$30x-18x+27-45x=4x+138$，$30x-18x-45x-4x=138-27$，$-37x=111$　$\therefore x=-3$

(2)＜連立方程式＞$(x+3):y=2:1$……①，$\dfrac{3}{x}=\dfrac{1}{y}$……②とする。①より，$(x+3)\times1=y\times2$，$x+3=2y$……①′　②×$xy$より，$3y=x$，$x=3y$……②′　②′を①′に代入して，$3y+3=2y$　$\therefore y=-3$　これを②′に代入して，$x=3\times(-3)$　$\therefore x=-9$

(3)＜二次方程式＞$x^2-8x-2=0$となるから，解の公式より，$x=\dfrac{-(-8)\pm\sqrt{(-8)^2-4\times1\times(-2)}}{2\times1}=\dfrac{8\pm\sqrt{72}}{2}=\dfrac{8\pm6\sqrt{2}}{2}=4\pm3\sqrt{2}$となる。

3〔独立小問集合題〕

(1)＜式の計算—因数分解＞与式$=x\{(x-3)^2-(3x-5)\}=x(x^2-6x+9-3x+5)=x(x^2-9x+14)=x(x-2)(x-7)$

(2)＜数の性質＞$\sqrt{3a}$は，小数第1位を四捨五入すると4になるから，$3.5\leqq\sqrt{3a}<4.5$である。これより，$\sqrt{3.5^2}\leqq\sqrt{3a}<\sqrt{4.5^2}$，$3.5^2\leqq3a<4.5^2$，$12.25\leqq3a<20.25$となる。$3\times4=12$，$3\times5=15$，$3\times6=$

18，$3\times7=21$ より，求める正の整数 a は，$a=5$，6 である。

(3)＜関数—比例定数＞関数 $y=ax^2$ で，$x=-3$ のとき $y=a\times(-3)^2=9a$，$x=-1$ のとき $y=a\times(-1)^2=a$ だから，x の値が -3 から -1 まで増加するときの変化の割合は $\dfrac{a-9a}{(-1)-(-3)}=-4a$ と表せる。一次関数 $y=\dfrac{1}{2}x-3$ の変化の割合は常に一定で，その値は，x の係数の $\dfrac{1}{2}$ となる。変化の割合が一致したことから，$-4a=\dfrac{1}{2}$ が成り立ち，$a=-\dfrac{1}{8}$ となる。

(4)＜数の計算＞与式 $=\dfrac{y^2+x^2}{xy}=\dfrac{x^2+y^2}{xy}$ となる。$x^2+y^2=(\sqrt{7}+\sqrt{3})^2+(\sqrt{7}-\sqrt{3})^2=7+2\sqrt{21}+3+7-2\sqrt{21}+3=20$，$xy=(\sqrt{7}+\sqrt{3})(\sqrt{7}-\sqrt{3})=7-3=4$ だから，与式 $=\dfrac{20}{4}=5$ となる。

(5)＜場合の数＞AとBが3人の組に入る場合，3人の組の残り1人はC，D，E，F，Gの5人のうちの1人だから，5通りある。残る4人が4人の組に入るので，AとBが3人の組に入る場合は5通りである。AとBが4人の組に入る場合，4人の組の残り2人はC，D，E，F，Gの5人のうちの2人だから，その2人は，CとD，CとE，CとF，CとG，DとE，DとF，DとG，EとF，EとG，FとGであり，10通りある。残る3人が3人の組に入るので，AとBが4人の組に入る場合は10通りである。よって，AとBが同じ組に入る場合は，$5+10=15$(通り)ある。

(6)＜数の性質＞$1\times2\times3\times\cdots\cdots\times30$ が 3^n でわり切れるときの最大の自然数 n は，$1\times2\times3\times\cdots\cdots\times30$ を素因数分解したときの素因数3の個数と等しい。1から30までの自然数の中に，3の倍数は，$30\div3=10$ より，10個ある。3^2 の倍数は，$30\div3^2=3$ あまり3より，3個ある。3^3 の倍数は，$30\div3^3=1$ あまり3より，1個ある。3^4 の倍数はない。よって，素因数3を1個持つ数は $10-3=7$(個)，2個持つ数は $3-1=2$(個)，3個持つ数は1個だから，$1\times2\times3\times\cdots\cdots\times30$ を素因数分解したときの素因数3の個数は，$1\times7+2\times2+3\times1=14$(個)であり，求める n の最大の値は $n=14$ である。

(7)＜連立方程式の応用＞昨年の男子の人数を x 人，女子の人数を y 人とすると，昨年の男子と女子の人数の比は3：2だから，$x:y=3:2$ が成り立ち，$2x=3y$，$2x-3y=0$ ……①となる。また，今年は，男子が26人減って $x-26$ 人，女子が12人増えて $y+12$ 人となり，この比が4：3であるから，$(x-26):(y+12)=4:3$ が成り立つ。これより，$3(x-26)=4(y+12)$，$3x-78=4y+48$，$3x-4y=126$ ……②となる。①×4−②×3で y を消去すると，$8x-9x=0-378$，$-x=-378$，$x=378$ となるので，今年の男子の人数は，$x-26=378-26=352$(人)となる。

(8)＜平面図形—長さ＞右図1で，∠ACB＝∠FCGであり，AB∥FGより，∠ABC＝∠FGCだから，△ABC∽△FGCとなる。これより，AB：FG＝BC：GCとなる。$\mathrm{GC}=\mathrm{BC}-\mathrm{BG}=12-y$ だから，$8:x=12:(12-y)$ が成り立ち，$8(12-y)=12x$，$2(12-y)=3x$，$24-2y=3x$，$3x+2y=24$ ……①となる。同様にして，△FBG∽△DBEだから，FG：DE＝BG：BEである。$\mathrm{BE}=\mathrm{BC}+\mathrm{CE}=12+4=16$ だから，$x:12=y:16$ が成り立ち，$16x=12y$，$4x-3y=0$ ……②となる。①×3＋②×2より，$9x+8x=72+0$，$17x=72$，$x=\dfrac{72}{17}$ となり，これを②に代入して，$\dfrac{288}{17}-3y=0$，$-3y=-\dfrac{288}{17}$，$y=\dfrac{96}{17}$ となる。

図1

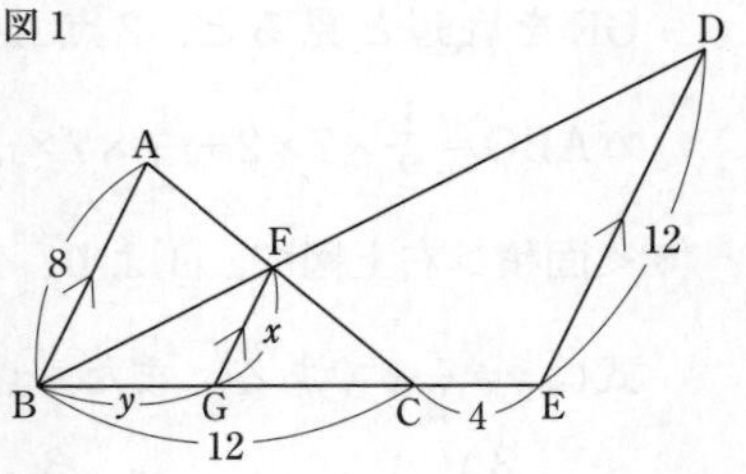

(9)＜空間図形—体積比＞立方体と正八面体の1辺の長さを a とする。立方体の体積は a^3 と表せる。次ページの図2のように，正八面体の6個の頂点をA〜Fとすると，正八面体ABCDEFは，2つの合同な正四角錐A-BCDEと正四角錐F-BCDEを合わせたものになる。正方形BCDEの対角線BD，

CE の交点を O とし，点 A と点 O を結ぶと，AO⊥〔平面 BCDE〕となる。また，BA＝BC，AD＝CD，BD＝BD より，△BAD≡△BCD だから，対応する線分より，AO＝CO となる。△BCE は直角二等辺三角形だから，CE＝$\sqrt{2}$BC＝$\sqrt{2}a$ となり，AO＝CO＝$\frac{1}{2}$CE＝$\frac{1}{2}\times\sqrt{2}a=\frac{\sqrt{2}}{2}a$ となる。よって，〔正四角錐 A-BCDE〕＝$\frac{1}{3}$×〔正方形 ABCD〕×AO＝$\frac{1}{3}\times a^2\times\frac{\sqrt{2}}{2}a=\frac{\sqrt{2}}{6}a^3$ となるので，〔正八面体 ABCDEF〕＝2〔正四角錐 A-BCDE〕＝$2\times\frac{\sqrt{2}}{6}a^3=\frac{\sqrt{2}}{3}a^3$ となる。したがって，立方体と正八面体 ABCDEF の体積比は，$a^3:\frac{\sqrt{2}}{3}a^3=3:\sqrt{2}$ となるので，$x=3$ である。

図2
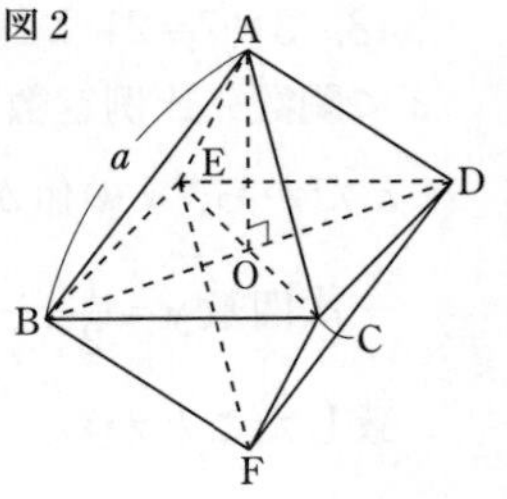

4 〔関数―関数 $y=ax^2$ と一次関数のグラフ〕

≪基本方針の決定≫(1)　直線 AB の式を求める。　(2)　平行線の性質を利用する。

(1)＜座標＞右図で，点 A は放物線 $y=x^2$ 上にあり x 座標が -2 なので，$y=(-2)^2=4$ より，A$(-2,\ 4)$ となる。直線 AB は直線 OC と平行で，直線 OC の式が $y=\frac{3}{2}x$ より，その傾きは $\frac{3}{2}$ だから，直線 AB の式は $y=\frac{3}{2}x+b$ とおける。これが点 A を通るから，$4=\frac{3}{2}\times(-2)+b$，$b=7$ となり，直線 AB の式は $y=\frac{3}{2}x+7$ である。点 B は放物線 $y=x^2$ と直線 $y=\frac{3}{2}x+7$ の交点だから，この 2 式より，$x^2=\frac{3}{2}x+7$，$2x^2-3x-14=0$ となり，$x=\frac{-(-3)\pm\sqrt{(-3)^2-4\times2\times(-14)}}{2\times2}=\frac{3\pm\sqrt{121}}{4}=\frac{3\pm11}{4}$ となる。よって，$x=\frac{3+11}{4}=\frac{7}{2}$，$x=\frac{3-11}{4}=-2$ となるから，点 B の x 座標は $\frac{7}{2}$ であり，$y=\left(\frac{7}{2}\right)^2=\frac{49}{4}$ より，B$\left(\frac{7}{2},\ \frac{49}{4}\right)$ である。

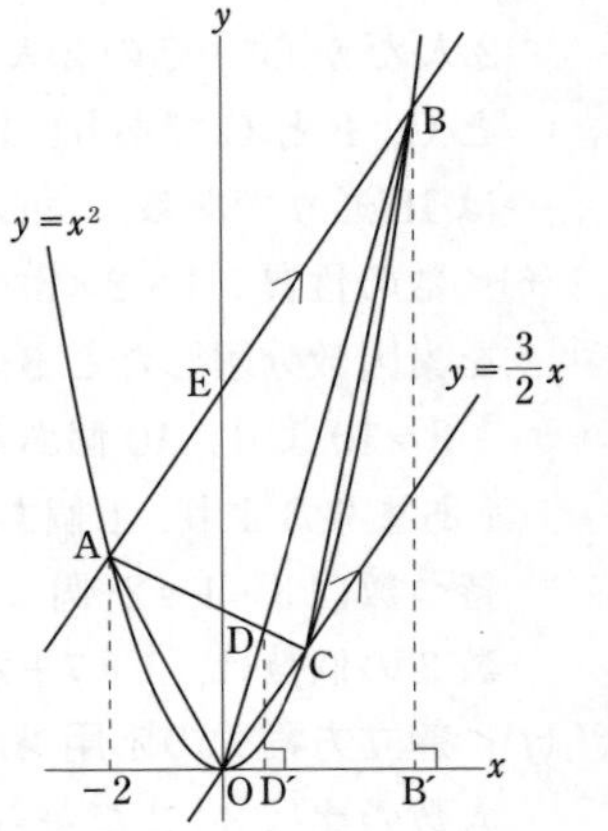

(2)＜面積＞右上図で，2 点 O，A を結ぶ。AB∥OC だから，△ABC と △ABO は，底辺を AB と見ると，高さが等しい。よって，△ABC＝△ABO である。直線 AB と y 軸の交点を E とすると，△ABO＝△AOE＋△BOE となる。(1)より，直線 AB の切片は 7 だから，E$(0,\ 7)$ であり，OE＝7 である。OE を底辺と見ると，2 点 A，B の x 座標より，△AOE の高さは 2，△BOE の高さは $\frac{7}{2}$ だから，△ABO＝$\frac{1}{2}\times7\times2+\frac{1}{2}\times7\times\frac{7}{2}=\frac{77}{4}$ となり，△ABC＝$\frac{77}{4}$ である。

(3)＜面積＞右上図で，(1)より，B$\left(\frac{7}{2},\ \frac{49}{4}\right)$ だから，直線 OB の傾きは $\frac{49}{4}\div\frac{7}{2}=\frac{7}{2}$ であり，直線 OB の式は $y=\frac{7}{2}x$ である。また，点 C は放物線 $y=x^2$ と直線 $y=\frac{3}{2}x$ の交点だから，$x^2=\frac{3}{2}x$，$x^2-\frac{3}{2}x=0$，$x\left(x-\frac{3}{2}\right)=0$ より，$x=0$，$\frac{3}{2}$ となり，点 C の x 座標は $\frac{3}{2}$ である。$y=\left(\frac{3}{2}\right)^2=\frac{9}{4}$ だから，C$\left(\frac{3}{2},\ \frac{9}{4}\right)$ となる。A$(-2,\ 4)$ だから，直線 AC の傾きは $\left(\frac{9}{4}-4\right)\div\left\{\frac{3}{2}-(-2)\right\}=-\frac{1}{2}$ であり，その式は $y=-\frac{1}{2}x+n$ とおける。これが点 A を通るから，$4=-\frac{1}{2}\times(-2)+n$，$n=3$ となり，直線 AC の式は $y=-\frac{1}{2}x+3$ である。点 D は，直線 $y=\frac{7}{2}x$ と直線 $y=-\frac{1}{2}x+3$ の交点だから，$\frac{7}{2}x=-\frac{1}{2}x+3$，$4x=3$，$x=\frac{3}{4}$ となり，点 D の x 座標は $\frac{3}{4}$ である。2 点 D，B から x 軸に垂線 DD′，BB′ を引くと，DD′∥BB′ よ

り，OD：OB＝OD′：OB′＝$\frac{3}{4}$：$\frac{7}{2}$＝3：14となる。これより，BD：OB＝(14－3)：14＝11：14となる。△ABD，△ABOの底辺をそれぞれBD，OBと見ると，高さが等しいので，△ABD：△ABO＝BD：OB＝11：14である。(2)より，△ABO＝$\frac{77}{4}$だから，△ABD＝$\frac{11}{14}$△ABO＝$\frac{11}{14}\times\frac{77}{4}=\frac{121}{8}$である。

5 〔データの活用―確率―カード〕

(1)＜確率＞10枚のカードから1枚ずつ2回取り出すとき，取り出し方は，1回目が10通りあり，残りは9枚より，2回目が9通りなので，全部で10×9＝90(通り)あり，A，Bの組は90通りある。このうち，$A+B$が偶数になるのは，取り出したカードが2回とも偶数のときか，2回とも奇数のときである。2回とも偶数のとき，1回目は2，4，6，8，10の5通り，2回目は，残りの偶数のカードが4枚より，4通りだから，5×4＝20(通り)ある。2回とも奇数のとき，1回目は1，3，5，7，9の5通り，2回目は，残りの奇数のカードが4枚より，4通りだから，5×4＝20(通り)ある。よって，$A+B$が偶数になるのは20＋20＝40(通り)あるから，求める確率は$\frac{40}{90}=\frac{4}{9}$である。

(2)＜確率＞90通りのA，Bの組のうち，$A\times B$が8の倍数になるのは，$A=1$のとき，$B=8$の1通りある。$A=3$，5，7，9のときも同様に，それぞれ1通りある。$A=2$のとき，$B=4$，8の2通りある。$A=6$，10のときも同様に，それぞれ2通りある。$A=4$のとき，$B=2$，6，8，10の4通りある。$A=8$のとき，Bは8以外の9通りある。よって，$A+B$が8の倍数になるのは，1×5＋2×3＋4＋9＝24(通り)あるから，求める確率は$\frac{24}{90}=\frac{4}{15}$となる。

(3)＜確率＞90通りのA，Bの組のうち，$A\times B$が6の倍数になるのは，$A=1$のとき，$B=6$の1通りあり，$A=5$，7のときも同様に，それぞれ1通りある。$A=2$のとき，$B=3$，6，9の3通りあり，$A=4$，8，10のときも同様に，それぞれ3通りある。$A=3$のとき，$B=2$，4，6，8，10の5通りあり，$A=9$のときも同様に，5通りある。$A=6$のとき，Bは6以外の9通りある。よって，$A\times B$が6の倍数になるのは，1×3＋3×4＋5×2＋9＝34(通り)ある。また，(2)より，$A\times B$が8の倍数になるのは24通りある。この24通りの中に6の倍数は，6と8の公倍数より，$A\times B=24$となる(A，B)＝(3，8)，(4，6)，(6，4)，(8，3)，$A\times B=48$となる(6，8)，(8，6)，$A\times B=72$となる(8，9)，(9，8)の8通りあるので，$A\times B$が，8の倍数で6の倍数でない組は24－8＝16(通り)ある。したがって，$A\times B$が6の倍数または8の倍数になるのは，34＋16＝50(通り)あるから，求める確率は$\frac{50}{90}=\frac{5}{9}$である。

6 〔平面図形―円と直角三角形〕

図1

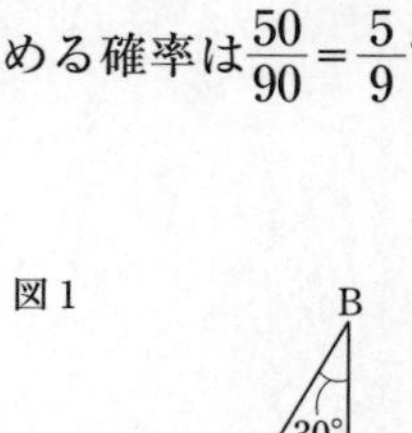

(1)＜長さ―特別な直角三角形＞右図1で，∠AOB＝90°，∠ABO＝30°より，△OABは3辺の比が1：2：$\sqrt{3}$の直角三角形である。よって，OA＝xとすると，OB＝$\sqrt{3}$OA＝$\sqrt{3}x$となる。△OAB＝$8\sqrt{3}$だから，面積について，$\frac{1}{2}\times x\times\sqrt{3}x=8\sqrt{3}$が成り立ち，$x^2=16$　∴$x=\pm4$　$x>0$だから，$x=4$であり，OA＝4となる。

(2)＜面積―特別な直角三角形＞右図1で，円Oと辺ABの接点をH，円Oと辺OAとの交点をCとすると，斜線部分の面積は△AOH－〔おうぎ形OCH〕で求められる。OH⊥ABであり，∠OAB＝60°だから，△AOHは3辺の比が1：2：$\sqrt{3}$の直角三角形となり，∠COH＝30°である。(1)より，OA＝4だから，HA＝$\frac{1}{2}$OA＝$\frac{1}{2}$×4＝2，OH＝$\sqrt{3}$HA＝$\sqrt{3}\times2=2\sqrt{3}$となり，△AOH＝$\frac{1}{2}\times2\times2\sqrt{3}=2\sqrt{3}$，〔おうぎ形OCH〕＝$\pi\times(2\sqrt{3})^2\times\frac{30°}{360°}=\pi$

となる。よって，斜線部分の面積は $2\sqrt{3}-\pi$ である。

(3)＜面積＞右図2で，△OAB を，点Oを中心に時計回りに 60° 回転させて，点A，点Bが移動した点をそれぞれ A′，B′ とする。$\angle BAO=\angle AOA'=60^\circ$，$OA=OA'$ より，△OAA′ は正三角形であり，$\angle A'AO=60^\circ$ だから，点A′ は辺AB上の点となる。4つの直角三角形は同様に移動するので，図形が通過する部分は，線分 A′B，OA′，OB′，$\overset{\frown}{BB'}$ で囲まれた図形 A′OB′B の面積の4倍になる。$\angle BOB'=60^\circ$ であり，$OB=\sqrt{3}OA=\sqrt{3}\times4=4\sqrt{3}$ だから，〔おうぎ形 OBB′〕$=\pi\times(4\sqrt{3})^2\times\dfrac{60^\circ}{360^\circ}=8\pi$ である。また，△OAA′ は正三角形だから，$AA'=OA=4$ となる。△OAB の3辺の比が $1:2:\sqrt{3}$ より，$AB=2OA=2\times4=8$ だから，$BA'=AB-AA'=8-4=4$ となり，$BA'=AA'$ である。これより，$\triangle OBA'=\triangle OAA'=\dfrac{1}{2}\triangle OAB$ である。$\triangle OAB=8\sqrt{3}$ なので，$\triangle OBA'=\dfrac{1}{2}\times8\sqrt{3}=4\sqrt{3}$ となる。よって，〔図形 A′OB′B〕=〔おうぎ形 OBB′〕$+\triangle OBA'=8\pi+4\sqrt{3}$ となるので，求める面積は $(8\pi+4\sqrt{3})\times4=32\pi+16\sqrt{3}$ である。

図2

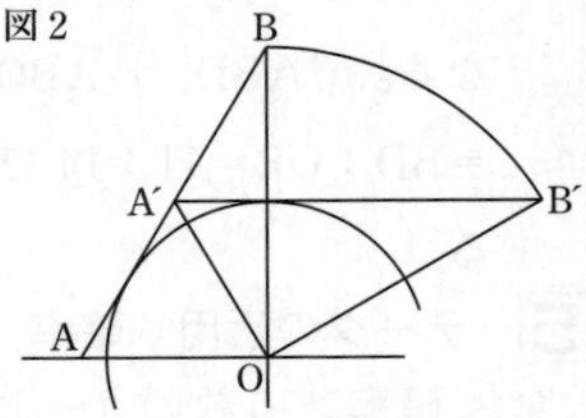

═読者へのメッセージ═

6(2)，(3)では，円周率にπを用いました。πは，ギリシャ語のアルファベットの1つで，「周囲」などの意味を持つ単語の頭文字です。

国語解答

一　問一　エ　問二　ア　問三　イ
問四　ア　問五　ア　問六　ウ
問七　(1)…ア　(2)　好ましく小さい
(3)　①…エ　②…ウ
③　ごまかす
(4)　悪徳生活　(5)…イ　(6)…ア
(7)…エ　(8)…ウ
問八　イ　問九　エ

二　問一　イ　問二　(1)…13　(2)…２
問三　エ
問四　①　首都　②　翻弄
③　管弦〔絃〕楽
④　貯〔儲〕蓄
⑤　ふっしょく〔ふっしき〕
⑥　しんちょく

一〔論説文の読解―芸術・文学・言語学的分野―文学〕出典：四方田犬彦『「かわいい」論』／〔小説の読解〕出典：太宰治『女生徒』，『斜陽』。

≪本文の概要≫太宰治が一九三九年に発表した短編『女生徒』には，短い分量ながら「かわいい」という言葉をめぐって，さまざまな用例が登場する。例えば，「風呂敷」の「かわいい」は好ましく小さいさま，美容院で気に入らなかった髪形の「かわいい」は納得がいくほどに魅力的なさまなど，「かわいい」の対象や意味合いはさまざまである。この作品で太宰は，一人称で若い女性が独白するというスタイルを確立したが，それは，日本の戦後文学の一大ジャンルとなった少女独白小説のはじめともいうべき，記念碑的作品となっている。ところで『女生徒』では，「かわいい」が肯定的に用いられているが，森田芳光監督による『家族ゲーム』では，同じ語が嚙み合わない会話に用いられている。「かわいい」という言葉は，誰によって発せられるかで全く異なる意味の含みを持っているため，表面上は会話が成立していても，話し手と受け手の間では意味を全く理解できなくなっているのである。

問一＜文章内容＞「隠喩」は，「ようだ」などの語を用いずにたとえる技法。「私」が「下着にこっそり縫いこんだ」白い薔薇の花の刺繡は，他人から見えないもので，「私」の心を喜ばせるものである。同じように，「私」の「唇」に表れる「かわいさ」も，自分だけがその魅力をわかっていればよいという，「白い薔薇の花」の刺繡と「唇」のかわいさが「隠喩の関係」になっているのである。

問二＜語句＞「警句」も「アフォリズム」も，短く巧みな表現で真理を言い表した言葉のこと。「アルゴリズム」は，ある問題を解決する方法や，ある目標を完了するための方法が書かれた一連の手順のこと。「アナクロニズム」は，時代錯誤のこと。「アナキズム」は，政治的権威や権力を否定し，個人の自由を重視する社会を理想とする思想のこと。

問三＜文章内容＞「風呂敷」や美容院での「髪形」，「キン子さん」など，対象や状況によって「私」の「かわいい」の意味合いがさまざまであるように，語り手である「私」も，置かれている場面や相手との関係性などによって変わっていく。

問四＜文章内容＞「美しさ」について，「無理が感じられるとか，道徳や内容を超えたものだ」と表され，「美しい」が気安く近づけないもののように描かれる一方で，「かわいい」は，「身近にある」親しみやすいものとして表され，「美しい」の対照的な存在として描かれている。

問五＜文学史＞『斜陽』は，昭和22(1947)年に発表された小説で，敗戦によって没落していく貴族の家族が描かれている

問六＜語句＞「嚆矢」は，物事のはじまりのこと。

問七(1)＜文章内容＞「私」が「綺麗」だと感じるものに共通するのは，顔の造作やつくられた「形」

などの見た目であり，それを評価する言葉として「綺麗」が使われている。　⑵＜文章内容＞四方田氏は，「風呂敷」に対する「私」が感じた「かわいい」を「好ましく小さい」という意味だと考えている。　⑶＜文章内容＞①「私」が見た辞典では「華麗のみにて内容空疎の装飾様式」と否定的なニュアンスが込められていることから，このロココの意味は，「19世紀後半より，次第にこの時代の装飾様式の様式名」となったという説明よりも，古い時代の考えに基づくものと考えられる。　②「私」は，「美しさに，内容なんてあってたまるものか」と考えているので，辞書の説明は「名答」だが，そもそも「内容空疎の装飾形式」などと美術に「内容」を求めようとすることがおかしいと思っている。　③「私」は「おいしい御馳走なんて作れない」から，内容の味は求めずに「ていさいだけでも美しくして，お客様を眩惑させて，ごまかして」しまおうと「ロココ料理」をつくるのである。　⑷＜表現＞かず子は，「デカダン生活」を続ける上原に対して，「所謂悪徳生活をしとおす事のほう」が後世の人たちにはよいのかもしれないから，その生活をやめてと言う気はないのである。　⑸＜文章内容＞当時の人々は，「表面」上では「古い道徳」に対する「革命」を切望し「騒いで」いるけれども，現実の生活では「みじんも変《かわ》らず」に古い道徳観のままで暮らしているにすぎないと，かず子には見えたのである。　⑹＜文章内容＞「純粋の美しさは，いつも無意味で，無道徳」ということは，「美」は，古い道徳など人間を縛りつけるものとは無関係で，それを超越したものと考えられる。　⑺＜文章内容＞人間を縛りつける価値観を超越した存在である「美しさ」を，花に見つけ，その美しい花を「愛する」のも人間であるならば，人間が縛りつけるものから人間を解放できるのではないかと，「私」は考えている。　⑻＜心情＞「私」は，「女は，自分の運命を決するのに，微笑一つでたくさん」であることを「おそろしい」と思い，そんな生き方を「気をつけよう」と考えていたのに，風呂敷をちょっとでも見つめてくれたら，その相手のところへ「お嫁に」行ってもいいと思ってしまった。自分の考えとは裏腹に結婚という人生を本能的に思ってしまったことを，「私」は情けなく思っている。

問八＜文章内容＞「かわいい」は，あまりに使い古されて「磨《す》り減ってしまった感」のある言葉であり，人によって「まったく異なった意味の含み」を持つため，表面上は会話が成立して見えても，実際には理解し合えない「居心地の悪い」対話を生み出してしまうのである。

問九＜文章内容＞『家族ゲーム』は，「ステレオタイプの極にまで辿り着いた言葉だけ」を集めて対話させることで，表面上は会話が成立していても，話が「嚙みあっていない」ことを伝えている。

二〔国語の知識〕

問一＜敬語＞ア．「させていただく」は，「させてもらう」の謙譲語で，相手の許可を得るような場合に用いるが，映画の主演を務めるかどうか相手に許可を得る必要はない(…×)。　イ．謙譲語「承知する」は，身内の行為に対して使用する(…○)。　ウ．「来て」と「待って」は，「校長先生」の動作なので，尊敬語「いらっしゃって」「お待ちになって」などにする(…×)。　エ．「ございませんでしょうか」は，「ございません」「でしょう」と丁寧語が重複している(…×)。

問二⑴＜ことばの単位＞単語に分けると「広大な／アメリカ大陸／に／は，／広い／空／と／激しい／寒暖差／の／砂漠／が／ある」となる。　⑵＜品詞＞「広い」「激しい」が形容詞。

問三＜文学史＞『破戒』は，明治39(1906)年に発表された，島崎藤村の小説。

問四＜漢字＞①「首都」は，国の中央政府がある都市。　②「翻弄」は，好き勝手に操ること。　③「管弦楽」は，種々の管楽器・弦楽器・打楽器の組み合わせによる大規模な合奏のこと。　④「貯蓄」は，財貨をたくわえること。　⑤「払拭」は，きれいにぬぐい去ること。　⑥「進捗」は，物事の進み具合のこと。

2023年度 山手学院高等学校

【英　語】（50分）〈満点：100点〉

1　次の英文を読み、問いに答えなさい。

Before World War II, there was not much trade, and it was mostly (1) of the different empires* of the time. British trade happened inside the British Empire, French trade happened inside the French Empire and the like. There was not much trade (2) the many different countries. Trade was often just a different type of war.

However, after World War II, the Americans got rid of the empires and put their ships and people around the world to keep trade safe. Nobody could use war to get things like cotton and oil. Now, the world has entered into an era of peace, and international trade has become very important (3) World War II. It is now common for goods to travel all across the globe in very big ships (4) places that are thousands of kilometres away. This trade has made us all much richer and there are fewer poor people worldwide now.

However, there are people who worry that the Americans don't want to protect* the seas and oceans anymore. The Americans don't really need to trade very much (5) everyone else, and watching the seas and oceans is very expensive. But if the Americans stop protecting the seas, then trade will probably stop. This is especially a concern for countries that depend (6) trade to import* things like food and oil, as well as countries that import raw materials and then export* their products. One would expect that even for the Americans, less global trade could cause an increase in the price of many and various goods that are currently very cheap. After all, (7) global trade, the smartphone wouldn't even exist!

There are already warning signs that the Americans no longer want to protect global peace and trade. The number of American military* people (8) the globe is less than it was in the early 2000s, and especially in the last ten years. The last time fighting nearly stopped oil production in the Middle East, the president (9) the time did not provide any help. The Middle East doesn't really matter to the Americans anymore. They have plenty of food and oil (10) home inside of America, and they don't need to trade with anyone.

If we want to keep our peaceful world in the future, the other countries in the world are going to have to play their role in protecting sea trade and learn to be friendly even without the Americans.

Reader A:

I don't see a problem. The world doesn't need the Americans to send ships into the oceans. There are many other countries, and if they all work together then we can stop pirates* and keep trade safe. If the Americans want to go home, then they should go home. Anyone who thinks that no American support will cause the world to stop trading is crazy!

Reader B:

This seems like a problem, but will it happen? The Americans have been supporting free trade for years now, and it seems crazy that they would suddenly stop. Why would the Americans want to stop protecting free trade? Of course, they wouldn't. Just because doing so might not be necessary to the Americans, it doesn't mean that they would stop helping their friends.

Reader C:

If this ever does happen, it will be bad. The whole world needs America protecting our sea trade. There are many important things like food and oil that are shipped around the world, and there are many countries that would have problems or possibly go hungry if they couldn't get cheap food or energy. I really hope that America continues protecting global trade.

注　empire　帝国　　protect　守る　　import　輸入する　　export　輸出する
　　military　軍隊　　pirates　海賊

1.　(1) ~ (10) に入る最も適切なものを選び、番号で答えなさい。
同じものを 2 回以上使わないこと。

1. inside	2. since	3. at	4. across	5. on
6. with	7. back	8. without	9. between	10. to

2. What have the Americans been doing to help the world these last 70 years or so?

1. Trading with other countries.
2. Keeping the ocean safe for trade.
3. Making smartphones.
4. Reducing the number of poor people.

3. Why is global trade so important?

1. Because things become cheaper.
2. Because people become richer.
3. Because some countries need trade for food.
4. All of the above.

4. Which of these sentences is true?

1. Reader A thinks the Americans need to send ships into the oceans.
2. Reader B doesn't think that the Americans will stop supporting free trade.
3. Reader C thinks that most countries will be fine even if America stops protecting trade.
4. None of the above.

5. What is the author worried about?

1. The American war in the Middle East.
2. The American, British and French Empires.
3. The Americans not protecting trade.
4. The Americans not being friendly.

2 次の英文を読み、問いに答えなさい。

Forest Green Rovers is a small football club from the village of Forest Green in the south west of England. Until recently, few people knew anything about the club.

Forest Green Rovers played its first match in 1889. For the first 100 years, the team played in local leagues* in south west England. In 1998, the club joined the national league. In 2010, the club was bought (1) Dale Vince, a local businessman. Vince changed many things at the club. His goal was to make Forest Green Rovers a "green" club. In 2018, FIFA* named Forest Green Rovers "the greenest football club in the world".

[A] Well, the club is from the village of Forest Green. The team plays in green shirts and the fans wear green scarves and wave green flags. Also, the stadium is in the beautiful green countryside of south west England. However, these are not the reasons why Forest Green Rovers is the greenest club in the world. The real reason is that the club cares deeply about the environment.

After buying the club in 2010, Dale Vince started a number of projects (2) help the environment. First, solar panels* were installed* on the stadium roof. Now, (3) of the electricity used at the club comes from these solar panels. Next, a rainwater collection system was installed on the stadium roof. Now, all the rain that falls on the stadium is collected and reused. Finally, the material used to make the players' shirts (4) changed. From this season the players' shirts will be made (5) recycled plastic. Vince's goal is to own a football club (6) doesn't damage the environment.

[B] It will be the biggest in the club's history. Vince plans to move the club to a new stadium. The new stadium will be made of wood. It will be the first wooden football stadium in the world. Vince believes the greenest football club in the world should have the greenest football stadium in the world. Also, the new stadium will be part of an eco-park. Five hundred trees will be planted around the new stadium. In the future, Forest Green Rovers will play its home games (7) a forest!

[C] No meat, fish, eggs, cheese, or any food from animals is served at the club's stadium. In other words, Forest Green Rovers is a vegan club. In fact, it is the first vegan football club in the world. At Forest Green Rovers, players, staff and fans enjoy meals such as shiitake mushroom burgers, sweet potato fries, and fresh salads. The players like the food. Kane Wilson, a Forest Green Rovers player, says he enjoys the meat-free food at the club. He thinks eating less meat makes (8) healthier.

[D] James Smith has been watching Forest Green Rovers for 30 years. "At first I wasn't sure about the new menu. But when I tried it, I really liked it. The sweet potato fries are delicious!" he said. Sean Evans, another fan, also thought the food was delicious. "It's the best football food I've ever eaten," he said.

[E] Only (9) 2,500 fans go to its home games. However, in other ways it is a big club. There are over one hundred Forest Green Rovers fan clubs in 20 countries including Norway, the US, Switzerland and Belgium. Also, international organizations like FIFA and the United Nations* are fans of Forest Green Rovers. Fans and international organizations around the world support the club and (10) environmental projects.

Forest Green Rovers' next home game is on March 30th against Cheltenham FC. I hope some of you go to see the greenest club in the world someday. And, of course, don't forget to try the sweet potato fries.

注　league　リーグ　　FIFA　国際サッカー連盟
solar panel　太陽電池パネル　　install　設置する　　the United Nations　国際連合

1. (1)～(10)に入る最も適切なものを選び、番号で答えなさい。
同じものを2回以上使わないこと。

1. who	2. from	3. by	4. about	5. him
6. was	7. is	8. to	9. its	10. most
11. were	12. in	13. almost	14. his	15. which

2. [A]～[E]に入る最も適切なものを1つずつ選び、番号で答えなさい。

1. Forest Green Rovers is a small club.
2. The fans enjoy the food, too.
3. Dale Vince is working on a new project.
4. The food menu at Forest Green Rovers is also green.
5. What makes Forest Green Rovers green?

3. 次の英文に続くものとして最も適切なものを1つ選び、番号で答えなさい。

Many organizations believe Forest Green Rovers is green because

1. the players and fans wear green shirts.
2. the stadium is in the beautiful green countryside of south west England.
3. the club has many environmentally friendly projects.
4. the team are from Forest Green Rovers in south west England.

4. 本文の内容と最も一致するものを１つ選び、番号で答えなさい。

1. Forest Green Rovers is a big club because 2,500 fans go to the home games.
2. Forest Green Rovers is a big club because it will build a new stadium in a couple of years.
3. Forest Green Rovers is a big club because it plays in the national league.
4. Forest Green Rovers is a big club because it is known around the world for looking after the environment.

5. この文章の題名として最も適切なものを１つ選び、番号で答えなさい。

1. Dale Vince: The Greenest Man in the World
2. Green Football Clubs Around the World
3. The Vegan Football Club
4. The Greenest Football Club in the World

3 次の各組の文から、正しいものを１つ選び、番号で答えなさい。

(1) 1. My sister gets up at five on the morning and does an exercise on Saturday.
2. My sister gets up at five in the morning and does some exercise on Saturdays.
3. My sister gets up at five on the morning and doing an exercise every Saturdays.
4. My sister gets up at five in the morning and doing some exercises every Saturday.

(2) 1. I have lost my favorite umbrella. I have to buy it.
2. I lost my favorite umbrella. I have to buy a new one.
3. I have lost my favorite umbrella. I must buy a new more one.
4. I lost my favorite umbrella. I must buy new one.

(3) 1. Mary is one of the fastest swimmer in our school, so she chose her to swim in the city meet.
2. Because she chose her to swim in the city meet, Mary is faster swimmers in our school.
3. Mary is the fastest swimmer in our school, so she was chosen to swim in the city meet.
4. Because she was chosen to swim in the city meet, Mary is faster swimmer in our school.

(4) 1. Were you studying English since you entered junior high school?
2. Were you studied English since you entered into junior high school?
3. Are you studying English since you entered into junior high school?
4. Have you been studying English since you entered junior high school?

(5) 1. He gave us some informations about the school trip to Canada.
2. He gives us an information about the school trip to Canada.
3. He gave us some information about the school trip to Canada.
4. He has given us a lot of informations about the school trip to Canada.

4 次の各組の文から、誤りを含んでいるものを１つ選び、番号で答えなさい。

(1) 1. Our school lunch is cooked in the school kitchen.
2. We have called the dog Max since he came to our house.
3. The children learned that the moon goes around the Earth.
4. Can I ask you some questions if I will not understand?

(2) 1. Please tell me how to pronounce this word in Japanese.
2. These are all the books that I'm planning to read this summer.
3. Mr. Jones is going to talk about the places he visited to.
4. The animals at this zoo are known to many children around the world.

(3) 1. I have five times as many books as he does.
2. I asked her what was she looking at as she looked interested.
3. No one told me where to go to see him.
4. I would like you to read my report and tell me your opinion.

(4) 1. Why don't we play soccer after school at the park nearby?
2. Although I was very tired, I decided to go to the concert.
3. I'll give you this picture if you like it.
4. I want sweet something to eat because I am hungry.

(5) 1. I have just being finished watching the program.
2. Both of her children are still in elementary school.
3. Some were dancing, and others were just sitting at the table.
4. My father gave me a lot of advice while I was trying to decide my future career.

5 次の文を完成させるために（　　）に入る最も適切な共通する1語を答えなさい。

1. I am going to travel to Australia in (　　) next year with my friends.
   (　　) I go to the bathroom? --- Please wait until the class is over.

2. It's not (　　) to tell a lie, but people often do.
   Everybody has the (　　) to free speech.

3. Small children can be very (　　) to animals and sometimes pull their tails.
   What does "play nice" (　　) in Japanese?

4. Please (　　) the plants tomorrow morning just after sunrise.
   I'm so thirsty. Will you give me a glass of (　　)?

5. Go along this road and you will see the bank on your (　　).
   Amy (　　) for New York for an international youth meeting.

6 次の各組の文がほぼ同じ意味になるように（　　）に入る1語を答えなさい。

1. That old book is more expensive than this book.
   The price of that old book is higher than (　　) of this book.

2. He didn't have any time to read the newspaper today.
   He had (　　) time to read the newspaper today.

3. Start now, or you won't be able to see the concert.
   You'll (　　) the concert if you don't start now.

4. Our meeting about the school festival lasted for four hours.
   We had a meeting about the school festival from four to (　　).

5. At the start of class, our teacher said, "Good morning."
   Our teacher (　　) us at the start of class.

7 次の会話が成り立つよう［ 1 ］～［ 5 ］の語群を並べ替えたとき、**［　　］内で5番目に来るもの**を番号で答えなさい。文頭に来るものも小文字で始まっている場合がある。

Matt and Paul are talking about their sister, Ann. They have been planning a surprise party for her. Today is her birthday.

Last Thursday

Matt: Did you get anything for Ann yet? Are you keeping it a secret?

Paul: Of course I did. I'm ready to decorate the room with colorful balloons and I got her a pretty card with kittens on it. I also bought a pink sweater as a birthday present. How about you? You said you were planning to get some food for the party.

Matt: I have been so busy with soccer practice after school that I didn't even have time to think about the party or the food. What do you think we should have?

Paul: How about some pizza? Mom's an expert at making pizza.

Matt: Oh, but I don't want to make Mom cook after a busy day at work.

Paul: Then how about delivery pizza? We all love pizza anyway.

Matt: [1] !

Last Friday

Paul: Have [2] for the party?

Matt: No, not yet. Oh, no! I just remembered! I haven't got her a present yet! What will she want? What does she like?

Paul: I [3] .

Matt: Thanks! I'll ask Mom later!

Today

Paul: I have decorated the room, the card is ready, and the present is wrapped. I told Ann to come home after five o'clock... Hey, Matt, you have called the pizza place for a delivery, right? By the way, you have [4], haven't you?

Matt: Of course I called the pizza store after I talked with Mom. And no. Dad went to work just like normal, and he didn't say anything about the party. You have told him about the party, haven't you?

Paul: Yes, he knows about it because I told him about it yesterday, so I [5] in time.

Matt: Oh, it's good to hear that.

The door bell rings.

Paul & Matt: Hey! That's the pizza guy! Let's get the door!

[1]

1. idea	2. a	3. good	4. sounds	5. very
6. like	7. that			

[2]

1. which	2. to	3. pizza	4. decided	5. you
6. order				

[3]

1. if	2. you	3. ask	4. would	5. I
6. were	7. Mom			

[4]

1. home	2. time	3. Dad	4. what	5. asked
6. would	7. he	8. come		

[5]

1. sure	2. that	3. come	4. am	5. he
6. home	7. will			

【数　学】（50分）〈満点：100点〉

注意　1．答えに根号がふくまれるときは，根号の中は最も小さい自然数にすること。
　　　　また，分母に根号がふくまれるときは，分母に根号をふくまない形にすること。
　　　2．答えが分数になるとき，約分できる場合は約分すること。
　　　3．答えが比になるとき，最も簡単な整数の比にすること。
　　　4．円周率はπとすること。

1　次の計算をしなさい。

(1)　$3\left\{3-(-2)^3\right\}-\left\{-3^3+(-3)^2-(-2)^2\right\}$

(2)　$(\sqrt{12}+\sqrt{2})^2-(2\sqrt{3}-\sqrt{2})^2$

(3)　$\dfrac{4(x-y)}{3}-\dfrac{3(x-y)}{4}+\dfrac{x+y}{12}$

(4)　$\left(\dfrac{1.5ab^3}{c^2}\right)^2\div(2.5ab^2c)^2\div\left(\dfrac{b^2}{5ac^3}\right)^2$

2　次の方程式を解きなさい。

(1)　$(4x+11):(x-1)=3:2$

(2)　$\begin{cases} x+\dfrac{1}{2y}=4 \\ 3x+\dfrac{2}{y}=14 \end{cases}$

(3)　$3(x-3)^2=(2x-3)^2$

3 次の各問いに答えなさい。

(1) $a^2-b^2-c^2-2bc$を因数分解しなさい。

(2) 正の整数a，bがあり，aを分子に，bを分母にもつ分数をXとします。$a+8$を分子に，$b+14$を分母にもつ分数とXが等しいとき，Xを求めなさい。

(3) 120の正の約数の個数を求めなさい。

(4) $y=-\frac{1}{4}x^2$の$-2 \leqq x \leqq a$における最小値が-16であるとき，aの値を求めなさい。

(5) 次の表は，生徒35人に10点満点のテストを行った結果を表しています。中央値と最頻値を求めなさい。

得点	0	1	2	3	4	5	6	7	8	9	10
人数	0	0	1	4	2	5	7	10	3	2	1

(6) Aさん，Bさん，Cさん，Dさんの4人がそれぞれ1つずつプレゼントを持ってきました。プレゼント交換をして，全員が自分が持ってきたプレゼント以外のものを1つずつもらうとき，受け取り方は全部で何通りあるか求めなさい。

(7) xの2次方程式$2x^2-3x+1=0$…①，$4x^2-6kx+5=0$…②について，①の解の1つが②の解になっているとき，kの値をすべて求めなさい。

(8)　実数 x に対して，$n \leqq x$ を満たす最大の整数 n を $[x]$ で表します。例えば，$[1.2]=1$，$[-1.2]=-2$，$[1]=1$ となります。
このとき，方程式 $\left(\left[\dfrac{5}{3}\right]-\left[-\sqrt{2}\right]\right)x^2-\left([3]+[\sqrt{11}]\right)x=-[\sqrt{17}-2]$ を解きなさい。

(9)　次の図は $AC = 4\sqrt{3}$ cm，$\angle B = 45^\circ$，$\angle C = 60^\circ$ の三角形です。点 A を中心に辺 BC を 1 回転したとき，辺 BC の通過する部分の面積を求めなさい。

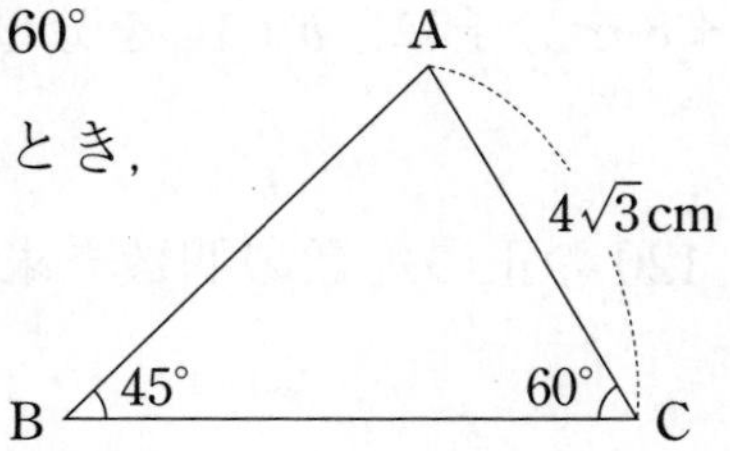

4 次の図のように，平行四辺形ABCDの頂点のうちA，B，Dは放物線 $y=\frac{1}{2}x^2$ 上にあります。ADは x 軸に平行であり，点A，点Bの x 座標がそれぞれ-4，2であるとき，次の各問いに答えなさい。

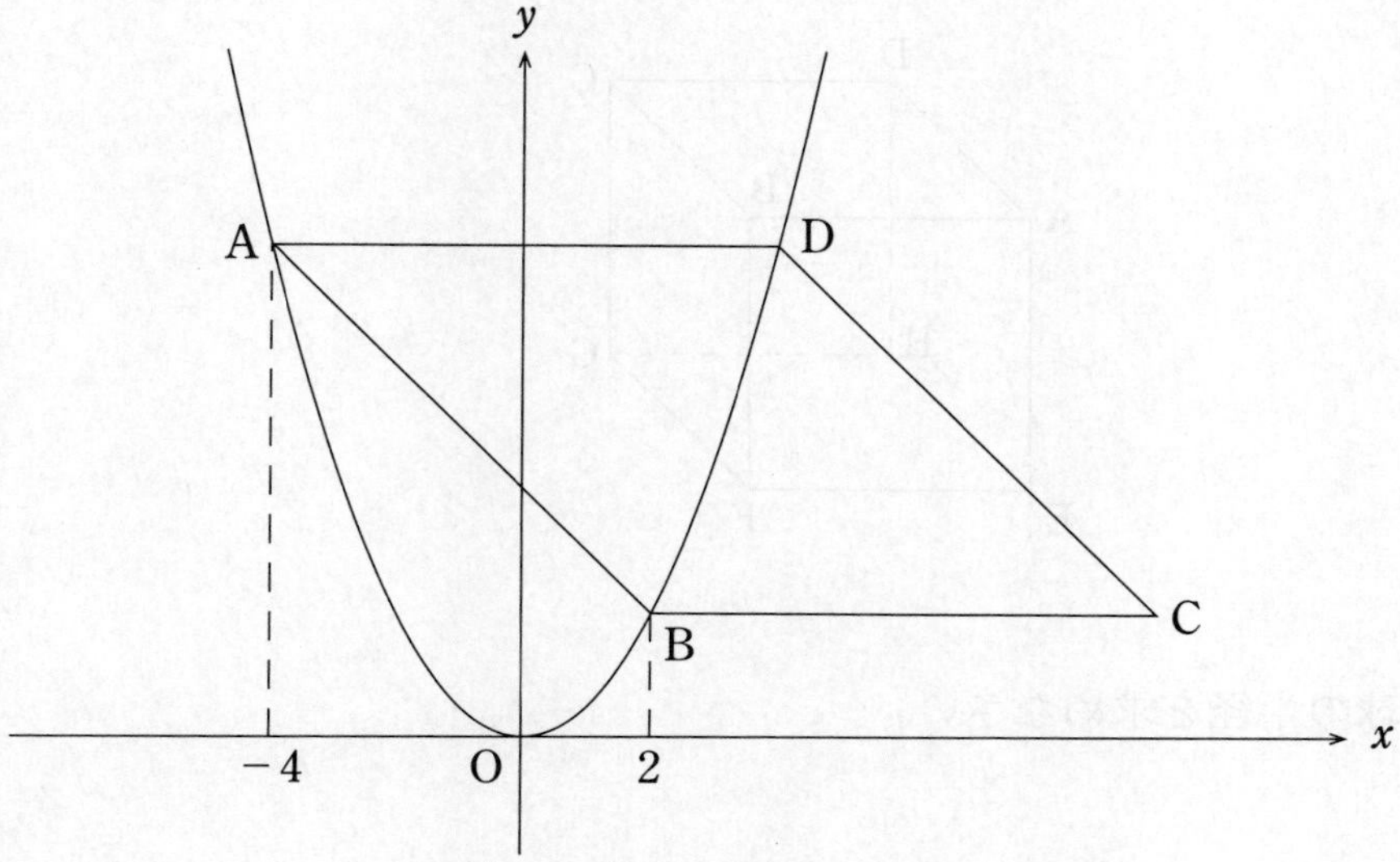

(1) 点Cの座標を求めなさい。

(2) 直線CDと x 軸との交点をEとし，点Cから x 軸に下ろした垂線と x 軸との交点をHとします。三角形CEHを x 軸のまわりに1回転させてできる立体の体積を求めなさい。

(3) 平行四辺形ABCDを x 軸のまわりに1回転させてできる立体の体積を求めなさい。

5 次の図のように，1辺の長さが4cmの立方体ABCD－EFGHがあります。この立方体の中に大きさの異なる2つの球を入れます。大きい球は立方体のすべての面と接し，小さい球は3つの面AEHD，AEFB，EFGHと大きい球に接します。このとき，次の各問いに答えなさい。

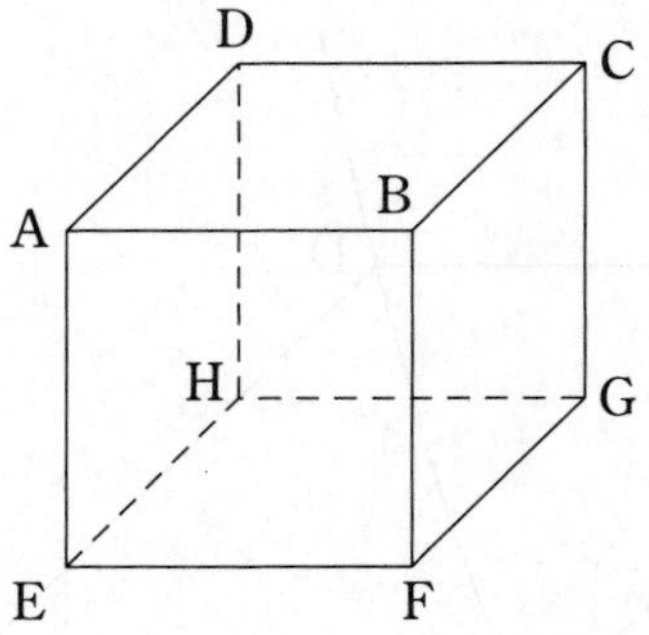

(1) 大きい球の半径を求めなさい。

(2) この立体を4点A，E，G，Cを通る平面で切断したときの断面図として正しいものを，次の①～④の中から選びなさい。

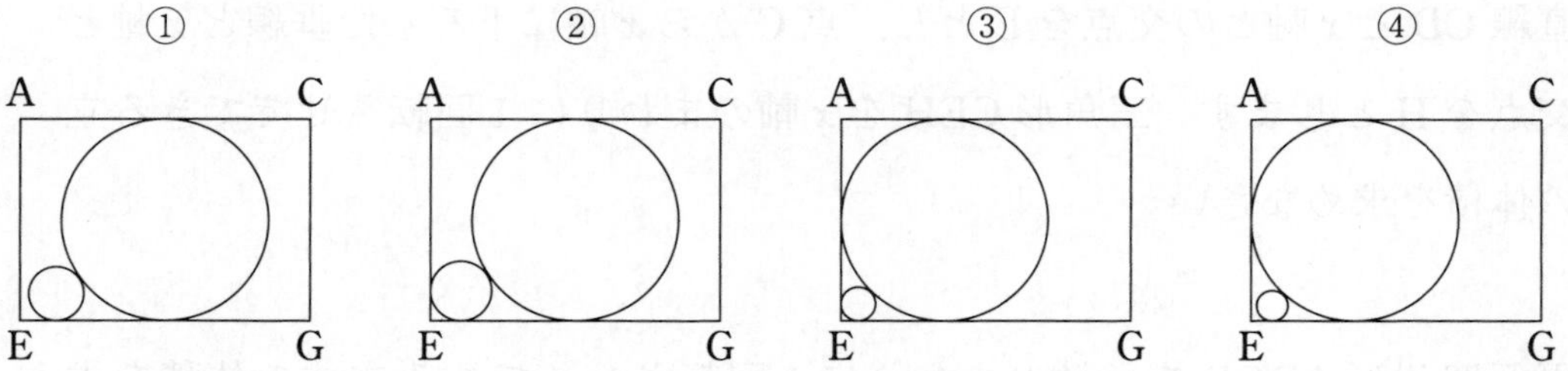

(3) 小さい球の半径を求めなさい。

6 当たりくじを 2 本含む 12 本のくじがあります。この中から 1 本ずつ，くじがなくなるまで引き続けます。このとき，次の各問いに答えなさい。

(1) A，B，C，・・・，K，L の 12 人がこの順にくじを引くとき，C が当たりくじを引く確率を求めなさい。

(2) A，B，C，・・・，K，L の 12 人がこの順にくじを引くとき，連続して 2 人が当たりくじを引く確率を求めなさい。

(3) A，B，C の 3 人が A → B → C → A → B → C → A → ・・・の順にくじを引きます。1 本目の当たりくじを C が引く確率を求めなさい。

問三　次の傍線部について、カタカナは漢字に直し、漢字は読みをひらがなで答えなさい。

①法隆寺のショウロウをながめる。

②まだ心にジャッカンの余裕がある。

③温泉でトウジをすることにした。

④寺院でショウジン料理を味わう。

⑤緊張して夜更けに目覚めた。

⑥日頃のご厚情に心より感謝申し上げます。

三 次の各問いに答えなさい。

問一 次の文章の中で、漢字に誤りのある場合は正しい漢字を答え、誤りがなければ「〇」と答えなさい。

（１） 時効まで、刑事責任は追求される。

（２） これ以上環境を破壊しないようにできる限り尽力する必要がある。

問二 次の文章の中で、表現に誤りのないものを二つ選び記号で答えなさい。

ア、今回の事故を他山の石として、自らの行動を振り返る機会にする。

イ、ホームランを打つことで守備での汚名を挽回することができた。

ウ、あの人の意見はいつも的を得ているので安心して聞くことができる。

エ、大事な試合に備えて、体調を壊さないように心がける。

オ、優勝を収めて昨年の雪辱を果たした。

問八　この場面で「女」と「美禰子」が使い分けられていることの説明として最もふさわしいものを選び、記号で答えなさい。

ア　「美禰子」は固有名詞であり、一人の確立した存在として示すときに用いられるが、「女」は一般名詞であり、他の存在と区別できないことを意味する。したがって、三四郎にとって特別な存在になる時に「美禰子」と、特別な存在でない時に「女」と表現されると考えられる。

イ　「美禰子」は固有名詞であり、それを「女」と一般化することは、美禰子を抽象化することにつながる。「美禰子」と表現される時は三四郎が目の前で感じることができる生身の女性として存在し、「女」と抽象化される時は三四郎にとって捉え難い存在となっている時と考えられる。

ウ　「美禰子」は固有名詞であるとともに、それを呼び捨てにできるのは、彼女と特別な関係にあることを意味する。「女」は一般名詞であり、誰のことでも呼ぶことができる。つまり三四郎と特別な関係を持っている時に「美禰子」と、特別な関係でない時に「女」と表現されると考えられる。

エ　「美禰子」は固有名詞であり、一人の人間として他の存在全てから区別されるが、「女」は一般名詞であり誰のことをも意味しうる。したがって美禰子をあえて「女」と一般化するのは、美禰子を一人の人間存在として尊重しない三四郎の驕《おご》りが現れている時と考えられる。

問七　傍線部⑦A「迷子」・⑦B「迷える《ストレイ》子《シープ》」・⑦C「迷える《ストレイ》子《シープ》」・⑦D「迷える《ストレイ》子《シープ》」の4箇所について説明したものとして最もふさわしいものを選び、記号で答えなさい。

ア　美禰子が「迷える《ストレイ》子《シープ》」と投げかける言葉に対して三四郎は何も答えない。しかし最後だけ、「その呼吸《いき》を感ずる事が出来た」とあり、三四郎は美禰子の言葉の意味を頭では理解できなくても、美禰子の「呼吸《いき》」から身体で直感的に受け止めている。

イ　美禰子は初め「解って？」と、「迷える《ストレイ》子《シープ》」を三四郎が理解することを求めていた。しかしそれは「小さな声で、独り言」から「口の内で」と徐々に自分の中にこもっていき、三四郎に理解されることは諦めている。

ウ　美禰子は初め「迷子」と言ったものの、三四郎の反応がないのでわざわざ英訳を尋ねて三四郎の知的好奇心を刺激した。それでも反応がない三四郎に対して、最後の手段としてその胸に倒れ込んだのである。

エ　美禰子は「迷子」と言っただけで、そこにこめたキリスト教的な意味を読み取らない三四郎のためにわざわざ英訳してみせた。それでも反応しない三四郎に神の救いは見出せないと諦めたため息が最後の「呼吸《いき》」である。

問六　傍線部⑥「『じゃ、もう帰りましょう』～静かな口調であった。」の部分について、一の文章を踏まえて考察したものとして最もふさわしいものを選び、記号で答えなさい。

ア　ここでは「～た」という文末表現が連続しているが、それは態度を変えた美禰子が影響している。この後には「空はまた変わって来た。」とあり、美禰子の変化を空の変化によって象徴的に語っている。これらの「～た」は過去形の「～た」ととるべきで、二人きりの時間が過ぎ去り、二人の関係が取り返しのつかない局面を迎えてしまったことを表しているのである。

イ　「私そんなに生意気に見えますか」と美禰子が心情を吐露してからここまで、「弁解の心持ちがある」と「恨めしい気がする」を除いてすべて「～た」という文末表現が連続する。自分が「恨めしい」存在となったのを察知した美禰子は、「もう帰りましょう」と二人の関係に終止符を打つ。未来が絶たれた男女の様子を、語り手は離れた場所で描き出している。

ウ　ここではすべて「～た」という文末表現が連続している。三四郎が美禰子の言葉から受ける心象が語り手によって統括的に述べられている。しかしここで注意したいのは「諦めるように」という断定を避ける表現だ。美禰子の三四郎に対する気持ちは、三四郎には決して知ることはできない。そうした「知りえない他者」との隔絶が、ここで印象付けられる。

エ　「じゃ、もう帰りましょう」と言う美禰子の言葉を「厭味のある言い方ではなかった」と判断するのは語り手なのか、三四郎なのか。この前の部分では「弁解の心持ちがある」と三四郎の一人称の視点での判断をしているので、ここも同じく「厭味のある言い方ではない」とすべきなのに、語りが錯綜していると言える。

問五　傍線部⑤「同時に自分の腹を見抜かれたという自覚に伴う一種の屈辱をかすかに感じた」とあるがどのようなことか。その説明として最もふさわしいものを選び、記号で答えなさい。

ア　他の男の目を気にして突然取り繕うように、残してきた広田先生と野々宮の話をし出すだけでなく、美禰子がその二人のどちらを気にしているのかを探ってみたり、美禰子がそれに答えないと、さもどうでもいいことのように「帰ろう」と言い出す三四郎の心の乱れを、美禰子に見透かされてしまっているということ。

イ　広田先生や野々宮と離れて美禰子と二人きりになったことは全て計算づくだったのに、それを取り繕うように、彼らが自分たちを探しているだろうと言い出した上に、自分からでなく美禰子から「帰ろう」と言わせようとする三四郎の偽善的な態度を見透かされ、「責任を逃れたがる人だ」と言い当てられてしまったということ。

ウ　髭の男や広田先生、野々宮といった他人の目ばかりを気にして、このような場所に美禰子と二人きりになったのは自分の考えではなく、あくまでも美禰子が気分が悪かったから仕方がなかったのだと言わんばかりに「もう気分は宜くなりましたか。」と責任転嫁する三四郎の狡《ずる》さを見抜かれてしまったということ。

エ　あまりに長く美禰子と不在でいると、広田先生や野々宮に二人の仲を疑われるのではと不安になり、早く帰らねばと焦りだして「もう気分は宜くなりましたか。」と聞いたものの、美禰子から「もっとここにいたい」と言わせるように仕向けたい本音を見抜かれてしまっているということ。

問四　傍線部④「三四郎はじっと坐っていにくいほどな束縛を感じた」とあるがその心理の説明として最もふさわしいものを選び、記号で答えなさい。

ア　髭を生やして洋服を着たいかにも身分が高そうな男性から憎悪の目を向けられたことで、自分の未来に何か影響が出るのではないかと恐れる気持ち。

イ　年輩の男性から憎悪の目を向けられたことで、若い自分に対して嫉妬されているのだと思い、年配者を傷つけた自分の振る舞いを悔いる気持ち。

ウ　洋服を着て都会的な男性から憎悪の目を向けられたことで、熊本の田舎育ちの自分が都会的な女性と二人でいる不似合いさを気づかされて恥じ入る気持ち。

エ　年上の男から憎悪の目を向けられたことで、女性と恋愛に興じている人間と見られたと思い、後ろめたさからこの場を逃れたい気持ち。

問三　傍線部③「三四郎は水の中を眺めていた。〜一面にかかっている」の部分について[一]の文章内容をふまえた説明として最もふさわしいものを選び、記号で答えなさい。

ア　それまで距離をとって座ることしかできなかった三四郎が、美禰子とともに空が濁っていく様を共有している様子を語り手が一人称の視点によって映し出している。それだけでなく、美禰子の視線を追うことによって三四郎の視線も下方から上方に移動していくことも重要だ。つまり、三四郎は語り手の巧みな語りによって、美禰子と同一の一人称として一体化しているのである。美禰子と三四郎が世界を共有し、ともに歩んでいくであろうことを予感させる場面となっている。

イ　ここでは主に動詞の言い切りが連続しているが、それは三四郎の視点ではない。三四郎に寄り添っていた語り手の視点はいつの間にか美禰子の視点となり、美禰子の見る上方の「濁っていく空」を映し出している。一方三四郎は下方の「濁っていく川」を見ている。その三四郎が美禰子によって下方から上方に目を向けさせられるとともに、大理石のように「空が濁った」という初めての表現を聞くことで、彼がこれまで見ていた世界とは異なる世界へ目を向けさせられる象徴的な場面となっている。

ウ　三四郎は郷里熊本を彷彿《ほうふつ》とさせる原風景として百姓が大根を洗ってその川を濁らせていく様を見ていた。一方東京という都会育ちの「美禰子の視線は遠くの向うにあ」り、三四郎が見る世界には関心がない。その三四郎と美禰子の乖離《かいり》を、語り手は三四郎ではなく美禰子の視線に寄り添ってその遠くの空を語ることで表現している。さらに「空が濁ったという言葉はこの時が始めてである」とか「『ええ、大理石のように見えます』と答えるよりほかはなかった」と三四郎の無理解を語り手が印象付ける場面となっている。

エ　この前の場面で、美禰子が藁屋根の風景を「美しい事」と言っても三四郎は共感するどころか「もう少し歩けませんか」と美禰子に歩くことを促すばかりである。そうした二人の距離はそれぞれが見ている風景も異なることを語り手が映し出すことで強調される。美禰子はそんな頑なな三四郎に対して「重い事。大理石のように見えます」と皮肉を言い、「動くようで、なかなか動きませんね」とあきらめて「また遠くの雲を眺め出」す。この瞬間に美禰子は三四郎を突き放した決定的な場面となっている。

⑦D「迷える《ストレイ》子《シープ》」と美禰子が口の内で云った。三四郎はその呼吸《いき》を感ずる事が出来た。

（夏目漱石「三四郎」より）

注1　一丁　約109m

2　一尺　約30cm

3　半間　気が利かないこと。

4　stray sheep　英語　迷羊。マタイ伝十八章十二―十四節に、百匹の羊を飼うものは、そのうちの一匹は迷った時、他の九十九匹を山に残してもその一匹を探し求め、それを発見した時には、他の九十九匹に勝って、この一匹を喜ぶであろう。神の御心もこの羊飼いと同じであるとして、神の愛の大きさを説いた話がある。（『ちくま文庫　夏目漱石全集5』より）

問一　傍線部①「待ち合わせた三四郎の眼には～行かない」とあるが、この部分から、三四郎の眼には美禰子がどのような女性として見えているのがわかるか。最もふさわしいものを選び、記号で答えなさい。

ア　男性に男女平等を主張する女性。

イ　男性に打ち勝とうとする女性。

ウ　男性に見下されまいとする女性。

エ　男性に頼ろうとはしない女性。

問二　空欄 ② に入る最もふさわしい語を選び、記号で答えなさい。

ア　とうとう　　イ　いそいそ　　ウ　きびきび　　エ　すっと

然《ぜん》として、

⑥「じゃ、もう帰りましょう」と云った。厭味のある言い方ではなかった。ただ三四郎にとって自分は興味のないものと諦めるように静かな口調であった。

空はまた変って来た。風が遠くから吹いてくる。広い畠の上には日《ひ》が限って、見ていると、寒いほど淋しい。草からあがる地意気《じいき》で身体《からだ》は冷えていた。気が付けば、こんな所に、よく今までべっとり坐って居られたものだと思う。自分一人なら、とうにどこかへ行ってしまったに違いない。美禰子も――美禰子はこんな所へ坐る女かも知れない。

「少し寒くなったようですから、とにかく立ちましょう。冷えると毒だ。しかし気分はもうすっかり直りましたか」

「ええ、すっかり直りました」と明らかに答えたが、にわかに立ち上がった。立ち上がる時、小さな声で、独り言のように、

⑦C「迷《ストレイ》える子《シープ》」と長く引っ張って云った。三四郎は無論答えなかった。

美禰子は、さっき洋服を着た男の出て来た方角を指して、道があるなら、あの唐辛子の傍を通って行《ゆ》きたいと云う。二人は、その見当へ歩いて行った。藁葺《わらぶき》の後に果して細い三尺ほどの路があった。その路を半分ほど来た所で三四郎は聞いた。

「よし子さんは、あなたの所へ来る事に極《きま》ったんですか」

女は片頬で笑った。そうして問い返した。

「何故お聞きになるの」

三四郎が何か云おうとすると、足の前に泥濘《ぬかるみ》があった。四尺ばかりの所、土が凹《へこ》んで水がぴたぴたに溜っている。その真中に足掛りのために手頃《てごろ》な石を置いたものがある。三四郎は石の扶《たすけ》を藉《か》らずに、すぐに向うへ飛んだ。そうして美禰子を振り返って見た。美禰子は右の足を泥濘の真中にある石の上へ乗せた。石の据《すわ》りがあまり善くない。足へ力を入れて、肩を揺《ゆす》って調子を取っている。三四郎はこちら側から手を出した。

「お捕まりなさい」

「いえ大丈夫」と女は笑っている。手を出している間は、調子を取るだけで渡らない。三四郎は手を引込めた。すると美禰子は石の上にある右の足に、身体の重みを託して、左の足でひらりとこちら側へ渡った。あまりに下駄《げた》を汚すまいと念を入れ過ぎたため、力が余って、腰が浮いた。のめりそうに胸が前へ出る。その勢いで美禰子の両手が三四郎の両腕の上へ落ちた。

「野々宮さんがですか」

美禰子はやっぱり答えなかった。

「もう気分は宜《よ》くなりましたか。宜くなったら、そろそろ帰りましょうか」

美禰子は三四郎を見た。三四郎は上げかけた腰をまた草の上におろした。その時三四郎はこの女にはとても叶《かな》わないような気がどこかでした。⑤同時に自分の腹を見抜かれたという自覚に伴う一種の屈辱をかすかに感じた。

⑦A「迷子」

女は三四郎を見たままでこの一言を繰り返した。三四郎は答えなかった。

「迷子の英訳を知っていらしって」

三四郎は知るとも、知らぬとも云い得ぬほどに、この問を予期していなかった。

「教えて上げましょうか」

「ええ」

※4「迷える《ストレイ》子《シープ》——解って？」

三四郎はこう云う場合になると挨拶に困る男である。咄嗟《とっさ》の機が過ぎて、頭が冷やかに働き出した時、過去を顧《かえり》みて、ああ云えば好かった、こうすれば好かったと後悔する。と云って、この後悔を予期して、無理に応急の返事を、さも自然らしく得意に吐き散らすほどに軽薄ではなかった。だからただ黙っている。そうして黙っている事が如何にも※3半間《はんま》であると自覚している。

⑦B迷える《ストレイ》子《シープ》という言葉は解ったようでもある。また解らないようでもある。解る解らないはこの言葉の意味よりも、むしろこの言葉を使った女の意味である。三四郎はいたずらに女の顔を眺めて黙っていた。すると女は急に真面目になった。

「私そんなに生意気に見えますか」

その調子には弁解の心持ちがある。三四郎は意外の感に打たれた。今までは霧の中にいた。霧が晴れれば好いと思っていた。この言葉で霧が晴れた。明瞭な女が出て来た。晴れたのが恨《うら》めしい気がする。

三四郎は美禰子の態度を故《もと》のような、——二人の頭の上に広がっている、澄むとも濁るとも片付かない空のような、——意味のあるものにしたかった。けれども、それは女の機嫌を取るための挨拶ぐらいで戻せるものではないと思った。女は卒《そつ》

「商売ですもの。ちょうど大観音《おおがんのん》の乞食と同じ事なんですよ」

「場所が悪くはないですか」

三四郎は珍らしく冗談を云って、そうして一人で面白そうに笑った。乞食について下した広田の言葉をよほどおかしく受けたからである。

「広田先生は、よく、ああ云う事をおっしゃる方なんですよ」と極めて軽く独《ひと》り言《ごと》のように云ったあとで、急に調子を更《か》えて、

「こう云う所に、こうして坐っていたら、大丈夫及第よ」と比較的活潑《かっぱつ》に付け加えた。そうして、今度は自分の方で面白そうに笑った。

「なるほど野々宮さんの云った通り、いつまで待っていても誰も通りそうもありませんね」

「ちょうど好《い》いじゃありませんか」と早口に云ったが、後で「お貰《もら》いをしない乞食なんだから」と結んだ。これは前句の解釈のために付けたように聞えた。

ところへ知らん人が突然あらわれた。唐辛子の干してある家の影から出て、いつの間にか河を向うへ渡ったものと見える。二人の坐っている方へだんだん近付いて来る。洋服を着て髯《ひげ》を生やして、年輩から云うと広田先生くらいな男である。この男が二人の前へ来た時、顔をぐるりと向け直して、正面から三四郎と美禰子を睨《にら》め付けた。その眼のうちには明らかに憎悪の色がある。④三四郎はじっと坐っていにくいほどな束縛を感じた。男はやがて行過ぎた。その後影を見送りながら、三四郎は、

「広田先生や野々宮さんはさぞ後で僕等を探したでしょう」と始めて気が付いたように云った。美禰子はむしろ冷やかである。

「なに大丈夫よ。大きな迷子ですもの」

「迷子だから探したでしょう」と三四郎はやはり前説を主張した。すると美禰子は、なお冷やかな調子で、

「責任を逃れたがる人だから、ちょうど好いでしょう」

「誰が？ 広田先生がですか」

美禰子は答えなかった。

畠の先が森で森の上が空になる。空の色がだんだん変って来る。

ただ単調に澄んでいたものの中《うち》に、色が幾通りも出来てきた。透き徹る藍《あい》の地《じ》が消えるように次第に薄くなる。その上に白い雲が鈍く重なりかかる。重なったものが溶けて流れ出す。どこで地が尽きて、どこで雲が始まるか分からないほどに嬾《ものう》い上を、心持ち黄な色がふうと一面にかかっている。

「空の色が濁りました」と美禰子が云った。

三四郎は流れから眼を放して、上を見た。こう云う空の模様を見たのは始めてではない。けれども空が濁ったという言葉を聞いたのはこの時が始めてである。気が付いて見ると、濁ったと形容するよりほかに形容のしかたのない色であった。三四郎が何か答えようとする前に、女はまた言った。

「重い事。大理石《マーブル》のように見えます」

美禰子は二十瞼《ふたえまぶた》を細くして高い所を眺めていた。それから、その細くなったままの眼を静かに三四郎の方に向けた。そうして、

「大理石のように見えるでしょう」と聞いた。三四郎は、

「ええ、大理石のように見えます」と答えるよりほかはなかった。女はそれで黙った。しばらくしてから、今度は三四郎が云った。

「こう云う空の下にいると、心が重くなるが気は軽くなる」

「どう云う訳ですか」と美禰子が問い返した。

三四郎には、どう云う訳もなかった。返事はせずに、またこう云った。

「安心して夢を見ているような空模様だ」

「動くようで、なかなか動きませんね」と美禰子はまた遠くの雲を眺め出した。

菊人形で客を呼ぶ声が、折々二人の坐っている所まで聞える。

「随分大きな声ね」

「朝から晩までああ云う声を出しているんでしょうか。豪《えら》いもんだな」と云ったが、三四郎は急に置き去りにした三人の事を思い出した。何か云おうとしているうちに、美禰子は答えた。

二　次の文を読んで、後の問いに答えなさい。

時代は明治。主人公の三四郎は熊本から上京して東京帝国大学の文科に入り、母から訪ねるように言われていた同大学理科の研究者である野々宮を訪問した際に偶然出会った美禰子《みねこ》に心惹かれる。美禰子は野々宮の友人の妹であった。ある日三四郎は、野々宮とその妹のよし子、美禰子、広田先生の五人で団子坂の菊人形（当時人気だった興行）を見物に行くが、途中で気分の悪くなった美禰子と二人で、他の者とはぐれて静かな場所を求めて歩いていく。

※1一丁《ちょう》ばかり来た。また橋がある。※2一尺に足らない古板を造作《ぞうさ》なく渡した上を、三四郎は大股に歩いた。女もつづいて通った。①待ち合わせた三四郎の眼には、女の足が常の大地《だいじ》を踏むと同じように軽く見えた。この女は素直な足を真直に前へ運ぶ。わざと女らしく甘えた歩き方をしない。従ってむやみにこっちから手を貸す訳に行《い》かない。

向うに藁《わら》屋根がある。屋根の下が一面に赤い。近寄って見ると、唐辛子《とうがらし》を干したのであった。女はこの赤いものが、唐辛子であると見分けのつく処まで来て留った。

「美しい事」と云いながら、草の上に腰をおろした。草は小川の縁に僅かな幅を生えて居るのみである。それすら夏の半《なかば》のように青くはない。美禰子は派手な着物の汚れるのをまるで苦にしていない。

「もう少し歩けませんか」と三四郎は立ちながら、促すように云って見た。

「ありがとう。これで沢山」

「やっぱり心持ちが悪いですか」

「あんまり疲れたから」

三四郎も［　②　］汚ない草の上に坐った。美禰子と三四郎の間は四尺ばかり離れている。二人の足の下には小さな河が流れている。秋になって水が落ちたから浅い。角の出た石の上に鶺鴒《せきれい》が一羽とまったくらいである。③三四郎は水の中を眺めていた。水が次第に濁って来る。みると河上で百姓が大根を洗っていた。美禰子の視線は遠くの向うにある。向うは広い畠で、

問五　傍線部⑤「夏目漱石」の作品でないものを一つ選び、記号で答えなさい。

ア　秘密　　イ　吾輩は猫である　　ウ　門　　エ　坊ちゃん

問六　傍線部⑥「語り手が～表現である」とはどのようなことか。最もふさわしいものを選び、記号で答えなさい。

ア　世界は知覚した瞬間にどんどん過去になっていってしまい、「現在」を把握することは不可能である。したがって三四郎の心理も現在進行形で捉えることはできず、現在・過去・未来を統括する「～た」として語り手が表現するのが最も正しく自然なことだということ。

イ　現実世界は一人の人間の知覚や思考でのみ成り立っていて、それを他人は絶対に知ることはできないはずである。三四郎の見る世界や考えることも同じだ。しかし人間世界を高みから見下ろす神の視点を語り手が持つならば、それらを見通すことは可能であるということ。

ウ　語り手は三四郎が見る世界について、その視点を想像的に共有して表現することはできるが、他者である三四郎の心理は本来ならば断定できない。しかし三四郎が見る世界から離れて三四郎の様子を観察する視点に立つことで、その心理を第三者的に表現するということ。

エ　三四郎とともに世界を見ている限り、語り手は時間や場所に縛られた限定的な視点を持たざるを得ない。しかし語り手は想像力を駆使して本来見えないはずの三四郎の心理を読者の前に展開する。そうした視点は世界を所有する満足感を読者に与えるということ。

問七　空欄 ⑦A と ⑦B には漢字二字の対義語が入る。それぞれ答えなさい。

提示と一人称的な判断とのせめぎ合いの産物としてあるわけである。

こうした例から浮かび上がってくるのは、日本の近代小説においては、「た」に表象される「かつて─そこに─あった」世界を提示する視点が不可欠だが、同時にそれだけで作中世界を構成することはできず、背後でそれを読み手に伝えている叙述主体──隠れた「私」──の判断が同時に求められることになるという、はなはだ興味深い事実なのである。

（安藤　宏「『私』をつくる　近代小説の試み」より）

問一　傍線部①「気恥ずかしさ」を覚える原因として最もふさわしい表現を本文中から十二字で抜き出しなさい。

問二　傍線部②「現代日本語の宿命的な困難」とあるが、その「困難」の理由として最もふさわしい二十八字の部分を、次の表現につながるように抜き出し、そのはじめと終わりの三字をそれぞれ答えなさい。

日本語の（　　　　）だから。

問三　空欄［③］に入る四字の語を答えなさい。

問四　傍線部④「『私』を隠す～技術」を言い換える最もふさわしい四十五字の部分を抜き出し、そのはじめと終わりの三字をそれぞれ答えなさい。

現だが、それだと過去のできごとと現在のできごとが同時に交錯していることになるので、はなはだおかしなことになってしまう。しかしわれわれはさしてそれを不自然には感じない。つまり「(三四郎は) 大いに驚ろいて仕舞つた」という場合の「〜た」は過去のできごととしてよりもむしろ、⑥語り手が三四郎の視点を離れて彼を外側から観察し、概括的に説明する三人称的な表現であることのシグナルと見るべきなのだろう。それに対し、「放り出してある」「積んである」「様に見える」といった動詞の言い切りの形は、三四郎にとって東京がどのように見えるのか、という、いわば彼に寄り添った一人称的な視点であると言ってよい。この二つの視点を交互に織り交ぜ、立体的に構成してみせている点に作者の創意と工夫があるわけである。

この問題はミニチュアのドールハウスやジオラマを例に考えてみると、よりわかりやすくなるかもしれない。

町や村のミニチュア模型を見る楽しさは、世界をトータルに所有してみたいというわれわれのうちなる欲望に発している。上から立って眺めると学校や病院の配置を一望できるのだが、それはいわば「〜た」に表される統括的な、三人称的な視点である。それに対して見る側がかがみ込んで、人形の一つ(一人)になったつもりで広場から時計台を見上げてみる楽しみ方もあるだろう。それはいわば動詞の言い切りの形に代表される、現場の一人称的な視点であると言ってよい。この二つの視点を自由に織り交ぜることによって、われわれは初めて一個の世界をトータルに所有し得たと感じるわけである。

三人称的な視点と一人称的な視点と——おそらくはこの両者をいかに組み合わせるかに言文一致体の〝小説づくり〟のポイントがあった。そしてこの場合、要点の一つは文末詞の「〜た」をいかにうまく使いこなすか、にあると言ってよい。たとえばこの点に関して野口武彦は、日本文学にもともとなかったはずの三人称の概念が近代小説に定着していくプロセスとして、標識記号としての「〜た」を興味深く論じている(『三人称の発見まで』一九九四年)。実は谷崎潤一郎が『現代口語文の欠点について』(昭和四年)という文章の中で、文末の「〜た」に思わず「のである」を書き加えてしまいたくなる書き手の心理を問題にしているのだが、野口はこれを取り上げ、そこには三人称と一人称との間の「或る微妙な、いわば危険な関係」があるのだという。たとえば他者の心理を「嬉しかった」と表現すると、なぜそこまで［⑦A］的に断定できるのか、という不自然さを打ち消すことができない。そこに話し手の判断として「〜のである」を付け加えたくなってしまうのは、一般的な妥当性と話者の判断とのギリギリのせめぎ合いがあるからなのであって、それを野口は［⑦A］世界に［⑦B］が介入しかねない、「危険な関係」だというのである。「嬉しかったのである」という表現は、この場合、三人称的な事実の形を織り交ぜてみたり、体言止めを取り入れてみたり、おそらくわれわれは「偉そうに」見えてしまう突出――「私」の判断の露骨な表出――を避けるために、今後もさまざまな試行錯誤を繰り返していくにちがいない。この問題に関してはいまだ大方の合意があるわけではなく、長い歴史で見れば、「言文一致体」はまだ形成過程にある、はなはだ不安定な文体なのである。

以下本題に入ろう。

実は右の事情は言文一致体でどのように小説をつくっていくか、という近代小説の問題にほぼそのままスライドさせて考えてみることができる。実際には叙述主体である「私」はたしかにあるのだけれども、物語を効果的に演出していくために、あたかもそれがない〝かのように〟操作する必要にせまられることもある。近代小説をこうした④「私」を隠す、あるいは巧妙に打ち出していくための技術の歴史として眺めた時、はたしてどのような風景が見えてくるだろうか。

⑤夏目漱石の『三四郎』（明治四一年）を例に考えてみることにしよう。この小説は漱石が職業作家としてスタートをきってまだ間もない、初期の名作として親しまれている。主人公の三四郎は熊本から上京して帝大に入学するのだが、見るもの聞くものが目新しい東京の風景に圧倒されてしまう。たとえば次のように……。

三四郎が東京で驚ろいたものは沢山ある。第一電車のちん〳〵鳴るので驚ろいた。それから其ちん〳〵鳴る間に、非常に多くの人間が乗ったり降りたりするので驚ろいた。次に丸のうちで驚ろいた。尤《もっと》も驚いたのは、何処《どこ》迄行つても東京が無くならないと云ふ事であつた。しかも何処をどう歩《あ》るいても、材木が放り出してある。石が積んである、新らしい家が往来から二三間引つこんでゐる、古い蔵が半分取り崩されて心細く前の方に残つてゐる。凡《すべ》ての物が破壊されつゝある様に見える。さうして凡ての物が又同時に建設されつゝある様に見える。大変な動き方である。

三四郎は全く驚ろいた。要するに普通の田舎者が始めて都の真中《まんなか》に立つて驚ろくと同じ程度に、又同じ性質に於て大いに驚ろいて仕舞《しま》つた。

（二の一）

右の文章から、まず文末表現だけを拾い上げてみることにしよう。「〜た」で結ばれている場合と、動詞の現在形で終わっている場合とがほぼ半々に入り交じっていることに気がつく。一般的に、「〜た」は過去のできごとであることを示す文末表

二〇二三年度
山手学院高等学校

【国語】（五〇分）〈満点：一〇〇点〉

※字数制限のあるものは、句読点および記号も一字とする。

※注意 一 と 二 は連動しているので、必ず 一 を解いてから 二 に進むこと。

一 次の文章を読んで、後の問いに答えなさい。

文章を書く際に、文末をどのように結ぶか、というのは常に大きな悩みの種である。誰でも一度は、書いた文章を少し醒めた目で読み返し、「〜である」がやたらに乱発されているのに気がついて、「何を偉そうに……」という違和感を覚え、①気恥ずかしさにいたたまれない思いをした経験があるのではないだろうか。

おそらく原因は文章が未熟だから、ということだけにあるのではないだろう。そこには書き手の判断をどのように、あるいはどこまで打ち出していくかをめぐる、②現代日本語の宿命的な困難が潜んでいるように思われるのである。

たとえば「〜なのである」「〜なのだ」という断定を「〜と思われる」「〜と考えられる」などに置き換えてみると〝気恥ずかしさ〟が多少とも減じるような気がするのはなぜなのだろう。自分の見解が一般的な妥当性を持っているかのようによそおうことができて、ひとまず安心するからなのだろうか。あるいはその背後では、主観的な判断と客観的な妥当性との間にいかに折り合いをつけるかをめぐる、ギリギリの駆け引きが展開されているのではあるまいか。おそらくそこで問われているのは、たしかにあるはずの「私」の判断を、あたかもない〝かのように〟よそおってみせるしたたかな技術なのである。

古文ならば「なり」「たり」あるいは「候」という定型表現で解決していたはずのこの問題は、近代になってなまじ「言（話し言葉）」と「文（書き言葉）」とを一致させようという改革が始まってしまったために、あたかも ③ の箱を開けたように、一気に表に吹き出してきてしまった観がある。「〜である」を段落の最後の文章だけに使ってみたり、動詞の終止

2023年度／山手学院高等学校

英語解答

1
1　(1)…1　(2)…9　(3)…2　(4)…10
　(5)…6　(6)…5　(7)…8　(8)…4
　(9)…3　(10)…7
2…2　3…4　4…2　5…3

2
1　(1)…3　(2)…8　(3)…10　(4)…6
　(5)…2　(6)…15　(7)…12　(8)…5
　(9)…4　(10)…9
2　A…5　B…3　C…4　D…2
　E…1
3…3　4…4　5…4

3
(1)　2　(2)　2　(3)　3　(4)　4
(5)　3

4
(1)　4　(2)　3　(3)　2　(4)　4
(5)　1

5
1　May　2　right　3　mean
4　water　5　left

6
1　that　2　no　3　miss
4　eight　5　greeted

7
［1］　5　［2］　2　［3］　5
［4］　7　［5］　7

1〔長文読解総合―説明文〕

≪全訳≫❶第二次世界大戦以前は，貿易はあまり盛んではなく，ほとんどは当時のいくつかの帝国内部でのことだった。イギリスの貿易は大英帝国内で，フランスの貿易はフランス帝国内で，などといったように起きていた。多国間貿易はあまりなかった。貿易はしばしば，別種の戦争だった。❷しかし，第二次世界大戦後，アメリカ人が帝国を一掃し，貿易を安全に保つために船舶や人員を世界中に配置した。綿や石油のようなものを手に入れるために戦争を利用することは誰にもできなかった。現在，世界は平和の時代に入っており，国際貿易は第二次世界大戦以降とても重要になってきた。今では商品が世界中をとても大きな船で何千キロメートルも離れた場所に運ばれることは普通だ。この貿易は私たち皆をずっと豊かにしてきたし，今や世界に貧しい人々はより少なくなっている。❸しかし，アメリカ人はもう海洋を守りたいと思っていないと懸念する人々がいる。アメリカ人は他の誰ともそれほど貿易をする必要があるわけでもないし，海洋を監視することはとても費用がかかる。だが，もしアメリカ人が海を守ることをやめたら，貿易はおそらく止まるだろう。このことは，原材料を輸入してその後製品を輸出している国々だけでなく，食糧や石油といったものを輸入する貿易に依存している国々にとっても，特に懸案事項だ。アメリカ人にとっても，国際貿易が減ることは現在とても安価な多くのさまざまな商品の価格の上昇を引き起こしかねないと予測する人もいるだろう。結局のところ，国際貿易がなければ，スマートフォンは存在さえしないだろう。❹すでに，アメリカ人がもはや世界平和と貿易を守りたいと思っていないという前兆がある。世界のアメリカ軍人の人数は，2000年代初頭より少なく，特にこの10年間で減っている。前回，紛争が中東での石油の生産をほとんど中断させそうになったとき，当時の大統領は何の援助も提供しなかった。中東はもうアメリカ人にとってそれほど重要ではないのだ。彼らはアメリカ国内に大量の食糧と石油を持っており，誰とも貿易をする必要がない。もし私たちが将来も平和な世界を保ちたいと思うなら，世界の他の国々は海洋貿易を守ることにおいて自分の役割を果たしたり，アメリカ人抜きでも仲良くすることを学んだりしなくてはならなくなるだろう。❺読者A／何が問題かわからない。世界は，海に船を送り出すのにアメリカ人を必要としない。他の国はたくさんあるし，もし皆で一致協力すれば，海賊を阻止して貿易を安全に保つことができる。アメリカ人が家に帰りたいのなら，帰ればいい。アメリカの援助がなければ世界が貿易をやめることになると考える人は誰でも，おかしい。❻読者B／これは問題のように思えるが，そんなことが起きるだろうか。現在，アメリカ人は自由貿易を何年にもわたって支えてきており，突然やめるだろうというのはおかしいように思われる。なぜアメリカ人が自由貿易を守ることをやめたいと思うだろうか。もちろん，思わないだろう。そうすることがアメリカ人にとって必要ではないだろうからといって，彼らが友人たちを助けることをやめるだろうということにはならない。❼読者C／もしこれが実際に起きたりすれば，深刻だろう。世界中が私たちの海洋貿易を守ってくれるアメリカを必要としている。食糧や石油のように世界中に輸送される重要なものはたくさんあり，もし安価な食糧やエネルギーを手に入れられなければ，問題が起きたり，もしかすると飢えたりするであろう国はたくさんある。私は本当に，アメリカが世界貿易を守り続けることを望む。

1＜適語選択＞⑴イギリスの貿易は大英帝国内で，フランスの貿易はフランス帝国内で行われていたという次の文の内容が，空所を含む文をより具体的に説明した内容になっていることを読み取る。⑵帝国内での貿易がほとんどだったので「多国間貿易」はあまりなかった。　⑶国際貿易がとても重要になってきたのは第二次世界大戦「以降」。　⑷travel to ～で「～に行く」。ここでは間に all across the globe in very big ships という副詞句が挟まれている。　⑸trade with ～「～と貿易をする」　⑹depend on ～「～に依存する」　⑺「国際貿易がなければ，スマートフォンは存在さえしないだろう」という意味になると推測できる。without には「～がなければ」という意味がある。なお，この文は助動詞 would があることからわかるように，‘現在の事実に反する仮定’を述べた仮定法過去の文で，without global trade が条件節の役割を果たしている。⑻across the globe「世界中の」　⑼at the time「当時の」　⑽back home「自国に(戻って)」

2＜英問英答＞「アメリカ人は世界を助けるためにここ70年間ほど何をしてきたか」―2.「貿易のために海を安全に保つこと」　第2段落第1文参照。「ここ70年間ほど」は，第二次世界大戦以降の期間のこと。　‘keep＋目的語＋形容詞’「～を…にしておく，保つ」

3＜英問英答＞「なぜ国際貿易はそれほど重要なのか」―4.「上記の全てによって」　1.「物がより安くなるから」は第3段落終わりから2文目，2.「人々がより豊かになるから」は第2段落最終文，3.「食糧のために貿易が必要な国もあるから」は第3段落中ほどの内容に一致する。

4＜内容真偽＞1.「読者Aは，アメリカ人は海に船を送り出す必要があると考えている」…×　逆である。　2.「読者Bは，アメリカ人は自由貿易を支えることをやめないだろうと思っている」…○　Bの意見をまとめた内容である。　3.「読者Cは，たとえアメリカが貿易を守ることをやめてもほとんどの国は大丈夫だと考えている」…×　Cはアメリカが必要だと述べている。4.「上記のどれも当てはまらない」…×

5＜英問英答＞「筆者は何を懸念しているか」―3.「アメリカ人が貿易を守らないこと」　第4段落参照。世界から軍人を引き上げつつあること(第2文)や中東の紛争時に援助をしなかったこと(第3文)などを根拠に，アメリカはもはや世界平和と貿易を守りたいとは思っていないことを懸念している。　no longer ～「もはや～ない」

2〔長文読解総合―説明文〕

≪全訳≫❶フォレストグリーン・ローヴァーズは，イングランド南西部のフォレスト・グリーン村の小さなサッカークラブだ。最近まで，そのクラブについて何か知っている人はほとんどいなかった。❷フォレストグリーン・ローヴァーズは，その初試合を1889年にプレーした。最初の100年間，チームはイングランド南西部のローカルリーグでプレーしていた。1998年，クラブはナショナルリーグに加わった。2010年，クラブは地元のビジネスマンであるデール・ヴィンスによって買収された。ヴィンスはクラブで多くのことを変えた。彼の目的は，フォレストグリーン・ローヴァーズを「グリーンな」クラブにすることだった。2018年，国際サッカー連盟はフォレストグリーン・ローヴァーズを「世界一グリーンなサッカークラブ」に選んだ。❸A何がフォレストグリーン・ローヴァーズをグリーンにしているのか。まず，そのクラブはフォレスト・グリーン村のクラブだ。チームは緑色のシャツでプレーし，ファンは緑色のマフラーを巻いて緑色の旗を振る。それに，スタジアムはイングランド南西部の美しい緑豊かな田舎にある。しかし，これらはフォレストグリーン・ローヴァーズが世界一グリーンなクラブである理由ではない。本当の理由は，クラブが環境に心から配慮していることだ。❹2010年にクラブを買収した後，デール・ヴィンスは環境に貢献する多くのプロジェクトを始めた。まず，太陽電池パネルがスタジアムの屋根に設置された。今では，クラブで使用される電気のほとんどがこれらの太陽電池パネルからきている。次に，雨水回収システムがスタジアムの屋根に設置された。今では，スタジアムに降る雨は全て回収され再利用されている。最後に，選手のシャツをつくるのに使用される素材が変更された。今季から，選手のシャツはリサイクルされたプラスチックからつくられることになる。ヴィンスの目的は，環境を損なわないサッカークラブを所有することだ。❺$_{B}$デール・ヴィンスは新しいプロジェクトに取り組んでいる。それはクラブの歴史で最も大きなものになるだろう。ヴィンスはクラブを新しいスタジアムに移そうと計画しているのだ。新スタジアムは木造になる予定だ。世界初の木造のサッカースタジアムになるだろう。ヴィンスは，世界一環境に優しいサッカークラブは世界一環境に優しいサッカースタジアムを持つべきだと考えている。また，新スタジアムはエコパークの一部になる予定だ。新スタジアムの周囲には500本の木が植えられることになる。将来，フォレストグリーン・ローヴァーズはホームゲームを森の中でプレーすることになるだろう。❻$_{C}$フォレストグリーン・ローヴァーズの食事のメニューもまた環境に優しい。クラブのスタジアムでは，肉，魚，卵，チーズなど動物由来の食品はいっさい提供されない。言い換えると，フォレストグリーン・ローヴァーズはビーガンのクラブだ。事実，それは世界初のビーガンのサッカークラブである。フォレストグリーン・ローヴァーズでは，選手，スタッフ，ファンはシイタケバーガーや，フライドサツマイモや，生野菜サラダといった食事を楽しんでいる。選手たちはその食べ物が気に入っている。フォレストグリーン・ローヴァーズの選手であるケイン・ウィルソンは，クラブでの肉なしの料理を楽しんでいると言う。彼は，肉をより少なく食べることは彼をより健康にすると思っている。❼$_{D}$ファンもまた，その料理を楽しんでいる。ジェームズ・スミスはフォレストグリーン・ローヴァーズを30年間見続けてきた。「最初，新メニューはどうかと思っていました。でも食べてみたら，本当に気に入りました。フライドサツマイモはおいしいですよ！」と彼は言った。別のファンであるショーン・エバンズもまた，その食べ物がおいしいと思った。「これまでに私が食べた中で最高のサッカー食ですよ」と彼は言った。❽$_{E}$フォレストグリーン・ローヴァーズは小さなクラブだ。わずか2500人ほどのファンしかホームゲームに行かない。しかし，別の意味でそれは大きなクラブだ。ノルウェーやアメリカ，スイス，ベルギーを含む20か国に100を超えるフォレストグリーン・ローヴァーズのファンクラブがある。また，国際サッカー連盟や国際連合のような国際機関もフォレストグリーン・ローヴァーズのファンだ。世界中のファンや国際機関がクラブとその環境プロジェクトを応援している。❾フォレストグリーン・ローヴァーズの次のホームゲームは３月30日で，対チェルトナムＦＣだ。あなたたちの何人かがいつか世界一環境に優しいクラブを見に行くことを願う。そしてもちろん，フライドサツマイモを食べてみることを忘れないでほしい。

1 <適語選択>(1)‘be動詞＋過去分詞＋by ～’の受け身の文。　(2)「～するための」を表す形容詞的用法のto不定詞。なお，which でも文は成立するが，(6)で使うのでここでは不可。　(3) most of the ～「～のほとんど」。almost は副詞で名詞の用法はない。　(4)主語は the material「素材」なので，「変更された」という受け身の文になる。主語 material は単数なので be動詞は was。(5) be made from ～「～(原料)からつくられる」　*cf.* be made of ～「～(材料)でできている」(6)空所以下は a football club を先行詞とする関係代名詞節。　own「～を所有する」　(7)木々に囲まれた場所にスタジアムをつくっているので「森の中でホームゲームをする」ことになる。

(8)'make＋目的語＋形容詞'「～を…(の状態)にする」の形。'目的語'には「彼を」を表すhimが入る。 (9)about 2,500 fansで「2500人ほどのファン」となる。 (10)the club and ( ) environmental projectsのひとまとまりで直前のsupportの目的語になる。supportの対象となるのは「そのクラブとその(クラブの)環境プロジェクト」である。

2＜適文選択＞A．この後，フォレストグリーン・ローヴァーズがgreenである理由が説明されている。 B．この後，新スタジアムをつくるというヴィンスが考えている新プロジェクトについて説明されている。直後のItは，3のa new projectを指す。 C．この後，ビーガン食の説明が続いている。 D．この後，ビーガン食について2人のファンが肯定的な意見を述べている。 E．直後のOnly about 2,500 fans「わずか2500人ほどのファン」が，クラブの小ささを示す具体例になっている。

3＜内容一致＞「多くの機関がフォレストグリーン・ローヴァーズがグリーンだと考えているのは，( )からだ」―3．「そのクラブには多くの環境に優しいプロジェクトがある」 第8段落最終文参照。このgreenは「環境に優しい」という意味。

4＜内容真偽＞1．「2500人のファンがホームゲームに行くので，フォレストグリーン・ローヴァーズは大きなクラブだ」…×　2．「2，3年のうちに新スタジアムを建設するので，フォレストグリーン・ローヴァーズは大きなクラブだ」…×　3．「ナショナルリーグでプレーしているので，フォレストグリーン・ローヴァーズは大きなクラブだ」…×　4．「環境に気を配っていることで世界中に知られているので，フォレストグリーン・ローヴァーズは大きなクラブだ」…○ 第8段落第3～6文の内容に一致する。

5＜表題選択＞この文章は，「世界一環境に優しいクラブ」に選ばれたフォレストグリーン・ローヴァーズについてのものなので，適するのは4．「世界一環境に優しいサッカークラブ」。

3〔正誤問題〕

(1)「朝の5時」はfive in the morning。andが結ぶのは主語My sisterに対応する述語動詞なので，andの後はdoingではなくgets upに合わせてdoesとするのが正しい。 「妹〔姉〕は毎週土曜日には朝5時に起きて運動をする」

(2)前に出た'数えられる名詞'の代わりとなり，不特定のものを指すのはone(itは前に出た名詞そのものを受けるので，なくした傘そのものを買うという意味になる1は×)。また，'数えられる名詞'の代わりになるので，new oneの前にはaが必要。3はmoreが不要。 「お気に入りの傘をなくした。新しいのを買わなくては」

(3)1はone of the fastest swimmers ..., so she was chosen to swim ...となれば正しい。2，4は因果関係が逆で，文法的にも不適切。 「メアリーは私たちの学校で最も泳ぐのが速いので，市の大会で泳ぐように選ばれた」

(4)「～以来」を表すsinceは通例，完了時制とともに使われる。「君は中学校に入学して以来，英語を勉強していますか」

(5)informationは'数えられない名詞'なので，冠詞のanや複数形のsはつかない。 「彼は私たちにカナダへの修学旅行についての情報をくれた」

4〔正誤問題〕

(1)1…○ 「私たちの給食は学校の厨房で調理される」 2…○ 「私たちはその犬が我が家に来たときからマックスと呼んでいる」 3…○「月が地球の周りを回っている」のような'不変の真理'には時制の一致は適用されない。 「子どもたちは月が地球の周りを回っていることを学んだ」 4…× ifやwhenで始まる'条件'や'時'を表す副詞節の中では，未来のことでも現在時制で表す。will notではなくdo notが正しい。「もしわからなければ，いくつか質問してもいいですか」

⑵1…○　「この言葉の日本語での発音の仕方を教えてください」　2…○　「これらは私がこの夏読もうと計画している全ての本だ」　3…×　visitedは「～を訪れる」という意味の他動詞なので，toは不要。　「ジョーンズ氏は自分が訪れた場所について話すつもりだ」　4…○　「この動物園の動物は世界中の多くの子どもたちに知られている」

⑶1…○　‘倍数詞＋as ～ as …’「…の一倍～だ」の形。「私は彼の5倍多くの本を持っている」　2…×　間接疑問なので，‘疑問詞＋主語＋動詞…’の語順となるwhat she was looking at …が正しい。　「彼女が興味を持っているように見えたので，私は彼女に何を見ているのか尋ねた」　3…○　「彼に会いにどこに行けばいいのか，誰も私に教えてくれなかった」　4…○　「私はあなたに私のレポートを読んで，意見を言ってもらいたい」

⑷1…○　Why don’t we ～?「～しましょう」　「放課後，近所の公園でサッカーをしよう」　2…○　「私はとても疲れていたが，コンサートに行くことに決めた」　3…○　「もし気に入ったのなら，君にこの写真をあげよう」　4…×　「何か～な物」は‘something＋形容詞’の語順になる。something sweetが正しい。　「おなかがすいているので，何か甘い食べ物が欲しい」

⑸1…×　現在完了は‘have/has＋過去分詞’の形。have/hasの直後に～ingは続かない。正しくはI have just finishedとなる。　「私はちょうどその番組を見終わったところだ」　2…○　「彼女の子どもはまだ2人とも小学校に通っている」　3…○　‘Some ～, and others …’「～する人もいれば，…する人もいる」の形。「踊っている人もいれば，ただテーブルに座っているだけの人もいる」　4…○　advice「助言，アドバイス」は‘数えられない名詞’であることに注意。「私が将来のキャリアを決めようとしていたとき，父は私にたくさんのアドバイスをくれた」

5〔適語補充―共通語〕

1．上：「5月」の意味のMay。　「私は友人たちと来年5月にオーストラリアへ旅行に行くつもりだ」　下：「～してもいいですか」と‘許可’を求める表現のMay I ～。　「トイレに行ってもいいですか？」―「授業が終わるまで待ってください」

2．上：「正しい」を表す形容詞のright。　「うそをつくのは正しくないが，人はしばしばそれをする」　下：「権利」を表す名詞のright。　「誰もが自由に話す権利を有する」

3．上：「意地悪な」を表す形容詞のmean。「幼い子どもたちは動物に対してとても意地悪になることがあり，ときにはしっぽを引っ張ったりする」　下：「～を意味する」を表す動詞のmean。「『play nice』とは日本語でどういう意味ですか」

4．上：「～に水をやる」を表す動詞のwater。　「明日の朝，日の出の直後に植物に水をやってください」　下：「水」を表す名詞のwater。　「とても喉が渇いた。コップ1杯の水をくれませんか」

5．上：「左」を表す名詞のleft。「この道をまっすぐ行きなさい，そうすれば左手に銀行が見えます」　下：「去る」を表す動詞leaveの過去形left(leave－left－left)。　「エイミーは国際若者会議のためにニューヨークへ出発した」

6〔書き換え―適語補充〕

1．「あの古い本はこの本よりも高価だ」→「あの古い本の値段はこの本のよりも高い」　同じ名詞の繰り返しを避けるため，thanの後にくるthe priceを代名詞thatで表す。

2．「彼は今日新聞を読む時間がなかった」　not any ～≒ no ～

3．「今出発しなさい，そうしないとコンサートを見ることはできないよ」→「今出発しなければ，コンサートを見逃すよ」　missには「～を見逃す」という意味がある。

4.「学園祭についてのミーティングは4時間続いた」→「私たちは学園祭について4時から8時までミーティングをした」　「4時間」を,「4時から8時まで」と具体的な時間に言い換える。

5.「授業の初めに,先生は『おはよう』と言った」→「先生は授業の初めに私たちに挨拶した」　greet「挨拶する」

7〔対話文完成―整序結合〕

≪全訳≫❶マットとポールは妹〔姉〕のアンについて話している。彼らは彼女のためにサプライズパーティーを計画してきた。今日は彼女の誕生日だ。❷この前の木曜日／マット(M)：もうアンに何か買った？　それを内緒にしているのかい？❸ポール(P)：もちろん買ったよ。カラフルな風船で部屋を飾る用意ができているし，子ネコが描かれたかわいいカードも買った。誕生日のプレゼントとしてピンクのセーターも買ったよ。君は？　パーティー用に食べ物を買う計画を立てていると言っていたね。❹M：放課後のサッカーの練習ですごく忙しかったから，パーティーや食べ物のことを考える時間さえなかった。何を食べればいいと思う？❺P：ピザはどう？　ママはピザづくりの達人だよ。❻M：ああ，でも仕事で忙しかった1日の後でママに料理させたくないな。❼P：じゃあ，デリバリーのピザはどう？　どっちにしても僕たちは皆ピザが大好きだし。❽M：$_1$それはすごくいい考えに思えるね！❾この前の金曜日／P：パーティーに$_2$どのピザを注文するか決めた？❿M：いや，まだ。あっ，しまった！　今思い出した！　まだ彼女にプレゼントを買ってない！　何を欲しがるだろう？　何が好きなんだろう？⓫P：$_3$僕が君だったら，ママに尋ねるよ。⓬M：ありがとう！　後でママにきいてみるよ！⓭今日／P：部屋は飾りつけたし，カードは用意できているし，プレゼントは包装されている。アンには5時以降に帰ってくるように言った…。ねえ，マット，ピザの店にデリバリーの電話をしたよね？　ところで，君は$_4$パパに何時に帰宅するか尋ねたんだよね？⓮M：もちろん，ママと話した後でピザ店に電話したよ。それと，パパに尋ねてはいない。パパはただいつものように仕事に行って，パーティーについては何も言っていなかった。君がパパにパーティーについて話したんだよね？⓯P：うん，昨日パパにそのことを話したから，そのことは知っているよ，だから$_5$彼はきっと時間に間に合うように帰宅すると思う。⓰M：ああ，それが聞けてよかったよ。⓱玄関のベルが鳴る。／P，M：よし！　ピザの人だ！　玄関へ行こう！

[1]パーティーの食べ物にピザを提案したポールへの返答になる部分。前の内容を受けて主語をThatとし，sounds like ～「～のように聞こえる，思われる」を続けて「それは～のように思われる」とする。　That sounds like a very good idea!

[2]語群から「君はどのピザを注文するか決めたか」という疑問文をつくる。Have you decidedで始め,「どのピザを注文するか」を‘疑問詞(＋名詞)＋to不定詞’の形を使って表す。　Have you decided which pizza to order for the party?

[3]語群と前後の文脈から「僕ならママにきくだろう」といった意味の文になるとわかる。このような‘現在の事実に反する仮定’を表すのは‘主語＋助動詞の過去形＋動詞の原形..., if＋主語＋動詞の過去形...’の形の仮定法過去の文。ここでは文頭にIが提示されているので，主節が前に出る。　I would ask Mom if I were you.

[4]現在完了の付加疑問文。語群より「パパに何時に帰宅するか尋ねた」という文になると推測できる。you have askedとした後,‘ask＋人＋物事’「〈人〉に〈物事〉を尋ねる」の形を考え,‘物事’に当たる「何時に帰宅するか」を‘疑問詞＋主語＋(助)動詞...’の間接疑問で表す。　... you have asked Dad what time he would come home, haven't you?

[5]‘I am sure that＋主語＋動詞...’「きっと～は…すると思う」の形をつくる。　..., so I am sure that he will come home in time.

2023年度／山手学院高等学校

数学解答

1 (1) 55　(2) $8\sqrt{6}$　(3) $\dfrac{4x-3y}{6}$　(4) $\dfrac{9a^2}{b^2}$　(5) 中央値…6点　最頻値…7点　(6) 9通り　(7) $2,\ \dfrac{3}{2}$　(8) $x=\dfrac{3\pm\sqrt{3}}{3}$　(9) $36\pi\,\mathrm{cm}^2$

2 (1) $x=-5$　(2) $x=2,\ y=\dfrac{1}{4}$　(3) $x=-3\pm3\sqrt{3}$

3 (1) $(a+b+c)(a-b-c)$　(2) $\dfrac{4}{7}$　(3) 16個　(4) 8

4 (1) (10, 2)　(2) $\dfrac{8}{3}\pi$　(3) 480π

5 (1) 2cm　(2) ①　(3) $4-2\sqrt{3}$ cm

6 (1) $\dfrac{1}{6}$　(2) $\dfrac{1}{6}$　(3) $\dfrac{3}{11}$

1〔独立小問集合題〕

(1)＜数の計算＞与式$=3\{3-(-8)\}-(-27+9-4)=3(3+8)-(-22)=3\times11+22=33+22=55$

(2)＜数の計算＞与式$=(2\sqrt{3}+\sqrt{2})^2-(2\sqrt{3}-\sqrt{2})^2=12+4\sqrt{6}+2-(12-4\sqrt{6}+2)=12+4\sqrt{6}+2-12+4\sqrt{6}-2=8\sqrt{6}$

≪別解≫$2\sqrt{3}+\sqrt{2}=A$，$2\sqrt{3}-\sqrt{2}=B$とおくと，与式$=A^2-B^2=(A+B)(A-B)$となる。A，Bをもとに戻して，与式$=\{(2\sqrt{3}+\sqrt{2})+(2\sqrt{3}-\sqrt{2})\}\{(2\sqrt{3}+\sqrt{2})-(2\sqrt{3}-\sqrt{2})\}=(2\sqrt{3}+\sqrt{2}+2\sqrt{3}-\sqrt{2})(2\sqrt{3}+\sqrt{2}-2\sqrt{3}+\sqrt{2})=4\sqrt{3}\times2\sqrt{2}=8\sqrt{6}$ である。

(3)＜式の計算＞与式$=\dfrac{4\times4(x-y)-3\times3(x-y)+(x+y)}{12}=\dfrac{16x-16y-9x+9y+x+y}{12}=\dfrac{8x-6y}{12}=\dfrac{4x-3y}{6}$

(4)＜式の計算＞$\dfrac{1.5ab^3}{c^2}=\dfrac{3}{2}ab^3\div c^2=\dfrac{3ab^3}{2c^2}$，$2.5ab^2c=\dfrac{5}{2}ab^2c=\dfrac{5ab^2c}{2}$だから，与式$=\left(\dfrac{3ab^3}{2c^2}\right)^2\div\left(\dfrac{5ab^2c}{2}\right)^2\div\left(\dfrac{b^2}{5ac^3}\right)^2=\dfrac{9a^2b^6}{4c^4}\div\dfrac{25a^2b^4c^2}{4}\div\dfrac{b^4}{25a^2c^6}=\dfrac{9a^2b^6}{4c^4}\times\dfrac{4}{25a^2b^4c^2}\times\dfrac{25a^2c^6}{b^4}=\dfrac{9a^2b^6\times4\times25a^2c^6}{4c^4\times25a^2b^4c^2\times b^4}=\dfrac{9a^2}{b^2}$となる。

2〔独立小問集合題〕

(1)＜一次方程式＞$(4x+11)\times2=(x-1)\times3$より，$8x+22=3x-3$，$8x-3x=-3-22$，$5x=-25$　$\therefore x=-5$

(2)＜連立方程式＞$x+\dfrac{1}{2y}=4$……①，$3x+\dfrac{2}{y}=14$……②とする。$\dfrac{1}{y}=A$とおくと，①より，$x+\dfrac{1}{2}A=4$……①′　②より，$3x+2A=14$……②′　①′×4−②′より，$4x-3x=16-14$　$\therefore x=2$　これを②′に代入して，$3\times2+2A=14$，$6+2A=14$，$2A=8$，$A=4$となる。よって，$\dfrac{1}{y}=4$より，$y=\dfrac{1}{4}$である。

(3)＜二次方程式＞$3(x^2-6x+9)=4x^2-12x+9$，$3x^2-18x+27=4x^2-12x+9$，$-x^2-6x+18=0$，$x^2+6x-18=0$より，解の公式を利用して，$x=\dfrac{-6\pm\sqrt{6^2-4\times1\times(-18)}}{2\times1}=\dfrac{-6\pm\sqrt{108}}{2}=\dfrac{-6\pm6\sqrt{3}}{2}=-3\pm3\sqrt{3}$ である。

3〔独立小問集合題〕

(1)＜式の計算—因数分解＞与式$=a^2-(b^2+2bc+c^2)=a^2-(b+c)^2$として，$b+c=X$とおくと，与式$=a^2-X^2=(a+X)(a-X)$となる。$X$をもとに戻して，与式$=\{a+(b+c)\}\{a-(b+c)\}=(a+b+c)(a-b-c)$である。

(2)＜方程式の応用＞$X=\dfrac{a}{b}$と表せる。$a+8$を分子，$b+14$を分母に持つ分数は$\dfrac{a+8}{b+14}$だから，これがX

と等しいとき，$\dfrac{a+8}{b+14}=\dfrac{a}{b}$が成り立つ。両辺に$b(b+14)$をかけると，$b(a+8)=a(b+14)$，$ab+8b=ab+14a$，$8b=14a$より，$b=\dfrac{7a}{4}$と表せる。よって，$X=\dfrac{a}{b}=a\div b=a\div\dfrac{7a}{4}=a\times\dfrac{4}{7a}=\dfrac{4}{7}$である。

(3)＜数の性質＞120の正の約数は，1，2，3，4，5，6，8，10，12，15，20，24，30，40，60，120の16個ある。

(4)＜関数―変域＞関数$y=-\dfrac{1}{4}x^2$ではxの絶対値が大きくなるとyの値は小さくなる。xの変域が$-2\leqq x\leqq a$で，$x=-2$のとき$y=-\dfrac{1}{4}\times(-2)^2=-1$だから，最小値が$-16$となるのは$x=a$のときである。よって，$-16=-\dfrac{1}{4}a^2$が成り立つ。これを解くと，$a^2=64$，$a=\pm8$となり，$a\geqq-2$だから，$a=8$である。

(5)＜データの活用―中央値，最頻値＞生徒の人数は35人だから，中央値は得点を小さい順に並べたときの18番目の値となる。5点以下は$0+0+1+4+2+5=12$(人)，6点以下は$12+7=19$(人)だから，18番目は6点となる。また，人数が最も多いのは10人の7点である。よって，中央値は6点，最頻値は7点である。

(6)＜場合の数＞Aさん，Bさん，Cさん，Dさんがそれぞれ持ってきたプレゼントをa，b，c，dとする。Aさんがbをもらうとき，残りの3人が自分が持ってきたプレゼント以外のものをもらうのは，(B，C，D)＝(a，d，c)，(c，d，a)，(d，a，c)の3通りある。Aさんがcをもらうときも，Aさんがdをもらうときも3通りずつあるから，受け取り方は全部で$3+3+3=9$(通り)ある。

(7)＜二次方程式―解の利用＞二次方程式$2x^2-3x+1=0$……①を解くと，解の公式より，$x=\dfrac{-(-3)\pm\sqrt{(-3)^2-4\times2\times1}}{2\times2}=\dfrac{3\pm\sqrt{1}}{4}=\dfrac{3\pm1}{4}$となり，$x=\dfrac{3-1}{4}=\dfrac{1}{2}$，$x=\dfrac{3+1}{4}=1$である。$x=\dfrac{1}{2}$が二次方程式$4x^2-6kx+5=0$……②の解のとき，$4\times\left(\dfrac{1}{2}\right)^2-6k\times\dfrac{1}{2}+5=0$，$1-3k+5=0$，$-3k=-6$　$\therefore k=2$　$x=1$が方程式②の解のとき，$4\times1^2-6k\times1+5=0$，$4-6k+5=0$，$-6k=-9$　$\therefore k=\dfrac{3}{2}$

(8)＜二次方程式の応用＞$1<\dfrac{5}{3}<2$より，$\left[\dfrac{5}{3}\right]=1$，$-\sqrt{4}<-\sqrt{2}<-\sqrt{1}$より，$-2<-\sqrt{2}<-1$だから，$[-\sqrt{2}]=-2$となる。また，$[3]=3$，$\sqrt{9}<\sqrt{11}<\sqrt{16}$より，$3<\sqrt{11}<4$だから，$[\sqrt{11}]=3$である。さらに，$\sqrt{16}<\sqrt{17}<\sqrt{25}$より，$4<\sqrt{17}<5$となり，$4-2<\sqrt{17}-2<5-2$，$2<\sqrt{17}-2<3$だから，$[\sqrt{17}-2]=2$となる。よって，方程式は$\{1-(-2)\}x^2-(3+3)x=-2$より，$3x^2-6x+2=0$となるので，解の公式を利用して，$x=\dfrac{-(-6)\pm\sqrt{(-6)^2-4\times3\times2}}{2\times3}=\dfrac{6\pm\sqrt{12}}{6}=\dfrac{6\pm2\sqrt{3}}{6}=\dfrac{3\pm\sqrt{3}}{3}$である。

(9)＜平面図形―面積＞右図のように，点Aから辺BCに垂線AHを引くと，△AHCは，∠ACH＝60°より，3辺の比が$1:2:\sqrt{3}$の直角三角形なので，$\mathrm{AH}=\dfrac{\sqrt{3}}{2}\mathrm{AC}=\dfrac{\sqrt{3}}{2}\times4\sqrt{3}=6$である。また，△AHBは，∠ABH＝45°より，AH＝BHの直角二等辺三角形なので，$\mathrm{AB}=\sqrt{2}\mathrm{AH}=\sqrt{2}\times6=6\sqrt{2}$となる。AH＜AC＜ABだから，辺BC上の点で点Aから最も近い点はH，最も遠い点はBとなる。よって，点Aを中心に辺BCを1回転させたとき，辺BCの通過する部分は図の斜線部分で，半径ABの円から半径AHの円を除いた部分となる。したが

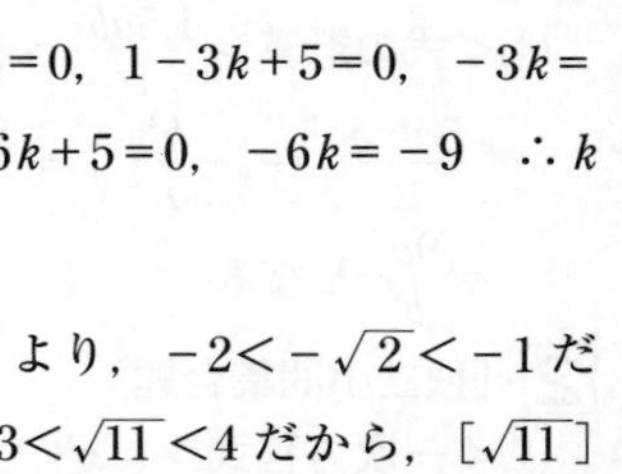

って，求める面積は$\pi\times(6\sqrt{2})^2-\pi\times6^2=36\pi$(cm^2)である。

4〔関数—関数 $y=ax^2$ と一次関数のグラフ〕

≪基本方針の決定≫(1)　四角形ABCDは平行四辺形だから，AD∥BC，AD＝BCである。

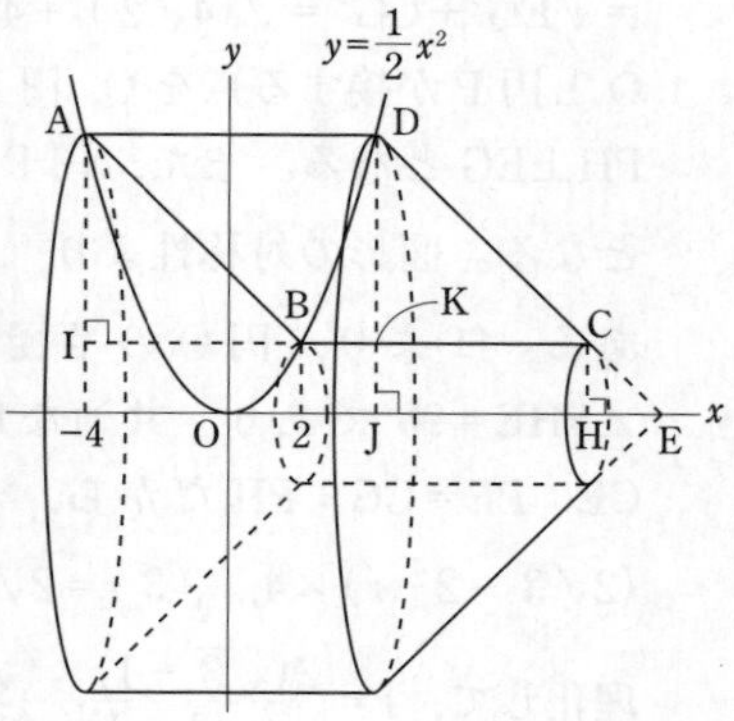

(1)＜座標＞右図で，2点A，Bは放物線$y=\frac{1}{2}x^2$上にあり，x座標はそれぞれ-4，2だから，$y=\frac{1}{2}\times(-4)^2=8$，$y=\frac{1}{2}\times2^2=2$より，A($-4$，8)，B(2，2)となる。点Dは放物線$y=\frac{1}{2}x^2$上にあり，放物線$y=\frac{1}{2}x^2$は$y$軸について対称だから，AD∥〔$x$軸〕より，2点A，Dは$y$軸について対称であり，D(4，8)となる。四角形ABCDは平行四辺形だから，AD∥BCとなり，AD∥〔x軸〕より，BC∥〔x軸〕となるので，点Cのy座標は点Bと等しく2となる。また，BC＝AD＝$4-(-4)=8$だから，点Cのx座標は$2+8=10$であり，C(10，2)となる。

(2)＜体積＞右上図で，(1)より，C(10，2)，D(4，8)だから，直線CDの傾きは$\frac{2-8}{10-4}=-1$となり，その式は$y=-x+b$とおける。これが点Dを通るので，$8=-4+b$，$b=12$となる。よって，直線CDの式は$y=-x+12$だから，直線CDとx軸の交点Eのx座標は，$0=-x+12$，$x=12$より，E(12，0)である。△CEHをx軸の周りに1回転させてできる立体は，底面の半径がCH＝2，高さがEH＝12$-10=2$の円錐となる。したがって，求める立体の体積は$\frac{1}{3}\pi\times2^2\times2=\frac{8}{3}\pi$である。

(3)＜体積＞右上図で，点Aを通りy軸に平行な直線と直線BCの交点をIとする。また，点Dからx軸に垂線DJを引き，線分DJと辺BCの交点をKとする。平行四辺形ABCDをx軸の周りに1回転させてできる立体は，四角形AIKDがつくる回転体と△DKCがつくる回転体を合わせた立体から△AIBがつくる回転体を除いたものとなる。(1)より，BC∥〔x軸〕だから，∠DKC＝90°となり，∠AIB＝∠DKC＝90°となる。また，四角形ABCDは平行四辺形だから，AB＝DCとなり，AB∥DCより，平行線の同位角は等しいので，∠ABI＝∠DCKとなる。これより，直角三角形の斜辺と1つの鋭角がそれぞれ等しいので，△AIB≡△DKCであり，△AIBと△DKCがつくる立体は合同である。よって，平行四辺形ABCDをx軸の周りに1回転させてできる立体の体積は，四角形AIKDがつくる回転体の体積と等しくなる。四角形AIKDは長方形だから，四角形AIKDがつくる回転体は，半径がDJ＝8，高さがAD＝8の円柱から，半径がKJ＝2，高さがIK＝8の円柱を除いた立体となる。したがって，求める立体の体積は$\pi\times8^2\times8-\pi\times2^2\times8=480\pi$である。

5〔空間図形—立方体，球〕

≪基本方針の決定≫(3)　三角形の相似を利用する。

図1

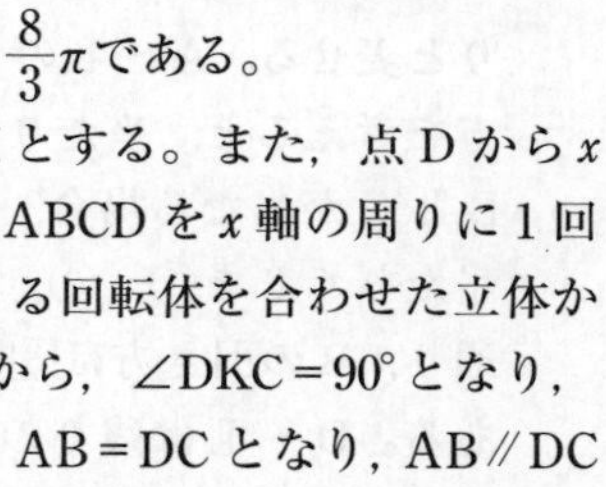

(1)＜長さ＞右図1で，大きい球は1辺の長さが4cmの立方体ABCD-EFGHの全ての面と接しているので，球の直径は4cmである。よって，半径は$4\div2=2$(cm)である。

(2)＜断面図＞右図1で，大きい球の中心をO，小さい球の中心をPとし，2点C，Eを結ぶ。大きい球は立方体ABCD-EFGHの全ての面と接し，小さい球は3つの面AEHD，AEFB，EFGHと大きい球に接しているので，4点A，E，G，Cを通る平面で切断したとき，図形の対称性より，2点O，Pは線分CE上にある。よって，断面図は次ページの図2のようになる。

(3)＜長さ＞前ページの図1で，2点E，Gを結ぶ。△EFGは直角二等辺三角形だから，$EG=\sqrt{2}EF=\sqrt{2}\times4=4\sqrt{2}$ となる。$CG\perp$〔面EFGH〕より，$\angle CGE=90^\circ$ だから，△CEGで三平方の定理より，$CE=\sqrt{EG^2+CG^2}=\sqrt{(4\sqrt{2})^2+4^2}=\sqrt{48}=4\sqrt{3}$ となる。右図2で，円Oと円Pが接する点をQ，円Pと線分EGが接する点をHとすると，$PH\perp EG$ となる。また，円Pの半径を $r$cmとすると，$PQ=PH=r$ となる。図形の対称性より，点Oは線分CEの中点となるので，$OE=\frac{1}{2}CE=\frac{1}{2}\times4\sqrt{3}=2\sqrt{3}$ である。(1)より，円Oの半径は2cmだから，$PE=OE-OQ-PQ=2\sqrt{3}-2-r$ となる。$\angle CGE=\angle PHE=90^\circ$ であり，共通な角より，$\angle CEG=\angle PEH$ だから，△CEG∽△PEHとなる。よって，CE：PE＝CG：PHだから，$4\sqrt{3}:(2\sqrt{3}-2-r)=4:r$ が成り立つ。これを解くと，$4\sqrt{3}\times r=(2\sqrt{3}-2-r)\times4$，$\sqrt{3}r=2\sqrt{3}-2-r$，$(\sqrt{3}+1)r=2(\sqrt{3}-1)$，$r=\frac{2(\sqrt{3}-1)}{\sqrt{3}+1}$ となり，分母を有理化して，$r=\frac{2(\sqrt{3}-1)\times(\sqrt{3}-1)}{(\sqrt{3}+1)(\sqrt{3}-1)}=\frac{2(3-2\sqrt{3}+1)}{3-1}=4-2\sqrt{3}$ (cm)である。

図2

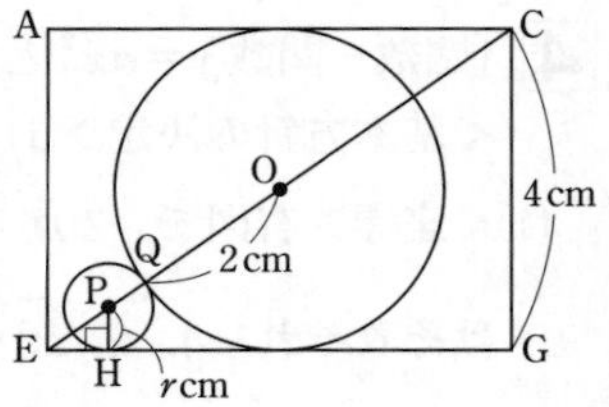

6 〔データの活用―確率―くじ〕

(1)＜確率＞12本のくじの中から1本ずつ，くじがなくなるまで引き続けるので，くじの引き方は，1人目は12通り，2人目は残りの11本の中から1本を引くので11通り，3人目は10通り，……，11人目は2通り，12人目は1通りとなる。これより，12本のくじの引き方は全部で12×11×10×……×2×1通りあり，$N=10\times9\times8\times\cdots\cdots\times2\times1$ とすると，くじの引き方は全部で $12\times11\times N$ 通りと表せる。A～Lの12人がこの順にくじを引き，Cが当たりくじを引くときのA，B，Cの引き方を考えると，当たりくじは2本なので，(i)AとCが当たり，Bがはずれる場合，(ii)Aがはずれ，BとCが当たる場合，(iii)AとBがはずれ，Cが当たる場合の3つの場合がある。ここで，2本の当たりくじを①，②，10本のはずれくじを[3]～[12]とすると，(i)の場合，Aの引き方は①か②の2通り，Bの引き方は[3]～[12]の10通り，CはAが引いた当たりくじ以外の当たりくじを引く1通りある。D～Lは残りの12－3＝9(本)の中から1本ずつ引くので，Dは9通り，Eは8通り，……，Kは2通り，Lは1通りある。よって，2×10×1×9×8×7×6×5×4×3×2×1＝2×(10×9×8×7×6×5×4×3×2×1)＝$2N$(通り)ある。同様に考えると，(ii)の場合，Aの引き方は[3]～[12]の10通り，Bの引き方は①か②の2通り，CはBが引いた当たりくじ以外の当たりくじを引く1通りあり，D～Lは残りの9本の中から1本ずつ引く。よって，10×2×1×9×8×7×6×5×4×3×2×1＝2×(10×9×8×7×6×5×4×3×2×1)＝$2N$(通り)ある。(iii)の場合，Aの引き方は[3]～[12]の10通り，BはAが引いたはずれくじ以外のはずれくじを引く9通り，Cの引き方は①か②の2通りあり，D～Lは残りの9本の中から1本ずつ引く。よって，10×9×2×9×8×7×6×5×4×3×2×1＝9×2×(10×9×8×7×6×5×4×3×2×1)＝$18N$(通り)ある。(i)，(ii)，(iii)より，Cが当たりくじを引くときの引き方は $2N+2N+18N=22N$(通り)あるので，求める確率は $\frac{22N}{12\times11\times N}=\frac{1}{6}$ である。

(2)＜確率＞A～Lの12人がこの順にくじを引くので，連続して当たりくじを引く人の組み合わせは，(A，B)，(B，C)，(C，D)，(D，E)，(E，F)，(F，G)，(G，H)，(H，I)，(I，J)，(J，K)，(K，L)の11通りある。(1)と同様に考えると，A，Bが当たりくじを引くとき，Aの引き方は①か②の2通り，BはAが引いた当たりくじ以外の当たりくじを引く1通りあり，C～Lは残りの12－2＝10(本)の中から1本ずつ引く。よって，2×1×10×9×8×7×6×5×4×3×2×1＝$2N$(通り)ある。B，Cが当たりくじを引くとき，(1)の(ii)の場合より，$2N$通りある。C，Dが当たりくじを引くとき，Aの引き方は[3]～[12]の10通り，BはAが引いたはずれくじ以外のはずれくじを引く9通り，Cは①

か②の2通り，DはCが引いた当たりくじ以外の当たりくじを引く1通りあり，E～Lは残りの12−4＝8(本)の中から1本ずつ引く。よって，$10\times9\times2\times1\times8\times7\times6\times5\times4\times3\times2\times1=2N$(通り)ある。同様に考えると，いずれの場合も$2N$通りとなるので，連続して2人が当たりくじを引く引き方は全部で$2N\times11=22N$(通り)ある。よって，求める確率は$\frac{22N}{12\times11\times N}=\frac{1}{6}$である。

(3)＜確率＞くじは12本あるので，A→B→C→A→B→C→A→……の順にくじを引くとき，Cが引く順番は3番目，6番目，9番目，12番目となる。このうち，Cが1本目の当たりくじを引くのは3番目，6番目，9番目のときである。Cが3番目に1本目の当たりくじを引くとき，A，Bははずれ，Cは当たりなので，(1)の(iii)の場合より，$18N$通りある。Cが6番目に1本目の当たりくじを引くとき，1順目のA，B，C，2順目のA，Bははずれくじを引く。(1)と同様に考えると，5番目まではずれくじ10本の中から1本ずつ引くので，引き方は$10\times9\times8\times7\times6$通りある。6番目のCは①か②の2通りの引き方があり，7番目以降は残りの12−6＝6(本)の中から1本ずつ引く。よって，$10\times9\times8\times7\times6\times2\times6\times5\times4\times3\times2\times1=6\times2\times(10\times9\times8\times7\times6\times5\times4\times3\times2\times1)=12N$(通り)ある。Cが9番目に1本目の当たりくじを引くとき，8番目まではずれくじ10本の中から1本ずつ引き，9番目のCが①と②から1本引き，10番目以降は残りの12−9＝3(本)の中から1本ずつ引く。よって，$10\times9\times8\times7\times6\times5\times4\times3\times2\times3\times2\times1=3\times2\times(10\times9\times8\times7\times6\times5\times4\times3\times2\times1)=6N$(通り)ある。したがって，1本目の当たりくじをCが引くときの引き方は$18N+12N+6N=36N$(通り)あるので，求める確率は$\frac{36N}{12\times11\times N}=\frac{3}{11}$である。

═読者へのメッセージ═

3(8)で用いたある値を超えない最も大きな整数を表すときに使う記号[ ]はドイツの数学者カール・フリードリヒ・ガウスが用いたことから，ガウス記号と呼ばれます。ガウスは19世紀最大の数学者の1人であり，彼の名がついた定理や法則は数多く存在します。

国語解答

一 問一 「私」の判断の露骨な表出
問二 「言文～な文体
問三 パンドラ
問四 たしか～な技術　問五 ア
問六 ウ　問七 A 客観 B 主観

二 問一 エ　問二 ア　問三 イ
問四 エ　問五 ア　問六 ウ
問七 ア　問八 イ

三 問一 (1) 及 (2)…○　問二 ア，オ
問三 ① 鐘楼 ② 若干 ③ 湯治
④ 精進 ⑤ よふ
⑥ こうじょう

一〔論説文の読解―芸術・文学・言語学的分野―文学〕出典；安藤宏『「私」をつくる　近代小説の試み』「『私』をかくす―『三人称』のつくり方，夏目漱石の試み」。

≪本文の概要≫文章を書く際に，文末をどのように結ぶかというのは，大きな問題である。例えば，「～なのである」「～なのだ」という断定を「～と思われる」などと置き換えると，気恥ずかしさを多少とも減じることができる。そこには，確かにあるはずの叙述主体である「私」の判断を，あたかもないかのようにし，見解が一般的な妥当性を持っているかのように見せることが行われている。このような主観的な判断と客観的な妥当性との間にいかに折り合いをつけるかという駆け引きが，文末表現には求められている。これは，近代になって言文一致を目指す改革が始まったことで，問題が表面化したように思われる。そして，近代小説において，言文一致体でどのように小説をつくっていくかという問題にもつながっている。実際には叙述主体である「私」は確かに存在するが，物語を効果的に演出するため，あたかも「私」がいないかのように見せることも必要になるからである。そのため，動詞の言い切りの形に代表される，作中世界の一人称的な視点とは別に，「かつて―そこに―あった」世界を提示することと同時に，三人称的な事実の提示という役割を持つ「～た」という文末表現が，使い分けされている。文末表現の「～た」をいかにうまく使いこなすかに，言文一致体の小説づくりのポイントがある。

問一＜文章内容＞文章を書く際，断定表現を文末に用いることによって，自分の判断を「偉そうに」述べているように見えることに，書き手は気恥ずかしさを感じ，「『私』の判断の露骨な表出」を避けようと，文末表現に試行錯誤する。

問二＜文章内容＞近代になって話し言葉と書き言葉を一致させようとする改革が始まり，主観的な判断と客観的な妥当性をどう折り合いをつけるべきか，試行錯誤が続いている。つまり，「『言文一致体』はまだ形成過程にある，はなはだ不安定な文体」なのである。

問三＜文章内容＞言文一致の改革によって，「書き手の判断をどのように，あるいはどこまで打ち出していくか」という問題が，表面化したのである。「パンドラの箱」は，ギリシア神話で，ゼウスがパンドラに渡した，あらゆる災いの詰まった箱のこと。彼女がこの箱を開けたために地上に不幸が広がったことから，さまざまな災いを引き起こす原因となるものを表す。

問四＜文章内容＞近代小説の中で使われる，叙述主体である「私」を隠す技術は，物語を効果的に演出するために，「私」の判断がないかのように操作するというものであり，それは，文章を書く際に，「たしかにあるはずの『私』の判断を，あたかもない“かのように”よそおってみせるしたたか

な技術」と同じである。

問五＜文学史＞『秘密』は，明治44(1911)年に発表された谷崎潤一郎の小説。『吾輩は猫である』は，明治38(1905)年に発表された夏目漱石の小説。『門』は，明治43(1910)年に「朝日新聞」に連載が始まった夏目漱石の小説で，『三四郎』『それから』に続く前期三部作の最後の作品。『坊ちゃん』は，明治39(1906)年に発表された夏目漱石の小説。

問六＜文章内容＞近代小説の中で，文末の「〜た」という表現には，「かつて—そこに—あった」世界を提示するだけでなく，語り手自身が第三者として判断して事実を提示する「三人称的な事実の提示」という役割がある。

問七＜文章内容＞語り手は「一般的な妥当性と話者の判断とのギリギリのせめぎ合い」の中で，登場人物である他者の心理を第三者の立場で断定する表現を避け(…前半のA)，読み手に不自然な印象を与えかねないよう，語り手自身の判断であることを示す「〜のである」をつけ加えたくなるのである。しかし，それは，三人称的な事実に(…後半のA)，一人称的な判断が(…B)，介入しかねない状況なのである。

二 〔小説の読解〕出典；夏目漱石『三四郎』。

問一＜文章内容＞美禰子は，「一尺に足らない古板を造作なく渡した」ような橋の上でも，三四郎の後に続いて「わざと女らしく甘えた歩き方」などせず，いつもと同じように歩いていたのである。

問二＜表現＞美禰子は着物が汚れるのもかまわず，草の上に座り込んだので，三四郎は「もう少し歩けませんか」と言って，美禰子を立たせようと試みた。しかし，美禰子が動かなかったので，結局，三四郎も草の上に座ることにした。

問三＜表現＞語り手は「三四郎は〜眺めていた」と「た」を用いて，三人称的な立場から場面の説明を始めるが，「美禰子の視線は遠くの向うにある」以降は，動詞の言い切りの形を繰り返し用いながら，語り手が自然に美禰子の視点へと移って，美禰子が見ている空の様子が描かれている。三四郎は，美禰子の「空の色が濁りました」という言葉によって，河の流れから「上」へ視点を変えている。

問四＜心情＞男は三四郎と美禰子の両方を憎悪をもって睨みつけた。三四郎は，見知らぬ男から恋愛にうつつを抜かしているという非難の目で見られたように感じ，早くこの状況を脱したいと思ったのである。

問五＜文章内容＞三四郎は，周囲の目を気にしながらも，美禰子の気持ちが気になり，それを探ろうとしたり，一方で美禰子が答えないと帰ろうと促したりする自分勝手な心中を，全て美禰子に見透かされているように思い，なんとなく恋愛において負けたような恥ずかしさを感じたのである。

問六＜表現＞文末表現をすべて「〜た」と連続させて，語り手が美禰子とも三四郎とも距離を置きながら，三四郎の心の内を読者に事実として伝えている。しかし，三四郎が自分に対する美禰子の気持ちをはっきりと知ることはできないため，その部分は「諦めるように」と推定表現になっている。

問七＜表現＞三四郎は，美禰子の投げかける言葉に対して何も答えず，その意味を，最後まで頭では理解できなかった。しかし，「その呼吸を感ずる事が出来た」という表現から，三四郎は，最後のときにようやく身体的な感覚として，美禰子の投げかける言葉の意味をとらえることができたと考えられる。

問八＜表現＞「女」と「美禰子」は，空の様子についてやりとりする場面や「迷子」という言葉をやりとりする場面などで，使い分けが見られる。「空が濁った」という言葉を初めて聞いた三四郎に対して「女はまた言った」や，「迷える子」という言葉を聞いて「解る解らないはこの言葉の意味よりも，むしろこの言葉を使った女の意味である」などから，三四郎にとって美禰子の発言の意図などがつかめないときに「女」と表現されている。一方，「美禰子」は，「『空の色が濁りました』と美禰子が云った」や「『迷える子』と美禰子が口の内で云った」など，三四郎が彼女を実体として感じられるときに用いられている。

三〔国語の知識〕

問一＜漢字＞⑴悪事や責任などを問いただす場合には，「追及」を用いる。「追求」は，目的を達するまでどこまでも追い求めること。　⑵「尽力」は，ある目的のために力を尽くすこと。

問二＜故事成語・語句・慣用句＞ア．「他山の石」は，他人の誤った言行も，自分の修養の助けにできることを表す。　イ．「汚名」は，悪い評判のことで，「汚名をすすぐ」もしくは「汚名を返上する」が正しい表現。「挽回」は，失ったものを元に戻すことで，「名誉を挽回する」などと使う。　ウ．「的を射る」もしくは「当を得る」が正しい表現。「的を射る」は，要点をつかむ，という意味。「当を得る」は，道理にかなう，要点を押さえる，という意味。　エ．「体調を崩す」が正しい表現。「崩す」は，安定した状態が乱れ，悪い状態になる，という意味。「壊す」は，機能を持っているものに障害を起こさせる，という意味で，「腹を壊す」などと使う。　オ．「雪辱」は，恥をすすぐこと。特に，競技などで負けたことのある相手に勝って，名誉を取り戻すこと。

問三＜漢字＞①「鐘楼」は，寺院の時を知らせる鐘をつるしてある堂のこと。　②「若干」は，はっきりしないが，それほど多くない数量を表し，いくらか，少しばかり，という意味。　③「湯治」は，温泉に入って，病気やけがなどを治療すること。　④「精進料理」は，肉食のない，野菜中心の食事のこと。　⑤「夜更け」は，深夜のこと。　⑥「厚情」は，心からの深い思いやりの気持ちのこと。

═読者へのメッセージ═

一・二でともに取り扱われている夏目漱石は，『吾輩は猫である』や『坊ちゃん』をはじめ，数多くの名作を残しています。そんな漱石をリスペクトして，『贋作　吾輩は猫である』（内田百閒），『続　明暗』（水村美苗）など，オマージュ作品も出版されています。

2022年度 山手学院高等学校

【英　語】（50分）〈満点：100点〉

1　次の英文を読み、問いに答えなさい。

In every country in the world, parents want their children to be happy—it's universal. Maybe they want them to be smart, kind, successful and strong, (1). Many try to help their children make friends and learn life skills.

We all know that playing games is good for children: they learn responsibility and creativity. They also learn *consideration for others. Some develop leadership skills and others learn to support those group leaders. They also become stronger, physically and mentally.

For more than three decades, experts have told us that guns and swords, even if they are toys, (2) bad for children because they encourage violence. Kindergarten teachers have stopped young children from playing war games for many years. They have *banned guns and swords from playgrounds and scolded children who broke the rules and played war games or superheroes.

Penny Holland, from London Metropolitan University, says [　あ　]. She tells us that boys and girls must be allowed to play violent games and that their teachers should watch but not stop them.

As a mother, aunt and teacher, Ms. Holland used to think there was no place for toy guns in schools. According to her, (3) teachers of younger children are women and probably share this way of thinking. Women teachers are more likely to stop boys' rough play such as war games. However, Ms. Holland tells us that stopping them may not bring (い) <u>the results we want</u>: boys may become more violent, not less. Even worse, if a boy is told his games are bad, he may think that he is bad, too.

After completing her research, Ms. Holland asked kindergartens to change their rules. Some allowed toy guns and swords. They watched, but did not stop, the boys playing war games. They let children act as superheroes. Guns were allowed, but *physical contact was not. [　う　] . If they did not want to play, they did not have to. They were careful not to hurt each other. They became less violent, not more.

Ms. Holland found that there were (え) many other advantages, too. When the boys first started playing, their games were only about the weapons, but they developed over time and became longer and more *complicated, so girls started to join in. Children invented their own games and stopped simply copying TV. Boys said they enjoyed kindergarten more. They also made more friends. Ms. Holland thinks this is because the children were not scolded for normal behavior and that for many of them, "violent" games were just that—normal. She tells us that teachers should only worry if children are too interested in weapons and not in the games themselves.

Many researchers agree with Ms. Holland. We have to remember, they say, that children see violence on TV and around them. They need a safe way to understand it. Their teachers need to understand that and help them by watching them play (4) getting angry when they use toy weapons.

Some researchers do not agree completely. They think that sport or other ways should be used to help children compete without hurting each other, but a shooting coach, Allan Phillips, says that Ms. Holland's way makes sense. He says children played shooting games or bow and arrow games when he was a child, but did not grow up to love weapons or become violent.

One father, whose daughter died in a gun accident, says that if children want to play with toy guns, the toys should not look like the real thing. He would like to see a world where there were no guns at all. He believes that if children do not see guns, perhaps they will not be interested in them as adults.

Toy weapons have been banned in kindergartens in Scotland for thirty years, but have children lost interest in them? Clearly not. Research by department stores shows that children love weapons now as much as they did before the bans.

Not everyone interested in children's education agrees with Ms. Holland, (5) most researchers agree that this is not a simple problem. Balance is very important. Television violence has a much worse influence than play violence, for example. So do some video games. A child's world is bigger and more complicated than playtime at kindergarten or elementary school.

Parents cannot control everything about their children's lives. Neither can their teachers. Perhaps both groups need to think again about the importance of playing—rough or quiet—on children.

注：consideration　思いやり　　ban　禁じる
　　physical contact　身体的接触　　complicated　複雑な

問1　(1)～(5)に入る最も適切なものをそれぞれ選び、番号で答えなさい。

1. the	2. so	3. without	4. have
5. but	6. too	7. most	8. in
9. almost	10. are		

問2　[あ] に入る最も適切なものを選び、番号で答えなさい。

1. these children are angry
2. these superheroes are bad
3. these experts are wrong
4. these kindergarten teachers are correct

問3　下線部 (い) the results we want が表す内容として最も適切なものを選び、番号で答えなさい。

1. Boys become more violent.
2. Boys become less violent.
3. Boys think they are doing something bad.
4. Boys are more likely to stop war games.

問4　[　う　] に入る最も適切なものを選び、番号で答えなさい。

1. Instead of hitting each other, children would just act
2. At first, children enjoyed acting, but gradually got tired of the plays
3. Some children had a very hard time following the rules
4. Some children started to use guns in order to stop the war games

問5　下線部 (え) many other advantages の例として挙げられていないものを1つ選び、番号で答えなさい。

1. The games attracted girls because they were not all about weapons any more.
2. Children became creative enough to make up new games.
3. Some children started to have a positive opinion about going to kindergarten.
4. Children listened to their teachers and stopped playing with weapons.

問6　Ms. Holland に意見が最も近いものを選び、番号で答えなさい。

1. Allan Phillips
2. a father whose daughter died in a gun accident
3. kindergartens in Scotland
4. department stores

問７　本文と内容が一致しているものを1つ選び、番号で答えなさい。

1. It is commonly known that children learn nothing from the games they play.
2. Ms. Holland has thought toy weapons are necessary in school since she became a teacher.
3. Some video games have a much worse influence than play violence.
4. We can say parents and teachers know well enough about how children play.

2　次の英文を読み、問いに答えなさい。

Mr. and Mrs. Brown had one child. They called him Leroy, and so did his teachers. Everyone else in Idaville called him Encyclopedia. An encyclopedia is a book or a set of books giving information, *arranged alphabetically, on all branches of knowledge. Leroy Brown's head was like an encyclopedia. It was filled (　1　) facts he had learned from books. He was like a complete library walking around in sneakers. Old ladies who did crossword puzzles were always stopping him on the street to ask him questions. Just last Sunday, after church, Mrs. Conway, the *butcher's wife, had asked him: "What is a three-letter word for a Swiss river beginning with A?" "Aar," Encyclopedia answered [　あ　]. He always waited a moment. He wanted to be helpful. But he was afraid that people might not like him if he answered their questions too quickly and sounded too smart. His father asked him more questions than anyone else. Mr. Brown was the *chief of police of Idaville.

（中略）

One evening at dinner, Mr. Brown said, "Natty Nat has *struck again. He has held up another store—and right here in Idaville." "What store, Dad?" asked Encyclopedia. "The Men's Shop, *owned by Mr. Dillon and Mr. Jones," answered Mr. Brown. "That makes six stores Natty Nat has held up in the state this month." "Are you sure the *robber was Natty Nat?" asked Encyclopedia. "Mr. Dillon himself said it was Natty Nat," replied Mr. Brown. He pulled a notebook from his pocket and put it beside his plate. "I wrote (　2　) everything Mr. Dillon told me about the holdup. I'll read it to you." Encyclopedia closed his eyes. He always closed his eyes when he was getting ready to think hard. His father began to read what Mr. Dillon, the storekeeper, had told him about the holdup:

I was alone in the store. I did not know anyone had come in. Suddenly a man's voice told me to raise my hands. I looked up then. I was face to face with the man the newspapers call Natty Nat. He had on a gray coat with a belt in the back, just as the newspapers said. He told me to turn and face the wall. Since he had a gun, I did as he said. When I turned (3) *again, he was gone—with all the money.*

Chief Brown finished reading and closed his notebook. Encyclopedia asked only one question: "Did the newspapers ever print a picture of Natty Nat?" "No," answered his father. "He never *stands still long enough for a picture to be taken. Remember, he's never been caught. But every policeman in the state knows he always wears that gray coat with the belt in the back." "Nobody even knows his real name," said Encyclopedia, half to himself. "Natty Nat is just what the newspapers call him." Suddenly he opened his eyes. "Say, the only reason Mr. Dillon thought it was Natty Nat was because of that gray coat!" he said. "The case is solved!" "There is nothing to solve," objected Chief Brown. "There is (4) mystery. Mr. Dillon was robbed. The holdup man was the same one who has been robbing other stores in the state." "Not quite," said Encyclopedia. "There was no holdup at The Men's Shop." "What do you mean?" *exclaimed Mr. Brown. "I mean Mr. Dillon wasn't robbed, Dad. He lied from beginning to end," answered Encyclopedia. "Why should Mr. Dillon lie?" *demanded his father. "I guess he spent the money. He didn't want his partner, Mr. Jones, to know (5) was missing," said Encyclopedia. "So Mr. Dillon said he was robbed." "Leroy," said his mother, "please explain what you are saying." "It's simple, Mom," said Encyclopedia. "Mr. Dillon read all about Natty Nat in the newspapers. So he knew Natty Nat always [い] when he held up stores." "Go on, Leroy," said Mr. Brown, *leaning forward. "Mr. Dillon knew it would sound much better if he could blame his holdup on (う) someone people have read about," said Encyclopedia. "He said he knew it was Natty Nat because of the coat he wore—" "That could be true," Chief Brown said. "That *couldn't* be true," said Encyclopedia. "Mr. Dillon never saw the (え) of the man who held him up. He said so himself. Remember?" Chief Brown *frowned. He picked up his notebook again. He read to himself a while. Then he fairly shouted, "Leroy, I believe you are right!" Encyclopedia said, "Mr. Dillon only saw the (お) of the holdup man. He had no way of knowing that the man's coat had a belt *in the back*!" "He stole money from his own store and from his partner too," cried Chief Brown. "And he nearly *got away with it!" He rushed from the dining room.

（後略）

【出典】

注：arrange alphabetically　アルファベット順に並べる

butcher	肉屋の主人	chief	署長
strike (struck)	～を襲う	own	～を所有している
robber	強盗	stand still	じっとしている
exclaim	～と叫ぶ	demand	～と尋ねる
lean forward	身を乗り出す	frown	眉をひそめる
get away with	～を持ち逃げする		

問1　（ 1 ）～（ 5 ）に入る最も適切なものをそれぞれ選び、番号で答えなさい。

1. so　　2. it　　3. no　　4. down
5. with　　6. from　　7. nothing　　8. around

問2　［　あ　］に入る最も適切なものを選び、番号で答えなさい。

1. it
2. quickly
3. after a moment
4. in a way he sounded smart

問3　［　い　］に入る最も適切なものを選び、番号で答えなさい。

1. stole money from The Men's Shop
2. lied from beginning to end
3. raised his hands
4. wore a gray coat with a belt in the back

問４　下線部 (う) someone people have read about が表す内容として最も適切なものを選び、番号で答えなさい。

1. Natty Nat
2. Mr. Jones
3. Leroy
4. Mrs. Conway

問５　(え)(お) に入る最も適切な組み合わせを選び、番号で答えなさい。

1. (え) front － (お) back
2. (え) back － (お) front
3. (え) front － (お) front
4. (え) back － (お) back

問６　本文と内容が一致しているものを1つ選び、番号で答えなさい。

1. Mr. and Mrs. Brown's son was called Encyclopedia because he liked to go to the library.
2. Encyclopedia always closed his eyes when he was thinking hard about himself.
3. The newspapers had some pictures of Natty Nat but did not know his real name.
4. Mr. Dillon told Mr. Brown that he saw Natty Nat but that was a lie.

3 それぞれの(　)に入る最も適切なものを選び、番号で答えなさい。

(1) Cinderella felt (　) when she married the prince.

1. being happy　2. happy　3. happiness　4. happily

(2) My English teacher and his wife introduced a family friend of (　) to me.

1. their　2. theirs　3. them　4. themselves

(3) This article is about a festival that unfortunately (　) this year because of COVID-19.

1. is canceled　2. is canceling　3. has canceled　4. cancels

(4) A: What time shall we leave here? The library will be closed at six today.

B: (　)

1. How about four o'clock?　2. We should arrive there by seven.

3. Will you go there tomorrow?　4. It's five o'clock.

4 次の各組の文がほぼ同じ意味になるように、(　)に適する語を答えなさい。

(1) ア) Can I borrow your dictionary?

イ) Will you (①) (②) your dictionary?

(2) ア) Could you tell me the number of people who are going to attend the party?

イ) Could you tell me (①) (②) people are going to attend the party?

(3) ア) As I am very busy, I cannot attend the meeting with you.

イ) (①) I were not very busy, I (②) attend the meeting with you.

(4) ア) I have never heard such a bad joke as this.

イ) This is (①) (②) joke I have ever heard.

5 日本語に合うように［　　　］の語を並べ替えたとき、(A) と (B) に入るものを記号で答えなさい。ただし、不要なものが１つずつ含まれており、文頭にくる語も小文字で始まっている。

(1) 日本で最も美しい公園の１つが水戸にあります。

(A) (　) (　) (B) (　) (　) (　) (　) in Japan.

ア	parks	イ	beautiful	ウ	the	エ	has	オ	Mito
カ	most	キ	there	ク	of	ケ	one		

(2) あなたの話していた鳥は、日本では「ホトトギス」と呼ばれています。

(　) (A) (　) (　) (　) (　) (　) (B) "*Hototogisu*" in Japan.

ア	call	イ	about	ウ	the	エ	were	オ	talking
カ	called	キ	people	ク	you	ケ	bird		

(3) 一人暮らしのお年寄りには話し相手が必要です。

(　) (　) (A) (　) (　) (　) (B) (　) with.

ア	someone	イ	people	ウ	elderly	エ	for	オ	need
カ	to	キ	living	ク	alone	ケ	talk		

6 次の各文で下線部に誤りがあればその番号を書きなさい。誤りがなければ5を書きなさい。

(1) 1. The headmaster asked 2. John and me 3. where was our teacher. 4. We said we didn't know.

(2) I 1. have been abroad 2. many times 3. since I 4. graduated from university.

(3) She 1. said me that she wanted me to 2. have the report 3. ready 4. by the end of this week.

(4) When the window 1. was broken, Mike and I 2. were 3. so surprising that we didn't know 4. what to say.

7 次の会話文を完成させるために、(　　)に最も適切な語を答えなさい。各空所に与えられた頭文字を使用して答えること。

Rachel: Oh, hi, Kyle! I was just thinking about (1. g　) you a call.

Kyle: You were? Well... I was (2. w　) if you'd like to go to a party tonight.

Rachel: Sure, I'd love to! Where is the party?

Kyle: It's at Joel's house.

Rachel: Sounds great! What time will it start?

Kyle: 6:30.

Rachel: Well, I don't think I can make it before 7 o'clock (3. b　) I can't use my father's car this evening.

Kyle: OK. I'll (4. p　) you up around 6 p.m. We will probably (5. r　) his house by 6:30.

Rachel: Great! See you then. Bye!

【数　学】（50分）〈満点：100点〉

注意 1. 答えに根号がふくまれるときは，根号の中は最も小さい自然数にすること。
　　また，分母に根号がふくまれるときは，分母に根号をふくまない形にすること。
2. 答えが分数になるとき，約分できる場合は約分すること。
3. 答えが比になるとき，最も簡単な整数の比にすること。
4. 円周率はπとすること。

1　次の計算をしなさい。

(1)　$-45^2-\left\{\left(-\frac{3}{4}\right)^2-\frac{3}{4}\right\}\div(-0.25)^2$

(2)　$\frac{4\sqrt{3}-\sqrt{72}}{\sqrt{6}}-\sqrt{3}(3-\sqrt{6})$

(3)　$-\frac{1}{6}a-\frac{3a-b}{2}-\frac{2b+a}{3}-\frac{5}{6}b$

(4)　$(-3a^2b^2)^2\times\left(-\frac{1}{3}ac^2\right)^3\div\left\{\frac{1}{2}(abc)^2\right\}^3$

2　次の方程式を解きなさい。

(1)　$\frac{4x+2}{3}=1-\frac{-3x-1}{4}$

(2)　$\begin{cases}\frac{2}{3}x-1.25y=1\\x-3y=-3\end{cases}$

(3)　$(2x+3)(x+6)=-(x+2)^2+x+1$

3　次の各問いに答えなさい。

(1)　$2ab^2+4-8a-b^2$を因数分解しなさい。

(2)　ある本を読むのに，1日目に全体の$\frac{1}{3}$を読み，2日目に残りの$\frac{1}{4}$を読みました。さらに，次の日に残りの$\frac{1}{5}$を読んだら36ページ残りました。この本の全体のページ数を求めなさい。

(3)　2桁の整数があり，十の位の数と一の位の数の和は13です。また，十の位と一の位を入れかえてできる整数は，もとの整数より45小さくなります。

　このとき，もとの整数を求めなさい。

(4)　100から200までの自然数で，2の倍数または3の倍数である数の個数を求めなさい。

(5)　x，y，zは自然数で，$xy=30$，$yz=60$，$zx=72$のとき，$x+y+z$の値を求めなさい。

(6)　関数$y=-\frac{1}{3}x^2$について，xの変域が$-3 \leqq x \leqq 2$のとき，yの変域は$a \leqq y \leqq b$です。このとき，$a+b$の値を求めなさい。

(7)　次の図のように，1と書かれたカードが2枚，2，3と書かれたカードがそれぞれ1枚ずつあります。この4枚のカードを並べてできる3桁の整数は全部で何通りあるか求めなさい。

[1]　[1]　[2]　[3]

(8) 次の図のように，円周を 10 等分する点を A ～ J とします。

また，2 直線 CG と JH の交点を K とします。

このとき，∠CKJ の大きさを求めなさい。

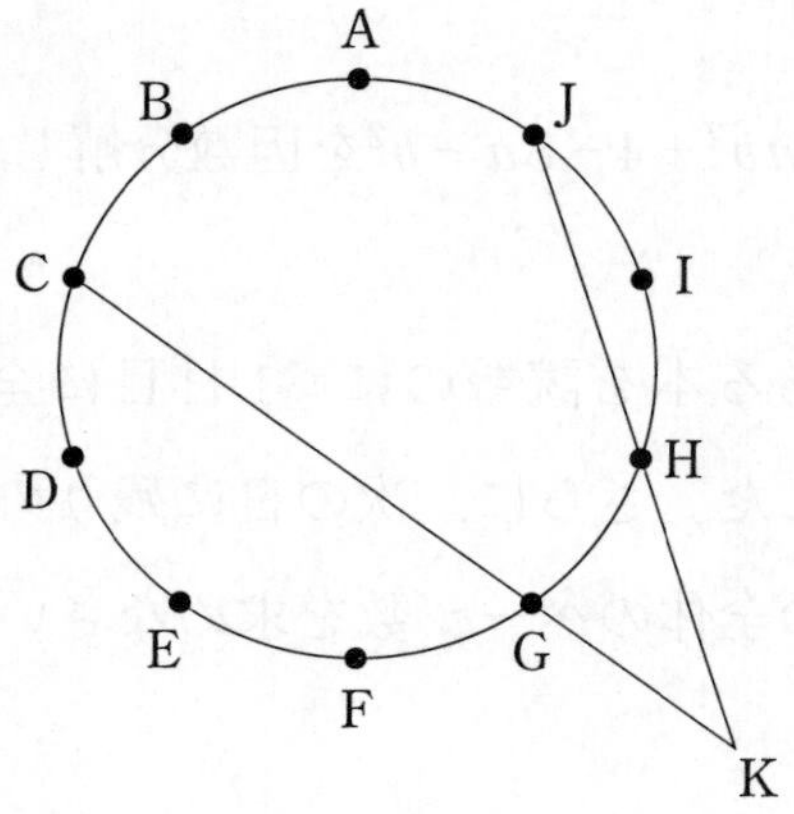

(9) 次の図のように，$AB = \sqrt{3}$，$BC = 2$，$CA = 1$ の直角三角形 ABC があります。また，l は点 C を通り，辺 AB に平行な直線です。l を軸として，△ABC を 1 回転させたときにできる立体の表面積を求めなさい。

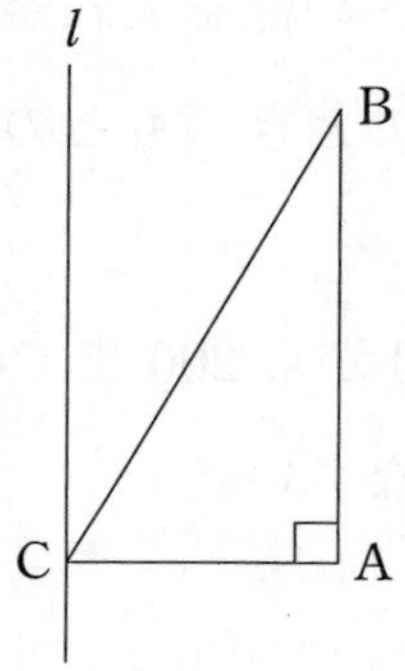

4　次の図のように，放物線 $y=\dfrac{1}{4}x^2$ ……①，放物線 $y=-\dfrac{1}{2}x^2$ ……②があります。①は2点A，Bで直線 l と交わり，点A，Bの x 座標はそれぞれ -2 と6です。

このとき，次の各問いに答えなさい。

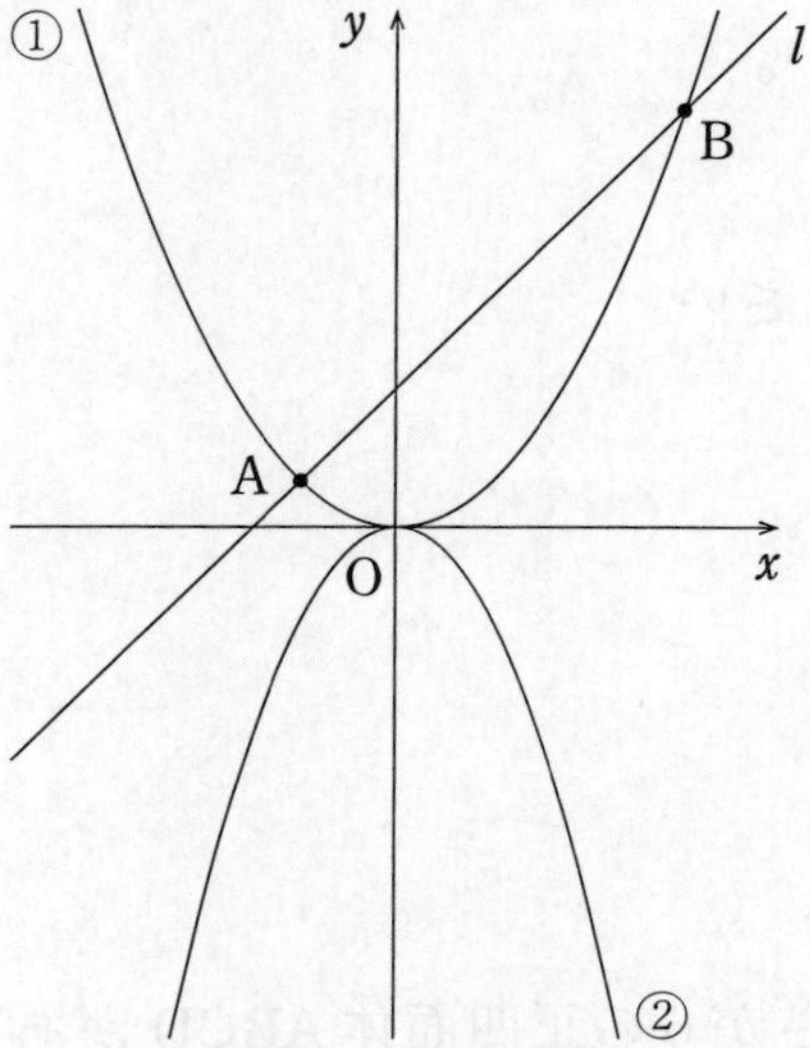

(1)　直線 l の式を求めなさい。

(2)　線分AB上に点Pをとり，△OAPの面積が△OBPの面積の2倍となるようにします。このとき，点Pの座標を求めなさい。

(3)　①のグラフ上に点Q，②のグラフ上に点Rがあります。点Q，Rの x 座標が等しく，線分QRの長さが9のとき，点Qの x 座標をすべて求めなさい。

5　1から9までの数字を1つずつ書いた，9枚のカードがあります。これらのカードをよくきってから2回続けて引き，数字の小さい順に左から並べて2桁の整数を作ります。このとき，次の各問いに答えなさい。ただし，9枚のどのカードを引くことも同様に確からしいものとします。

(1)　偶数となる確率を求めなさい。

(2)　3の倍数となる確率を求めなさい。

(3)　素数となる確率を求めなさい。

6　次の図のように，1辺の長さが6の正四面体ABCDがあります。また，点E，Fはそれぞれ辺AB，AD上の点で，AE = 2，AF = 4です。

このとき，次の各問いに答えなさい。

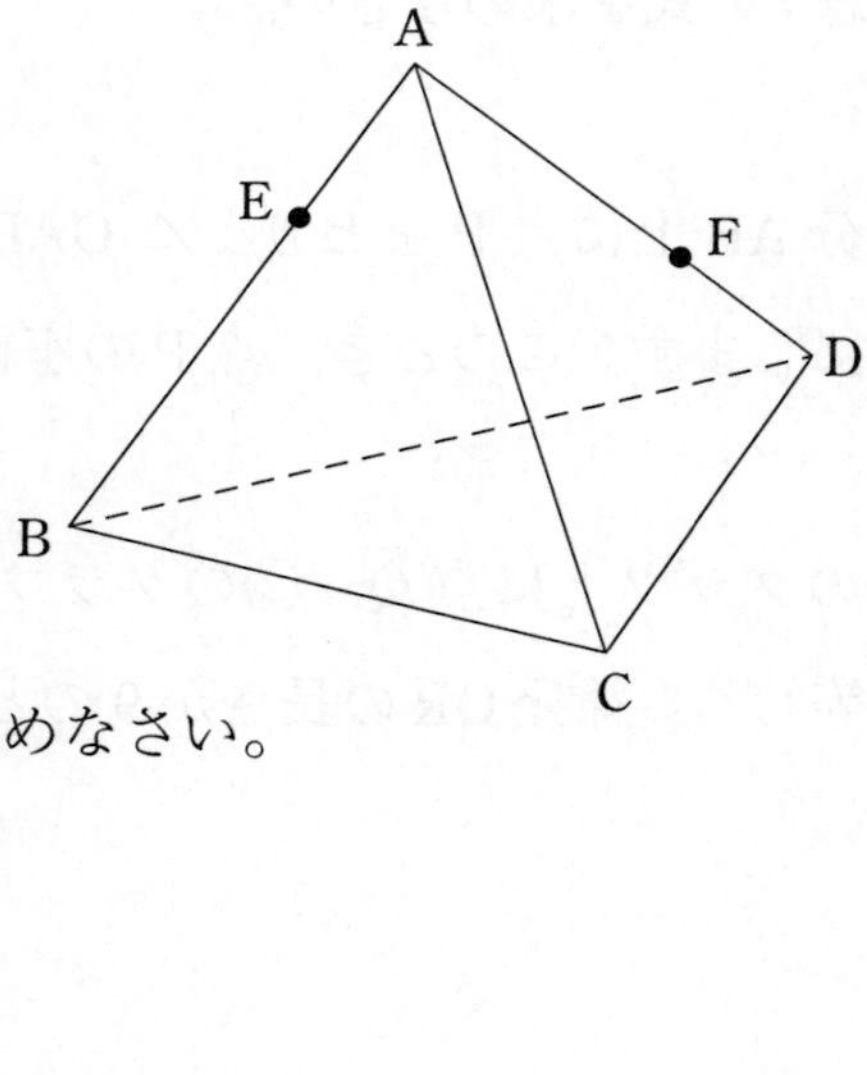

(1)　△CDEの面積を求めなさい。

(2)　△CEFの面積を求めなさい。

(3)　点Aから△CEFへ引いた垂線の長さを求めなさい。

問四　次の傍線部について、カタカナは漢字に直し、漢字は読みをひらがなで答えなさい。

①　見れば見るほど不朽の名作だ。

②　夏至は一年で最も昼が長い。

③　健康のためにシオカラいものを控える。

④　武道でコッキシンを養う。

⑤　妻の父親のことをガクフと呼ぶ。

⑥　まずは競技のスソノを広げることが大事だ。

三

次の各問いに答えなさい。

問一　次の文章の中で、表現に誤りのないものを選び、記号で答えなさい。

ア　気に入っていたぬいぐるみを、割愛して捨てることにした。

イ　事故の知らせを聞いて、おっとり刀で飛び出した。

ウ　反対意見ばかり言って、彼の琴線に触れてしまった。

エ　私は田舎育ちだが、やはり住めば都だと決心し、上京してきた。

問二　次の文章を読んで、後の問いに答えなさい。

大きな山のきれいな姿を見られてうれしかった。

（1）　文章中の文節数を算用数字で答えなさい。

（2）　文章中の用言の数を算用数字で答えなさい。

問三　「紀貫之」に関連のないものを一つ選び、記号で答えなさい。

ア　土佐日記

イ　仮名文字

ウ　古今集

エ　今昔物語集

問十　次に示した空欄［⑩］に入る文としてふさわしい順番になるように、［⑩］の中の1～5にあてはまる最もふさわしい文を、次のア～オからそれぞれ選び、記号で答えなさい。

1 ↓ 2 ↓ 3 ↓ 物が見えなくなった。それがポロポロと頬へ落ちて来た。↓ 4 ↓ 5

ア　敷布団も、それから祖母のもたたんでいると彼には可笑《おか》しい中《うち》に何だか泣きたいような気持が起こって来た。

イ　間もなく涙は止まった。

ウ　彼は見えない儘《まま》に押入れを開けて祖母のも自分のも無闇《むやみ》に押込《おしこ》んだ。

エ　涙が自然に出て来た。

オ　彼は笑いながら、其所《そこ》に苦茶苦茶にしてあった小夜着を取上げてたたんだ。

問十一　〔　⑪　〕の部分のエピソードが持つ効果の説明として最もふさわしいものを選び、記号で答えなさい。

ア　もめながらも仲のよさをうかがわせる、家族のほほえましい日常を印象付ける効果。

イ　家族がけんかをしてもほかの家族には全く影響を及ぼさないという事実を伝える効果。

ウ　大人の喧嘩のくだらなさを子どもの平和で楽しい世界によって対比的に示す効果。

エ　妹の皮肉をおどけて切り返す信三の姿から信太郎の大人げなさを強調する効果。

問八　傍線部⑧「自分も其小夜着をほうった」とありますが、その心情として最もふさわしいものを選び、記号で答えなさい。

ア　本来祖母がたたむはずの小夜着であるのに、自分でたたむ羽目になった理不尽さを憎らしく思った。

イ　もっと寝ていたかったのに、結局起きだして小夜着をたたんでいる自分は祖母の思惑通りだと癪《しゃく》にさわった。

ウ　祖母がせっかくたたんでくれようとしたのに怒らせてしまったことが申し訳なくて自分が情けなくなった。

エ　いつものようにふとんをたたみ小夜着をたたもうとした瞬間に、祖母とけんかしている今の状況が苦々しくなった。

問九　傍線部⑨「信太郎は急に可笑しくなった」とありますが、その心情として最もふさわしいものを選び、記号で答えなさい。

ア　祖母が涙を流し、自分も心配させるために旅行に行ってしまおうと思うほどのけんかをしていたのに、祖母が自然にふるまうことで何事もなかったかのように戻る自分たちの関係性が、思わず笑いがこみ上げながらも、いとおしいものに思えた。

イ　祖母をあんなにも怒らせるくらい孫の自分が強情にふるまったにもかかわらず、少し時間を置くだけで何事もなかったかのようにあっけらかんと忘れてしまう祖母の性格が、笑いがこらえられないほど単純で、相手にするのがばかばかしく思えた。

ウ　祖父の大切な法事にもかかわらず、あろうことか祖母を怒らしてしまった孫の自分であるのに、祖母が自分の機嫌を取るために下手《したで》に出てとりなそうとしてくるのは、余りにも哀れで失笑してしまうとともに、許してやる気持になった。

エ　年甲斐《としがい》もなく孫に挑みかかってくる祖母に対して、いい年をして祖母に徹底的に応戦する自分を並べてみると、どちらも似た者同士である上に救いようもないほど滑稽だとあきれて笑いが出るとともに、こんな日常にうんざりした。

問六　空欄［　⑥　］にあてはまる文として最もふさわしいものを選び、記号で答えなさい。

ア　それに免じて起きてやろう

イ　丁度いいから寝ていてやろう

ウ　諦めたということだろうか

エ　祖母も気の毒なものだ

問七　傍線部⑦「不孝者」とありますが、祖母がこのように言った心情として最もふさわしいものを選び、記号で答えなさい。

ア　何度も起きるように頼んでいるにもかかわらず、屁理屈をこね続ける孫だが、心根はやさしいことは熟知しているので、起き上がらないならば、せめて蒲団をたたむのを手伝わせようとしたのにそれも失敗したことが悔しくてたまらなかった。

イ　あまのじゃくな孫なので、真正面から早く起きろと言っても起きないに決まっていたのに、何度も起きろ起きろと繰り返し、孫が起きるタイミングを失わせたばかりか、祖母に蒲団をたたませるという行為にまで孫を追い込んだ自分が情けなかった。

ウ　祖父の法事の日に、信太郎より小さい孫たちはもうとっくに起きているというのに、いつまでも夜更かししてぎりぎりのところまでも寝ていようという孫の有様を見て、この様子では自分の死後の法事は行われないだろうと不安になった。

エ　早く起きるようにという自分の言葉を聞かないので、最終手段として自分が蒲団をたたみ始めたらさすがに蒲団をたたむのを代わるために起き上がるだろうという意図に反して、無関心な様子で自分をただ見ているだけの孫が腹立たしかった。

②（　）書きで具体的な日付が示されたことによる効果としてふさわしくないものをひとつ選び、記号で答えなさい。

ア　この日が誰もが知る歴史的な大事件が起きたことを読者に思い出させる効果。
イ　実際に起きたことなのだと読者に感じさせ、作品にリアリティを持たせる効果。
ウ　日記のような感覚を持たせ、誰にもある日常の出来事として共感を生む効果。
エ　現実の日時を指定することで、物語の時代的背景を想像させる効果。

問四　傍線部④「二の腕まで出して、のびをして見せた」時の主人公の心情として最もふさわしいものを選び、記号で答えなさい。

ア　本当はまだ起きるつもりはないが、祖母を納得させるために仕方なくもう起きますよ、というポーズをとっている。
イ　祖母の「直ぐですぞ」という言葉が耳に残っていたので、申し訳なくなんとかその時にできる限りの仕草をしている。
ウ　先日の夜更かしのせいで六時を過ぎてもまだだるく、今日は法事なのだから起きねばと自分に気合いを入れている。
エ　昨夜の夜更かしを後悔しつつ祖母の言いぐさも気に食わず、自分が今いかにつらい状態なのかを遠回しに伝えようとしている。

問五　空欄[⑤]に入る語として、文脈上最もふさわしい語を選び、記号で答えなさい。

ア　張り　イ　含み　ウ　角　エ　艶《つや》

ア　満三ヶ月
イ　満一年
ウ　満二年
エ　満三年

問二　傍線部②「彼は今度は返事をしなかった」とありますが、その理由として最もふさわしいものを選び、記号で答えなさい。

ア　祖母が言ったことを分かっていなくてはっとしたのを祖母に悟られたくなかったから。
イ　祖母が同じことを何回も言うので辟易《へきえき》し、こみ上げる怒りに耐えようとしていたから。
ウ　祖母がもの忘れがちで同じことを繰り返すのが気の毒になり、言葉を失ったから。
エ　祖母が分かり切ったことをしつこく言うので、返事をするのが億劫《おっくう》だったから。

問三　傍線部③「翌朝（明治四十一年正月十三日）」について次の問に答えなさい。

①　明治四十一年は西暦何年ですか。次の中から選び、記号で答えなさい。

ア　１８８８年
イ　１８９８年
ウ　１９０８年
エ　１９１８年

⑩

物が見えなくなった。それがポロポロと頬へ落ちて来た。

⑪

彼は胸のすがすがしさを感じた。

彼は部屋を出た。上の妹と二番目の妹の芳子とが隣りの部屋の炬燵《こたつ》にあたって居た。信三だけ炬燵櫓《やぐら》の上に突っ立って意張って居た。信三は彼を見ると急に首根を堅くして天井の一方を見上げて、

「銅像だ」と力ンで見せた。上の妹が、

「そう云えば信三は頭が大きいから本統に西郷さんのようだわ」と云った。信三は得意になって、

「偉いな」と臂《ひじ》を張って鬚《ひげ》をひねる真似をした。和らいだ、然し少し淋しい笑顔をして立って居た信太郎が、

「西郷隆盛に鬚はないよ」と云った。妹二人が、「わーい」とはやした。信三は

「しまった！」といやにませた口をきいて、櫓を飛び下りると、いきなり一つでんぐり返しをして、おどけた顔を故意と皆の方へ向けてみせた。

（志賀直哉『或る朝』より。ただし一部現代仮名遣いに改めた。）

注1　夜着…寝る時に上にかける着物の形の布団。

問一　傍線部①「三回忌」とありますが、それは故人が亡くなってからどれだけたった時に行う法事のことですか。次の中から最もふさわしいものを選び、記号で答えなさい。

「年寄りの云いなり放題になるのが孝行なら、そんな孝行は真っ平だ」彼も負けずと云った。彼はもっと毒々しい事が云いたかったが、失策《しくじ》った。文句も長過ぎた。然し祖母をかっとさすにはそれで十二分だった。祖母はたたみかけを其所《そこ》へほうり出すと、涙を拭きながら、烈しく唐紙をあけたてして出て行った。

彼はむっとした。然しもう起こしに来まいと思うと楽々と起きる気になれた。

彼は毎朝のように自身の寝床をたたみ出した。大夜着から中の夜着、それから小夜着をたたもうとする時、彼は不意に「ええ」と思って、今祖母が其所にほうったように⑧自分も其小夜着をほうった。

彼は枕元に揃えてあった着物に着かえた。

あしたから一つ旅行をしてやろうかしら。諏訪へ氷滑りに行ってやろうかしら。諏訪なら、此間三人学生が落ちて死んだ。祖母は新聞で聴いている筈だから、自分が行っている間少なくも、心配するだろう。

押入れの前で帯をしめながらこんな事を考えて居ると、又祖母が入って来た。祖母はなるべく此方を見ないようにして乱雑にしてある夜具のまわりを廻って黙って押入れを開けに来た。彼は少しどいてやった。而して夜具の山に腰を下ろして足袋を穿《は》いて居た。

祖母は押入れの中の用箪笥《たんす》から小さい筆を二本出した。五六年前信太郎が伊香保から買って来た自然木のやくざな筆である。

「これは如何《どう》だろう」祖母は今迄の事を忘れたような顔を故意《わざ》として云った。

「何にするんです」信太郎の方は故意と未だ少しむっとしている。

「坊さんにお塔婆を書いて頂くのっさ」

「駄目さ。そんな細いんで書けるもんですか。お父さんの方に立派なのがありますよ」

「お祖父さんのも洗ってあったっけが、何所《どこ》へ入って了ったか……」そう云いながら祖母は其細い筆を持って部屋を出て行こうとした。

「そんなものを持って行ったって駄目ですよ」と彼は云った。

「そうか」祖母は素直にもどって来た。而して叮嚀にそれを又元の所に仕舞って、出て行った。

⑨信太郎は急に可笑《おか》しくなった。旅行もやめだと思った。

「わきへ来て、そうぐづぐづ云うから、尚起きられなくなるんだ」

「あまのじゃく！」祖母は怒って出て行った。信太郎ももう眠くはなくなった。起きてもいいのだが余り起きろ起きろと云われたので実際に起きにくくなって居た。彼はボンヤリと床の間の肖像を見ながら、それでももう起こしに来るか来るかという不安を感じて居た。起きてやろうかなと思う。然しもう少しと思う。もう少しこうして居て起こしに来なかったら［　⑥　］、そう思っている。彼は大きな眼を開いて未だ横になって居た。

いつも彼に負けない寝坊の信三が今日は早起きをして、隣の部屋で妹の芳子と騒いで居る。

「お手玉、南京玉、大玉、小玉」とそんな事を一緒に叫んで居る。而して一段声を張り上げて、

「其内大きいのは芳子ちゃんの眼玉」と一人が云うと一人が、「信三さんのあたま」と怒鳴った。二人は何遍も同じ事を繰返して居た。

又、祖母が入って来た。信太郎は又起きられなくなった。

「もう七時になりましたよ」祖母はこわい顔をして返って叮嚀《ていねい》に云った。信太郎は七時の筈はないと思った。彼は枕の下に滑り込んで居る懐中時計を出した。而して、

「未だ二十分ある」と云った。

「まあどうしてこうやくざだか……」祖母は溜息《ためいき》をついた。

「一時にねて、六時半に起きれば五時間半だ。やくざでなくても五時間半じゃあ眠いでしょう」

「宵に何度もねろと云っても諾《うなず》きもしないで……」

信太郎は黙って居た。

「直ぐお起き。おっつけ福吉町からも誰か来るだろうし、坊さんももうお出でなさる頃だ」

祖母はこんな事を云いながら自身の寝床をたたみ始めた。祖母は七十三だ。よせばいいのにと信太郎は思って居る。

祖母は腰の所に敷く羊の皮をたたんでから、大きい敷布団をたたもうとして息をはずませて居る。祖母は信太郎が起きて手伝うだろうと思って居る。所が信太郎は其手は食わぬと冷淡な顔をして横になったまま見ている。とうとう祖母は怒り出した。

「⑦不孝者」と云った。

暫くした。すると眠ったと思った祖母は又同じ事を云った。②彼は今度は返事をしなかった。

「それまでにすっかり支度をして置くのだから、今晩はもうねたらいいでしょう」

「わかってます」

間もなく祖母は眠って了《しま》った。

どれだけか経った。信太郎も眠くなった。時計を見た。一時過ぎて居た。彼はランプを消して、寝返りをして、而《しか》して注1夜着の襟に顔を埋めた。

③翌朝（明治四十一年正月十三日）信太郎は祖母の声で眼を覚した。

「六時過ぎましたぞ」驚かすまいと耳のわきで静かにそう云って居る。

「今起きます」と彼は答えた。

「直ぐですぞ」そう云って祖母は部屋を出て行った。彼は帰るように又眠って了った。

又、祖母の声で眼が覚めた。

「直ぐ起きます」彼は気安めに、唸《うな》りながら夜着から④二の腕まで出して、のびをして見せた。

「此《この》お写真にもお供えするのだから直ぐ起きてお呉《く》れ」

お写真と云うのは其《その》部屋の床の間に掛けてある擦筆《さっぴつ》画の肖像で、信太郎が中学の頃習った画学の教師に祖父の亡くなった時描いて貰《もら》ったものである。

黙って居る彼を「さあ、直ぐ」と祖母は促した。

「大丈夫。直ぐ起きます。――向うへ行ってて下さい。直ぐ起きるから」そう云って彼は今にも起きそうな様子をして見せた。

祖母は再び出て行った。彼は又眠りに沈んで行った。

「さあさあ。どうしたんだっさ」今度は［⑤］のある声だ。信太郎は折角沈んで行く、未だ其底に達しない所を急に呼び返される不愉快から腹を立てた。

「起きると云えば起きますよ」今度は彼も度胸を据えて起きると云う様にもしなかった。

「本当に早くしてお呉れ。もうお膳も皆出てますぞ」

ア　高度な機能を備えたパーソナルメディアが一般化したうえに高度に情報化した社会が到来したから。
イ　情報メディアが複雑に変化し、「フィールド」の条件が複雑多岐にわたってその選択が困難だから。
ウ　いつでもどこでもだれでも情報を発信できる社会構造が実現されたことで、「フィールド」は無化されたから。
エ　グローバリゼーションと高度情報化社会がありとあらゆる壁を打ち砕き、すべての差異を解消したから。

問十　傍線部⑩「そこは特別な『場所』となる」とありますが、本文全体を通して筆者は「場所」をどのようにとらえていますか。最もふさわしいものを選び、記号で答えなさい。

ア　歴史的な遺跡があるなど、個性を持った場所は「場所」として人々の関心を引く。一方、現代的な都市空間は世界中どこでも似たり寄ったりであり「非―場所」とされ人々の関心を引くことはない。
イ　人々の取材対象、フィールドワークの対象となるのが「場所」であり特別な地点である。一方、取材対象とならず、人々の日常生活の中にある無意識の芸術に近い営みは「非―場所」としてそこにあり続ける。
ウ　それが世界中どの地点であったとしても、誰かに何かの強烈な関心を寄せられた地点はその瞬間に「場所」となる。一方、特に誰にも意識されることのない地点は「非―場所」とされ「場所」とは大きく異なる。
エ　マラトンからアテネまでの道路は歴史的な背景を持っているため、全ての人にとって「場所」となりうる。一方、渋谷の交差点は現代的な都市空間にすぎず、関心を持ちカメラを向ける人にとってしか「場所」となり得ない。

二

次の文章を読み、後の問いに答えなさい。

祖父の①三回忌の法事のある前の晩、信太郎は寝床で小説本を読んで居ると、並んで寝て居る祖母が「明日《あす》坊さんのおいでなさのは八時半ですぞ」と云《い》った。

問六　傍線部⑥「水上経験は、風景にひとときの詩学を与えてくれる」とありますが、どのようなことですか。その説明として最もふさわしいものを選び、記号で答えなさい。

ア　風情のある風景だと思っていたものも船上から眺めることで気分が変わって、殺風景に感じるということ。
イ　風景を日常と異なる視点から見ることで、日常の世界とは異なる一つの文化的な体験を創造できること。
ウ　現代の風景でも日ごろとは異なり船から眺めることで、江戸時代の人々の視覚経験を追体験できること。
エ　水運都市としての魅力を失った風景でも船上観光を盛んにすることで、まだまだ観光資源を掘り起こせること。

問七　空欄 ⑦ にあてはまる表現として最もふさわしいものを選び、記号で答えなさい。

ア　スクランブル交差点を渡る群衆
イ　スクランブル交差点を渡る自分自身
ウ　スクランブル交差点という観光地
エ　スクランブル交差点というShibuya Crossing

問八　傍線部⑧「前者と後者のあいだに差異がない」とほぼ同内容を本文中から二十一字で抜き出し、はじめと終わりの三字をそれぞれ抜き出しなさい。

問九　傍線部⑨「既存の枠組みのなかには収まりきらない」とありますが、なぜですか。その理由として最もふさわしいものを選び、記号で答えなさい。

ウ

エ

問五　傍線部⑤「独特の美しさ」とありますが、どのようなものですか。その説明として最もふさわしいものを選び、記号で答えなさい。

ア　見せるために作られたわけではない、素朴で実質をともなった美しさ。

イ　無駄を省けるだけ省くことによって生じる、わびさびをともなう美しさ。

ウ　近代化の波が及んでいない、水運都市としての江戸の風情が残る美しさ。

エ　大都会ならではのネオンの光が水面にきらめく、鮮やかな彩りある美しさ。

問四　傍線部④「浮世絵が描いたような、名所図会」とありますが、これについて以下の問いに答えなさい。

（1）「名所図会」の読みをひらがなで答えなさい。

（2）筆者がこの場面でいう「名所図会」の景色の例として最もふさわしいものを選び、記号で答えなさい

ア

イ

問一　傍線部①「ユウシュウ」を漢字に直しなさい。

問二　傍線部②「本来の街道を取り戻す営為なのかもしれない」とありますが、どういうことですか。その説明として最もふさわしいものを選び、記号で答えなさい。

ア　マラトンからアテネへの道には、古来多くのランナーが走ってきたことでオリンピック精神がしみついており、走っているうちに現代のランナーの思考を支配していくということ。

イ　どんなにグローバリゼーションが進んだとしても常にオリンピックでランナーが走ってきた街道はそれに侵食されることなく、それぞれの国の個性的な精神を発動させるということ。

ウ　都市化した風景の中でも古代の街道を走っているのだという感覚がランナーたちをこの場所に集め、走る行為の中で地形そのものと身体が一体化して古代の街道が現れるということ。

エ　歴史ある街道はどんなに交通量の多い近代的な道路になったとしてもその個性的魅力は廃れることはなく、それこそが世界中からランナー達が集まって走り続ける理由だということ。

問三　傍線部③「未知の東京」とありますが、ほぼ同内容を本文中から十七字で抜き出して答えなさい。

い。人はスクランブル交差点を渡っていればただの歩行者だが、その気になれば手元のスマホでこれを撮影し、まさに驚くべき群衆行動を記録し、これを公開することもできる。交差点の観光客がやっていることは、それである。言い換えれば、どんな場所でも「フィールド」になる。そんな状況が到来している。

フィールドは日本語で「野」、中国語では「田野」である。スクランブル交差点は情報メディアが複雑に絡まった状態の「野」に近い。そして高度に情報化した今日の都市は、すべての空間が、同様の「野」になる条件を備えていると言ったほうがいいだろう。それは⑨既存の枠組みのなかには収まりきらないような、もっと広い「野」である。渋谷駅前の観光客たちが注視しているのが何なのかを考えると、ある程度納得がゆく。

わたしはスクランブル交差点に滞在しながら、手許のスマホで投稿された動画を検索してみた。いくつか見るだけで、なぜそこが観光客の人気スポットなのかが分かる。彼らは信号が青に変わった途端に四方から歩き出した歩行者が、衝突することなく渡りきるという光景に感嘆しているのだ。上方から眺めると一種のマスゲームのようにさえ見える。路面ギリギリにカメラを据えて、群衆の足元だけをとらえた映像には、一種の群舞を思わせるリズム感があるが、交差点の信号以外に、これといったディレクターはいない。一種のパフォーマンスと見ているのだろう。

それを人は自覚なきアートと呼ぶかもしれない。群衆による群衆の、群衆のためのアート。だがそれは東京の群衆にとっては日常的な、特に意識することもない現象である。むしろできれば避けたいと思っている「非—場所」だ。そこに非日常的な何かを感じとり、それがいったいどのようにして可能になるのかをこの目で見たいと思い、カメラを向けた人々にとって、そこは特別な「場所」となるわけである。

（港　千尋『風景論——変貌する地球と日本の記憶』より）

光地も及ばないだろう。
これらの駅では高度成長期には朝晩のラッシュアワーを体験するツアーさえあったという。いまもあるのかもしれないが、観光地としてはそれなりの系譜があるということになる。これはリニューアルされた東京駅構内を見物するのとはわけが違う、一種の「インフラ観光」である。

つまり半世紀たっても東京の混雑はあまりにひどい、ということでもあるのだが、昔と今とではそこに大きな変化が伴っている。スクランブル交差点の周囲を見渡すと、建物の上から撮影している人が目につく。井の頭線への通路や商業施設の上階にも、一眼レフカメラで撮影している姿が多い。比較的時間をかけて撮影しているのは、ほとんどみな動画で撮影しているからである。変化、というのはそこにある。

動画の多くは、インターネット上のさまざまなサイトに送られ、誰でも見られるように提供される。記録内容がシェアされることを前提として撮影する、記録する端からアップロードしてゆく、あるいは記録中のライブ映像として共有することもごく普通だろう。スマートフォンの爆発的な普及によって出現した、パーソナルメディアの利用法である。話題になった映像は、瞬時に共有される数を増やしてゆき、瞬く間に世界中で閲覧されてゆく。その数は全体で、おそらく駅の利用者数に匹敵するような「群衆」をなしている。

不特定多数の群衆を不特定多数の群衆が見ている。前者は現実の空間に存在する群衆だが、後者のほうは現実には存在するがひとつの場所にいるわけではない。あくまでメディアをとおして、「地球上」という以外には特定しようのない空間に拡散している、匿名の観客だ。そのメディアの特徴をひとことで言うならば、⑧前者と後者のあいだに差異がないという点につきるだろう。

誰もが撮り、誰もが見る。ふたつの群衆は、実はひとつである。たとえばこの交差点で起きていることを、フィールドワークとしてとらえてみよう。この言葉が人類学や社会学で使われはじめたときには、何がフィールドでそれを誰が観察し記録するのかは明らかだった。その自明性に疑問符がつきつけられ、観察する側とされる側との一方的な関係が批判されるにしたがって、これらの科学では関係そのものが見直されることになったが、それは同時にメディアの変化を伴うものでもあった。

高度な機能を備えたパーソナルメディアが一般化した状況では、そう簡単に観察する側とされる側にわけることはできなスクリーンが施しているどぎつく喧《やかま》しい化粧とは無縁の、都市の静かな顔が淡々と続いてゆく。それぞれのビルの微妙な色彩が水に映る。それは消費世界の情報や記号が取り除かれた、建築の無垢とも言うべき光景で、わたしを感動させたのだった。

日本橋の周辺も含め、高速道路が暗い天井を作ってしまっているせいで、水辺の風景にわたしたちは無関心だが、ボートから眺めると東京にはまだまだ水運都市としての魅力が隠されていることがわかる。その魅力を引き出すには、「水上経験」に勝るものはない。数は少ないが、新たに船着き場が設置された建物にはどこかに華やぎがある。それが場所の価値を高めることにつながるかもしれない。

道路から数メートルに過ぎないのに、喧騒が遠く感じられる。町と人を水面に映しながら、船はゆく。⑥水上経験は、風景にひとときの詩学を与えてくれるのである。

国道マラソンと暗渠《あんきょ》めぐりには、共通点がある。どちらも都市景観としては、けして美しいわけではない。海沿いの道、箱根や墨田川の一部を除けば、むしろ殺風景な場所や無味乾燥なオフィスビルのほうが多い。だがそうした場所に人が集まるところに、都市インフラの面白さがある。たとえば東京で外国人観光客にもっとも人気のある場所のひとつに、渋谷の駅前交差点がある。アキハバラと並んで、Shibuya Crossing はいまや世界的に通じる地名である。国際会議のゲストとしてアメリカとイタリアからスピーカーが来た際に、わたしも彼らの視点で渋谷のスクランブル交差点へ向かい、しばらく佇《たたず》んでみた。

交差点はいつもと変わらぬ混雑で、よそ見をしていると人にぶつかりそうだ。センター街側に渡ったところで、交差点全体を見回してみる。一目で観光客とわかる人たちが、ビデオカメラやスマホで交差点を撮影している。「ハチ公」側から「109」をバックに記念撮影をしている一群がいる。横断歩道のど真ん中で立ち止まりカメラを回したり、交差点内を用もなく往復している姿さえ見える。繁華街を訪れているというよりは、確かに「交差点を見に来た」としかいえないような行動である。彼らは［　⑦　］を見に来ているのである。

日本の鉄道駅の利用者数は世界的に見て、桁違いの数字で知られている。乗降者数の世界ランキングでは、他の追随を許さない。特に新宿、池袋、渋谷、東京などの山手線の駅は常に上位にランクされ、これらの駅の一日平均の利用者数は、単位が百万人になる。複数の私鉄が乗り入れる新宿では三〇〇万を超えるというから、単純に数字だけからすれば、どんな観ちろん空港などもそうだが、世界中どこでも似たり寄ったりの都市環境は、歴史的な個別性をもった「場所」とは大きく違う。グローバリゼーションとともに風景を均一化してゆく、非個性的な空間だから、非―場所だと言うのだろう。客観的に見ればランニングの舞台となる今日の街道も、一種の非―場所になるのだろうか。

マラソンの起源となったギリシャの村マラトンから首都アテネまでの街道も、部分的には車の交通量が激しい道路になる。だがオリンピック開催後も多くのランナーが世界中から集まるという。たとえ二一世紀の自動車道でも、どこかに古代の街道を走っている感覚が残るからだろう。

走り続けるうちに、人は地形と一体になる。地形に応じて身体の状態が変わり、視界からは少しずつ人工物が消えてゆく。土地を覆っている上っ面はどうでもいいように思えてくる。ランニングは非―場所化した都市から、一時的にせよ②本来の街道を取り戻す営為なのかもしれない。

よく晴れた日曜日、日本橋から船に乗る。幸い風がないので暖かく、水上を行くには絶好の日和である、と書けば江戸の話かと思われるかもしれないが、そうではない。都市に新しい「水上経験」を創出することを目的に活動をつづける、その名も「ボートピープルアソシエイション」が、日本橋のアートギャラリーとの共同企画で開いた、写真ワークショップに参加したのである。乗船する前はなんとなく墨田川の観光巡りを想像していたのだが、およそ二時間にわたるクルーズは予想とはまったく異なる、ほとんど③未知の東京を開示するものだった。

「東海道五十三次」の出発点には二〇一一年四月に船着き場が設置され、東京スカイツリーを水上から眺めようという外国の観光客にも人気となっているが、わたしたちが辿ったのは逆に大手町周辺から神田川を経て、墨田川から品川をめざすというルートだった。撮影も楽しかったが、参加者全員、慣れ親しんでいる都市が見せる別の貌《かお》に驚いたのだ。

理由はいくつもあるが、ひとつは水の流れが日常とは別の地図を描きだすことだろう。たとえば「神田島」という意外な呼び方を初めて聞いたが、確かに水路に囲まれているという意味では「島」である。湾岸に残る古い倉庫群には水運都市の歴史が垣間見える。道路地図からは見えない風景の記憶が、じわりと浮かびあがる。

もちろん④浮世絵が描いたような、名所図会を期待してはいけない。水路に沿ってビルがびっしりと建ち並び、町と川とのあいだに高い壁をつくっている。ふだんなら殺風景と言うところだが、そこに⑤独特の美しさを感じたのは、なぜだろう。ほとんどのビルは道路側が表玄関である。水辺は建物の裏側になるから、装飾も看板もほとんど見当たらない。ネオンや巨大

二〇二二年度 山手学院高等学校

【国　語】（五〇分）〈満点：一〇〇点〉

※字数制限のあるものは、句読点および記号も一字とする。

一 次の文章を読み、後の問いに答えなさい。

ランニングが空前のブームというのは、日本だけの話ではないようだ。健康志向の世の中だからか、世界中でランナーの数は着実に増えている。それに応じて、さまざまなレースが開催されるようになり、その種類も開催数も増加の一途をたどっている。

しばらく前に東京行きの飛行機のなかで、フランスのボルドーで開かれるマラソンに参加してきたという、日本人のグループに会ったことがある。趣味で走っているにしては、ずいぶん遠くまで遠征するのだなあと感心して話を聞くと、土地に興味もあってとのことだった。

ワインで有名な地方だから、コースも葡萄《ぶどう》畑のなかを縫うように設定されているらしく、実に気分がいい。豊かな自然のなかを緩やかなアップダウンの丘がつづき、その向こうに教会の塔が姿を現し、ゆったりと流れる川面が目に入る。打ち上げのワインが旨かったというのも頷《うなず》けるが、ただ走るだけでなく、土地や歴史とのかかわりもブームとなる要素のひとつなのかもしれないと思った。

だがオリンピックに①ユウシュウの美を飾るマラソンをはじめ、名だたる世界大会をテレビで見ていると、都市環境こそがレースの本場なのだと実感する。東京でもニューヨークでも、ランナーが走るのは、超高層のオフィスビルがつくる谷間であり、ある意味ではそれがどこの都市であろうがあまり関係のない人工環境である。ランナーの身体も、アスファルト舗装をふくめた、都市の人工環境に適合する運動をとおして作られているだろう。

フランスの人類学者マルク・オジェは、こうした現代都市の環境を「非―場所」と呼んだ。高速道路やオフィスビル、も

英語解答

1 問1 (1)…6 (2)…10 (3)…7
(4)…3 (5)…5
問2 3 問3 2 問4 1
問5 4 問6 1 問7 3

2 問1 (1)…5 (2)…4 (3)…8
(4)…3 (5)…2
問2 3 問3 4 問4 1
問5 2 問6 4

3 (1) 2 (2) 2 (3) 1 (4) 1

4 (1) ① lend ② me
(2) ① how ② many
(3) ① If ② could〔would, should〕
(4) ① the ② worst

5 (1) A…オ B…ク
(2) A…ア B…イ
(3) A…キ B…カ

6 (1) 3 (2) 5 (3) 1 (4) 3

7 (1) giving (2) wondering
(3) because (4) pick
(5) reach

1〔長文読解総合―説明文〕

≪全訳≫❶世界のどの国でも，親は子どもたちの幸せを願う―それは普遍的なことだ。また，子どもたちに賢く，優しく，成功し，強くなってほしいとも願っているだろう。多くの親は，子どもたちが友達をつくり，ライフスキルを身につける手助けをしようとする。❷ゲームをすることが子どもたちにとってよいのは，みんな知っている。責任と創造性を学べるからだ。また，彼らは他人への思いやりも学ぶ。リーダーシップを伸ばす子もいれば，そのグループリーダーをサポートすることを学ぶ子もいる。また，肉体的にも精神的にもより強くなる。❸30年以上にわたって，専門家は，銃や剣はたとえおもちゃであっても暴力を助長するため，子どもたちにはよくないと述べてきた。幼稚園の先生たちは，何年もの間，幼い子どもたちに戦争ごっこをさせないようにしている。彼らは遊び場での銃や剣を禁止し，ルールを破って戦争ごっこやスーパーヒーローごっこをする子どもたちを叱ってきた。❹ロンドン・メトロポリタン大学のペニー・ホランドは，これらの専門家は間違っていると言う。彼女は，男の子も女の子も暴力的な遊びをすることを許されなくてはならず，教師はそれを見守るべきであって止めるべきではない，と言う。❺母親でありおばであり教師でもあるホランドさんは，かつては学校におもちゃの銃の場所はないと思っていた。彼女によると，低学年の子どもたちの先生のほとんどは女性であり，おそらく，こういう考え方を共有している。女性の先生は，男の子の戦争ごっこのような乱暴な遊びを止める傾向が強い。しかし，それを止めることは私たちが望む結果をもたらさないかもしれないと，ホランドさんは指摘する。男の子はより暴力的になるかもしれない，暴力的でなくなるのではなく，と。さらに悪いことに，もし男の子が自分の遊びが悪いと言われたら，自分も悪いと思うかもしれない。❻ホランドさんは調査を終えた後，幼稚園にルールを変えるよう頼んだ。一部の幼稚園はおもちゃの銃や剣を許可した。戦争ごっこをする男の子たちを見守ったが，止めはしなかった。子どもたちにスーパーヒーローを演じさせた。銃は許されたが，身体的な接触は許されなかった。ぅお互いに殴り合うのではなく，子どもたちは演技するだけだった。遊びたくなければ，やらなくてもよかった。彼らはお互いを傷つけないように気をつけた。その結果，子どもたちは暴力的になるのではなく，暴力的でなくなった。❼ホランドさんは，他にも多くの利点があることを発見した。男の子が最初に遊び始めたとき，彼らのゲームは武器に関するものだけだったが，時間とともにゲームが進歩し，より長く，より複雑になったので，女の子も参加し始めた。子どもたちは自分たちでゲームを考え，ただテレビをまねるのをやめた。男の子たちは幼稚園がもっと楽しくなったと言った。友達も増えた。ホランドさんは，それは子どもたちが普通の行動をしても叱られなかったから，そして多くの子どもたちにとって「暴力的な」ゲームは至って――普通のことだったからだと考えている。教師が心配すべきなのは，子どもたちがゲームそのものではなく武器に興味を持ちすぎる場合だけだ，と彼女は言う。❽多くの研究者がホランドさんに同意している。子どもたちはテレビや身の回りで暴力を見ていることを忘れてはいけない，と彼らは言う。子どもたちはそれを理解するための安全な方法を必要としている。教師はそれを理解し，子どもたちがおもちゃの武器を使って遊んでいるときに怒らずに見守ることで，彼らを助ける必要があるのだ。❾完全に同意しない研究者もいる。彼らは，スポーツや他の方法を使って，子どもたちがお互いを傷つけずに競争するのを助けるべきだと考えているが，射撃のコーチであるアラン・フィリップスは，ホランドさんのやり方は理にかなっていると言う。彼は，自分が子どもの頃，子どもたちは射撃ゲームや弓矢ゲームをして遊んだが，成長して武器が好きになったり，暴力的になったりはしなかったと言う。❿娘を銃の事故で亡くしたある父親は，子どもがおもちゃの銃で遊びたがるなら，おもちゃは本物に似せてはいけないと言う。彼は銃が全くない世界を見たいと思っている。子どもたちが銃を見なければ，おそらく大人になっても銃に興味を持つことはないだろうと彼は信じている。⓫スコットランドでは30年にわたって幼稚園でおもちゃの武器が禁止されているが，子どもたちは武器への興味を失っただろうか。明らかにそうではない。デパートの調査は，子どもたちは禁止される前と同じように武器が大好きなことを示している。⓬子どもの教育に関心のある全ての人がホランドさんに同意しているわけではないが，ほとんどの研究者はこれが単純な問題ではないことに同意している。バランスがとても重要だ。例えば，テレビの暴力は遊びの暴力よりもずっと悪い影響を与える。テレビゲームもそうだ。子どもの世界は，幼稚園や小学校の遊びの時間よりも大きくて複雑なのだ。⓭親は子どもの生活の全てをコントロールすることはできない。教師もそうだ。荒っぽいものにしろ，おとなしいものにしろ――子どもにおける遊びの重要性について，両者とももう一度考える必要があるのかもしれない。

問１＜適語選択＞⑴直前の文で述べられた内容に，さらに新しい事柄を追加しているので，文末に置いて「～も」の意味を表すtooが適切。　⑵主語のguns and swordsを受けてbad for childrenにつなぐbe動詞として，areが適切。　⑶直後に名詞があるので，形容詞mostを入れて「ほとんどの教師」とすると文意に合う。　⑷後ろのgetting angryと合わせて「怒らずに」となる前置詞のwithoutが適切。without ～ingで「～することなしに」。　⑸「誰もが～同意しているわけではない」という文と「ほとんどの研究者が～同意している」という文をつなぐ語として，‘逆説’の接続詞butが適切。

問２＜適語句選択＞前の段落で，銃や剣はおもちゃでも子どもによくないという専門家の意見と，それに従う幼稚園での実践を紹介しているが，空所の後のホランドさんの主張はこれに反している。したがって，３．「これらの専門家は間違っている」が適切。

問３＜要旨把握＞「私たちが望む結果をもたらさないかもしれない」の後ろにコロン(：)をはさんで，その具体的な内容が述べられている。それが「男の子はより暴力的になるかもしれない，より暴力的でなくなるのではなく」という内容なのだから，「私たちが望む結果」とは，２．「男の子がより暴力的でなくなること」だとわかる。

問４＜適文選択＞直前の「身体的な接触は許されなかった」を具体的に説明する文として，１の「お互いに殴り合うのではなく，子どもたちは演技するだけだった」を入れると，２文後の「彼ら(子どもたち)はお互いを傷つけないように気をつけた」という文にうまくつながる。

問５＜要旨把握＞下線部の後ろに「多くの利点」の具体的内容が挙げられている。その中に，１.「ゲームが武器だけに関するものではなくなったので，女の子たちも引きつけられた」，２.「子どもたちは新しいゲームをつくれるほど創造的になった」，３.「幼稚園に行くことに関して肯定的な意見を持つ子どもたちも出てきた」は含まれている。４.「子どもたちは先生の言うことを聞いて武器で遊ぶのをやめた」は述べられておらず，さらにこの段落の内容に反している。

問６＜要旨把握＞第９段落第２文のbut以下に「射撃のコーチであるアラン・フィリップスは，ホランドさんのやり方は理にかなっていると言う」とあり，その後に彼の経験談として，おもちゃの武器で遊んでも暴力的にはならなかったと述べられている。これはホランドさんの意見と一致する。

問７＜内容真偽＞１.「子どもたちは自分たちがするゲームから何も学ばないことが，一般的に知られている」…×　第２段落第１文参照。　２.「ホランドさんは，教師になってからずっと，おもちゃの武器は学校に必要だと考えてきた」…×　第５段落第１文参照。　３.「一部のテレビゲームは暴力的な遊びよりずっと悪い影響がある」…○　第12段落第３，４文に一致する。第４文の主語はsome video gamesで，soが前に出ることで主語と動詞の順が逆になっている(倒置)。So doは前の文のhas a much worse influence than play violenceを受けている。　４.「両親と教師は子どもたちの遊び方について十分よく知っていると言える」…×　最終段落参照。第２文の‘Neither＋(助)動詞＋主語’は，否定文を受けて，「〜も…ない」という意味を表す。

２〔長文読解総合―物語〕

≪全訳≫❶ブラウン夫妻には子どもが１人いた。彼らは彼をリロイと呼び，先生たちもそうしていた。アイダビルでは誰もが彼を百科事典と呼んでいた。百科事典とは，あらゆる分野の知識についてアルファベット順に並べられた情報を提供する１冊の本，または本のセットのことである。リロイ・ブラウンの頭は百科事典のようだった。彼の頭は彼が本から学んだ事実でいっぱいだった。彼はスニーカーで歩き回る完全な図書館のようだった。クロスワードパズルをしているおばあさんたちは，いつも通りで彼を呼びとめて質問した。つい先週の日曜日も，教会の後で，肉屋の奥さんのコンウェイ夫人が彼にこうきいた。「スイスの川で，Ａで始まる３文字の単語は何かしら？」　百科事典は少し間を置いて「アール」と答えた。彼は常に少し間を置いた。彼は人の役に立ちたかった。でも，彼らの質問にあまり早く答えたり賢そうに見えたりすると，嫌われるのではないかと心配だった。彼の父親は，他の誰よりも多く彼に質問をした。ブラウンさんはアイダビルの警察署長だった。❷ある晩，夕食時にブラウンさんが言った。「またナッティ・ナットの襲撃だ。ここアイダビルの――別の店に強盗に入った」「パパ，どこの店？」と百科事典が尋ねると「ディロンさんとジョーンズさんが所有しているザ・メンズ・ショップだよ」とブラウンさんは答えた。「今月，ナッティ・ナットが襲った州内の店はこれで６軒だ」「強盗がナッティ・ナットなのは確かなの？」と百科事典は尋ねた。「ディロンさん自身がナッティ・ナットの仕業だと言っていた」とブラウンさんは答えた。彼はポケットからノートを取り出して，皿の横に置いた。「私はディロンさんが強盗について話してくれたことを全部書きとめた。読んであげよう」　百科事典は目を閉じた。彼は真剣に考えようとしているときはいつも目を閉じた。父親は店主のディロンさんが強盗について話したことを読み始めた。❸私は店に１人でいました。誰かが入ってきていたことを知りませんでした。突然，男の声で「手を挙げろ」と言われました。それで私は顔を上げました。私は，新聞ごしにナッティ・ナットと呼ばれている男と顔を突き合わせていました。彼は，新聞に書いてあるように，背中にベルトのついた灰色のコートを着ていました。彼は私に向きを変えて壁を向くように言いました。彼は銃を持っていたので，私は彼の言うとおりにしました。私がもう一度向きを変えると，彼はいなくなっていました──お金を全部持って。4ブラウン署長は読み終えて，ノートを閉じた。百科事典は１つだけ質問した。「新聞がナッティ・ナットの写真を印刷したことはあるの？」「ない」と父親は答えた。「彼は写真を撮られるほどの時間，じっとしていることはない。思い出してごらん，彼は一度も捕まったことがないんだ。しかし，州内の警官は全員，彼がいつも背中にベルトのついた灰色のコートを着ていることを知っている」「彼の本名さえ誰も知らない」と，百科事典は半分自分に向かって言った。「ナッティ・ナットは新聞がそう呼んでいるだけなんだ」　突然，彼は目を開けた。「ねえ，ディロンさんがナッティ・ナットだと思ったのは，あの灰色のコートのせいだよ！」と彼は言った。「事件は解決した！」「解決すべきことなどない」とブラウン署長は反論した。「謎は何もない。ディロンさんは強盗に入られた。強盗犯は，この州の他の店で強盗をやっているのと同じ人間だ」「そうでもないよ」と百科事典が言った。「ザ・メンズ・ショップで強盗はなかったんだ」「どういうことだ？」とブラウンさんは叫んだ。「つまり，ディロンさんは強盗に遭ってないってことだよ，パパ。彼は最初から最後までうそをついていたんだ」と百科事典は答えた。「なぜディロンさんがうそをつかなければならないんだ？」と彼の父親は尋ねた。「彼はそのお金を使ったんだと思う。彼はパートナーのジョーンズさんにお金がなくなったことを知られたくなかったんだ」と百科事典は言った。「だからディロンさんは強盗に入られたと言ったんだ」「リロイ」と彼の母親は言った。「あなたの言っていることを説明してちょうだい」「簡単なことだよ，ママ」と百科事典は言った。「ディロンさんは，新聞でナッティ・ナットのことを全部読んだ。だから彼は，ナッティ・ナットが店を襲うときは，いつも背中にベルトのついた灰色のコートを着ていることを知っていた」「リロイ，続けてくれ」とブラウンさんは身を乗り出して言った。「ディロンさんは，自分の強盗事件を人々が読んだことのある人物のせいにすれば，もっとましに聞こえるだろうとわかっていたんだ」と百科事典は言った。「彼は，着ていたコートからそれがナッティ・ナットだとわかったと言ったよね──」「それは本当だろう」とブラウン署長が言った。「本当なはずはないんだ」と百科事典は言った。「ディロンさんは強盗に入った男の背中を見ていない。彼自身がそう言ってるよ。覚えてる？」　ブラウン署長は眉をひそめた。彼は再度ノートを手に取った。彼はしばらく読みふけった。そして思い切り叫んだ。「リロイ，お前の言うとおりだ！」　百科事典は言った。「ディロンさんは強盗犯の正面しか見ていない。その男のコートの背中にベルトがあるなんてわかるはずがないんだ！」「彼は自分の店から金を盗み，そしてパートナーからも盗んだんだ」とブラウン署長は叫んだ。「そして，もう少しで持ち逃げするところだった！」　彼はダイニングルームから駆け出した。

問１＜適語選択＞(1)be filled with ～で「～でいっぱいの」。　(2)write down で「書きとめる」。(3)turn around で「向きを変える」。　(4)名詞の mystery を修飾できる形容詞は no しかない。この前で署長は「解決すべきことなどない」と言っており，続けて「謎は何もない」と言い換えた。(5)前の文の the money を指す代名詞の it が適切。

問２＜適語(句)選択＞次の文に「彼は常に少し間を置いた」とある。これにつながるのは「少し間を置いて」となる after a moment。

問３＜適語句選択＞空所を含む文は「だから彼(ディロンさん)は，ナッティ・ナットが店を襲うときは，いつも(　　)ことを知っていた」。第３段落第６文より，４．「背中にベルトのついた灰色のコートを着ている」が適切。

問４＜要旨把握＞‘blame *A* on *B*’は「*A*を*B*のせいにする」という意味で，ここでは*B*に当たるのが下線部の「人々が読んだことのある人物」。ディロンさんが強盗事件の犯人に仕立て上げようとしたのはナッティ・ナットである。

問５＜適語選択＞第３段落のディロンさんの話からわかる，彼が見ていないものと見たものとの組み合わせを選ぶ。ディロンさんは強盗と顔を突き合わせ，それから後ろを向き，次に振り返ったときは強盗は消えていたのだから，見ていないのはback「背中」，見たのはfront「正面」である。

問６＜内容真偽＞１．「ブラウン夫妻の息子は図書館に行くのが好きだったので，百科事典と呼ばれていた」…×　第１段落第３～７文参照。　２．「百科事典はいつも自分自身について深く考えるときに目を閉じた」…×　第２段落最後から２文目参照。　３．「新聞にはナッティ・ナットの写真が何枚かあったが，彼の本名は知らなかった」…×　第４段落第２～４文参照。　４．「ディロンさんはブラウンさんに，自分はナッティ・ナットを見たと言ったが，それはうそだった」…○　第４段落後半と一致する。

3〔適語(句)・適文選択・語形変化〕

⑴‘feel＋形容詞’で「～であると感じる」。「シンデレラは王子と結婚したとき幸せだと感じた」

⑵a/anとmyなどの所有格が同じ名詞の前にくることはない。‘a/an＋名詞＋of＋所有代名詞(mine, yoursなど)’で「～の…の１人〔１つ〕」となる。theyに対応する所有代名詞はtheirs。「私の英語の先生と彼の奥さんが，私に，家族ぐるみの友達の１人を紹介してくれた」

⑶that以下はfestivalを修飾する関係代名詞節。先行詞festivalと動詞cancelは「祭りは中止された」という受け身の関係なので，‘be動詞＋過去分詞’の受け身形が適切。「この記事は，新型コロナウィルス感染症のせいで今年は残念ながら中止されたフェスティバルに関するものです」

⑷AはBに出発する時間を相談しているので，具体的な時間を提案する１が適切。／／A：ここを何時に出ようか？　今日は図書館が６時に閉まるよ。／B：４時でどう？

4〔書き換え―適語補充〕

⑴「あなたの辞書を借りてもいいですか」→「あなたの辞書を私に貸してくれますか」　‘lend＋人＋物’で「〈人〉に〈物〉を貸す」。

⑵「そのパーティーに参加する人の数を教えてくれますか」→「そのパーティーに何人の人が参加するか教えてくれますか」　tell meの後をhow manyで始まる間接疑問(疑問詞＋主語＋動詞...)にする。

⑶「私はとても忙しいので，あなたと一緒にその会議に参加できません」→「もし私がそれほど忙しくなければ，あなたと一緒にその会議に参加できるのですが」　‘現在の事実’に反する仮定は動詞の過去形を用いて仮定法で表す。仮定法では，be動詞にwereを用いることが多い。‘If＋主語＋動詞の過去形 ～，主語＋could〔would, should〕＋動詞の原形…’「もし～なら，…できるだろうに〔…するだろうに〕」

⑷「こんなひどいジョークは聞いたことがない」→「これは今まで聞いた中で一番ひどいジョークだ」　‘the＋最上級＋名詞＋that＋主語＋動詞...’で「～が…した中で最も―」。このthatは関係代名詞で，ここでは省略されている。

5〔整序結合〕

(1)動詞が has なので，主語を Mito として，Mito has ～.「水戸には～があります」と始める。「～で最も…な—の1つ」は‘one of the＋最上級＋複数名詞’。不要な語は there。 Mito has one of the most beautiful parks in Japan.

(2)問題文から，文の動詞は現在形になるとわかるので，call を用いる。したがって‘主語＋call＋A＋B’「〈主語〉はAをBと呼ぶ」の形にする。‘主語’は people，‘A’は the bird で，「鳥」を修飾する「あなたの話していた」は you were talking about を bird の直後に置いて表す。不要な語は called。 People call the bird you were talking about “Hototogisu” in Japan.

(3)動詞は need，「一人暮らしのお年寄り」は「一人で住んでいる高齢の人々」と読み換え，‘名詞＋～ing ...’「～している…」の形で Elderly people living alone とする。「話し相手」は「一緒に話す誰か」と読み換えて someone to talk with とする。不要な語は for。 Elderly people living alone need someone to talk with.

6 〔正誤問題〕

(1)‘ask＋人＋間接疑問’「〈人〉に～かを尋ねる」の形。下線部3は‘間接疑問’で‘疑問詞＋主語＋動詞...’の語順にするべきなので，where our teacher was となる。 「校長先生はジョンと私に，私たちの先生はどこにいるのか尋ねた。私たちは知らないと言った」

(2)‘経験’用法の現在完了の文。誤りはない。 「私は大学卒業以来何度も海外に行ったことがある」

(3)say を使って「〈人〉に言う」を表すときは‘say to＋人’とする。したがって，1は said to me となる。‘have＋目的語＋ready’は「～を準備する(準備された状態にする)」という意味。 「彼女は私に，今週末までにレポートの用意をしてほしいと言った」

(4)「(人が)驚いた」を表す形容詞は surprised。surprising は「驚かせるような」。したがって，3は so surprised となる。 「窓が割れたとき，マイクと私はとてもびっくりしたので何と言っていいかわからなかった」

7 〔対話文完成—適語補充〕

≪全訳≫❶レイチェル(R)：あら，こんにちは，カイル！ ちょうどあなたに電話しようと思っていたところよ。❷カイル(K)：そうなの？ ええと，僕は，君が今夜パーティーに行きたいかなと考えていたんだ。❸R：もちろん，行きたいわ！ パーティーはどこであるの？❹K：ジョエルの家だよ。❺R：いいわね！ 何時に始まるの？❻K：6時半。❼R：えっと，今夜は父の車を使えないから，7時前には行けそうにないわ。❽K：わかった。僕が6時頃に君を迎えに行くよ。たぶん6時半までに彼の家に着くだろう。❾R：助かるわ！ じゃあそのときに。さよなら！

＜解説＞(1)‘give＋人＋a call’で「〈人〉に電話する」。 (2)「～かなと思う」の wonder を，過去進行形(‘was/were＋～ing’)で用いる。 (3)空所の後ろは7時前に行けない理由を述べているので，because が適切。 (4)‘pick＋人＋up’で「〈人〉を(車で)迎えに行く」。 (5)「～に着く」の reach が適切。 reach ≒ arrive at ≒ get to

数学解答

1 (1) -2022　(2) $5\sqrt{2}-5\sqrt{3}$
(3) $-2a-b$　(4) $-\dfrac{8a}{3b^2}$

2 (1) $x=1$　(2) $x=9,\ y=4$
(3) $x=-3\pm\sqrt{2}$

3 (1) $(2a-1)(b+2)(b-2)$
(2) 90ページ　(3) 94　(4) 67個
(5) 23　(6) -3　(7) 12通り
(8) 36°　(9) $(3+2\sqrt{3})\pi$

4 (1) $y=x+3$　(2) $\left(\dfrac{10}{3},\ \dfrac{19}{3}\right)$
(3) $\pm2\sqrt{3}$

5 (1) $\dfrac{4}{9}$　(2) $\dfrac{1}{3}$　(3) $\dfrac{11}{36}$

6 (1) $3\sqrt{19}$　(2) $5\sqrt{3}$　(3) $\dfrac{4\sqrt{6}}{5}$

1〔独立小問集合題〕

(1)＜数の計算＞与式 $=-2025-\left(\dfrac{9}{16}-\dfrac{3}{4}\right)\div\left(-\dfrac{1}{4}\right)^2=-2025-\left(\dfrac{9}{16}-\dfrac{12}{16}\right)\div\dfrac{1}{16}=-2025-\left(-\dfrac{3}{16}\right)\times\dfrac{16}{1}$ $=-2025-(-3)=-2025+3=-2022$

(2)＜数の計算＞与式 $=\dfrac{4\sqrt{3}}{\sqrt{6}}-\dfrac{\sqrt{72}}{\sqrt{6}}-3\sqrt{3}+\sqrt{3\times6}=\dfrac{4}{\sqrt{2}}-\sqrt{12}-3\sqrt{3}+\sqrt{3^2\times2}=\dfrac{4\times\sqrt{2}}{\sqrt{2}\times\sqrt{2}}-\sqrt{2^2\times3}-3\sqrt{3}+3\sqrt{2}=\dfrac{4\sqrt{2}}{2}-2\sqrt{3}-3\sqrt{3}+3\sqrt{2}=2\sqrt{2}-2\sqrt{3}-3\sqrt{3}+3\sqrt{2}=5\sqrt{2}-5\sqrt{3}$

(3)＜式の計算＞与式 $=\dfrac{-a-3(3a-b)-2(2b+a)-5b}{6}=\dfrac{-a-9a+3b-4b-2a-5b}{6}=\dfrac{-12a-6b}{6}=-2a-b$

(4)＜式の計算＞与式 $=9a^4b^4\times\left(-\dfrac{1}{27}a^3c^6\right)\div\left(\dfrac{1}{2}a^2b^2c^2\right)^3=9a^4b^4\times\left(-\dfrac{1}{27}a^3c^6\right)\div\dfrac{1}{8}a^6b^6c^6=9a^4b^4\times\left(-\dfrac{a^3c^6}{27}\right)\times\dfrac{8}{a^6b^6c^6}=-\dfrac{9a^4b^4\times a^3c^6\times8}{27\times a^6b^6c^6}=-\dfrac{8a}{3b^2}$

2〔独立小問集合題〕

(1)＜一次方程式＞両辺に12をかけて，$4(4x+2)=12-3(-3x-1)$，$16x+8=12+9x+3$，$16x-9x=12+3-8$，$7x=7$　$\therefore x=1$

(2)＜連立方程式＞$\dfrac{2}{3}x-1.25y=1$……①，$x-3y=-3$……②とする。①×12より，$8x-15y=12$……①′
①′－②×5より，$8x-5x=12-(-15)$，$3x=27$　$\therefore x=9$　これを②に代入して，$9-3y=-3$，$-3y=-12$　$\therefore y=4$

(3)＜二次方程式＞$2x^2+12x+3x+18=-(x^2+4x+4)+x+1$，$2x^2+15x+18=-x^2-4x-4+x+1$，$3x^2+18x+21=0$，$x^2+6x+7=0$として，解の公式を用いると，$x=\dfrac{-6\pm\sqrt{6^2-4\times1\times7}}{2\times1}=\dfrac{-6\pm\sqrt{8}}{2}=\dfrac{-6\pm2\sqrt{2}}{2}=-3\pm\sqrt{2}$である。

3〔独立小問集合題〕

(1)＜式の計算―因数分解＞与式 $=2ab^2-b^2-8a+4=b^2(2a-1)-4(2a-1)$として，$2a-1=A$とすると，与式 $=b^2A-4A=A(b^2-4)=A(b+2)(b-2)$となる。$A$をもとに戻して，与式 $=(2a-1)(b+2)(b-2)$である。

(2)＜一次方程式の応用＞本の全体のページ数をxページとする。1日目は全体の$\dfrac{1}{3}$を読んだので，1日目で残ったページ数は，$x\times\left(1-\dfrac{1}{3}\right)=\dfrac{2}{3}x$(ページ)となる。2日目は1日目で残ったページ数の$\dfrac{1}{4}$を読んだので，2日目で残ったページ数は，$\dfrac{2}{3}x\times\left(1-\dfrac{1}{4}\right)=\dfrac{1}{2}x$(ページ)となる。3日目は2日目で残ったページ数の$\frac{1}{5}$を読んだので，3日目で残ったページ数は，$\frac{1}{2}x\times\left(1-\frac{1}{5}\right)=\frac{2}{5}x$（ページ）となる。これが36ページであったことから，$\frac{2}{5}x=36$が成り立つ。これを解くと，$x=90$となるので，本の全体のページ数は90ページである。

⑶＜連立方程式の応用＞もとの2けたの整数の十の位の数をx，一の位の数をyとする。十の位の数と一の位の数の和が13であることから，$x+y=13$……①となる。また，もとの2けたの整数は$10x+y$と表され，この整数の十の位の数と一の位の数を入れかえてできる整数は，十の位の数がy，一の位の数がxだから，$10y+x$と表せる。入れかえてできる整数がもとの整数より45小さくなることから，$10y+x=10x+y-45$が成り立ち，$-9x+9y=-45$，$x-y=5$……②となる。①，②を連立方程式として解くと，①＋②より，$x+x=13+5$，$2x=18$　$\therefore x=9$　これを①に代入して，$9+y=13$　$\therefore y=4$　よって，もとの整数は94である。

⑷＜整数の性質＞1から200までの自然数の中に，2の倍数は，$200\div2=100$より，100個あり，1から99までの自然数の中に，2の倍数は，$99\div2=49$あまり1より，49個ある。よって，100から200までの自然数の中に，2の倍数は$100-49=51$（個）ある。また，1から200までの自然数の中に，3の倍数は，$200\div3=66$あまり2より，66個あり，1から99までの自然数の中に，3の倍数は，$99\div3=33$より，33個ある。よって，100から200までの自然数の中に，3の倍数は$66-33=33$（個）ある。この33個の3の倍数の中には，2の倍数も含まれている。3の倍数の中にある2の倍数は6の倍数である。1から200までの自然数の中に，6の倍数は，$200\div6=33$あまり2より，33個あり，1から99までの自然数の中に，6の倍数は，$99\div6=16$あまり3より，16個あるので，100から200までの自然数の中に，6の倍数は$33-16=17$（個）ある。よって，100から200までの自然数の中に，3の倍数で2の倍数でないものは$33-17=16$（個）となるから，2の倍数または3の倍数である数は，$51+16=67$（個）である。

⑸＜数の計算＞$xy\times yz\times zx=30\times60\times72$より，$x^2y^2z^2=(2\times3\times5)\times(2^2\times3\times5)\times(2^3\times3^2)$，$(xyz)^2=2^6\times3^4\times5^2$，$(xyz)^2=(2^3\times3^2\times5)^2$となる。$x$，$y$，$z$が自然数より，$xyz>0$だから，$xyz=2^3\times3^2\times5$，$xyz=360$となる。$xy=30$だから，$30z=360$，$z=12$となる。$yz=60$より，$y\times12=60$，$y=5$となり，$zx=72$より，$12x=72$，$x=6$となる。よって，$x+y+z=6+5+12=23$となる。

⑹＜関数―$\boldsymbol{a}+\boldsymbol{b}$の値＞関数$y=-\frac{1}{3}x^2$は，$x$の絶対値が大きくなると$y$の値が小さくなる関数である。$x$の変域が$-3\leqq x\leqq2$のときの$y$の変域が$a\leqq x\leqq b$だから，$x$の絶対値が最大の$x=-3$のとき$y$の値は最小の$y=a$，$x$の絶対値が最小の$x=0$のとき$y$の値は最大の$y=b$である。よって，$a=-\frac{1}{3}\times(-3)^2$より，$a=-3$であり，$b=-\frac{1}{3}\times0^2$より，$b=0$である。したがって，$a+b=-3+0=-3$となる。

⑺＜場合の数―カード＞1のカード2枚と2のカード1枚を並べてできる3けたの整数は，112，121，211の3通りある。1のカード2枚と3のカード1枚を並べてできる3けたの整数は，113，131，311の3通りある。1，2，3のカード1枚ずつを並べてできる3けたの整数は，123，132，213，231，312，321の6通りある。よって，3けたの整数は全部で，$3+3+6=12$（通り）ある。

図1

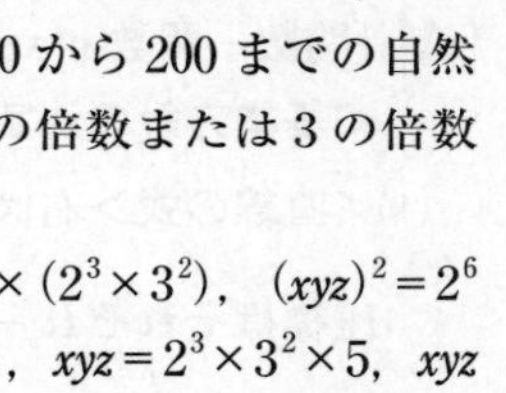

⑻＜平面図形―角度＞右図1のように，2点C，Hを結ぶと，線分CHは円の直径となる。円の中心をOとし，点Oと点Gを結ぶ。点A～Jは円Oの周を10等分しているので，$\angle\mathrm{GOH}=360^\circ\times\frac{1}{10}=36^\circ$となり，$\overset{\frown}{\mathrm{GH}}$に対す

る円周角と中心角の関係より，$\angle KCH=\frac{1}{2}\angle GOH=\frac{1}{2}\times 36^\circ=18^\circ$となる。また，$\overset{\frown}{GH}:\overset{\frown}{CJ}=1:3$より，$\angle KCH:\angle CHJ=1:3$だから，$\angle CHJ=3\angle KCH=3\times 18^\circ=54^\circ$となる。よって，$\triangle CKH$で内角と外角の関係から，$\angle CKJ=\angle CHJ-\angle KCH=54^\circ-18^\circ=36^\circ$である。

(9)＜空間図形―面積―回転体＞右図2で，点Bから直線lに垂線BDを引くと，直線lを軸として$\triangle ABC$を1回転させてできる立体は，長方形ABDCを1回転させてできる円柱から，$\triangle CBD$を1回転させてできる円錐を除いた立体となる。この立体の表面積は，辺BC，CA，ABが描いた面の面積の和となる。辺BCが描いた面は，底面の半径をDB，高さをCDとする円錐の側面だから，展開すると，右下図3のようなおうぎ形CBB′となる。$\overset{\frown}{BB'}$の長さは円Dの周の長さと等しいから，$\overset{\frown}{BB'}=2\pi\times 1=2\pi$である。おうぎ形CBB′の中心角を$x$とすると，$2\pi\times 2\times\frac{x}{360^\circ}=2\pi$が成り立ち，$\frac{x}{360^\circ}=\frac{1}{2}$となる。よって，〔おうぎ形CBB′〕$=\pi\times 2^2\times\frac{x}{360^\circ}=\pi\times 2^2\times\frac{1}{2}=2\pi$である。図2で，辺CAが描いた面は，半径がCA＝1の円なので，その面積は$\pi\times 1^2=\pi$である。辺ABが描いた面は，円柱の側面で，展開すると，長方形となる。縦は$AB=\sqrt{3}$で，横は，円Dの周の長さより2πだから，辺ABが描いた面の面積は，$\sqrt{3}\times 2\pi=2\sqrt{3}\pi$となる。以上より，求める表面積は，$2\pi+\pi+2\sqrt{3}\pi=3\pi+2\sqrt{3}\pi=(3+2\sqrt{3})\pi$である。

図2

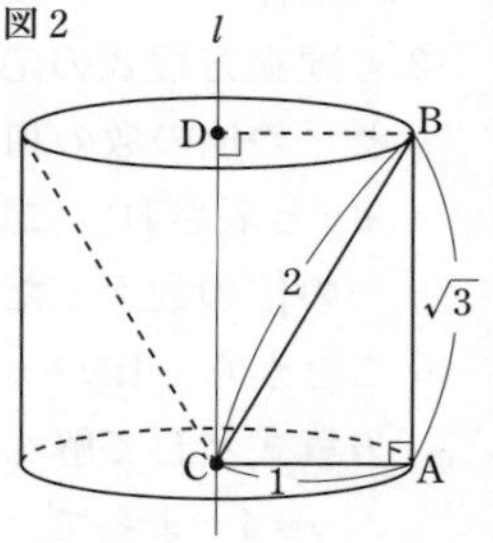

図3

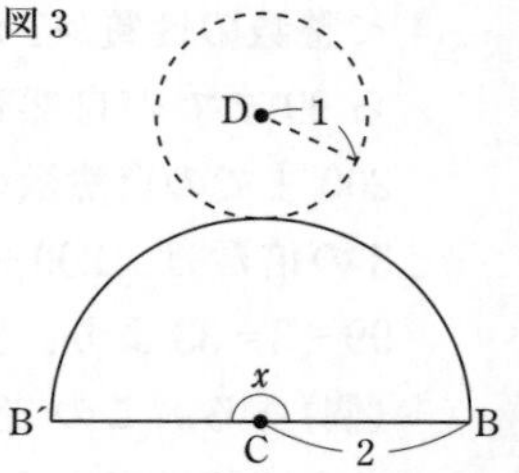

4 〔関数―関数$y=ax^2$と一次関数のグラフ〕

≪基本方針の決定≫(3)　2点Q，Rのx座標を文字でおき，その文字を使ってQRの長さを表す。

(1)＜直線の式＞右図1で，2点A，Bは放物線$y=\frac{1}{4}x^2$上にあり，x座標はそれぞれ-2，6なので，y座標はそれぞれ$y=\frac{1}{4}\times(-2)^2=1$，$y=\frac{1}{4}\times 6^2=9$となり，A$(-2, 1)$，B$(6, 9)$となる。よって，直線ABの傾きは$\frac{9-1}{6-(-2)}=\frac{8}{8}=1$となるので，その式は$y=x+b$とおけ，点Bを通ることから，$9=6+b$，$b=3$となる。したがって，直線ABの式は$y=x+3$である。

図1

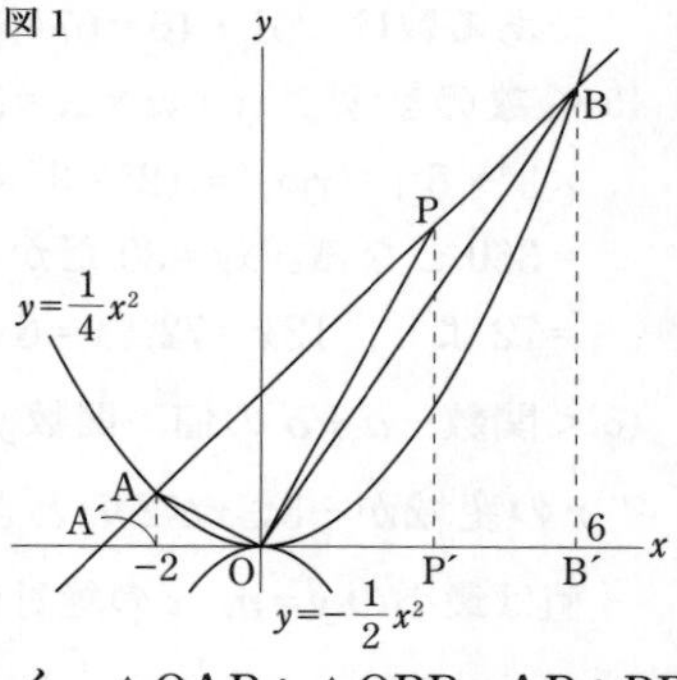

(2)＜点の座標＞右図1で，$\triangle OAP$と$\triangle OBP$は，底辺をそれぞれAP，BPとすると，高さが等しいので，面積の比は底辺の長さの比と等しく，$\triangle OAP:\triangle OBP=AP:BP$となる。$\triangle OAP=2\triangle OBP$より，$\triangle OAP:\triangle OBP=2\triangle OBP:\triangle OBP=2:1$だから，$AP:BP=2:1$となる。ここで，3点A，P，Bから$x$軸にそれぞれ垂線AA′，PP′，BB′を引く。AA′∥PP′∥BB′だから，$A'P':B'P'=AP:BP=2:1$となる。A′$(-2, 0)$，B′$(6, 0)$より，$A'B'=6-(-2)=8$だから，$A'P'=\frac{2}{2+1}A'B'=\frac{2}{3}\times 8=\frac{16}{3}$となり，点P′の$x$座標は$-2+\frac{16}{3}=\frac{10}{3}$となる。よって，点Pの$x$座標も$\frac{10}{3}$である。(1)より，点Pは直線$y=x+3$上にあるから，$y=\frac{10}{3}+3=\frac{19}{3}$となり，$P\left(\frac{10}{3}, \frac{19}{3}\right)$である。

図2

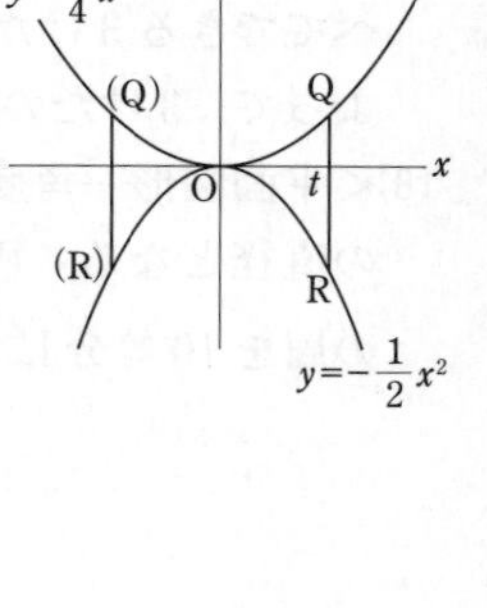

(3)＜x座標＞右図2で，2点Q，Rのx座標をtとする。点Qは放物線$y=\frac{1}{4}x^2$上にあるから，$y=\frac{1}{4}t^2$となり，$Q\left(t, \frac{1}{4}t^2\right)$である。点Rは放物線$y=$

$-\frac{1}{2}x^2$上にあるから，$y=-\frac{1}{2}t^2$となり，$\mathrm{R}\left(t,\ -\frac{1}{2}t^2\right)$である。QRは$y$軸に平行なので，$\mathrm{QR}=\frac{1}{4}t^2-\left(-\frac{1}{2}t^2\right)=\frac{3}{4}t^2$と表される。この長さが9となることから，$\frac{3}{4}t^2=9$が成り立つ。これを解くと，$t^2=12$より，$t=\pm2\sqrt{3}$となるので，点Qの$x$座標は$\pm2\sqrt{3}$である。

5〔データの活用—確率—カード〕

⑴<確率>9枚のカードの中からカードを1枚ずつ2回引くので，1回目は9通り，2回目は8通りあり，カードの引き方は全部で$9\times8=72$(通り)ある。このうち，数字の小さい順に左から並べてつくった2けたの整数が偶数になるのは，大きい方の数字が偶数のときで，その2けたの整数は12，14，16，18，24，26，28，34，36，38，46，48，56，58，68，78の16個ある。12になるカードの引き方は，(1回目，2回目)=(1，2)，(2，1)の2通りあり，他の偶数になる場合もカードの引き方はそれぞれ2通りあるので，偶数になる2枚のカードの引き方は，$16\times2=32$(通り)となる。よって，求める確率は$\frac{32}{72}=\frac{4}{9}$となる。

⑵<確率>2けたの整数が3の倍数となるとき，その2けたの整数は，12，15，18，24，27，36，39，45，48，57，69，78の12個ある。それぞれカードの引き方は2通りあるから，72通りのカードの引き方のうち，2けたの整数が3の倍数となるのは$12\times2=24$(通り)ある。よって，求める確率は$\frac{24}{72}=\frac{1}{3}$である。

⑶<確率>2けたの整数が素数となるとき，その2けたの整数は，13，17，19，23，29，37，47，59，67，79，89の11個ある。それぞれカードの引き方は2通りあるから，72通りのカードの引き方のうち，2けたの整数が素数となるのは$11\times2=22$(通り)ある。よって，求める確率は$\frac{22}{72}=\frac{11}{36}$である。

6〔空間図形—正四面体〕

≪基本方針の決定≫⑶　三角錐A-CEFの体積を利用する。

⑴<面積—三平方の定理>右図で，辺ABの中点をMとすると，$\mathrm{AB}=6$より，$\mathrm{AM}=\frac{1}{2}\mathrm{AB}=\frac{1}{2}\times6=3$となる。$\mathrm{AE}=2$だから，$\mathrm{EM}=\mathrm{AM}-\mathrm{AE}=3-2=1$となる。また，△ABCは正三角形より，△AMCは3辺の比が$1:2:\sqrt{3}$の直角三角形だから，$\mathrm{CM}=\sqrt{3}\mathrm{AM}=\sqrt{3}\times3=3\sqrt{3}$となる。よって，△ECMで三平方の定理より，$\mathrm{CE}=\sqrt{\mathrm{CM}^2+\mathrm{EM}^2}=\sqrt{(3\sqrt{3})^2+1^2}=\sqrt{28}=2\sqrt{7}$となる。同様にして，$\mathrm{DM}=3\sqrt{3}$となり，$\mathrm{DE}=2\sqrt{7}$となるので，△CDEは$\mathrm{CE}=\mathrm{DE}$の二等辺三角形である。点Eから辺CDに垂線ENを引くと，点Nは辺CDの中点だから，$\mathrm{CN}=\frac{1}{2}\mathrm{CD}=\frac{1}{2}\times6=3$となる。△CENで三平方の定理より，$\mathrm{EN}=\sqrt{\mathrm{CE}^2-\mathrm{CN}^2}=\sqrt{(2\sqrt{7})^2-3^2}=\sqrt{19}$となるので，$\triangle\mathrm{CDE}=\frac{1}{2}\times\mathrm{CD}\times\mathrm{EN}=\frac{1}{2}\times6\times\sqrt{19}=3\sqrt{19}$となる。

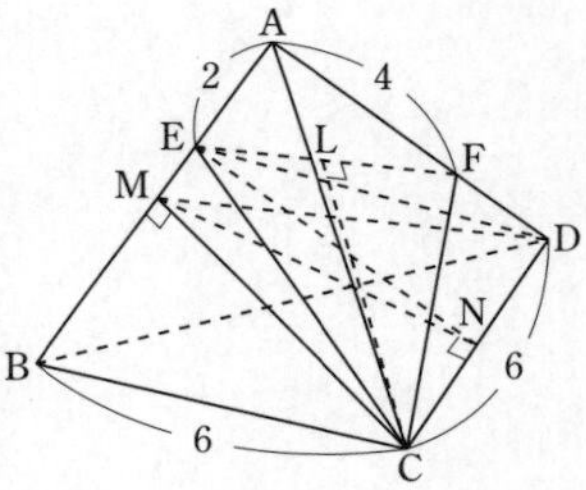

⑵<面積—三平方の定理>右上図で，$\mathrm{AE}:\mathrm{AF}=2:4=1:2$，$\angle\mathrm{EAF}=60^\circ$より，△AEFは3辺の比が$1:2:\sqrt{3}$の直角三角形である。よって，$\mathrm{EF}=\sqrt{3}\mathrm{AE}=\sqrt{3}\times2=2\sqrt{3}$となる。また，$\mathrm{BE}=\mathrm{AB}-\mathrm{AE}=6-2=4$より，$\mathrm{AF}=\mathrm{BE}$であり，$\mathrm{AC}=\mathrm{BC}$，$\angle\mathrm{FAC}=\angle\mathrm{EBC}=60^\circ$だから，$\triangle\mathrm{AFC}\equiv\triangle\mathrm{BEC}$である。これより，$\mathrm{CF}=\mathrm{CE}=2\sqrt{7}$である。△CEFは二等辺三角形だから，点CからEFに垂線CLを引くと，点Lは線分EFの中点となり，$\mathrm{EL}=\frac{1}{2}\mathrm{EF}=\frac{1}{2}\times2\sqrt{3}=\sqrt{3}$となる。△CELで三平方の定理より，$\mathrm{CL}=\sqrt{\mathrm{CE}^2-\mathrm{EL}^2}=\sqrt{(2\sqrt{7})^2-(\sqrt{3})^2}=\sqrt{25}=5$となるので，$\triangle\mathrm{CEF}=\frac{1}{2}\times\mathrm{EF}\times\mathrm{CL}=\frac{1}{2}\times2\sqrt{3}\times5=5\sqrt{3}$である。

(3)＜長さ＞前ページの図で，△MCD は $CM=DM=3\sqrt{3}$ の二等辺三角形だから，点 M と点 N を結ぶと，MN⊥CD となる。△CMN で三平方の定理より，$MN=\sqrt{CM^2-CN^2}=\sqrt{(3\sqrt{3})^2-3^2}=\sqrt{18}=3\sqrt{2}$ となるので，$\triangle MCD=\frac{1}{2}\times CD\times MN=\frac{1}{2}\times 6\times 3\sqrt{2}=9\sqrt{2}$ となる。また，CM⊥AB，DM⊥AB より，AB⊥〔面 MCD〕である。よって，$〔三角錐 A\text{-}MCD〕=\frac{1}{3}\times\triangle MCD\times AM=\frac{1}{3}\times 9\sqrt{2}\times 3=9\sqrt{2}$ となる。次に，三角錐 A-CEF，三角錐 A-MCD を，それぞれ底面が △AEF，△AMD の三角錐と見る。このとき，この 2 つの三角錐は高さが等しいから，〔三角錐 A-CEF〕：〔三角錐 A-MCD〕＝△AEF：△AMD となる。△AEF，△AMD はともに 3 辺の比が $1:2:\sqrt{3}$ の直角三角形だから，△AEF∽△AMD である。相似比は AE：AM＝2：3 だから，$\triangle AEF:\triangle AMD=2^2:3^2=4:9$ となる。よって，〔三角錐 A-CEF〕：〔三角錐 A-MCD〕＝4：9 だから，$〔三角錐 A\text{-}CEF〕=\frac{4}{9}\times〔三角錐 A\text{-}MCD〕=\frac{4}{9}\times 9\sqrt{2}=4\sqrt{2}$ となる。点 A から △CEF に引いた垂線の長さを h とすると，これは，三角錐 A-CEF の底面を △CEF としたときの高さとなるので，三角錐 A-CEF の体積について，$\frac{1}{3}\times\triangle CEF\times h=4\sqrt{2}$ より，$\frac{1}{3}\times 5\sqrt{3}\times h=4\sqrt{2}$ が成り立つ。これを解くと，$h=\frac{4\sqrt{6}}{5}$ となる。

═読者へのメッセージ═

放物線は，英語でパラボラ(parabola)といいます。パラボラアンテナは放物線の形を利用してつくられています。

国語解答

一　問一　有終　　問二　ウ

問三　慣れ親しんでいる都市が見せる別の貌

問四　(1)　めいしょずえ　(2)…ア

問五　ア　　問六　イ　　問七　ア

問八　観察す～きない　　問九　ア

問十　ウ

二　問一　ウ　　問二　エ

問三　①…ウ　②…ア　　問四　ア

問五　ウ　　問六　ア　　問七　エ

問八　エ　　問九　ア

問十　1…オ　2…ア　3…エ　4…ウ　5…イ

問十一　ア

三　問一　イ　　問二　(1)…6　(2)…3

問三　エ

問四　①　ふきゅう　②　げし

③　塩辛　④　克己心　⑤　岳父

⑥　裾野

一〔論説文の読解―社会学的分野―都市〕出典；港千尋『風景論―変貌する地球と日本の記憶』「メディアと都市の人類学」。

《本文の概要》フランスの人類学者は，世界中どこでも似たり寄ったりの高層オフィスビルが建ち並ぶ人工的な，現代都市の環境を「非―場所」と呼び，歴史的な個別性を持った「場所」と区別した。その一方で，国道マラソンや暗渠めぐりを通して気づかされるように，都市景観としては決して美しいわけではない場所にも人が集まるところに，都市インフラのおもしろさがある。例えば，混雑している渋谷の駅前交差点は，そこをふだん利用する人にとっては，特に意識しない，できれば避けたいと思う「非―場所」である。だが，外国人観光客をはじめとする一部の人々にとっては，魅力的な「場所」となる。そこには信号が青に変わった途端，四方から歩き出した歩行者が衝突することなく渡りきる光景があり，観光客はそれを一種のパフォーマンスととらえるからである。このことには，誰もがその風景を撮影し，その動画を公開できるという高度な機能を備えたパーソナルメディアが一般化している情化社会という背景も深く関係している。このようにして，日常生活では意識されない「非―場所」も，特別な「場所」となりうるのである。

問一＜漢字＞「有終の美を飾る」は，最後までやり通して立派な成果を残す，という意味。

問二＜文章内容＞マラソンの起源となった街道には，今では車の交通量が激しい道路もあるが，「どこかに古代の街道を走っている感覚が残る」からランナーが集まってくるのだろう。ランナーが走り続けるうちに「地形と一体になる」ことで，視界に見える都市の姿とは異なる「本来の街道」が浮き彫りになるのである。

問三＜文章内容＞日本橋から船に乗って体験できるクルーズは，かつては水運都市であったという「未知の東京」を開示するものであり，参加者は，水上から都市を眺めることで，「慣れ親しんでいる都市が見せる別の貌」に驚いたのである。

問四(1)＜漢字＞「名所図会」は，江戸時代後期に刊行された，絵入りの名所地誌のこと。　(2)＜文章内容＞水上から見た景色は，「水運都市の歴史が垣間見え」つつ，「浮世絵が描いたような，名所図会」と異なって「ビルがびっしりと建ち並」んでいた。つまり，ここでの「名所図会」は，ビルこそないが，水運都市として栄えた様子が描かれているものである。アからは，蔵や輸送用の船らしきものが見て取れる。

問五＜文章内容＞水辺は建物の裏側に当たるため，装飾も看板もなく，一見殺風景に見えるが，それを「消費世界の情報や記号が取り除かれた，建築の無垢」の姿としてとらえることで，「わたし」は，そこに「独特の美しさ」を見出し，感動したのである。

問六＜文章内容＞「わたし」にとっての水上経験は，東京のビル街という日常の見慣れた風景であっても水辺側という別の視点から見ることで「建築の無垢」を感じ取れたように，その土地の新たな魅力を発見する機会を与えてくれる，貴重な体験となった。

問七＜文章内容＞「渋谷駅前の観光客たちが注視しているのが何なのか」を考えると，彼らは，渋谷のスクランブル交差点で，「信号が青に変わった途端に四方から歩き出した歩行者が，衝突することなく渡りきるという光景に感嘆し」て，そこにカメラを向けているのである。

問八＜文章内容＞「前者と後者のあいだに差異がない」とは，「現実の空間に存在する群衆」とメディアを通してそれを見る「匿名の観客」の間に差異がないということである。スマートフォンが爆発的に普及した現代では，「誰もが撮り，誰もが見る。ふたつの群衆は，実はひとつ」であり，そう簡単に「観察する側とされる側にわけることはできない」のである。

問九＜文章内容＞パーソナルメディアが普及した情報化社会では，どこでも誰もが簡単に撮影し，映像を公開できるので，あらゆる場所が観察される「フィールド」になりうる。そして，こうした状況は，「何がフィールドでそれを誰が観察し記録するのか」という問いを無意味なものにしてしまった。

問十＜主題＞マルク・オジェは，歴史的な個別性を持つ空間を「場所」，現代都市の非個性的な空間を「非―場所」と呼んだ。しかし，「わたし」は，そこが「場所」になるかどうかは，世界のどんな地点であっても，誰かの興味・関心を引く地点になるかどうかで決まり，意識されない地点は「非―場所」のままとなる，と考えている。

二　〔小説の読解〕出典；志賀直哉『或る朝』。

問一＜語句＞「三回忌」は，人の死後満２年，数えで３年目に行う法事のこと。

問二＜文章内容＞祖母が明日の法事の時間を何度も念押ししてくるので，信太郎は面倒に思って返事をしなかったと考えられる。

問三．①明治元年が西暦1868年である。それを基準に考える。　②＜表現＞明治四十一年正月十三日には「誰もが知る歴史的な大事件」は起きておらず，また，物語がこの日である必然性は作品の中で書かれていない。

問四＜心情＞信太郎は，祖母が何度も起こしに来るので，とりあえず起きるポーズをとって祖母を安心させてその場から離れさせ，実際にはまだ寝ようと企んでいたのである。

問五＜文章内容＞「角のある」は，とげとげしい，という意味。なかなか起きない信太郎へのいら立ちが，祖母の声にははっきりと表れていた。

問六＜文章内容＞祖母があまりにも起きろ，起きろとうるさいので，素直に起きにくくなった信太郎は，祖母が起こしに来なかったら「起きてやろうかな」と考えていた。

問七＜心情＞祖母は，年老いた自分が布団を片づけ始めれば，信太郎も起きて自分を手伝ってくれるのではないかと期待したのに，信太郎が冷淡な顔で横になったまま動かないので，腹を立てたのである。

問八＜心情＞信太郎は，毎朝の習慣どおりに小夜着をたたもうとしていたが，今，祖母とけんか中であることを思い出すと不愉快になり，祖母と同じように小夜着を放り投げた。

問九＜心情＞信太郎は，先ほどまで祖母と大げんかしていたのに，祖母が何事もなかったように振る舞うので，つられて素直に応じた。お互いを簡単に許せるほどに，心を開いた関係であることを，信太郎はほほ笑ましく思ったのである。

問十＜文脈＞信太郎は，先ほどまでの祖母とのやり取りをおかしく思いながら，布団を片づけているうちに(１…オ)，不思議と泣きたい気持ちになってきて(２…ア)，涙がこぼれてきた(３…エ)。それでも，夜着を押し入れに入れるうちに(４…ウ)，気持ちも落ち着き，ようやく涙が止まった(５…イ)。

問十一＜表現＞信三や妹たちとのやり取りも含めて，けんかをしながらも仲のよい家族の日常の一コマが描かれている。

三 〔国語の知識〕

問一＜語句＞「おっとり刀」は，取るものも取りあえず急いでいく，というさま。「割愛」は，惜しいと思うものを捨てる，手放すこと。「割愛して捨てる」では，意味が重複している。「琴線に触れる」は，感動や共鳴を与える，という意味。「住めば都」は，どんなに不便な場所でも，住み慣れれば住みよい土地と思える，という意味。

問二＜ことばの単位＞⑴文節に分けると，「大きな／山の／きれいな／姿を／見られて／うれしかった」となる。　⑵用言は，形容動詞「きれいな」，動詞「見」，形容詞「うれしかっ」である。

問三＜文学史＞紀貫之は，平安時代に仮名文字で『土佐日記』を記した。また『古今集』(『古今和歌集』)の編者の一人である。『今昔物語集』は，平安時代に成立した説話集で，作者不詳。

問四＜漢字＞①「不朽」は，いつまでも価値を失わず残ること。　②「夏至」は，北半球では昼が最も長く，夜が最も短い日のこと。　③「塩」の音読みは「塩分」などの「エン」。「辛」の音読みは「香辛料」などの「シン」。　④「克己心」は，自分の感情や欲望などに打ち勝つ心のこと。⑤「岳父」は，妻の父親のこと。　⑥「裾野を広げる」は，ある活動や共同体などに参加する人を増やす　という意味。

2021年度 山手学院高等学校

【英　語】（50分）〈満点：100点〉

1 次の英文を読み、問いに答えなさい。

Jon and the Black Door

It is early in the night when Jon leaves home. After his parents are asleep, he quietly goes out the back door. The door makes some noise when he shuts it, but neither his mother nor father gets up. Jon steps out into the quiet of night.

He is met by the cool night air. It was a hot summer day, but now there is a nice wind. Jon smiles. The hardest part is done. He just has to go down to the river now. He climbs a fence and jumps (1) it, then passes the houses of his *neighbourhood. There are two or three houses with light in the windows, but most are dark. Everything looks black and white in the moonlight. It is almost scary walking with no other people.

It is not an especially long walk to the river. He goes down the hill, taking bigger steps and thinking about the day. School was always boring, though at least Anthony had some new games that looked interesting. It was just a boring day, but it became interesting (2) he left. He found a door next to the river while he was walking home. There was no house with this door. It was just a door (3) the air. It was very strange. Jon could see a dark black cloud around the door. It looked very interesting, but also a little scary. When Jon walked over to the door, he could not see it from behind. He could only see it from one side. Jon thought for a minute (4) he decided to open it. It was dark behind the door. He could not see anything.

Jon picked up a stick from nearby. He walked back to the door and put the stick inside. The stick disappeared. Jon took the stick back (5) and looked at it. There was nothing on the stick. Jon spent some time thinking about the door. He played a lot of video games, so he guessed that this door went somewhere. The real question was where it went. Doors went to dangerous places in most of the games that he played. Only a hero should go through these kinds of doors. But Jon was not a hero. He could not fight monsters. He was a boy with a body like a pencil, and he could die if he stepped through that door. Or maybe it was a one-way ticket – he [ア] . Jon looked at the door.

He was scared, but he really wanted to go through it. He wanted to see what was inside. He decided to go home to prepare before going through the door.

Now, it is several hours later, and Jon is back at the river standing in front of the black door. That door to another world. He has his school bag with some sandwiches and a bottle of water in it. He has his smartphone in his pocket. He has also brought a baseball bat. Jon feels safer with the bat but [イ] .

Jon walks around the black door twice. He can only see the door from one side. When he stands behind the door, he cannot see it. He can only open the door from one side.

Jon goes back in front of the door and takes out his smartphone from his pocket. He wants to walk through that strange door and look inside, but a little part of him is telling him that this black door is not safe. He might lose his smartphone, but it is safer than walking in without checking inside. Jon turns on his smartphone's video and puts his hand and smartphone through the black door. They both disappear inside the door. Jon cannot see either his hand or his phone anymore. He can still feel the smartphone in his hand though. When Jon thinks he has enough video, he takes his hand back out.

Jon looks at his phone. *What is he going to see on the video?* He is very excited.

Jon touches his phone to play the video, but his phone's screen is black. There is nothing on the video at all. He is surprised, and he tries again. The same thing happens. There really is nothing on the video. Nothing at all. Jon takes a minute to think. Maybe the camera light is not turning on. He turns the camera light on and then tries to take one more video.

Jon looks at the video one last time, but the video is still black. It shows him nothing. Using the camera light does not change anything. Now, he has to choose: does he walk through the black door, or does he go back home and forget about everything? Jon is both afraid and excited at the same time. He really wants to go through, but he is sure it will be dangerous. It is a waste of time to stand here just looking at the door. Either he is going in, or he is going home. He has to choose. Maybe it is dangerous. But if he goes home now, then he will never know what is on the other side.

(ウ) It is not really a question.

Jon puts his hands inside the door. It feels cool. He stops for a moment. *Is he really going to do this?* But it was now or never.

He steps forward.

注：neighbourhood = neighborhood

問１　（ 1 ）～（ 5 ）に入る最も適切なものをそれぞれ選び、番号で答えなさい。

1. after	2. almost	3. out	4. for
5. in	6. over	7. to	8. before

問２　以下の文を起こった順に並べ替え、番号で答えなさい。

1. He put his smartphone through the door.
2. He found the door.
3. His hands felt cool.
4. He walked to the river at night.

問３　[ア] に入る最も適切なものを選び、番号で答えなさい。

1. could only come home
2. could buy one
3. could not go through
4. could never go home

問４　[イ] に入る最も適切なものを選び、番号で答えなさい。

1. he hopes that he will not need it
2. he wants to hit something with it
3. he wishes to put it down
4. he doesn’t like carrying it

問５　下線部（ウ）It is not really a question. が表す内容として最も適切なものを選び、番号で答えなさい。

1. Jon is going to watch longer.
2. Jon is going to go home.
3. Jon is going to go through.
4. Jon is going to talk to the door.

問６　本文と内容が一致しているものをひとつ選び、番号で答えなさい。

1. Jon’s body was a pencil, but he was not a hero.
2. Jon had sandwiches and water in his bag.
3. Jon’s smartphone was broken.
4. Jon walked for a long time to the river.

問７　本文と内容が一致していないものをひとつ選び、番号で答えなさい。

1. He walks down a hill to the river.
2. He is carrying a baseball bat.
3. He uses his phone to take photos.
4. He waits until night to go through the door.

2 次の英文は、ある新聞に掲載された記事です。それに対する４人の読者の意見をそれぞれ読み、問いに答えなさい。

There is no experience quite like a live concert. Listening to a CD and watching a performance by your favorite artist in a concert hall are not the same experiences. Hearing his voice and feeling the energy of the crowd are memories that many remember for a lifetime.

Sadly, not every fan gets a chance to see his favorite artist. There are many reasons for this. An event may be sold out, too far away, or the day of the event may not be convenient for the fan. In those situations, there is always hope that one could possibly see the next live show.

Think about what happens if the artist dies. You will never be able to go to his concert. However, new technology may be able to offer a similar experience.

Together with computers and a stage theater technique developed over a century ago, images can now be displayed on a stage for a live audience. Originally, the stage theater technique was used to put ghosts on stage with real actors. The special effect, called a hologram, is created with a mirror, glass, a projector and a screen. The same technique is used by Disneyland in its Haunted Mansion and at other theme park haunted houses.

Concert directors can now create experiences that people thought to be impossible before. The popular rock group X Japan surprised fans in 2008 when they performed on stage with a group member who had died ten years earlier. Michael Jackson's hologram performed on an American music TV show in 2014, five years after his death.

Companies have also used this technology to bring imagined artists to life. Hatsune Miku is a virtual idol created in the style of Japanese manga. The idea began with a voice bank sold with software used by professional musicians. The Hatsune Miku character was created to help 3-D animators and fans to produce their own music videos. The character became so popular that the company started producing music and organizing performances on stage.

It is difficult to disagree with the fact that the technology is amazing. However, some are not sure that virtual performances are a good idea.

Reader A :

(A) This opens up a lot of doors for the music business and fans. I do not live close to a major city and it is very rare that popular artists visit. I have seen live performances on TV, but it is not the same. Going to a concert hall with my friends, buying tour T-shirts, and singing with a few hundred other fans is an experience that all music fans should have. Also, there are artists that were popular before I was born. I would love to see a Beatles performance. I love music, and holograms are just another way to enjoy it.

問１　下線部（Ａ）が表す内容として最も適切なものを選び、番号で答えなさい。

1. Music companies can use holograms to open the doors of concert halls.
2. Music companies can use holograms to find new fans.
3. The use of holograms will introduce new ways for fans to enjoy music.
4. The use of holograms will reduce how fans enjoy music.

Reader B :

Just because we have the technology to do something, it doesn't mean that we should. The things that are special in live performances are lost in holograms.

I remember seeing my favorite band in two different cities a few summers ago. Both shows were great, but the experiences were quite different. The audience at the first show was very relaxed and quiet, so the band played more slow songs. The lead singer also talked with some of the fans. The audience at the other show was excited and loud, so the band played faster songs. The lead singer sometimes stopped singing and the crowd sang some of the words to the song. It felt like karaoke with a few thousand friends.

I loved both shows, but they were two very unique experiences. I was so impressed by how the lead singer (B) read the room. I don't think that holograms can offer the same experience because they are programmed.

問2　下線部（ B ）が表す内容として最も適切なものを選び、番号で答えなさい。

1. talked with people in the audience
2. read the words and messages around the room and understood
3. looked at a situation and decided the best action to take
4. read about different types of audiences

Reader C :

As a young artist, I have a problem with this. Computer technology today can copy the voice of a dead artist and turn it into voice data. Music companies can use that data to make new songs. They might stop looking for new talent and just continue to use known artists from the past. It is a safer way to make money. However, many great new artists may never be discovered because (C). Becoming famous and getting fans in the music business is already difficult.

問3　（ C ）に入る最も適切なものを選び、番号で答えなさい。

1. those artists die before becoming famous
2. companies will continue to recycle old ones
3. known artists will make new songs
4. those artists don't have holograms

Reader D :

First we had records, radios, cassette tapes, CD, videos and virtual reality. It is no surprise that we are starting to see more holograms. They are just the next step in entertainment media. Some people will like them. Others won't. Just like anything else. Some people like a good book and others wait for the movie.

I am wondering about one thing, though. I know there is an artist who hated fast food. Can a company use her image and voice to sell hamburgers one day? That's not right. Companies should talk to artists before their death about how they plan to use the artists' hologram. If they do that, (D).

問４　(D)に入る最も適切なものを選び、番号で答えなさい。

1. I think it is a bad idea
2. there is something wrong with it
3. I can’t say that it is right
4. I don’t see anything wrong with it

3　次の文の(　　)に入る最も適切なものを選び、番号で答えなさい。

(1) A : That building is cool. Who designed it?
B : Kengo Kuma (　　). He is a world-famous Japanese architect.
1. was　　2. is　　3. did　　4. does

(2) Does he know (　　)?
1. you like dogs how much　　2. how much do you like dogs
3. how many you like dogs　　4. how much you like dogs

(3) My mother told me that I should be back (　　) ten at the latest.
1. in　　2. by　　3. till　　4. on

(4) He doesn’t spend (　　) as you on the Internet.
1. time as many　　2. time as much
3. as many time　　4. as much time

(5) This cake is (　　) for a child to make.
1. easy enough　　2. enough easy
3. so easily　　4. as easily

4 次の会話文を完成させるために、(　　)に適語を入れたとき、(A)と(B)に入るものを記号で答えなさい。ただし不要な語がひとつずつ含まれており、文頭にくる語も小文字で始まっている場合がある。

(1) A: (　　) (A) (　　) (　　) (B) (　　) (　　) (　　) (　　) job?

B: For about one and a half years.

ア	you	イ	long	ウ	your	エ	how	オ	been
カ	Canada	キ	have	ク	for	ケ	many	コ	in

(2) A: (　　) (　　) (　　) (　　) (　　) (A) (　　) (　　) (B)?

B: A new dress, I guess.

ア	pleased	イ	is	ウ	you	エ	me	オ	can
カ	tell	キ	what	ク	she	ケ	looking	コ	for

(3) A: Did Mike's (　　) (　　) (　　) (　　) (A) (　　) (　　) (　　) (B)?

B: Yes, it really did.

ア	his	イ	make	ウ	contest	エ	success	オ	in
カ	happy	キ	pride	ク	speech	ケ	parents	コ	the

5 各組の１～４の中から誤りを含んでいるものをひとつ選び、番号で答えなさい。

(1)
1. We will leave for the concert as soon as Tom will arrive at our house.
2. Her grandmother bought her a new smartphone on her birthday.
3. That tall tree has finally been cut down by the city.
4. Japanese food is getting popular in both America and Europe.

(2)
1. There wasn't anything left in the bottle, was there?
2. My sister is going to marry with an artist most young people know.
3. I found it difficult to drive in the U.S. without car navigation.
4. Though the task seems rather difficult, I will do my best.

(3)
1. While I was in Canada, did you go to Europe?
2. Please tell him that he can use my computer if he wants to.
3. This mountain against the blue sky is one of the most beautiful place for sightseeing.
4. Hemingway is a writer whose works I like very much.

6 次の会話文を完成させるために、(　　)に最も適切な語を答えなさい。必要に応じて大文字で始めること。

Jodie: Mr. Jones, I have a question.

Mr. Jones: Yes, Jodie, (1) ahead.

Jodie: (2) large is Yokohama, Japan? I have a friend there and I am planning to visit her this summer.

Mr. Jones: I heard that there (3) more than three million people living there in 2019.

Jodie: Three million people? There must be a lot of places to go.

Mr. Jones: Yes, I'm sure there (4).

Jodie: I am very much (5) forward to going there.

7 A-BとC-Dの関係が同じになるように、Dに適する語を答えなさい。

A	B	C	D
one	January	eleven	(1)
student	students	tooth	(2)
right	write	our	(3)
threw	through	ate	(4)
evening	dinner	morning	(5)

【数　学】 (50分) 〈満点：100点〉

注意 1. 答えに根号がふくまれるときは，根号の中は最も小さい自然数にすること。
また，分母に根号がふくまれるときは，分母に根号をふくまない形にすること。
2. 答えが分数になるとき，約分できる場合は約分すること。

1 次の計算をしなさい。

(1) $-2^3-(-3)^2\times(-2^2)$

(2) $(\sqrt{2}+\sqrt{3}+\sqrt{5})^2(\sqrt{2}+\sqrt{3}-\sqrt{5})^2$

(3) $\dfrac{-2a+3b}{3}+\dfrac{9a-2b}{6}-\dfrac{a}{2}-b$

(4) $\left(\dfrac{1}{\sqrt{3}}x^2yz^3\right)^2\div\left(-\dfrac{2}{3}x^2y^2z\right)$

2 次の方程式を解きなさい。

(1) $\dfrac{-2x+1}{17}-\dfrac{x-9}{51}=-1$

(2) $2x+2y+7=7x-9y+1=3$

(3) $x-x^2=x(2x-5)$

3 次の各問いに答えなさい。

(1) $ac-bc-a+b$を因数分解しなさい。

(2) $x-y=3$，$xy=1$のとき，x^2+y^2の値を求めなさい。

(3) a，b，cは互いに異なる整数で，$abc<0$，$a=b-\dfrac{2}{b}$，$b=c-\dfrac{2}{c}$をみたします。

このとき，cの値を求めなさい。

(4) 2直線$y=\dfrac{1}{3}x-2$，$5x+y+a=0$がx軸上で交わるとき，aの値を求めなさい。

(5) 関数$y=ax^2$において，xの変域が$-1\leqq x\leqq 4$のとき，yの変域が$-8\leqq y\leqq b$となりました。このとき，a，bの値をそれぞれ求めなさい。

(6) 男子2人，女子3人の5人が1列に並ぶとき，両端が女子になる場合の数を求めなさい。

(7) 4点A，B，C，Dを頂点とする平行四辺形ABCDがあります。

辺ABの中点の座標が$\left(\dfrac{9}{2},\ 8\right)$，辺BCの中点の座標が$(2,\ 4)$，

辺CDの中点の座標が$\left(\dfrac{5}{2},\ 2\right)$，辺DAの中点の座標が$(5,\ 6)$

であるとき，点Aの座標を求めなさい。

(8)　次の図のように，点Pから円に接線を引き，接点をAとします。

また，点Pを通る直線 l と円との交点を，点Pに近い方から順に，B，Cとします。

∠APC = 40°，∠BAC = 50° のとき，∠PAB の大きさを求めなさい。

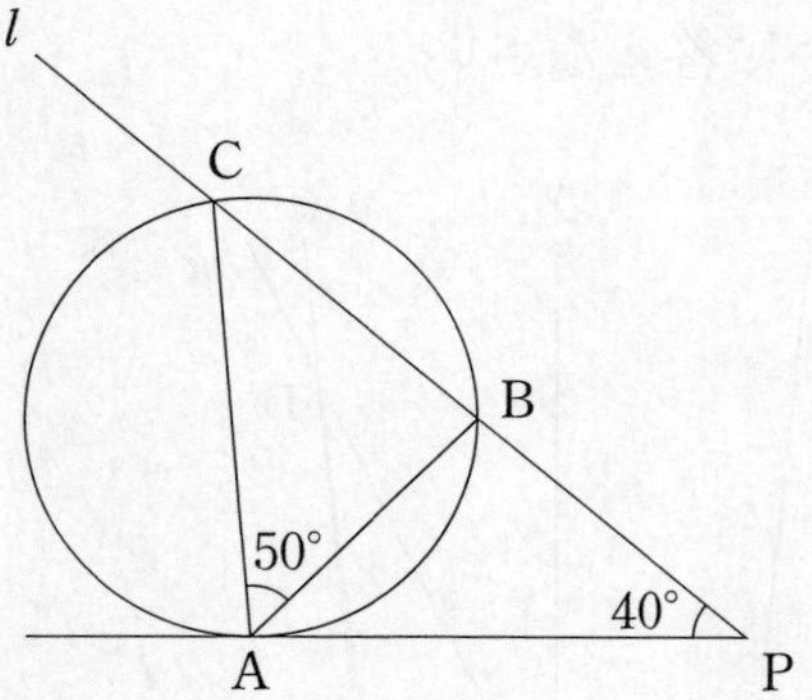

(9)　1辺の長さが6である正四面体の体積を求めなさい。

4 次の図のように，放物線 $y = x^2$ と互いに平行な 2 直線 l，m が交わっており，交点を A，B，C，D とします。

また，直線 AC は x 軸と平行であり，点 A の x 座標は -3 です。

y 軸と直線 l，m との交点をそれぞれ E，F とすると，E (0，3)，F (0，15) となります。

このとき，次の各問いに答えなさい。

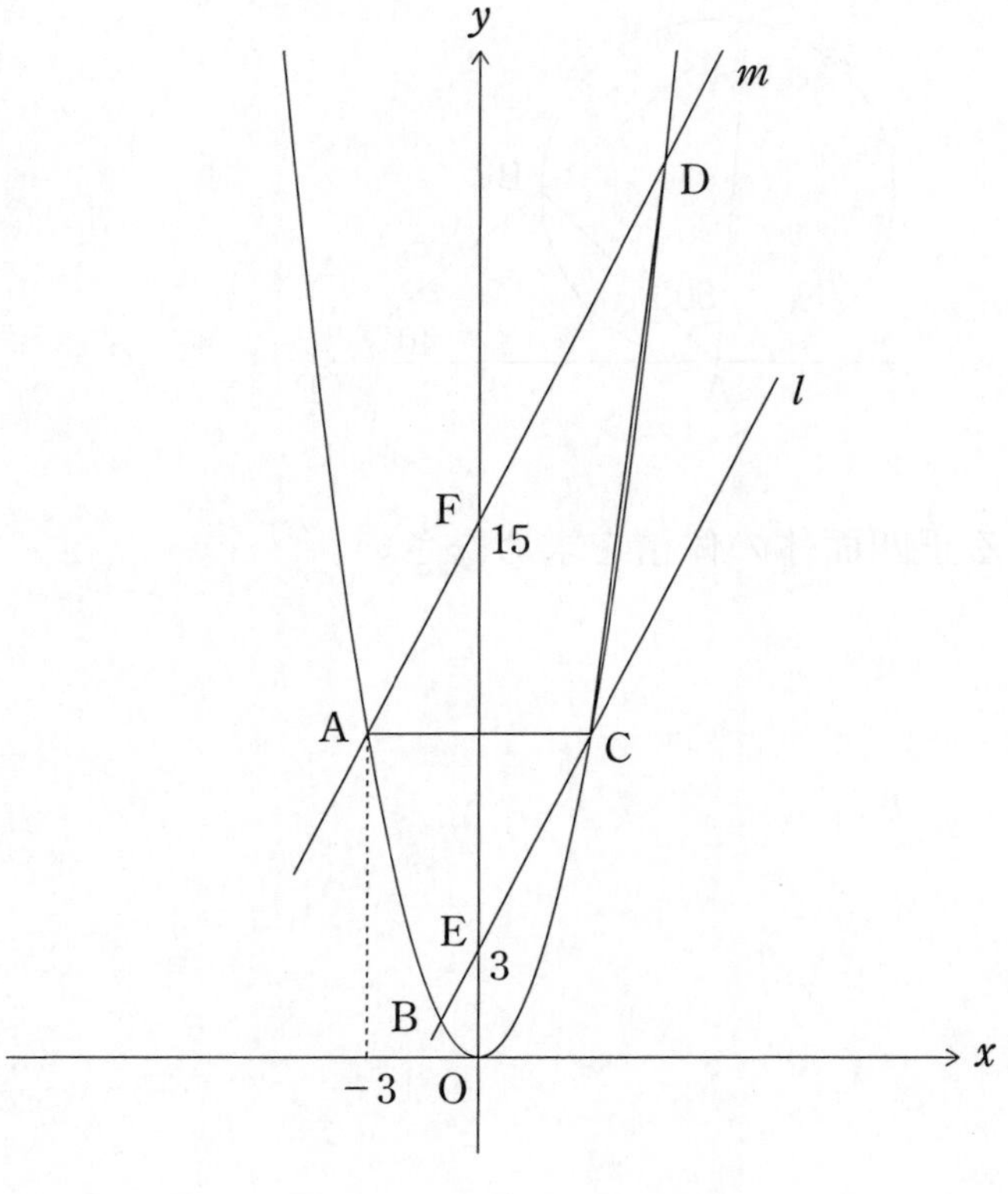

(1) 直線 l の式を求めなさい。

(2) △ACD の面積を求めなさい。

(3) △ACD を直線 m の周りに 1 回転させてできる立体の体積を求めなさい。ただし，円周率は π とします。

5 次の図のように，△ABCの辺BCを2：3に分ける点をD，線分ADを3：2に分ける点をEとし，直線CEと辺ABとの交点をFとします。

また，CF∥DGとなるように，辺AB上に点Gをとります。

EF = 6のとき，次の各問いに答えなさい。

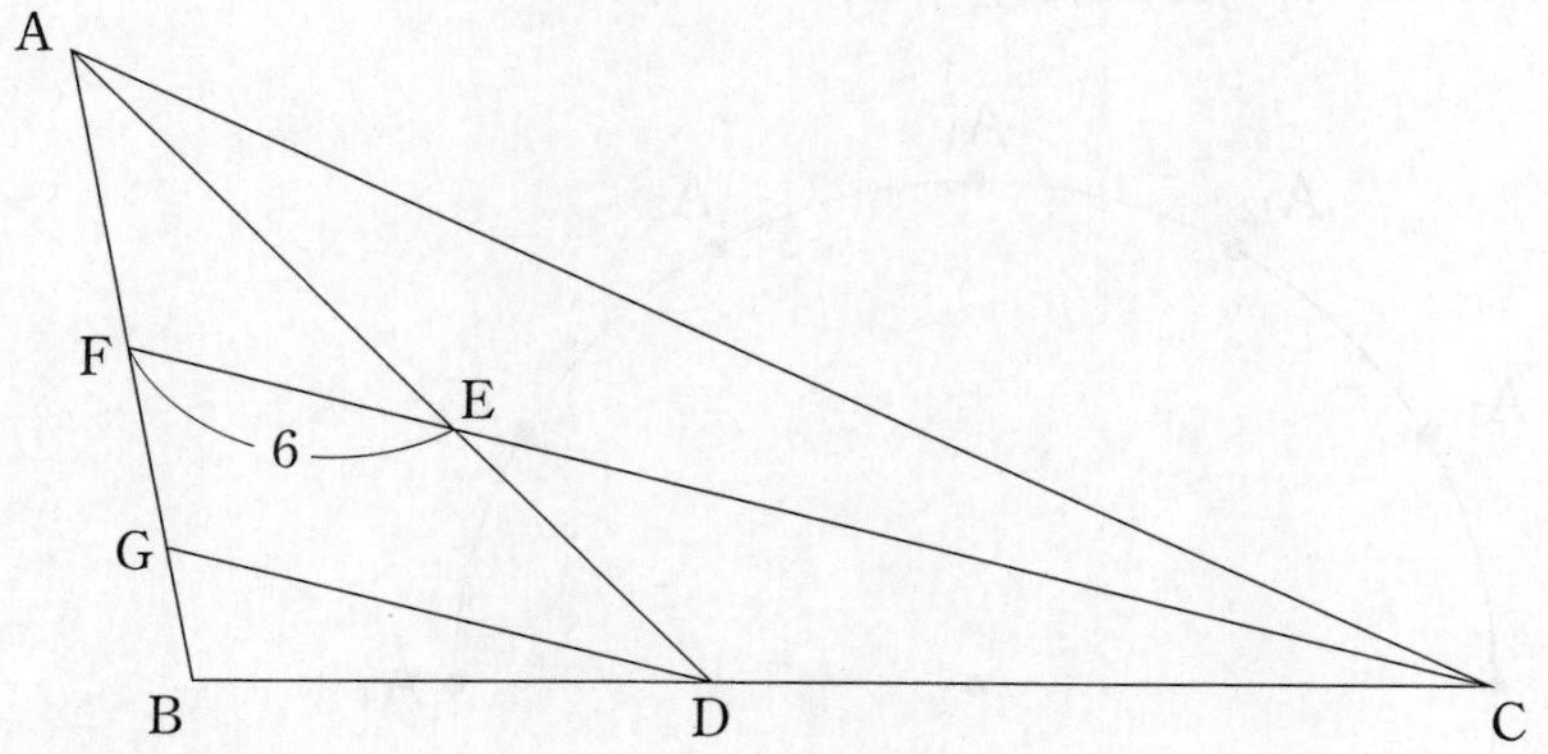

(1) 線分GDの長さを求めなさい。

(2) 線分CEの長さを求めなさい。

(3) AF：FG：GBをもっとも簡単な整数の比で表しなさい。

6 次の図のように，円周上に等間隔に並んだ12個の点 A_1，A_2，…，A_{12} があります。

この12個の点から3点を選んで三角形をつくるとき，次の各問いに答えなさい。

ただし，合同な三角形でも頂点が異なる場合は別の三角形と考えます。

例えば，$\triangle A_1A_7A_2$ と $\triangle A_1A_7A_{12}$ は異なる三角形と考えます。

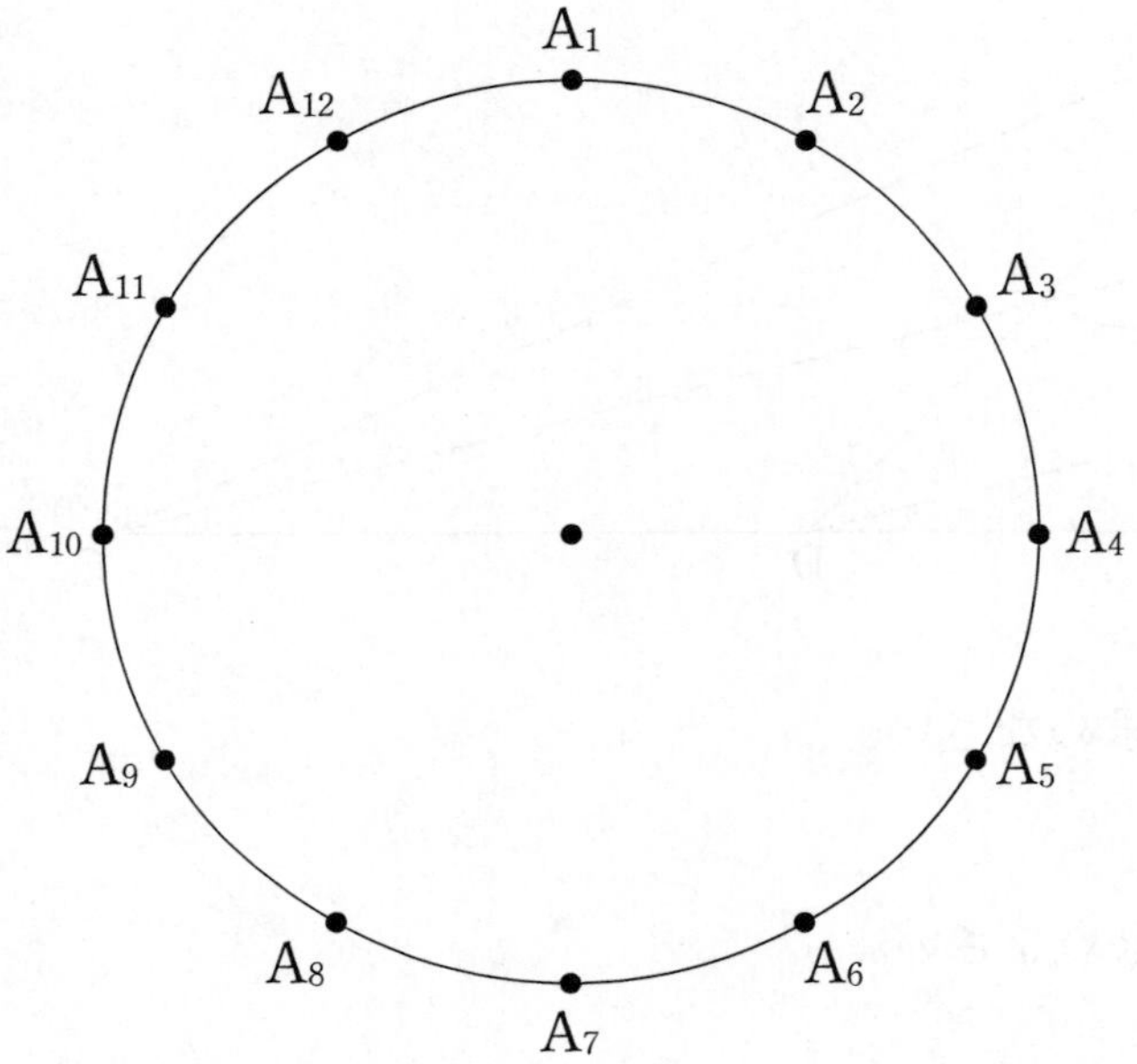

(1) 三角形は全部で何個できるか求めなさい。

(2) 直角三角形は何個できるか求めなさい。

(3) 鋭角三角形は何個できるか求めなさい。

問四　傍線部について、カタカナは漢字に直し、漢字は読みをひらがなで答えなさい。

①　コハンの宿に泊まる。

②　熟れたマンゴーを食べる。

③　着々と任務を遂行する。

④　昔は呪術が信じられていた。

ア　ご案内になってください

イ　ご案内してください

ウ　ご案内なさってください

エ　ご案内されてください

問二　次の傍線部の単語数を算用数字で答えなさい。

山手学院では、ソーシャルメディア・携帯・スマホの使い方に関して、すべての生徒がその使用者としての責任感をもって山手学院生としてふさわしい使い方をするために意見を出し合いました。ここにそれらの意見を集約した「山手学院ソーシャルメディアポリシー&携帯・スマホマナー」を制定します。今後、山手学院生は、自分と学院の仲間が取り決めたこの約束にのっとって、ソーシャルメディア及び携帯電話・スマートフォンを安全に正しく利用して、自らの生活をより実り豊かなものにしていくことを心がけましょう。

（本校「ソーシャルメディアポリシー」序文）

問三　次の文について、漢字表記に誤りがあれば正しい表記を答え、誤りがなければ〇を答えなさい。

例）工場に機会を設置する。　→　解答欄）　機械

①　会議で彼の意見に異議をとなえた。

②　成長著しい親交国と関係を結びたい。

③　若さは永久普遍ではない。

いうことが共通していたからだ。

エ　少年少女のみずみずしい感性は、ほんの一部の人にだけ与えられた一時のものであり、残念ながらそれも大人になると失われてしまうのだ。

オ　「おじさん」は既成のものにとらわれず、自分の感性と言葉で世界を見る力を持ち続けている大人だ。姪《めい》の少女がおじさんに惹《ひ》かれるのは、同じ気持ちで広い世界を新鮮に楽しみたいからだろう。

三

次の各問いに答えなさい。

問一　次の文中の（　）にふさわしい表現を一つ選び、記号で答えなさい。

①店員から客への声かけ。

「ご試食（　　　　）。」

ア　いたしますか

イ　なさいますか

ウ　いたされますか

エ　しますか

②文化祭で後輩に来客の誘導を頼みます。

「山手君、教室までお客様を（　　　　）。」

問八　傍線部⑧「母親はすぐには反応できなかった。」とありますが、娘の発言の前後の母親の心情をそれぞれひとつずつ選び、記号で答えなさい。

Ⅰ発言前

ア　兄が来ないことを残念がっているので、南国の美しい自然の造型を楽しませよう。

イ　熱帯からやってきたおいしい果物が抱えていた種が示す、生命力の力強さを一緒に感じよう。

ウ　すべての植物が持つ造形の不思議さを、好奇心の強い娘が面白がるに違いないので味わわせよう。

エ　美味しい果肉の中にひそんでいた種の、見たこともない不格好さという奇妙な組み合わせを見せよう。

Ⅱ発言後

オ　ありもしないことを口にする我が娘の個性に驚き、独創的な感性に寄り添おうと努力した。

カ　なんの先入観ももたない娘のまっすぐな言葉から、常識に縛られた発想を振り払う力を感じた。

キ　自分とは異なる感想を口にした娘の才能に感激し、広がるイメージの世界を楽しむことにした。

ク　沖縄をたくさん勉強した娘は、マンゴーの種が「お魚」であることを知っていたのだと驚いた。

問九　この文章の読み取りを述べたものとして、ふさわしいものにはA、ふさわしくないものにはBを答えなさい。

ア　登場人物たちは容姿などの具体的な情報をほとんど持たず、「色」などで客観的に区別され、まるで空から見られているようだ。語り手は登場人物と自由に距離を取り、人物の内外に出入りしている感じがする。

イ　前半の小学校からの帰り道の場面において、少年少女らの発言は「世間の発想」に制圧されていくようであり、それは大人びた低い太い声を持つ少年が象徴している。

ウ　緑の少年が、赤いマフラーの少女や卵色の少女の連想を刺激したのは、「見た」ものが常識から外れている経験、と

ウ　大人の社会がもつ技術がもたらすものを魔法だと理解する純真さ、という共通点。
エ　疑いを知らない小さな子どもだけが見ることを許される世界の真実、という共通点。

問四　傍線部④「おばあさんは軀のしんが冷えてゆくように感じた。」とありますが、この理由となるおばあさんの心情として最もふさわしい二字熟語を抜き出しなさい。

問五　傍線部⑤「娘の落胆に先回りした。」とありますが、その理由として最もふさわしいものを選び、記号で答えなさい。

ア　兄をせめることで、娘ががっかりしたと言う間《ま》を作らないため。
イ　自分のほうが、娘よりもずっと落ち込んでいるのだと悟らせるため。
ウ　娘が「おじさん」に対して不平を言うような無礼な事態を避けるため。
エ　娘を自分が慰める労を避け、妹として兄を娘にかばい立てするため。

問六　傍線部⑥「あら」とありますが、このあとにつながるのに最もふさわしい表現を十字で抜き出しなさい。

問七　傍線部⑦「海のお魚が木になっている」とありますが、娘が「木になっている」という言葉を発するきっかけを作った一つと考えられる母親の行動を二十一字で抜き出しなさい。

問一　傍線部①「どちらも少しずつさびしかった」とありますが、どのような「さびしさ」ですか。最もふさわしいものを選び、記号で答えなさい。

ア　緑色に着膨れた少年はうそつきと言われて腹を立てた自分に対して、赤いマフラーの少女は友達に冷たい目で見られたことでおそれを感じた自分に対して、少しさびしかった。

イ　緑色に着膨れた少年は赤いマフラーの少女のせいで続きを話せなくなってしまったことに対して、赤いマフラーの少女は鼠色の男の子にあきれられてしまったことに対して、少しさびしかった。

ウ　緑色に着膨れた少年はテレビで見たものを頭ごなしに否定されたことに対して、赤いマフラーの少女は実際に見た光景を友達に伝えたかったのに途中ですげなくされたことに対して、少しさびしかった。

エ　緑色に着膨れた少年はみんなの間の沈黙を解消しようとしたのに分かってもらえず、赤いマフラーの少女は緑色に着膨れた少年のせいで先入観をもたれてしまい、少しさびしかった。

問二　傍線部②「この少女にも、～やめようと思い、」とありますが、少女がこの判断をした理由が分かる、「～から」につながるような一文を抜き出し、はじめの七字を答えなさい。

問三　傍線部③-1「象は確かに、ひととき波止場の中空に位置していた」③-2「ピアノは、少女の目には、そのとき紛れもなく空を泳いでいた」とありますが、このふたつにはどのような共通点がありますか。最もふさわしいものを選び、記号で答えなさい。

ア　幼さから生まれる勘違いがつくる、大人には理解できない幻想、という共通点。

イ　切り取られた一瞬をまっすぐ受け止めた子どもだけが得られる実体験、という共通点。

長年炊事をしてきたが、梅干の種をわざわざ水で洗ったことはない。桃の種を洗ったこともない。それなのにどういうわけか、母親は皿に残っているマンゴーの種をそのまま捨てる気にならず、蛇口の下で洗い始めていた。洗いながら、美味しさのあまり種にまで執着しているのかという恥ずかしさもなくはなかったが、洗い続けているうちに、おや、から、⑥あら、に変って、水を止めると掌の内側にのせたままじっと見入った。

種の全長は八、九センチメートル、幅は五、六センチメートル、いちばん厚いところのふくらみは二センチメートルか、せいぜい二・五センチメートルくらいで、扁平《へんぺい》な楕円《だえん》形の生糸色の種には、表面に数本、抉《えぐ》られたような凹凸の縞目《しまめ》が走っている。その上、楕円形を横にして見た時の上側の縁には、白髪を逆立てたような毛立ちがあり、下側の縁にも少量の毛立ちがある。これがマンゴーなの？　とわが目を疑いながら、母親はその種を、模様のない若草色の皿の中に置いた。

次の日、種は乾いていた。ただ毛立ちの部分には、乾燥で弾力性が加わった。高さは一〇メートルもあって、厚い葉をつけるというマンゴーのあの美味しい果肉が、しんにこういうものを抱えているのかと思うと、娘に見せておきたくなった。娘を呼んだ。

若草色の皿の中を見るなり、あの卵色の少女は言った。

⑦「海のお魚が木になっている」

「……」

⑧母親はすぐには反応できなかった。言われてみれば、全体マンボウ形の魚で、上下の縁の毛立ちは背鰭《せびれ》と腹鰭《はらびれ》に見えなくもない。いや、シッポを落された皮剥《かわは》ぎか。

海の魚が木に？

母親は少女の迷いのない言葉に不意をつかれたが、まさか、と思い、そのうちに、もしかすると、などと思い始めていた。

少女は、今夜はおじさんにマンゴーのお礼の手紙を書こうと思っている。お礼だけでなく、前々から教えてもらいたかったことも書こうと思う。今日も又庭で鳴いていた蝉が、蝶《ちょう》でも蜻蛉《とんぼ》でも人間でもなくて、蝉で生きているふしぎについて。そしてこのわたしが、マンゴーではなく、花でも鳥でも魚でもなかったふしぎについても。あのおじさんなら、きっとやさしく教えてくれると思う。

（竹西　寛子『五十鈴川の鴨』所収「木になった魚」より）

た。

葉書から二日後、沖縄からの航空便でマンゴーが届いた。三個並んでいる。

「家族三人、一人一個ずつ、のつもりかしら」

母親はそう言って縦長の球形の果実が、ざくろの皮の色に近く濃い紅に熟れているのを手に取り、顔を寄せた。強い香りが南国だった。少女は、いつか友達の誕生祝に招かれた時、フルーツサラダの中にまじっている淡い橙色の果肉をマンゴーだと教えられたことはあったが、近くでこうして丸ごと目のあたりにするのは初めてだった。少女の父親はいったいに果物の類を好まず、妻や娘にはすすめるものの、自分ときたら和菓子一辺倒であった。いきおい、母親もマンゴーを丸ごと買うようなことはなかった。

父親の勤めからの帰りを待ち、夜食の後、母親は報告のつもりで冷やしたマンゴーを皮つきのまま縦に三つに切り、大皿に一つずつ盛ってそれぞれの前に置いた。大き目のスプーンを添えた。種が固くて自分の力ではとても割れないので、平たい種がついたままの果肉の部分は自分が取り、父親と少女には種なしの果肉をつけた。皮の外からはうかがいようもなかった甘い芳香が漂った。

父親は、手をつけないのは悪いと思ったのか、まっ先にスプーンを取って、柔らかな橙色の果肉に当てた。

三人三様の沈黙の動きが続いた。

少女は、薔薇《ばら》の花のエキスとアイスクリームが口の中で溶け合っているような気がした。後味のきれいな甘みが、南の海の深い色と空の輝きを呼んで、あの島に行けば、海と空を見ながら毎日おじさんとこの果物が食べられるのかと思うと、浮き立つようだった。

「西瓜《すいか》でもない。メロンでもない……」

父親はひとりごとを言いながらほんの二口三口だけで、残りのマンゴーの皿を少女の方へ押しやった。

母親は、

「何でも新しいうちがいいの。兄さん、本当にいい物を送ってくれたわ」

と、唇の回りの果汁を片方の手の指先で拭き拭き、せわしくスプーンを口に運んだ。

洗い場に少女と一緒に皿を下げた。

「ああいうのを、耳朶《みみたぶ》に口紅をつけているような人って言うんだよ」

などと真面目な顔をして言う。そういうところが気に入っている。未だに結婚していない。仕事柄、会社からはよく出張するし、自分も地球の上を出来るだけたくさん動いてみたいので、家族はいないほうがいいというのがおじさんの考えらしいと少女は思っている。

そういえば、おじさんからの塩は、今度が初めてではなかった。二、三年前だったが、その頃のおじさんの勤務地は北海道で、オホーツクの海水一〇〇パーセントという、やはり今度と同じくらいの小袋に入った焼塩が送られてきた。

「この塩を毎日食べて、女のひとはもっと美しくなって下さい」

と書き添えてあった。この時の塩も、母親には結晶のこまやかさは見慣れたものと違っていたが、焼塩だったせいか、今度の雪塩のようにはおどろかなかった。

今年の夏休みは、そのおじさんが沖縄から休みをとって帰ってくるというので、少女は、友達の誘いも断ったし、うちに誘うこともしなかった。学校の図書館だけでなく、住んでいる町の図書館にも出掛けて行って、沖縄の自然や日常生活に関するものを、一冊でも多く見たり読んだりして、おじさんがどんなところで毎日を過ごしているのか知りたいと思った。図鑑や図録の類は、ただ見ているだけで分ることもいろいろあるけれど、文章になると、すぐには分らない説明が次々に押し寄せてきて、言葉の意味を調べるのに横道に逸《そ》れる場合が少なくなかった。それに、意味が分ればまだいいほうで、堂々巡りしながら自分はいったい何を調べていたのか分らなくなるようなことさえあった。沖縄を知りたい気持とおじさんを知りたい気持がひとつになっていて、真夏日の連続にもくじけず、少女は大きな麦藁《むぎわら》帽子をかぶって図書館に通った。

おじさんから、急に都合で島を離れられなくなったという葉書が母親に届いた時、少女の夏休みもあと数日になっていた。

「あのひとは、いつもこうなんだから」

と母親は少女に聞こえよがしにつぶやいて、⑤娘の落胆に先回りした。

「その代りにいい物を送ります、って書いてあるけれど、まさか今度も塩じゃないでしょうね」

母親は娘の顔を見ないままで続けた。

「あんなに一所懸命調べて待っていたのに」

それを言いたいのはわたしなのに、と少女は思い、いいわ、この次がもっとたのしみになる、そうも思って口は開かなかっ吊り上げられたままの状態で空地の上を舗道まで運ばれて行った。

二階の部屋で業者の作業を父親と見守っていた少女は、ピアノが宙に送り出される時、息が詰まりそうだった。おばあさんのことも、家に残っている母親のことも、友達のことも、頭のどこにもなかった。③-2自分も一緒に空の中に送り出されそうだった。宙にゆらりと大きな弧を描いて、下の芝生や花壇、庭木から遠ざかっていったピアノは、少女の目には、その時紛れもなく空を泳いでいた。

朝の庭で蝉《せみ》が鳴いている。鳴き始めは去年よりも早かった。

「これ、ベビーパウダーみたいね」

「お母さんは片栗粉かと思った」

卵色の少女と母親が、透明な、チャック付きの小さいポリ袋に詰められている塩を、左右から見詰め合っている。沖縄に出張している母親のすぐ上の兄が、近くの島の産物だと言って送ってきた。

袋の中の塩は、こまかい結晶ではなく真白な粉状で、毎日スプーンといわず、指先にも塩を当てている母親は、これでもお塩なのかと目に力を入れた。母親は言った。

「雪塩って名前がついている。沖縄の周辺には島がたくさんあって、珊瑚礁《さんごしょう》で出来た島もあるのね。兄さんに聞いた説明では、珊瑚にしみとおった地下の海水を原料にしているので、私達のからだに大切なミネラルがいっぱいふくまれているんですって」

少女は、両手の指先で、ふくらんでいる袋のあちこちをつまんだ。母親には、いかにも湿気を呼び易い、優美な自然塩だと思われた。

この母親には、二人の兄がいたが、少女は雪塩を送ってくれたこの下の伯父さんが好きだった。突然、

「豚の卵と馬の角」

と言って、

「分る?」

と聞いたり、変に着飾っている女のひとを見て、

してもらえる老人のための「ホーム」に移るのだという。

予定していたピアノの譲渡先が、急に海外勤務を命じられて取り込みになったため、とりあえず貸し倉庫に預けることになった。おじいさんの病気が長かったので、病人本位の建て増しや改造を繰り返すうちに、最初運び込んだ表玄関から運び出すのは難しくなっていた。ピアノ運搬専門の業者を呼んで相談した。業者の話を聞きながら、④おばあさんは軀《からだ》のしんが冷えてゆくように感じた。

業者は説明した。

まず、家屋に近い空地の一劃《いっかく》にクレーン車を設置する。二階の、ピアノが置かれている部屋の、庭に面した窓の硝子《がらす》戸を全部外す。ピアノにワイヤーロープをかける。庭の上空にもロープを渡して、荷造りしたピアノと傾斜させたクレーンとを繋《つな》ぐ。振りを利用していきなり二階の窓からピアノを宙に送り出す。そうして一旦高く吊り上げたピアノを、今度は私道の外の舗道まで移動させてゆくのだという。

おばあさんは、その日が近づくにつれて、不安で夜も眠り難くなった。空地の所有者への挨拶もすませはしたものの、ワイヤーロープが切れたらどうなるのか。業者は珍しい扱いではないと言った。いくら慣れた扱いだと言われても、こういう扱いそのものがピアノに対しても、おじいさんに対しても申し訳なく、取り返しのつかないことになったとかなしみ、沈んだ。

外国暮しは所詮無理としても、息子が望む一緒の生活を思わなかったわけではない。けれども長年の生活習慣の違いは、老いた身には想像以上の耐え難さに思われる。一時の甘えが家族を毀《こわ》す恐れにとらわれて、おばあさんは外の「ホーム」を選んだ。息子夫婦は落胆を示し、妻は心の底で安堵《あんど》した。息子もいくらかは安堵した。土地も家屋も、すでに「ホーム」生活の基金に当てられていた。

孫の少女は、どうしておばあちゃんはうちへ来ないの？と幾度も両親にたずねたが、その度に息子夫婦は、おばあちゃんにはお友達との約束があるからなどというあいまいな返事でごまかした。

いよいよ作業が始まると、おばあさんはピアノの見えない部屋に引き籠《こも》ってしまった。休日だったので、少女を連れて来た息子が業者に会った。

二階から二人の業者の手で宙に送り出されたピアノは、振子さながら庭の上空を斜によぎってクレーン車の本体に近づき、問があって、当然答は簡単には得られないので、迷いは消えそうもないのだった。

少女は、みんなにうそだとはやされている少年についてこう思っていた。日頃の態度や物言いからすると、彼は見ないものを見たとは言わないだろう。人をびっくりさせたり、騙《だま》したりするのがうれしい友達ではない。それともう一つ、自分も彼のように、空に象を見たらいいなという漠然とした羨《うらやま》しさもあった。

②この少女にも、みんなの前で言いたいことがないわけではなかった。けれども疑われたり、うそつき呼ばわりされたのでは、言おうとしている中味そのものがかわいそうなので、やはり言うのはやめようと思い、ひとり胸のうちに繰り返していた。「わたしは、木になった魚を見たのよ」

緑の少年が見たというテレビの映像の象は、波止場で起重機船のクレーンが宙に吊り上げている象だった。どこから船で運ばれて来て、どこの動物園へ連れて行かれたのか、それがアジアの象だったのかアフリカの象だったのか、そんなことはもう覚えていない。

象の檻《おり》は、頑丈そうな太いロープでつくられた網の中だった。陸揚げされる時、起重機船のクレーンは、網ごと象の檻を吊り上げていた。象の胴体には幅広い帯状のものが巻きつけてあって、そこにも吊り具はかけられていた。垂直に高く吊り上げられた象は、クレーンの操縦に従い、水平に移動してから、陸の側で再び垂直に下ろされた。③-1象は確かに、ひととき波止場の中空に位置していた。

象の話を聞いた赤いマフラーの少女は、今ならばあの事が言えそうだと思った。もう一度見ることはないだろう。あまりに思いがけなくて、だからとても上手に人にも話せなかったのに、突然それを言いたくなった。

少女のおばあさんの家は、空地に挟まれた私道の奥にある。二階の洋間にピアノは据えられていた。おじいさんが娘のために特別に作らせたピアノだったが、娘は大学を出ると勤め先の外国人と仲良《なかよ》くなり、結婚するとピアノを置いて夫婦でヨーロッパに行ってしまった。姉に続いて弟も結婚すると家を出た。この息子夫婦が少女の両親になる。

おじいさんは前の年に亡くなっていて、おばあさんには引越しが迫っていた。少女はひとりになったおばあさんと一緒に暮せるようになると思っていたが、おばあさんは、食事の世話をしてもらうだけでなく、病気になった時の手当てや看護も真顔で言い返している男の子に、大柄な鼠色の男の子が、低い、太い声で言った。

「あるわけないだろう、そんなこと。夢？　それとも……」

「ぼく、見た。テレビで見た。象が、象が空にいたんだよう」

「なあんだ、テレビか。そんならそうと早く言えよ」

そんならそうと、と言いはしたものの、想像が追いつかないので、彼は半分だけ納得し、半分は不貞腐《ふてくさ》れている。

「ねえ、聞いて聞いて。あたしなら空を泳いでいるピアノを見たことがあるわ」

左右の者を制するように、赤いマフラーの女の子が言った。低い、太い声が続いた。

「テレビや映画の話ならよせよ」

「違う。あたしはねえ、おばあちゃんのうちの二階の窓から、ちゃあんとこの目で見てたんだから」

今度は周りも「うそだあ！」とは言わなかった。しかしそれは、この女の子の言ったことを誰もが認めたからではなかった。左右からの冷たい視線に、女の子はひるんだ。象を空に見たと言った少年も、空を泳いでいるピアノを見たと言った少女も、友達の意外な反応に出鼻を挫《くじ》かれ、気勢を削《そ》がれて、それぞれあとを言いそびれてしまった。①どちらも少しずつさびしかった。

いつのまにか小学生達は、又くるくる回りながら、再び坂を下り始めていた。彼等が背中の鞄《かばん》に吊《つ》り下げている布袋入りのカップは、回り方が強いと、伸び切った吊り紐《ひも》の先で円を描いた。大柄な男の子のカップが、卵色の女の子の腕に当った。

「許せ」

と強気に言い捨ててから、彼はにわかに首をすくめ、腰を折ってその少女の前に回り、掌《てのひら》を合わせると、猫撫《な》で声で、

「ごめんね」

と言った。

少女は笑顔を見せただけで何も言わなかった。この少女は、少し前、柵に寄りかかった友達が「うそだあ！」と声を合わせていた時、象を見たという少年の言葉を、すぐに否定はできなかった。自分に同じ経験があったのではない。ただ、見る、見えるということに関して、少女には日頃から迷いがあった。たとえ自分に見えても人に見えないものは、見たことにはならないのか。もし自分が間違っているのなら、間違いとそうではないという見分けはどこでどうつけられるのか、という疑

ア　日本の歌舞伎役者たちが、「ロミオとジュリエット」を、歌舞伎の作品としてロンドンで演じて高く評価される。
イ　着古した浴衣の布を用いてマスクを作る。
ウ　年末に大掃除をして、お正月の松飾りをする習慣を守り続ける。
エ　ベルリンで開催された「世界人形博覧会」で日本人形を展示する。

二

次の文章を読み、後の問いに答えなさい。

線路わきのゆるい坂道を、連れ立った小学生が下りて来る。落葉の始まった桜並木に沿って、黄や緑、赤などに着膨れた男の子や女の子が、前向きになったり、後ろ向きになったり、くるくる回りながら声高く下りて来る。卵色に紺色、それに鼠《ねずみ》色の子もいる。陽は西に移っていた。

切り通しの線路なので、電車の音はいつも坂の下を流れてゆく。下りと上りの電車が擦れ違うと話し声は途絶えた。誰かが口を噤《つぐ》み、誰かがそれに倣《なら》い、次々に倣って高まった音の流れて消えるのを待った。誰からともなく柵に寄って、並んで下を覗《のぞ》いている。

「ぼく、ずっと前、空にいる象を見たことがあるよ」

沈黙を破ったのは緑色に着膨れた男の子である。すぐに、

「ええっ？　象を？　うそ！　そんなのうそ！」

と黄色に膨んだ女の子が叫び、そのあと、「うそだあ！　うそだあ！」の声が続いた。

空は深く晴れている。

うそだあ！　と声を合わせた者も合わせなかった者も、一様にその空を見上げている。ここからは見えないが、小学校の校庭には、まだ運動に熱中している生徒達が残っていて、彼等のあげる喚声は、この坂道にも時々もつれ合いながら伝わってきた。

「うそじゃないよ。本当なんだよ」

問八　空欄[⑧-A]～[⑧-D]にあてはまる言葉の組み合わせとして最もふさわしいものを選び、記号で答えなさい。

ア　Aしかし　Bだから　Cだから　Dそうやって

イ　Aそうやって　Bだから　Cつまり　Dしかし

ウ　Aつまり　Bそうやって　Cしかし　Dつまり

エ　Aつまり　Bだから　Cしかし　Dだから

問九　傍線部⑨「日本のデザインの原風景が、ここにあると思う。」とありますが、どういうことですか。最もふさわしいものを選び、記号で答えなさい。

ア　ローカリティーとしての日本のデザインは、一回一回は現形の再現であっても、それを長期間繰り返すうちに、どことも似ていない日本独自のものに進化、適応していく性質をもつということ。

イ　日本のデザインの大元は伊勢神宮を遷宮してきた長い年月が生み出したものであり、二十一世紀の現代においても通じる新しさが感じられる点で、グローバルなものであるということ。

ウ　生き物が「進化」するように日本のデザインは変化してきたが、いつの間にか全く違う様式になってしまった伊勢神宮に対する謙虚な気持ちを忘れてはならないということ。

エ　外来の建築様式であっても一〇〇〇年以上も作り直していると、完全に同じ物を作り直せないのは人間の限界であり、その人間らしさこそが日本人の源であるということ。

問十　本文中で筆者の言う「グローバリズム」に当てはまるものにはA、「ローカル」に当てはまるものにはB、どちらにも当てはまらないものにはCと答えなさい。

問六　傍線部⑥「フリーズドライ～わかってきた」とありますが、本文全体を踏まえるとどのようなことですか。その説明として最もふさわしいものを選び、記号で答えなさい。

ア　日本の歴史は、変わることのない事実である点で、人間の力ではどうすることもできない人間の非力さをまざまざと思い知らせてくるものと思っていたが、人間の想像力を用いれば、まだまだ変更の余地があると気づいたということ。

イ　日本の歴史は、すでに死んでしまった過去の人物たちや決定済みの事柄を学ぶという点で、現在に生きる我々には何も働きかけてこないものと思っていたが、自分から積極的に理解しようとすれば、生きる知恵を与えてくれると気づいたということ。

ウ　日本の歴史は、ごく限られた権力者や文化人が何を成し遂げたかという事実の羅列にすぎず、多くの名もない人間たちの記録にはなりえないと思っていたが、少し視点を変えてみれば、記録のないものたちの事柄も類推できるものだと気づいたということ。

エ　日本の歴史は、決定してしまった事実を単に覚えるだけと思っていたが、過去の人間が何を求めていたか、それが現在に至るまでどのように変容してきたかについて知ることで、そこからある独自の文化の形成を理解できると気づいたということ。

問七　空欄［⑦］にあてはまる表現として最もふさわしいものを選び、記号で答えなさい。

ア　危なそうで切実なところ

イ　ありとあらゆるところ

ウ　手のかかる恐ろしいところ

エ　魅力のある空っぽなところ

イ　ポスターやパッケージは伝えるための媒体であって、大切なのはそこで何がどのように伝えられるかということだから。

ウ　ポスターやパッケージは人に視覚的に訴えるために効果的なだけであって、いつもそれが有効なわけではないから。

エ　ポスターやパッケージは世の中に残る恒久的なものではなく、形あるものはいつか移ろっていくものだから。

問三　傍線部③「そういう視点」とありますがどのようなものですか。最もふさわしいものを選び、記号で答えなさい。

ア　デザインは、人間がある目的をかなえるために物を形にした上で、今後も人間が地球上で暮らし続けるために環境をつくり変えることに寄与するものだ、という視点。

イ　デザインは、図画工作の延長に過ぎないばかりか、経済活動を活性化するメッセージをさりげなく入れて、人々の印象や記憶を操作する仕掛けだ、という視点。

ウ　デザインは、水族館のオットセイが絵筆で描くようなものではなく、伝えたい内容を自覚して計画的に作り上げていく人間だけの技術だ、という視点。

エ　デザインは、地球環境を人間のためにつくり変え、経済活動とも結びつく力があり、依頼主の都合のいいように環境を利用することを助けるのだ、という視点。

問四　傍線部④「ローカルな」とありますが、この筆者の言うところの「ローカルな」とほぼ同義で置き換えられる語を、本文中より三字で抜き出して答えなさい。

問五　空欄［⑤-A］・［⑤-B］に入る二字の熟語をそれぞれ本文中より抜き出して答えなさい。

皆さんは生物学で「進化」という概念を習ったかもしれない。遺伝子DNAが複製される際にときどきミスプリントができて「突然変異」が起きる。突然変異した個体の方が新しい環境に適応していると、こちらのほうが多く子孫を残す。徐々に環境に適応し長い年月をかけて変化していくのが生物の進化だ。

伊勢神宮の「遷宮」も生物の「進化」と同じようなものかもしれない。同じものを造りつつもわずかずつ変化させながら千数百年の長きにわたって進化を続け、いつのまにか日本独自の文化が形成されていく。そんなメカニズムなのだから。

⑨日本のデザインの原風景が、ここにあると思う。

（原　研哉『創造するということ〈続・中学生からの大学講義〉3』所収
「日本のデザイン、その成り立ちと未来」より・一部改）

問一　傍線部①「僕はデザインの仕事をしている」とありますが、次にあげる項目のうち、ここで筆者の言う「デザイン」にふさわしいものはＡ、ふさわしくないものはＢと答えなさい。

ア　道路を整備するときに歩道を広げ、段差がないようにし、歩道に色をつけた。
イ　原っぱを駅への近道にしているうちに、いつの間にか多くの人が通る道になった。
ウ　コンクリート護岸から自然石利用にかえることで生物多様性を取り戻した。
エ　退屈しのぎに描いた絵をコンクールに応募したら、新商品のポスターに採用された。
オ　庭のえさ場にリスが渡って来やすいようにと、子どもが木々のあいだに縄を張った。

問二　傍線部②「『形』に過ぎない」とありますが、なぜ筆者はそのように言っているのですか。その理由として最もふさわしいものを選び、記号で答えなさい。

ア　ポスターやパッケージはコマーシャル上便宜的に作られた一つの手段にすぎず、宣伝することが目的ではないから。

皆さんは、よく「ヤバい」という言葉を使うだろう。本来の意味である「危ない」から少し離れて、「すごい」とか「切実だ」といった意味で。

神様は昔から、まさに皆さんが使う意味での「ヤバい」ところにいたのだ。『古事記』を読むと、目が病んで膿《う》みが出たので洗ったらそこから神様が出てきた、なんていう記述がいたるところにある。ヤバいところ、つまり ⑦ に神様はひそんでいる。そこに自然の大いなる力が働いている。古くから日本人はそんなふうに自然を見立ててきた。

【中略】

コップの水を移し替え続けるとどうなるか

日本の神社の中でいちばん大きいのは三重県の伊勢神宮。伊勢神宮では「式年遷宮」といって、二〇年に一回、すべての社殿を全く同じものに造り替える。

なぜわざわざそんなことをするのか、とても不思議に思うかもしれない。⑧-A 、この儀式は千数百年続いている。二〇年に一回なので、そのつど大工さんも替わり、前回は弟子だった人が棟梁《とうりょう》になっていたりする。図面もすべて引き直す。⑧-B 、同じものに造り替えるといっても、少しずつ微妙に違ってくる。

二〇年に一回造り替えるというのは、ちょうどコップの水を同じ形のコップに移し替えるようなものだ。何回も移し替えているうちに、ときどきコップの水はこぼれるし、蒸発もするだろう。⑧-C ときどき、新しい水をつぎたさなくてはならない。

これを一〇〇〇年以上も続けていると、いつのまにか、コップそのものは変らなくても、コップの中の水は、以前の水とは全く違う水になっているだろう。しかしながら、そのような変化もまた伝承の意義をになっている。

全く同じ水を真空パックのように永遠に保存し続けるのではなく、定期的に移し替えることによって、少しずつ変化をさせながら受け継いでいく。⑧-D 日本人は神社の様式を昔から今に伝えてきた。

伊勢神宮の建築様式はインドや中国ではなく、太平洋のポリネシア諸島の建築の特徴を持っている。二〇年に一回の造り替えではわずかな差異が生まれるだけだが、それが千数百年間も積み重なると、ポリネシア風から純日本風へと変化する。

う。自分たちの文化の ⑤-A を磨き抜いて、それを世界の ⑤-B につなげる。そのことによって世界を多様で豊かなものにしていく。それがグローバリズムの真価ではないだろうか。

だからローカルが豊かでなければ、決してグローバルも豊かにはならない。グローバルとローカルは一対のもの、コインの表裏。そう考えてほしい。

仮に僕がデザイナーとして海外で仕事をする。そのことの意味は何だろうか。世界的な文脈で仕事をする背景には、自分の中で日本文化をきちんと咀嚼《そしゃく》できていないといけない。日本文化を自分で噛《か》みしめ、血肉としてはじめて、日本のローカリティを世界につなげることができる。そういう視点があるからこそ、海外で仕事をする意味があるのだ。皆さんはぜひ、このことを忘れないでほしい。

僕は中学・高校のころ日本史が嫌いだった。でもデザインの仕事をするようになって、⑥フリーズドライのような味気ない日本の歴史も、デザインというイメージのお湯をかけると、けっこうおいしく味わえることがわかってきた。

今日はそんな視点から、この国の歴史と文化と切り離せないデザインの話をしてみたい。

日本人にとっては神様は自然の力そのもの

では、僕の中で大切にしている日本文化についてお話しする。

それは「空っぽ」ということだ。日本の文化の背景には「空っぽ」がある。これについては、まず日本人と神様の関係から話を始めなければならない。

古来、日本人は神様のことをどう考えてきたか。神様は風来坊のように世界をフラフラと飛び回っている。そんなふうに考えてきた。時には山の上をさまよっていたり、時には田んぼの脇にしゃがんでいたり、時には民家の納屋《なや》の近くにたたずんでいたり、時には海の中のタコ壺《つぼ》にひそんでいたり……。

つまり神様とは自然の力そのものだったのだ。自然がそこにあるようにありとあらゆるところに神様がいる。その恵みに生かされて自分たちは生きている。つまり昔から日本人は自然というものと重ね合わせて神の存在を感じていた。

いろんなところに神様がいるありさまを「八百万《やおよろず》の神」という。大根を一本引き抜くと、そこにも神様。ご飯の一粒には七体の神様がいる、といわれてきた。

ざまにいびつな音を立ててきしんでいる。とはいえ、人類は周囲の環境をなんらかの形でつくり変え、利用しなければ生きてはいけない。そういう動物として、もともと生まれついている。

ではどうやって人類はこの先、生き延びられるように地球環境を利用すればいいのか。それを考えるための知恵の一つがデザインなのである。

若い皆さんには、ぜひ③そういう視点でデザインをとらえてもらいたい。

「グローバル」と「ローカル」は表裏一体

今はグローバリズムの時代といわれている。国内だけに目を向けるのではなく、視野を世界に広げなければいけない。「ものづくり」も、「ことづくり」も、すべて世界全体を見渡して行うことが必要だ。そんなふうに誰もが言う。

しかし、文化の本質はグローバルと反対のところにある。つまりローカルだ。

これはべつに難しい話ではない。自分が生まれてきたこの④ローカルな場所で、可能性をいかに開花させていくか。これが文化の本質だと思う。

料理のことを考えればよくわかる。日本には日本料理があり、フランスにはフランス料理が、イタリアにはイタリア料理がある。これらはすべてローカルなもの。イタリア人は子どもの頃から母親に「マリオ！、パスタを食べる時に、お皿を温めなくてどうするの！」なんて言われて育っているから、当たり前のようにパスタを食べる時は皿を温める。それはイタリア固有の文化だ。

イタリア人はイタリア料理を大事にして、フランス人はフランス料理を愛し、日本人は日本料理を守る。それが世界の豊かさに貢献していく。

たとえばイタリア料理とフランス料理と日本料理を混ぜ合わせたらどうだろう。見た目には新奇なものができるが、つまらない。何も特徴が出ない。最初は物珍しさから話題になるかもしれないけれど、きっと味もあまりおいしくないから、すぐに飽きられてしまうだろう。

あらゆる色は混ぜ合わせるとグレーになる。それと同じことだ。

グローバリズムというのは、あらゆる文化を混ぜあわせてグレーにすることではない。それではすべて均一になってしま

二〇二一年度

山手学院高等学校

【国語】（五〇分）〈満点：一〇〇点〉

※字数制限のあるものは、句読点および記号も一字とする。

一

次の文章を読み、後の問いに答えなさい。

デザインは地球がきしむ時代に必要な知恵の一つ

①僕はデザインの仕事をしている。デザインにはいろいろなジャンルがあって、皆さんが今座っている椅子も、テーブルも、手に持っているシャープペンシルも、ノートも、この部屋の空間も、学校の建築も、すべてデザインされたものだ。ある目的をもって、計画的にものを創造していく人間の営みすべてをデザインと呼んでもいい。

主に僕が手がけているデザインのジャンルは「グラフィックデザイン」といわれる。グラフィックデザインは、単にポスターやパッケージなどを制作する仕事ではない。それらは、あくまでも結果的に仕上がった②「形」に過ぎない。伝えたい内容が知らず知らずのうちに人の頭の中に入り込んで、印象に残ったり、記憶されたりする。そういうことがスムーズに進むためのしかけをつくる。それが僕の仕事の本質だ。そういう意味では、広く「コミュニケーションのデザイン」をしている、といってもいいだろう。

人類は動物の中で唯一、自分の都合のいいように環境を変容させながら暮らしている。サルは木登りが上手だが木を切って家を建てたりはしない。大昔から人類だけが環境をつくり変えながら生活してきた。自分の都合のいいように環境をつくり変える――これがつまりデザインの大元だ。

デザインというと皆さんは図画工作の延長、もしくは美術の一ジャンルぐらいに思っているかもしれない。でも、そうではない。

前世紀の後半から、地球環境と経済活動が明らかに両立しにくくなってきた。そうした文明の危機に直面し、世界はさま

2021年度／山手学院高等学校

英語解答

1 問1 (1)…6 (2)…1 (3)…5 (4)…8 (5)…3

問2 2→4→1→3

問3 4 問4 1 問5 3

問6 2 問7 3

2 問1 3 問2 3 問3 2

問4 4

3 (1) 3 (2) 4 (3) 2 (4) 4

(5) 1

4 (1) A…イ B…オ

(2) A…ク B…コ

(3) A…ウ B…カ

5 (1) 1 (2) 2 (3) 3

6 (1) go (2) How (3) were

(4) are (5) looking

7 (1) November (2) teeth

(3) hour (4) eight

(5) breakfast〔brunch〕

1〔長文読解総合―物語〕

≪全訳≫ジョンと黒いドア❶夜の早い時間にジョンは家を出る。両親が寝た後，彼は静かに裏口から外に出る。閉めるときドアが少々音をたてるが，母も父も起きない。ジョンは夜の静けさの中に足を踏み出す。❷彼は夜の涼しい空気に迎えられる。夏の暑い日だったが，今はいい風が吹いている。ジョンは笑顔になる。一番難しいところは終わった。あとは川まで行けばいいだけだ。彼は塀によじ上り，それを跳び越え，近所の家々を通り過ぎる。窓に明かりの見える家が2，3軒あるが，大半は暗い。月の光の下で何もかもが白と黒に見える。他に誰もいないところを歩くのは怖いくらいだ。❸川までは歩いてそう遠くない。彼は昼間のことを考えながらますます大股で丘を下る。学校はいつも退屈だった，一応アンソニーがおもしろそうな新しいゲームをいくつか持っていたけれど。その日もただの退屈な日だったが，学校を出てからおもしろくなった。家に帰る途中で，彼は川の横にドアを見つけたのだ。ドアに家はついていなかった。空中にドアだけがあった。それは非常に奇妙だった。ドアの周りには黒い雲が見えた。それはとてもおもしろそうだったが，少し怖くもあった。ジョンがドアの方へ歩いていくと，裏側からそれを見ることはできなかった。一方の側からしか見えなかったのだ。ジョンは少し考えた後，それを開けることにした。ドアの向こうは暗かった。彼には何も見えなかった。❹ジョンはその辺で棒を一本拾い上げた。彼はドアのところに戻り，棒を中に入れた。棒は消えた。ジョンは棒を取り出し，それを眺めた。棒には何もついていなかった。ジョンはしばらくドアのことを考えた。彼はたくさんのテレビゲームをプレーするので，このドアはどこかに通じているのだろうと思った。本当の謎は，それがどこに通じているかだ。彼がするゲームのほとんどではドアは危険な場所に通じていた。英雄だけがこの種のドアを通り抜けるべきなのだ。しかし，ジョンは英雄ではなかった。モンスターと戦うことはできなかった。彼は鉛筆のような体格の少年で，もしドアを通り抜けたら死んでしまうかもしれない。あるいは，おそらくそれは片道切符で，彼はア二度と家に帰ってこられないかもしれない。ジョンはドアを眺めた。怖かったが，本当にそのドアを通り抜けたいと思った。内側に何があるのか知りたかった。彼はドアを通り抜ける前に，家に帰って準備することにした。❺それから数時間後の今，ジョンは川に戻ってきて黒いドアの前に立っている。あの，異世界へのドアの前に。彼はサンドイッチと水を1瓶入れた学校かばんを持っている。ポケットにはスマートフォンが入っている。野球のバットも持ってきている。それがあると少し安心だが，イそれを使わなくてもいいようにと彼は願っている。❻ジョンは黒いドアの周りを２度回る。一方の側からしかドアは見えない。ドアの後ろ側に立っているときは，それは見えない。一方の側からしかドアは開けられない。❼ジョンはドアの正面に戻り，ポケットからスマートフォンを取り出す。彼はその奇妙なドアを通って中を見たいが，彼の中の小さな部分が，この黒いドアは安全ではないと彼に語りかける。スマートフォンをなくしてしまうかもしれないが，中を調べずに入っていくよりは安全だ。ジョンはスマートフォンのビデオをつけて，手とスマートフォンを黒いドアの中に入れる。それは両方ともドアの内側に消える。ジョンにはもう自分の手もスマートフォンも見えない。でもまだ手の中にスマートフォンがあるのは感じられる。十分ビデオが撮れたと思ったところで，彼は手を外に引き出す。❽ジョンはスマートフォンを見る。ビデオに何が映っているだろう？　彼はわくわくする。❾ジョンはビデオを再生するためにスマートフォンをタッチするが，画面は黒いままだ。ビデオには全く何も映っていない。彼は驚く，そしてもう一度やってみる。同じことが起こる。ビデオには本当に何も映っていない。全く何も。ジョンは少しの間考える。たぶんカメラのライトがついていないのだろう。彼はカメラのライトをつけてもう一度ビデオを撮ろうとする。❿ジョンは最後にもう一度ビデオを見るが，ビデオはやはり真っ黒だ。何も見えない。カメラのライトを使っても何も変わらない。さあ，彼は選ばなくてはならない。黒いドアを通り抜けるか，それとも家に帰って何もかも忘れるか。ジョンは怖さと興奮の両方を同時に感じている。彼は通り抜けたくてたまらないが，それはきっと危険だろうと思う。ここに立ってドアを見ているだけなら時間の無駄だ。中に入るか家に帰るかだ。選ばなくてはならない。それは危険かもしれない。でももし今家に帰れば，向こう側に何があるのかは決してわからない。⓫本当は問うまでもない。⓬ジョンは両手をドアの内側に入れた。ひんやりする。彼は一瞬止まる。本当に自分はこれをしようとしているのだろうか？　でも今しかなかった。⓭ジョンは足を前に進める。

問１＜適語選択＞⑴jump over ～「～を跳び越える」　⑵謎のドアを見つけたのは家に帰る途中だったのだから，その日がおもしろくなったのは退屈な学校を出た「後」である。　⑶ドアの周りには何もないということは，in the air「空中に」あるといえる。　⑷不思議なドアを目の前にしている場面。少し考えたのは，ドアを開けると決める「前」だと考えられる。　⑸ドアの中に入れた棒を取り「出し」たのである。

問２＜要旨把握＞第３段落第３文～第４段落の場面は，夜から同じ日の放課後に時間が戻っていることに注意する。　2．「彼はドアを見つけた」（第３段落第５文）／→4．「彼は夜に川へと歩いた」（第２段落～第３段落第２文および第５段落第１文）／→1．「彼はスマートフォンをドアの向こうに入れた」（第７段落第４文）／→3．「彼の両手は冷たく感じた」（第12段落第１，２文）

問３＜適語句選択＞すぐ前にある one-way ticket「片道切符」の説明となる４が適切。前にあるダッシュ(—)は，前の内容を言い換える場合に使われる‘同格’のダッシュで「すなわち」の意味。

問４＜適文選択＞直前の but「しかし」に着目。バットがあれば幾分安心だが，それを使うということは危険な目に遭うということ。そんな目には遭いたくないのである。

問５＜英文解釈＞直訳すると「それは本当は質問ではない」で，「それ」とは「ドアを通り抜けるか家に戻るか」という問い。通り抜ければ危険な目に遭うかもしれないという思いがジョンを躊躇《ちゅうちょ》させているが，第４段落終わりの３文の記述などから，ジョンは通り抜けることに決めていることが読み取れる。

問6＜内容真偽＞1．「ジョンの体は鉛筆だったが，彼は英雄ではなかった」…×　鉛筆のようだとはあるが，鉛筆だったわけではない。　2．「ジョンはかばんにサンドイッチと水を入れていた」…○　第5段落第3文に一致する。　3．「ジョンのスマートフォンは壊れていた」…×　ビデオに何も映らなかったのはこの不思議なドアが原因と考えられ，壊れていたわけではない。　4．「ジョンは川まで長い時間歩いた」…×　第3段落第1文参照。

問7＜内容真偽＞1．「彼は丘を下って川まで歩いた」…○　第3段落第1，2文に一致する。　2．「彼は野球のバットを持っていた」…○　第5段落第5文に一致する。　3．「彼は写真を撮るためにスマートフォンを使った」…×　第7段落後半参照。ドアの向こうをビデオに撮るために使った。　4．「彼はドアを通り抜けるために夜まで待った」…○　第4段落最終文～第5段落第1文に一致する。

2〔長文読解総合―説明文〕

≪全訳≫❶ライブコンサートに匹敵するような体験はない。CDを聴くのと，コンサートホールで好きなアーティストの演奏を見るのは同じ体験ではない。その声を聞き群衆のエネルギーを感じることは，多くの人が一生覚えている記憶である。❷悲しいことに，全てのファンが好きなアーティストに会う機会があるわけではない。これには多くの理由がある。イベントのチケットが売り切れていることもあれば，遠すぎることも，あるいはイベントの日取りがそのファンにとって都合が悪いこともある。そのような状況なら，次のライブを見られるかもしれないという希望は常にある。❸もしそのアーティストが亡くなったら何が起こるか考えてみよう。彼のコンサートに二度と行くことはできない。しかし，新しいテクノロジーは同様の体験を提供することができるだろう。❹コンピュータと1世紀以上前に開発された劇場技術を一緒に使うことで，今では映像をライブの観客のためにステージ上に映すことが可能になった。もともとその劇場技術は，生きている役者とともに舞台上に幽霊を出すのに使われた。ホログラムと呼ばれるその特殊効果は，鏡，ガラス，プロジェクターとスクリーンを用いてつくり出される。同じ技術はディズニーランドのホーンテッドマンションや他のテーマパークのお化け屋敷に使われている。❺コンサートの監督は，以前は不可能と思われた体験をつくり出すことができるようになった。2008年，人気のロックグループX JAPANは，10年前に亡くなったメンバーと一緒にステージで演奏してファンを驚かせた。マイケル・ジャクソンのホログラムは，彼の死の5年後である2014年にアメリカのテレビ音楽番組で演奏した。❻企業はこの技術を想像上のアーティストに命を吹き込むためにも使っている。初音ミクは日本のマンガのスタイルでつくり出された仮想アイドルである。このアイデアは，プロのミュージシャンが使うソフトウェアと一緒に販売されるボイスバンクから始まった。初音ミクのキャラクターは，3Dアニメーターやファンが自分自身のミュージックビデオをつくるのを助けるためにつくり出された。このキャラクターは大変な人気になったので，会社は音楽を制作し，ステージ上でのパフォーマンスを企画するようになった。❼このテクノロジーがすばらしいという事実に同意しないのは難しい。しかし，仮想パフォーマンスが良いアイデアかどうかわからないとする人々もいる。❽読者A／これは音楽ビジネスとファンにとって多くの扉を開きました。私が住んでいるのは主要都市の近くではなく，人気のアーティストが来ることはめったにありません。私はライブ演奏をテレビで見たことがありますが，それは同じではありません。友達とコンサートホールに行くこと，ツアーTシャツを買うこと，数百人のファンと一緒に歌うことは全ての音楽ファンが体験すべきことです。また，私が生まれる前に人気だったアーティストもいます。私はビートルズの演奏がとても見たいです。私は音楽が大好きで，ホログラムはそれを楽しむための単なるもう１つの方法です。9読者Ｂ／あることをするためのテクノロジーがあるからといって，それをすべきであるということにはなりません。ライブパフォーマンスに特有のものがホログラムでは失われます。／数年前の夏に，２つの別々の都市で好きなバンドを見たことを思い出します。どちらのショーもすばらしかったのですが，体験としては全く異なりました。最初のライブの観客はとてもリラックスしていて静かだったので，バンドはスローテンポの曲を多めに演奏しました。リードシンガーがファンと会話したりもしました。もう一方のライブの観客は盛り上がってうるさかったので，バンドはテンポの速い曲を演奏しました。リードシンガーはときどき歌うのをやめて，群衆が歌の一部を歌いました。それは数千人の友達と一緒にカラオケをしているような感じでした。／どちらのライブも良かったですが，それは２つの唯一無二の体験でした。リードシンガーが場の空気を読むやり方はさすがだと思いました。ホログラムが同じ体験を提供できるとは思えません，なぜならそれはプログラムされているからです。10読者Ｃ／若いアーティストとして，私はこれに問題があると思います。今日のコンピュータテクノロジーは亡くなったアーティストの声をコピーし，それを音声データに変換します。音楽会社はそのデータを新曲をつくるために使うことができます。彼らは新しい才能を探すのをやめ，過去の有名アーティストを使い続けることしかしないかもしれません。それは利益を出すにはより安全な方法です。しかし，多くのすばらしい新人アーティストが発見されずに終わるかもしれません，なぜなら$_{C}$会社は昔のアーティストを使い回し続けるでしょうから。音楽ビジネスで有名になりファンを獲得するのはすでに難しいことなのです。11読者Ｄ／最初レコードができ，それからラジオ，カセットテープ，CD，ビデオそしてバーチャルリアリティー。私たちがホログラムをより多く見るようになっているのは驚くことではありません。それは単に娯楽メディアの次のステップです。それが好きな人もいるでしょう。そうでない人もいるでしょう。他と同じことです。良い本が好きな人もいれば，映画を待つ人もいるのです。／でも，気になることが１つあります。ファストフードが嫌いなアーティストがいることを私は知っています。企業は彼女の映像と声をいつかハンバーガーを売るために使えるでしょうか。それは正しくありません。アーティストのホログラムをどのように使用するつもりか，企業はアーティストが亡くなる前に本人と話し合っておく必要があります。もしそれを行うなら，$_{D}$それに関して悪い点はないと私は思います。

問１＜英文解釈＞下線部の主語 this はホログラムを指す。ここでいう opens up a lot of doors「たくさんの扉を開く」とは，「可能性を広げる」といった意味。具体的には第６段落で述べられているようなホログラムを利用した新たなビジネスや楽しみ方のことである。この内容に一致するのは，３．「ホログラムの使用は，ファンが音楽を楽しむ新しいやり方をもたらすだろう」。

問２＜語句解釈＞空所Ｂの内容は，読者Ｂが体験した同じバンドによる２つのライブにおける，リードシンガーの振る舞いだと考えられる。彼がしたのは，観客のタイプに合わせて臨機応変にステージ上で振る舞いを変えたこと。これに一致するのは，３．「状況を見てとるべき行動を決める」。

問３＜適文選択＞若い才能が発掘されなくなる理由が入る。この２文前にある「企業が過去の有名アーティストを使い続けるかもしれない」という内容から判断できる。

問４＜適文選択＞直前の文で，ホログラムを使用するうえで企業がするべきことを述べ，「それを行えば」と続いているので，「問題ない」という文意になると判断できる。この文意になるのは4だけ。

3〔適語(句)選択〕

(1) designedの代用となるdidが適切。　A：あの建物はかっこいいね。誰が設計したの？／B：隈研吾だよ。彼は世界的に有名な日本の建築家だ。

(2)間接疑問の語順は‘疑問詞＋主語＋動詞...’。「どのくらい好きか」という意味になるのでhow manyは不可。　「彼はあなたがどれほど犬が好きか知っていますか」

(3)「〜までに」と‘期限’を表すbyが適切。「〜まで(ずっと)」という‘継続’を表すuntilとの違いに注意。　「母は私に遅くとも10時までに帰ってくるように言った」

(4)‘not as … as 〜’「〜ほど…ない」の表現で，‘量’に関して述べる場合は‘not … as much＋数えられない名詞＋as 〜’「〜ほど(たくさん)…ない」という形になる。　「彼はあなたほどインターネットに時間を使っていません」

(5)‘形容詞〔副詞〕＋enough for … to 〜’で「…が〜するのに十分なほど―」となる。「このケーキは子どもでもつくれるほど簡単だ」

4〔対話文完成―整序結合〕

(1) A：あなたは仕事のためにどれくらいカナダにいるのですか？／B：1年半くらいです。∥Bの返答より‘期間’を問う疑問文にする。How longで始め，現在完了の疑問文でhave you been in Canadaと続け，残りはfor your job「仕事のために」とする。不要語はmany。　How long have you been in Canada for your job?

(2) A：彼女が何を探しているのか教えてくれますか？／B：新しいドレスだと思うよ。∥Bの返答のI guess「私は思う」から推測して，Can you tell me「私に教えてくれますか」で始めれば，残りは‘疑問詞＋主語＋動詞...’の語順の間接疑問でwhat she is looking forとまとまる。不要語はpleased。　Can you tell me what she is looking for?

(3) A：スピーチコンテストでのマイクの成功は彼の両親を喜ばせましたか？／B：ええ，とても。∥Mike's「マイクの」に続くのはsuccessかspeechかpride。また語群にある動詞はmakeだけなのでhappyと合わせて‘make＋目的語＋形容詞’の形を考える。語群のcontestから推測して，スピーチコンテストでマイクが成功して両親が喜んだかという文をつくる。不要語はpride。　Did Mike's success in the speech contest make his parents happy?

5〔正誤問題〕

(1) 1…×　as soon as「〜してすぐに」やwhen「〜するとき」などに導かれる‘時’を表す副詞節では未来のことでも現在形で表すので，will arriveはarrivesとする。　「トムがうちに着いたらすぐ私たちはコンサートに出かけます」　2…○　‘buy＋人＋物’「〈人〉に〈物〉を買う」　「彼女の祖母は彼女の誕生日に新しいスマートフォンを買ってくれた」　3…○　「あの高い木はようやく市によって切り倒された」　4…○　「日本食はアメリカとヨーロッパの両方で人気になっている」

(2) 1…○　「瓶の中には何も残っていないよね」　2…×　marryは「〜と結婚する」という意味の他動詞なのでwithは不要。　「私の姉〔妹〕はほとんどの若者が知っているアーティストと結婚する予定だ」　3…○　‘find＋目的語＋形容詞’「～が…だとわかる」の形。また，このitはto以下を受ける形式目的語。　「カーナビなしでアメリカで運転するのは難しいとわかった」　4…○　「その作業はかなり難しそうだが，ベストを尽くすつもりだ」

(3)1…○　「私がカナダにいる間，あなたはヨーロッパに行きましたか」　2…○　「もし彼が使いたければ私のパソコンを使っていいと彼に伝えてください」　3…×　‘one of the＋最上級＋複数名詞’で「最も～な…の中の1つ〔1人〕」となるので，placeはplacesが正しい。「青空を背景にしたこの山は最も美しい観光地の1つです」　4…○　「ヘミングウェイは私がその作品をとても好きな作家です」

6〔対話文完成─適語補充〕

≪全訳≫❶ジョディー(J)：ジョーンズ先生，質問があります。❷ジョーンズ先生(M)：はい，ジョディー，どうぞ。❸J：日本の横浜はどのくらいの広さですか？　そこに友達がいて，この夏に彼女を訪問する予定です。❹M：そこには2019年時点で300万人以上が住んでいるそうです。❺J：300万人ですか？　行くところがたくさんあるに違いありません。❻M：はい，きっとあると思います。❼J：そこに行くのがとても楽しみです。

＜解説＞(1)go aheadは「どうぞ」「話を始めて〔続けて〕ください」という意味で，相手に発言や行動を促すときの定型表現。　(2)この後のジョーンズ先生の返答から考える。How largeは‘広さ・規模’を尋ねる疑問詞。　(3)there is/are「～がいる〔ある〕」の構文だが，主節のI heardに合わせて過去形wereにする(時制の一致)。　(4)直前のジョディーのThere must be a lot of places to go.を受けての発言。I'm sure there are a lot of places to go.という文から繰り返しとなるa lot of places to goが省略された形。　(5)be looking forward to ～ing「～するのを楽しみに待っている」のbe動詞の後ろに副詞句very muchが入った形。

7〔単語の関連知識〕

(1)one「1」─January「1月」　eleven「11」─November「11月」
(2)studentsはstudentの複数形。tooth「歯」の複数形はteeth。
(3)rightとwriteは同音異義語。ourの同音異義語はhour。
(4)threw(throwの過去形)とthroughは同音異義語。ateの同音異義語はeight。
(5)eveningに食べるのがdinner。morningに食べるのはbreakfast。brunch「遅い朝食」も可。

2021年度／山手学院高等学校

数学解答

1 (1) 28　(2) 24　(3) $\frac{a-b}{3}$
(4) $-\frac{1}{2}x^2z^5$
(6) 36通り　(7) (6, 9)　(8) 45°
(9) $18\sqrt{2}$

2 (1) $x=9$　(2) $x=-1$, $y=-1$
(3) $x=0$, 2

3 (1) $(a-b)(c-1)$　(2) 11　(3) 2
(4) -30　(5) $a=-\frac{1}{2}$, $b=0$

4 (1) $y=2x+3$　(2) 48　(3) $\frac{384\sqrt{5}}{5}\pi$

5 (1) 10　(2) 19　(3) 9：6：4

6 (1) 220個　(2) 60個　(3) 40個

1〔独立小問集合題〕

(1)＜数の計算＞与式 $=-8-9\times(-4)=-8-(-36)=-8+36=28$

(2)＜平方根の計算＞$\sqrt{2}+\sqrt{3}=A$ とおくと，与式 $=(A+\sqrt{5})^2(A-\sqrt{5})^2=\{(A+\sqrt{5})(A-\sqrt{5})\}^2=(A^2-5)^2$ となる。$A^2-5=(\sqrt{2}+\sqrt{3})^2-5=2+2\sqrt{6}+3-5=2\sqrt{6}$ だから，与式 $=(2\sqrt{6})^2=24$ である。

(3)＜式の計算＞与式 $=\frac{2(-2a+3b)+(9a-2b)-3a-6b}{6}=\frac{-4a+6b+9a-2b-3a-6b}{6}=\frac{2a-2b}{6}=\frac{a-b}{3}$

(4)＜式の計算＞与式 $=\frac{1}{3}x^4y^2z^6\div\left(-\frac{2}{3}x^2y^2z\right)=\frac{x^4y^2z^6}{3}\times\left(-\frac{3}{2x^2y^2z}\right)=-\frac{x^4y^2z^6\times3}{3\times2x^2y^2z}=-\frac{1}{2}x^2z^5$

2〔独立小問集合題〕

(1)＜一次方程式＞両辺を51倍して，$3(-2x+1)-(x-9)=-51$，$-6x+3-x+9=-51$，$-6x-x=-51-3-9$，$-7x=-63$　$\therefore x=9$

(2)＜連立方程式＞$2x+2y+7=3$……①，$7x-9y+1=3$……②とする。①より，$2x+2y=-4$，$x+y=-2$……①′　②より，$7x-9y=2$……②′　①′×7−②′より，$7y-(-9y)=-14-2$，$16y=-16$　$\therefore y=-1$　これを①′に代入して，$x+(-1)=-2$　$\therefore x=-1$

(3)＜二次方程式＞$x-x^2=2x^2-5x$，$-3x^2+6x=0$，$x^2-2x=0$，$x(x-2)=0$　$\therefore x=0, 2$

3〔独立小問集合題〕

(1)＜因数分解＞与式 $=c(a-b)-(a-b)$ として，$a-b=X$ とおくと，与式 $=cX-X=X(c-1)$ となる。X をもとに戻して，与式 $=(a-b)(c-1)$ である。

(2)＜式の値＞$x^2+y^2=x^2-2xy+y^2+2xy=(x-y)^2+2xy$ として，$x-y=3$，$xy=1$ を代入すると，$x^2+y^2=3^2+2\times1=9+2=11$ となる。

(3)＜数の性質＞a，b は整数だから，$a=b-\frac{2}{b}$ より，$\frac{2}{b}$ の値は整数となり，b の値は1，2，−1，−2のいずれかとなる。同様に，$b=c-\frac{2}{c}$ より，c の値も1，2，−1，−2のいずれかである。$c=1$ のとき，$b=c-\frac{2}{c}=1-\frac{2}{1}=-1$，$a=b-\frac{2}{b}=-1-\frac{2}{-1}=1$ となり，a，b，c が互いに異なる整数にならないから，適さない。$c=2$ のとき，$b=2-\frac{2}{2}=1$，$a=1-\frac{2}{1}=-1$ となる。a，b，c は互いに異なる整数であり，$abc=-1\times1\times2=-2$ より，$abc<0$ だから，適する。$c=-1$ のとき，$b=-1-\frac{2}{-1}=1$，$a=1-\frac{2}{1}=-1$ となり，a，b，c が互いに異なる整数にならないから，適さない。$c=-2$ のとき，$b=-2-\frac{2}{-2}=-1$，$a=-1-\frac{2}{-1}=1$ となる。$abc=1\times(-1)\times(-2)=2$ であり，$abc<0$ を満たさない

から，適さない。以上より，$c=2$である。

(4)＜関数―$\boldsymbol{a}$の値＞2直線$y=\frac{1}{3}x-2$，$5x+y+a=0$がx軸上で交わるので，直線$y=\frac{1}{3}x-2$とx軸の交点を直線$5x+y+a=0$が通る。$y=\frac{1}{3}x-2$に$y=0$を代入して，$0=\frac{1}{3}x-2$より，$x=6$となるから，直線$y=\frac{1}{3}x-2$とx軸の交点の座標は$(6,\ 0)$である。この点を直線$5x+y+a=0$が通るから，$5\times6+0+a=0$より，$a=-30$となる。

(5)＜関数―$\boldsymbol{a}$，$\boldsymbol{b}$の値＞関数$y=ax^2$において，yの変域が$-8\leqq y\leqq b$なので，$a<0$である。xの変域が$-1\leqq x\leqq 4$より，$x=0$のときyは最大で$y=0$となるから，$b=0$である。また，絶対値が最大である$x=4$のとき，yは最小で$y=-8$となるから，$-8=a\times4^2$が成り立ち，$a=-\frac{1}{2}$である。

(6)＜場合の数＞男子2人をA，B，女子3人をP，Q，Rとする。女子が両端に並ぶので，その並び方は，(左端，右端)＝(P，Q)，(P，R)，(Q，P)，(Q，R)，(R，P)，(R，Q)の6通りある。(左端，右端)＝(P，Q)のとき，左から2番目，3番目，4番目に並ぶA，B，Rの並び方は，(2番目，3番目，4番目)＝(A，B，R)，(A，R，B)，(B，A，R)，(B，R，A)，(R，A，B)，(R，B，A)の6通りある。(左端，右端)＝(P，R)，(Q，P)，(Q，R)，(R，P)，(R，Q)のときも同様にそれぞれ6通りあるから，両端が女子になる場合の5人の並び方は$6\times6=36$(通り)ある。

(7)＜関数―座標＞右図1のように，4辺AB，BC，CD，DAの中点をそれぞれP，Q，R，Sとし，線分PRと線分QSの交点をMとする。四角形ABCDが平行四辺形より，四角形APMS，PBQM，MQCR，SMRDは合同な平行四辺形となるから，QM＝MSとなり，点Mは線分QSの中点である。よって，点Mのx座標は$\frac{2+5}{2}=\frac{7}{2}$，$y$座標は$\frac{4+6}{2}=5$であり，M$\left(\frac{7}{2},\ 5\right)$となる。辺AS，辺PMを斜辺とし，他の2辺が座標軸に平行になるように△ASE，△PMFをつくると，AS∥PM，AS＝PMだから，△ASE≡△PMFとなる。したがって，SE＝MF＝$\frac{9}{2}-\frac{7}{2}=1$，AE＝PF＝$8-5=3$となるので，点Aの$x$座標は$5+1=6$，$y$座標は$6+3=9$となり，A$(6,\ 9)$である。

図1

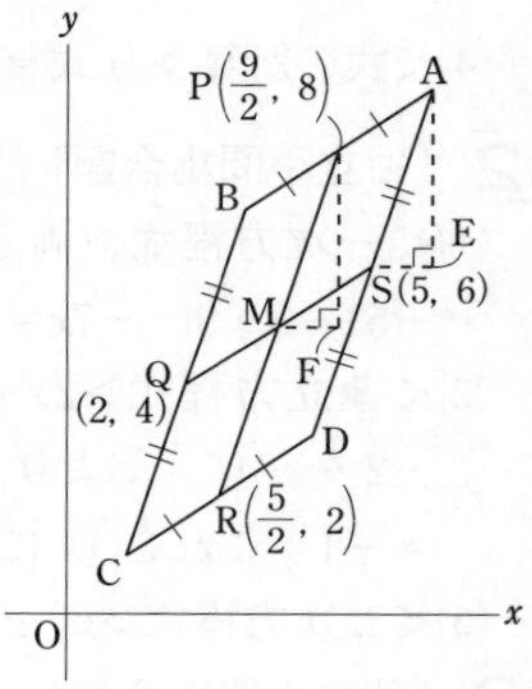

(8)＜図形―角度＞右図2で，円の中心をOとし，点Oと2点A，Bを結ぶ。∠PAB＝xとすると，直線APが円Oの接線より，∠OAP＝90°だから，∠OAB＝∠OAP－∠PAB＝90°－xとなる。△OABはOA＝OBの二等辺三角形だから，∠OBA＝∠OAB＝90°－xとなり，∠AOB＝180°－∠OAB－∠OBA＝180°－(90°－x)－(90°－x)＝$2x$となる。$\overset{\frown}{\mathrm{AB}}$に対する円周角と中心角の関係より，∠ACB＝$\frac{1}{2}$∠AOB＝$\frac{1}{2}\times2x=x$となる。よって，△APCで，∠APC＋∠ACP＋∠PAC＝180°だから，40°＋x＋(x＋50°)＝180°が成り立ち，x＝45°となる。

図2

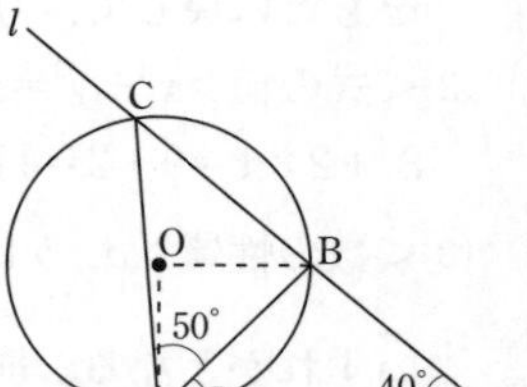

(9)＜図形―体積＞右図3のように，正四面体の各頂点をA～Dとする。点Aから面BCDに垂線AHを引くと，図形の対称性より，BH＝CH＝DHとなる。BC＝CD＝DBだから，△BCH，△CDH，△DBHは合同な二等辺三角形となり，∠HBC＝∠HBD＝$\frac{1}{2}$∠CBD＝$\frac{1}{2}\times60°=30°$となる。点Hから辺BCに垂線HMを引くと，△HBMは3辺の比が$1:2:\sqrt{3}$の直角三角形となる。

図3

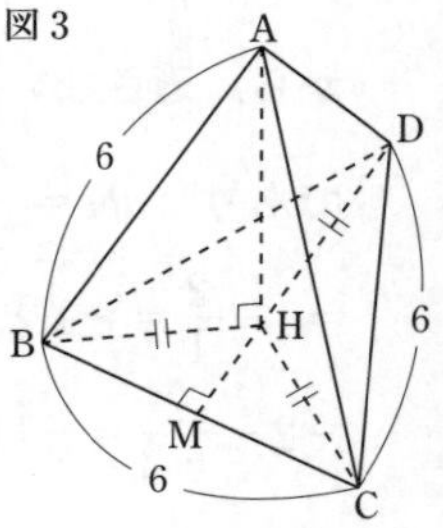

$BM=\frac{1}{2}BC=\frac{1}{2}\times6=3$ だから，$BH=\frac{2}{\sqrt{3}}BM=\frac{2}{\sqrt{3}}\times3=2\sqrt{3}$ であり，△ABH で三平方の定理より，$AH=\sqrt{AB^2-BH^2}=\sqrt{6^2-(2\sqrt{3})^2}=\sqrt{24}=2\sqrt{6}$ となる。また，点 D と点 M を結ぶと，△DBM も 3 辺の比が $1:2:\sqrt{3}$ の直角三角形となるから，$DM=\sqrt{3}BM=\sqrt{3}\times3=3\sqrt{3}$ となり，$\triangle BCD=\frac{1}{2}\times BC\times DM=\frac{1}{2}\times6\times3\sqrt{3}=9\sqrt{3}$ となる。以上より，求める正四面体の体積は，$\frac{1}{3}\times\triangle BCD\times AH=\frac{1}{3}\times9\sqrt{3}\times2\sqrt{6}=18\sqrt{2}$ である。

4 〔関数—関数 $y=ax^2$ と直線〕

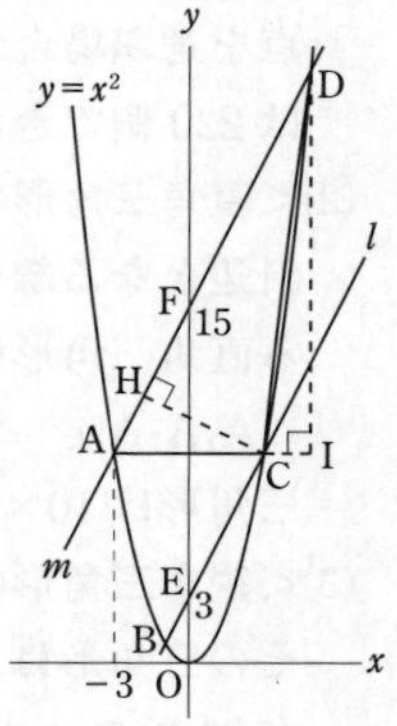

(1)＜直線の式＞右図で，点 A は放物線 $y=x^2$ 上にあり，x 座標は -3 なので，$y=(-3)^2=9$ より，A$(-3,\ 9)$である。点 C も放物線 $y=x^2$ 上にあり，AC∥〔x 軸〕だから，2 点 A，C は y 軸について対称となる。よって，C$(3,\ 9)$となる。E$(0,\ 3)$だから，直線 l は，傾きが $\frac{9-3}{3-0}=2$，切片が 3 であり，直線 l の式は $y=2x+3$ となる。

(2)＜面積＞右図で，l∥m であり，(1)より直線 l の傾きは 2 だから，直線 m の傾きも 2 である。F$(0,\ 15)$より，直線 m の切片は 15 だから，直線 m の式は $y=2x+15$ である。点 D は放物線 $y=x^2$ と直線 $y=2x+15$ の交点だから，$x^2=2x+15$ より，$x^2-2x-15=0$，$(x+3)(x-5)=0$　$\therefore x=-3,\ 5$　したがって，点 D の x 座標は 5 であり，$y=5^2=25$ となるから，D$(5,\ 25)$である。AC∥〔x 軸〕より，△ACD の辺 AC を底辺と見ると，高さは，2 点 A，D の y 座標の差より，$25-9=16$ となる。$AC=3-(-3)=6$ だから，$\triangle ACD=\frac{1}{2}\times6\times16=48$ となる。

(3)＜体積—回転体＞右上図で，点 C から辺 AD に垂線 CH を引くと，△ACD を直線 m の周りに 1 回転させてできる立体は，底面の半径を CH，高さを DH とする円錐と，底面の半径を CH，高さを AH とする円錐を合わせた立体となる。その体積は，$\frac{1}{3}\times\pi\times CH^2\times DH+\frac{1}{3}\times\pi\times CH^2\times AH=\frac{1}{3}\pi\times CH^2\times(DH+AH)=\frac{1}{3}\pi\times CH^2\times AD$ で求められる。点 D から直線 AC に垂線 DI を引く。A$(-3,\ 9)$，D$(5,\ 25)$より，$AI=5-(-3)=8$，$DI=25-9=16$ だから，△ADI で三平方の定理より，$AD=\sqrt{AI^2+DI^2}=\sqrt{8^2+16^2}=\sqrt{320}=8\sqrt{5}$ となる。また，線分 CH は △ACD の底辺を辺 AD と見たときの高さだから，△ACD の面積について，$\frac{1}{2}\times8\sqrt{5}\times CH=48$ が成り立ち，$CH=\frac{12}{\sqrt{5}}$ となる。よって，求める立体の体積は $\frac{1}{3}\pi\times\left(\frac{12}{\sqrt{5}}\right)^2\times8\sqrt{5}=\frac{384\sqrt{5}}{5}\pi$ である。

5 〔平面図形—三角形〕

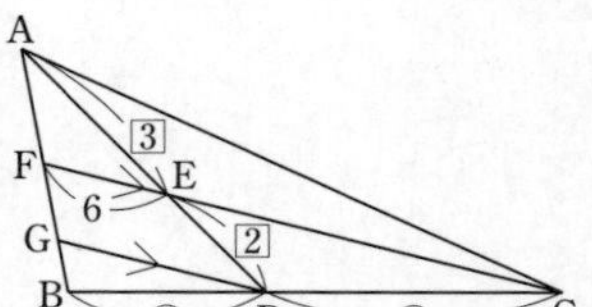

(1)＜長さ—相似＞右図で，∠FAE＝∠GAD であり，CF∥DG より，∠AFE＝∠AGD だから，△AFE∽△AGD である。よって，$FE:GD=AE:AD=3:(3+2)=3:5$ となるから，$GD=\frac{5}{3}FE=\frac{5}{3}\times6=10$ である。

(2)＜長さ—相似＞右図で，∠FBC＝∠GBD であり，CF∥DG より，∠BFC＝∠BGD だから，△FBC∽△GBD である。よって，$FC:GD=BC:BD=(2+3):2=5:2$ となるから，$FC=\frac{5}{2}GD=\frac{5}{2}\times10=25$ となり，$CE=FC-FE=25-6=19$ となる。

(3)＜長さの比—平行線と線分の比＞右上図で，CF∥DG より，$AF:FG=AE:ED=3:2$ だから，$AF=\frac{3}{2}FG$ となる。また，$FG:GB=CD:DB=3:2$ だから，$GB=\frac{2}{3}FG$ となる。よって，AF：FG：

GB $=\frac{3}{2}$FG：FG：$\frac{2}{3}$FG＝9：6：4である。

6〔場合の数〕

≪基本方針の決定≫(3)　三角形の形で場合分けする。

(1)＜三角形の個数＞12個の点から3個の点を順番に選ぶとすると，1個目は12通り，2個目は11通り，3個目は10通りの選び方があるので，3個の点の選び方は12×11×10＝1320(通り)ある。この1320通りの中には，例えば，3点A_1，A_2，A_3を選ぶ場合の(1個目，2個目，3個目)＝(A_1，A_2，A_3)，(A_1，A_3，A_2)，(A_2，A_1，A_3)，(A_2，A_3，A_1)，(A_3，A_1，A_2)，(A_3，A_2，A_1)のように，同じ3個の点を選ぶ場合が6通りずつ含まれているから，3点の選び方は1320÷6＝220(通り)であり，三角形は220個できる。

(2)＜直角三角形の個数＞三角形が直角三角形になるとき，その斜辺は円の直径である。直角三角形の斜辺となる線分は，A_1A_7，A_2A_8，A_3A_9，A_4A_{10}，A_5A_{11}，A_6A_{12}の6本ある。線分A_1A_7を斜辺とする直角三角形は，$\triangle A_1A_2A_7$，$\triangle A_1A_3A_7$，$\triangle A_1A_4A_7$，$\triangle A_1A_5A_7$，$\triangle A_1A_6A_7$，$\triangle A_1A_7A_8$，$\triangle A_1A_7A_9$，$\triangle A_1A_7A_{10}$，$\triangle A_1A_7A_{11}$，$\triangle A_1A_7A_{12}$の10個ある。他の場合も同様にそれぞれ10個あるから，直角三角形は10×6＝60(個)できる。

(3)＜鋭角三角形の個数＞三角形が鋭角三角形になるとき，その三角形は，右図1の$\triangle A_1A_6A_8$と合同なものか，右図2の$\triangle A_1A_5A_9$と合同なものか，右下図3の$\triangle A_1A_4A_8$と合同なものとなる。図1の$\triangle A_1A_6A_8$と合同な三角形は，$\triangle A_1A_6A_8$，$\triangle A_2A_7A_9$，$\triangle A_3A_8A_{10}$，……，$\triangle A_{12}A_5A_7$の12個できる。図2の$\triangle A_1A_5A_9$と合同な三角形は，$\triangle A_1A_5A_9$，$\triangle A_2A_6A_{10}$，$\triangle A_3A_7A_{11}$，$\triangle A_4A_8A_{12}$の4個できる。図3の$\triangle A_1A_4A_8$と合同な三角形は，$\triangle A_1A_4A_8$，$\triangle A_2A_5A_9$，$\triangle A_3A_6A_{10}$，……，$\triangle A_{12}A_3A_7$の12個と，対称移動させた$\triangle A_1A_{10}A_6$，$\triangle A_{12}A_9A_5$，$\triangle A_{11}A_8A_4$，……，$\triangle A_2A_{11}A_7$の12個あるから，合わせて12＋12＝24(個)できる。以上より，鋭角三角形は12＋4＋24＝40(個)できる。

図1

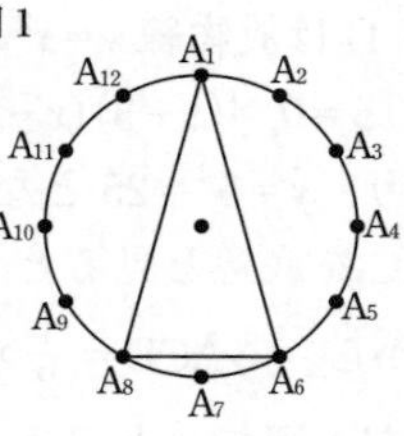

図2

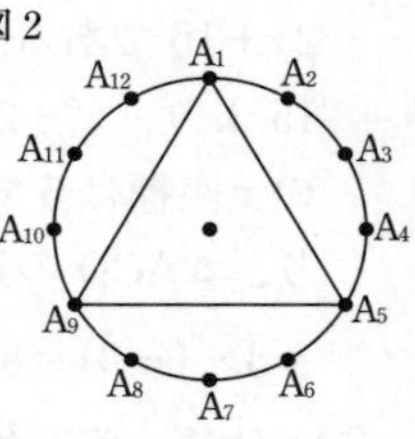

図3

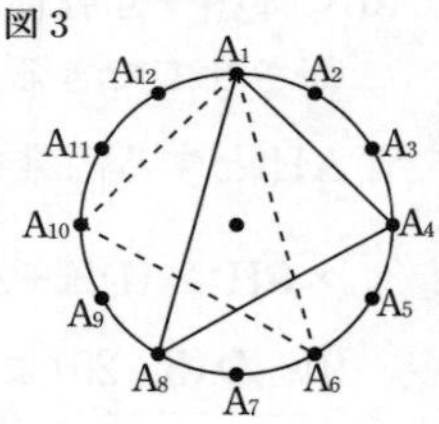

国語解答

一　問一　ア…A　イ…B　ウ…A　エ…B
　　オ…A
問二　イ　　問三　ア　　問四　固有の
問五　A　特徴　B　文脈　　問六　エ
問七　ア　　問八　ア　　問九　ア
問十　ア…A　イ…C　ウ…B　エ…B

二　問一　ウ　　問二　ただ，見る，見
問三　イ　　問四　不安　　問五　ア
問六　これがマンゴーなの？

問七　その種を，模様のない若草色の皿の中に置いた
問八　Ⅰ…エ　Ⅱ…カ
問九　ア…A　イ…A　ウ…A　エ…B
　　オ…A

三　問一　①…イ　②…イ　　問二　16
問三　①…○　②　新興　③　不変
問四　①　湖畔　②　う　③　すいこう
　　④　じゅじゅつ

一〔論説文の読解―文化人類学的分野―日本文化〕出典；原研哉「日本のデザイン，その成り立ちと未来」(『創造するということ〈続・中学生からの大学講義〉3』所収)。

≪本文の概要≫デザインとは，ある目的を持って，計画的にものを創造していく人間の営み全てである。そもそも，人類は動物の中で唯一，自分の都合のいいように環境をつくり変えて暮らしてきた。このように，人類が生き延びられるようにどうやって地球環境をつくり変え，利用していくかを考えるための知恵の一つが，デザインなのである。ところで，今はグローバリズムの時代と言われ，国内だけに目を向けるのではなく，視野を世界に広げなければならない。しかし，文化の本質は，グローバルとは反対のローカルにある。自分が生まれた場所で可能性をいかに開花させるかが大切で，自分たちの文化を磨き抜いて世界につなげることで，世界は多様で豊かなものになる。つまり，ローカルとグローバルは表裏一体の関係にあるのだ。さらにデザインを考えるうえで，歴史と文化は切り離せない関係にある。例えば，伊勢神宮では，二〇年に一回，全ての社殿を全く同じものにつくり替える「式年遷宮」が行われる。これは一見，同じものの再現に思えるが，伊勢神宮の建築様式は，もともとのポリネシア諸島の様式から，環境に合わせて少しずつ変化しながら，長期間にわたって進化を続け，日本独自の様式を形成してきたのである。ここに，日本のデザインの原風景がある。

問一＜文章内容＞「僕」は「ある目的をもって，計画的にものを創造していく人間の営みすべて」をデザインと考えている。歩道を広げ，段差をなくし，歩道に色をつけたことには，歩行者にとって安全な道にするという目的がある(ア…A)。原っぱにいつの間にか駅への近道ができたのは，計画された行為ではない(イ…B)。自然石を利用したのは，生物多様性を取り戻すためである(ウ…A)。絵は退屈しのぎに描いたものであって，コンクールでの入賞や，新商品のポスターにするという目的はない(エ…B)。木々の間に縄を張ったのは，庭の餌場にリスが渡りやすいようにするためである(オ…A)。

問二＜文章内容＞グラフィックデザインは，伝えたい内容やメッセージを人々の印象や記憶に残すための仕掛けであり，ポスターやパッケージに施されたデザインは，伝えたいメッセージを目に見える形で表現した手段にすぎないのである。

問三＜指示語＞デザインを，人類が生きていくために地球環境を必要な物につくり変える知恵としてとらえ，今後も，経済活動と両立させながら，地球環境をどのようにつくり変えていくべきかを考

えるために，デザインを用いるべきである。

問四＜表現＞日本の日本料理，フランスのフランス料理は「すべてローカルなもの」であり，同様に，イタリア料理は「イタリア固有の」文化である。

問五＜文章内容＞「イタリア料理とフランス料理と日本料理を混ぜ合わせたら」，それぞれの料理の「特徴が出ない」だろう。グローバリズムの真価は，文化を混ぜ合わせることにはなく，自分たちの文化の「特徴」を磨き抜き(…Ａ)，自らの血肉とした文化を「世界的な文脈」につなげ(…Ｂ)，「世界を多様で豊か」なものにすることにある。

問六＜文章内容＞「僕」は，日本史は起きた出来事を暗記するだけのつまらないものではなく，伊勢神宮が千数百年かけて変化してきたように，日本文化が過去から現代へとわずかずつ変化しながら，独自のものをつくり上げていく過程を知ることができる，おもしろい科目であると思えるようになった。

問七＜文章内容＞古くから日本人は，本来の「危ない」という意味から少し離れた，「『すごい』とか『切実だ』といった意味」での「ヤバい」ところに，「自然の大いなる力」，つまり神様がいると考えていた。

問八＜接続語＞Ａ．伊勢神宮が，「二〇年に一回，すべての社殿を全く同じものに造り替え」ていることを不思議に思うかもしれないが，「この儀式は千数百年続いている」のである。　Ｂ．二〇年に一回なので，大工さんも入れ替わり，「図面もすべて引き直す」ので，「同じものに造り替えるといっても，少しずつ微妙に違ってくる」のである。　Ｃ．コップの水を同じ形のコップに移し替えているうちに，「水はこぼれるし，蒸発もする」から，「ときどき，新しい水をつぎたさなくてはならない」のである。　Ｄ．日本人は，「少しずつ変化をさせながら受け継いでいく」というやり方で，「神社の様式を昔から今に伝えてきた」のである。

問九＜文章内容＞日本のデザインの根底には，伊勢神宮の「式年遷宮」のように，同じものの再現のように見えても，少しずつ変化しながら，長期間をかけて進化を続け，いつの間にか日本独自の文化を形成するという仕組みがある。

問十＜主題＞「ロミオとジュリエット」という海外の題材を，日本の歌舞伎役者が歌舞伎の作品としてアレンジしてロンドンで演じることは，日本の文化の特徴を生かして海外の文化につなげることになるので，「グローバリズム」に当てはまる(ア…Ａ)。着古した浴衣からマスクをつくることは，日本の特徴的な文化を現代風にアレンジする行為であり，「グローバリズム」にも「ローカル」にも当てはまらない(イ…Ｃ)。年末の大掃除とお正月の松飾りは，日本の特徴的な風習であるので，「ローカル」に当てはまる(ウ…Ｂ)。「世界人形博覧会」で日本人形を展示することは，日本の特徴的な文化を紹介することになるので，「ローカル」に当てはまる(エ…Ｂ)。

二〔小説の読解〕出典；竹西寛子『木になった魚』(『五十鈴川の鴨』所収)。

問一＜文章内容＞緑色に着膨れた少年も，赤いマフラーの少女も，自分たちが見た光景についてもっと話したかったのに，友達に現実にはありえない光景として受け入れてもらえず，少し寂しく感じた。

問二＜文章内容＞卵色の少女は，「ただ，見る，見えるということ」に関して，「日頃から迷いがあった」から，話の中身を疑われたり，うそつき呼ばわりされたりすることを恐れたのである。

問三＜文章内容＞緑の少年が見たという「空にいる象」のテレビ映像も，赤いマフラーの少女が見たという「空を泳いでいるピアノ」も，実際の光景の中から自分の印象に残った一場面を切り取って表現したものである。

問四＜心情＞業者の話を聞いたときに感じたおばあさんの「軀のしんが冷えてゆく」ような気持ちは，ピアノを搬出する「その日が近づくにつれて」強まり，おばあさんは，「不安」で夜も眠りにくくなっていった。

問五＜文章内容＞母親は，娘が沖縄について調べて兄の来訪を楽しみに待っていたのを知っていたので，自分が先に兄を責める言葉をかけることで，娘の気持ちを代弁しようとした。

問六＜文章内容＞母親は，何げなくマンゴーの種を洗ってみると，意外な姿が出てきたので，驚いた。

問七＜文章内容＞母親は，洗ったマンゴーの種を，模様のない若草色の皿の中に置いた。

問八＜心情＞Ⅰ．母親は，自分が発見した，おいしい果肉とその種の変わった見た目との違いを娘にも教えたいと考えた。　Ⅱ．母親は，娘の「海のお魚が木になっている」という発想の豊かさに驚きながらも，もしかしたら海の魚が木になるようなこともあるのではないかと考え始めた。

問九＜要旨＞語り手は，登場人物たちを「緑色に着膨れた男の子」「赤いマフラーの女の子」のように「色」で区別し，人物から距離を取りつつも，ときに人物たちの内面についても踏み込んでいる(ア…A)。小学校からの帰り道の場面で，「空にいる象を見たことがあるよ」という子どもの発言を打ち消す「低い，太い声」の少年の存在は，世間の常識を押しつけようとする大人を暗示している(イ…A)。赤いマフラーの少女と卵色の少女が，緑色の少年の発言に共感したのは，自分の「見た」世界が世間に受け入れられないという共通の経験をしたからである(ウ…A)。先入観にとらわれない自由な発想は，子どもだけのものではなく，卵色の少女のおじさんのように，大人になっても持っている人がいる(エ…B)。卵色の少女にとって，おじさんは自由な発想の持ち主で，少女は，自分が自分である不思議といった，難しい疑問にも，おじさんならやさしく答えてくれると信じている(オ…A)。

三〔国語の知識〕

問一＜敬語＞①客への声かけなので，尊敬語を用いる。「なさいますか」の「なさる」は，尊敬語。「いたしますか」の「いたす」は謙譲語。「いたされますか」は謙譲語の「いたす」に尊敬の助動詞の「れる」がついたもので，不自然な表現である。「しますか」は丁寧語。　②後輩に来客の誘導を依頼しているので，謙譲語の「ご案内してください」が適切である。「ご案内になってください」や「ご案内なさってください」は尊敬語，「ご案内されてください」の「され」は受け身あるいは尊敬の助動詞なので，不自然な表現である。

問二＜ことばの単位＞単語に分けると，「今後，／山手学院生／は，／自分／と／学院／の／仲間／が／取り決め／た／この／約束／に／のっとっ／て」となる。

問三＜漢字＞①「異議をとなえる」は，反対の意見を言う，という意味。　②「親交」は，親しくつき合うこと。「新興」は，すでにあるものに対して，新しい勢力がおこること。　③「普遍」は，広く行き渡ること。「不変」は，変わらないこと。

問四＜漢字＞①「湖畔」は湖のそばのこと。　②音読みは「成熟」などの「ジュク」。　③「遂行」は，仕事をやり遂げること。　④「呪術」は，まじないや魔法のように，超自然的な力や神秘的な力を用いて望む事柄を行うこと。

2020年度 山手学院高等学校

【英　語】（50分）〈満点：100点〉

1　次の英文を読んで、後の問いに答えなさい。

"I could have danced all night..." My mother's favorite song formed images in my young mind of ladies in long dresses, white gloves and pearl necklaces, smiling as they danced with men in smart suits and shiny shoes. I didn't know then, when I was only three or four, that the song was just one of many from the movie "My Fair Lady".

Songs from this classic musical movie were played almost daily on the radio in the late 1950s. Many of them were from dance scenes, some with a single actor singing *a capella* - without musical backing - and others with hundreds of actors dancing to orchestra music. I still remember the words to "Singing in the Rain" nearly 60 years since I first heard it, although it's been 20 years since I last (1) it. I remember the words to many other songs, but songs from musicals stay in my memory because they remind me of the dances that went with them.

In the days before private homes had their own televisions, people often went to movie theaters. When the movie playing was a musical, some movie fans laughed and others cried, but (2) left with the songs playing in their minds, possibly hoping for an opportunity to dance to them.

"My Fair Lady" was first shown in 1956, a few years before I was born. Even before that, the musicals and movies of the 1940s, including animated movies like "Fantasia", had wonderful musical scores. Hundreds of musicians worked for movie studios.

In the 1920s and 1930s, many young people went to dance halls to dance to the music of local bands every Saturday night. It was an inexpensive, fun way to spend time and meet other young people. Like many people born in the 1920s and 1930s, my parents met at a dance hall. They both taught social dancing there. Songs of that era were usually short, easy to remember and sing along with, or perfect to dance to.

In the 1950s and 1960s, young people watching Elvis Presley movies danced to Rock'n' Roll. He was not a good actor, (3) his movies were very popular because of the music and dancing.

Every ten years or so, a unique dance movie comes along. "West Side Story", from the 1960s, was followed in the 1970s and 1980s by "Grease" and "Footloose". Dance halls closed, but new places to dance opened. Recorded music started to become popular, but the basic idea did not change - people learned dances from movies and tried them out with their friends.

Dancing and singing are not the only things we copy from the movies we love. An animated series about basketball attracted thousands of young people to the sport. A TV series about tennis players did, too. Perhaps people play (4) certain sport because they saw someone playing it on TV or in a movie. A student watching a movie about nurses may decide to consider a future in nursing. People who watch travel programs may want to visit new places.

Movies and TV have a large effect on fashion, too. Companies want actors and actresses to wear or use their products. Media that show young people smoking or drinking alcohol are not allowed in some societies. People are afraid that more young people will want to try cigarettes or alcohol if they see actors they look up to doing so.

Just as people in the 1950s and later were influenced by dance movies, people now may form new interests or choose their careers because of the television or movies they watch. We now have not only movies and radio, we also have access to many types of media that our parents and grandparents did not have. Greater access to information should help us make better choices, but (5) this is not always true.

Singing, dancing and fashion are not usually dangerous. Even if people buy new earphones or wear different clothing, this will not make them sick or hurt others. However, when Disney released the movie "101 Dalmatians" in 1996, the number of Dalmatians sold in pet shops increased in America, Japan and other countries. Dalmatians are energetic and need a lot of exercise. In fact, they need more exercise than most people in cities can provide. In the movie, the Dalmatians were so sweet and friendly that many families bought them as presents for their children. In fact, families with small children should not choose Dalmatians as pets, because (6) they usually do not like children.

Sometimes, even a TV commercial can start a new “trend” for people looking for pets. A series of advertisements in Japan showing a puppy with big, sad eyes was one of the reasons very small dogs became so popular for a while. People started going to “owl cafes” after watching the Harry Potter movies. These trends were probably started accidentally, but that doesn’t help the dogs whose owners gave them away, or the owls with chains on their legs in noisy, bright cafes.

問１　文中の（ １ ）に入る最も適切な語を次の（ア）〜（エ）から１つ選び、記号で答えなさい。

（ア）is　（イ）did　（ウ）have　（エ）saw

問２　文中の（ ２ ）に入る最も適切な語を次の（ア）〜（エ）から１つ選び、記号で答えなさい。

（ア）none　（イ）a little　（ウ）most　（エ）much

問３　文中の（ ３ ）に入る最も適切な語を次の（ア）〜（エ）から１つ選び、記号で答えなさい。

（ア）but　（イ）if　（ウ）and　（エ）or

問４　文中の（ ４ ）に入る最も適切な語を答えなさい。

問５　文中の下線部 (5) が表すものは何か。次の (ア) ～ (エ) から１つ選び、記号で答えなさい。

(ア) Greater access to information helps us make better choices.
(イ) Our parents and grandparents did not have access to modern media like SNS.
(ウ) A TV commercial.
(エ) Young people smoke cigarettes and drink alcohol.

問６　文中の下線部 (6) が表すものは何か。次の (ア) ～ (エ) から１つ選び、記号で答えなさい。

(ア) families
(イ) Dalmatians
(ウ) parents
(エ) pets

問７　How old is the writer?

(ア) Under 40
(イ) 40 - 55
(ウ) 55 - 70
(エ) Over 70

問8　次の表のうち、Year と Popular Movies の組み合わせが正しいものを本文の内容に即して一つ選び、記号で答えなさい。

	Year	Popular Movies
(ア)	1950s	Fantasia
(イ)	1960s	Grease
(ウ)	1970s	101 Dalmatians
(エ)	1980s	Footloose
(オ)	1990s	West Side Story

問9　Which statement is NOT true?

(ア) Movie actors influence people who look up to them.
(イ) Movies only influence people if they have amazing dance scenes and great music.
(ウ) Not only movies, but also TV, can make people want to buy things.
(エ) Movies that have great music and dancing stay in people's memories.

問10　Do movies always have a positive effect?

(ア) Yes. Lots of people bought owls after seeing movies about them.
(イ) Yes. People change their career choices and fashion items because of movies.
(ウ) No. People often make the wrong choices after watching movies.
(エ) No. People started dancing on the streets after seeing the movie "Singing in the Rain".

問11　次の(ア)～(エ)の中から本文の内容と一致しているものを1つ選び、記号で答えなさい。

(ア) Media has changed the way people enjoy music. Nobody goes to dance halls any more. We have the Internet now, so there are no more dance movies. People only dance to recorded music. Movie companies do not want to make dance movies anymore.

(イ) The writer's parents were born in the early 1900s. People then had no way to listen to music, so they did not learn to dance. They listened to the news on their radios almost daily. People now enjoy music and dancing just as much as their grandparents did.

(ウ) People have not really changed since our grandparents were young. We enjoy many of the same things. People have always loved television. TV commercials have changed the way we think about food, careers and fashion.

(エ) Over the years, the music that goes with dance movies and the dances themselves have changed. The way we listen to music and the places we go to dance have also changed, but people now enjoy music and dancing just as much as their grandparents did.

2　ある新聞の投書欄の英文と、3人の読者の意見をそれぞれ読み、以下の問いに答えなさい。

Hosting the Summer Olympics

The Olympics will be held in Tokyo this year. Many countries want to host the Olympics. Everyone was excited when Tokyo was chosen for its second Summer Olympics and plans were soon made to build sporting facilities - stadiums, pools and running tracks - and housing for the athletes and their managers and trainers. Volunteers quickly applied to work as nurses, interpreters and drivers. Taxi companies bought bigger cars to hold larger bags. Restaurants now have vegetarian and other special items on their menus for tourists from many different countries and cultures.

Clearly, there are good points for the cities that host major events like the Olympics. Guests are good for the local economy and encourage tourism. Governments spend money on improvements. Tokyo has a very good transport system, but is it tourist friendly? Perhaps not. Tourists may not be able to read the station names or directions. Even station elevators often have signs in Japanese only.

All cities want to show their best to the world. China changed weather patterns so it wouldn't rain and all cities have a major clean-up. Most cities make smaller changes. Tokyo has started making its train system easier for tourists to understand, by giving stations numbers, not just names.

Many cities not only clean their streets by removing dirt and trash, but they also remove other things from sight. This can include homeless people and animals. Tokyo's homeless population will probably be moved out of sight. Some will go into special homes and even find work, but others will be moved to new areas and lose their friends.

Not only animals that lived with homeless people, which will be left without homes, but Tokyo also has a large homeless cat population. Just like the people who are moved, these cats will not be able to stay in areas tourists visit.

Ebony Felis, Yokohama

Reader A:

I'm really looking forward to the Olympics. I think it's a great opportunity for us to see amazing athletes and meet people from all over the world. However, I think one problem for Tokyo will be traffic jams. We have a great train system, but it can be a little difficult for people to change trains. There are so many exits, too! It must be very confusing for visitors. I understand why people want to travel by car, but there is just not enough parking space for everyone and parking in Tokyo is very expensive. Also, there is not enough land to build new spaces. People drive around looking for somewhere to park, but don't find anywhere. This causes even more traffic jams, so (1).

問１　（ １ ）に入る最も適切な文を下から１つ選び、記号で答えなさい。

(ア) I think our guests should use rental cars and taxis. It is much more convenient than using trains and buses. Taxis could take guests very near events.

(イ) I think we should make parking free for guests during the Olympics.

(ウ) I think we need to make it easier for our guests to use Tokyo trains by making it simpler for people to change trains.

(エ) I think Tokyo should build more car parking places. We can use them after the Olympics are over.

Reader B:

I think a bigger problem is the way the ticket sales were done. Everyone had to apply online. It took hours and hours to apply. To buy tickets, you had to be ready to pay for any that you were lucky enough to get. Most people I know didn't get any! Sponsors can get large numbers of tickets quite easily. (2) I may have a few concerns, but I am still really excited about the Olympics. I can't wait!

問２　（ ２ ）に入る最も適切な文を下から１つ選び、記号で答えなさい。

(ア) I don't think that's fair.

(イ) I don't think that's a problem.

(ウ) I don't think many people will want tickets.

(エ) I don't think tickets are selling well.

Reader C:

For me, crowded roads and getting tickets are not really big problems. People can take trains or watch the games on TV. I'm worried that we are moving people and animals for no good reason. They just want the city to look good. I haven't read anything in the newspapers about Tokyo doing this, but I think they will, even though it isn't necessary. I think we are forgetting some important things in our excitement about the Olympics. (3)

問3　(3) に入る最も適切な文を下から１つ選び、記号で答えなさい。

(ア) We really need to keep homeless people out of the city.

(イ) I hope I get to go to the games so that I can forget about everything else.

(ウ) We really don't need to read newspapers.

(エ) I hope it will be a good chance for us all to think about these problems.

3

次の文の（　）内に入れるのに最も適切なものを (ア) ～ (エ) から１つ選び、記号で答えなさい。

(1) Birds are flying (　　) the sky.

(ア) high in　(イ) highly in　(ウ) up　(エ) above

(2) Does this computer (　　)?

(ア) have to repair　(イ) have to be repairing

(ウ) have to be repaired　(エ) have to repaired

(3) This skirt has no pocket (　　).

(ア) putting things　(イ) to put things in

(ウ) to put in things　(エ) which put things in

(4) You mustn't be afraid (　　) mistakes when learning a foreign language.

(ア) for doing　(イ) to do　(ウ) to making　(エ) of making

(5) A: How (　　) will the meeting come to an end?

B: In thirty minutes, I think.

(ア) soon　(イ) early　(ウ) long　(エ) often

(6) A: It's twelve thirty. I'll take you to lunch.

B: (　　) I feel like eating spaghetti.

(ア) Me, too.　(イ) Of course, not.

(ウ) It sounds great.　(エ) How nice!

(7) The (A) sun (B) from the top of the mountain was wonderful.

(ア) A rise B saw　　(イ) A rising B seen

(ウ) A risen B seeing　　(エ) A rising B seeing

4 次の各文のうち、誤りを含んでいるものを１つ選び、記号で答えなさい。

(1) ア. There was still much snow on the mountains.

イ. If you don't go fishing in the river, I won't, too.

ウ. We have seven English classes a week.

エ. Each of these plans has its merits and demerits.

(2) ア. Your book is double the size of mine.

イ. Nothing is better than a cup of tea on such a cold day.

ウ. This was worse than any other accident last year.

エ. Your team has members twice as many as ours.

(3) ア. We had to change our plans because our flight was delayed.

イ. I have just been to the airport to see her off.

ウ. Have you ever been to the house which Saigo Takamori was born?

エ. What do you think this container is made of?

5 次の各文の( )内に共通して入る１語を答えなさい。

(1) ア. We must not make war at any ( ).

イ. The ( ) of living is going up continuously.

ウ. It ( ) us thirty million yen to build our house.

(2) ア. Sorry, I wasn't ( ) at that meeting.

イ. I was asked to ( ) my opinion at the meeting.

ウ. I'm sorry, but we have no empty rooms at ( ).

(3)　ア．What did you go there (　　)?

　　イ．My mother is getting ready (　　) supper now.

　　ウ．I paid her 5,000 yen (　　) the shoes.

(4)　ア．He is trying to keep up with the (　　).

　　イ．He waved his hand several (　　) during his speech.

　　ウ．In Roman (　　), many buildings were built.

6

次のア)、イ)の各文がほぼ同じ意味になるように、空所(①　)(②　)に入る適切な語を答えなさい。書き出しが指定されているものもあります。

(1)　ア) When I watch this movie, I always cry.

　　イ) I (①n　) watch this movie (②　) crying.

(2)　ア) Please tell me when you will arrive.

　　イ) Let me (①　) the time of your (②　).

(3)　ア) Oil is becoming more (①　) now.

　　イ) The (②p　) of oil is getting higher now.

7

次の問答文が成立するように、意味が通るよう語句を並べ替えなさい。但し不要な語が1語含まれています。文頭にくる語も小文字にしてあります。解答は(＊1)と(＊2)にくるものの記号を答えなさい。

(1)　A: (　)(　)(　)(＊1)(　)(＊2)(　)(　)(　) your coffee?

　　B: None, thanks. I don’t like sweet coffee.

(ア) spoonfuls	(イ) many	(ウ) of	(エ) do	(オ) how
(カ) sugar	(キ) you	(ク) want	(ケ) in	(コ) much

(2) A: What did you do yesterday?

B: It ( )(＊1)( )( )(＊2)( )( )( )( ) my friends.

(ア) I went (イ) that (ウ) day (エ) together (オ) with

(カ) a (キ) was so (ク) a picnic (ケ) on (コ) nice

(3) A: Is that your house with the red roof?

B: No. (＊1)( )( )( )( )(＊2)( )( ) blue.

(ア) one (イ) that (ウ) ours (エ) next to (オ) roof

(カ) is the (キ) whose (ク) which (ケ) is

(4) A: This English test seems hard for me.

B: It's not difficult at all.

It ( )( )(＊1)( )( )( )(＊2)( )( ).

(ア) is (イ) you (ウ) to (エ) 15 minutes

(オ) easy (カ) enough (キ) for (ク) so

(ケ) solve (コ) within

【数　学】（50分）〈満点：100点〉

注意 1. 答えに根号がふくまれるときは，根号の中は最も小さい自然数にすること。
また，分母に根号がふくまれるときは，分母に根号をふくまない形にすること。
2. 答えが分数になるとき，約分できる場合は約分すること。

1 次の計算をしなさい。

(1) $(-3)^2-2^3-\left(\dfrac{3^2}{2^3}+0.3\div\dfrac{3}{5}\right)\times 0.5$

(2) $(\sqrt{27}-\sqrt{2})(\sqrt{3}+\sqrt{8})-\dfrac{\sqrt{3}-\sqrt{2}}{\sqrt{3}+\sqrt{2}}$

(3) $\dfrac{3(a-b)}{2}-\dfrac{2(2b-a)}{3}$

(4) $\dfrac{x^7y^5}{18}\div\left(-\dfrac{1}{3}x^3y^2\right)^2\times\left(-\dfrac{1}{xy}\right)^3$

2 次の方程式を解きなさい。

(1) $-\dfrac{2x-1}{3}-\dfrac{-1+3x}{4}=2$

(2) $\dfrac{2}{5}x-\dfrac{7}{3}y=-0.2x+\dfrac{6}{5}y=\dfrac{1}{5}$

(3) $-x^2+4x=-7$

3 次の各問いに答えなさい。

(1) $(x-2y)^2-2x+4y-15$を因数分解しなさい。

(2) 連続する3つの正の奇数があり，最も小さい数と最も大きい数の積は真ん中の数の4倍より73だけ大きいとき，この3つの奇数のうち，真ん中の数を求めなさい。

(3) $x=3$のとき$y=5$，$x=-1$のとき$y=9$である1次関数の式を求めなさい。

(4) 2次関数$y=ax^2$において，xの変域が$-3 \leqq x \leqq 2$のときyの変域は$-18 \leqq y \leqq 0$になります。このとき，定数aの値を求めなさい。

(5) 2次方程式$x^2-4x+1=0$の2つの解のうち，大きい方をaとします。このとき，$3a^2-7a+2$の値を求めなさい。

(6) 男子4人と女子2人を1列に並べるとき，両端が男子になる確率を求めなさい。

(7) 次の図において，斜線部分の面積を求めなさい。ただし，$\overset{\frown}{AB}=12$，$\overset{\frown}{CD}=16$，$AC=BD=4$とします。

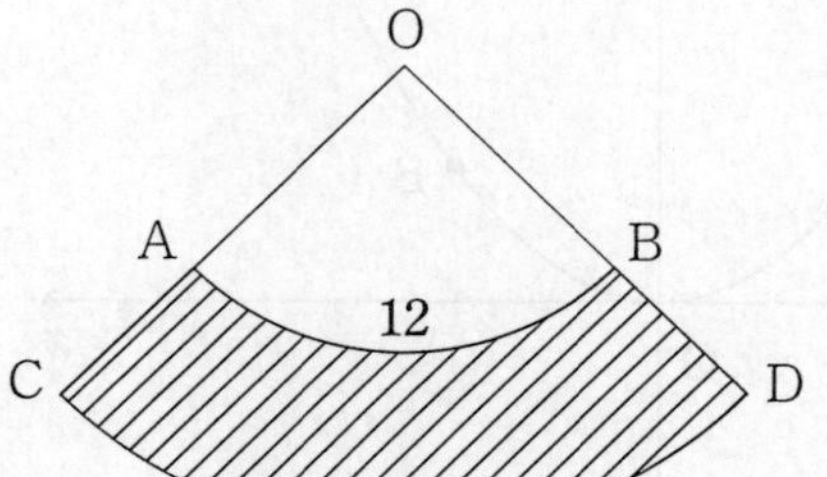

(8) AB = AC の直角二等辺三角形 ABC において，∠CBD = 15° となるように点 D を辺 AC 上にとります。BC = 6 のとき，△BCD の面積を求めなさい。

(9) 次の図のように円柱があり，その円柱にぴったり入る大きさの球と円錐《すい》を考えます。

このとき，円錐と球と円柱の体積比を最も簡単な整数の比で答えなさい。

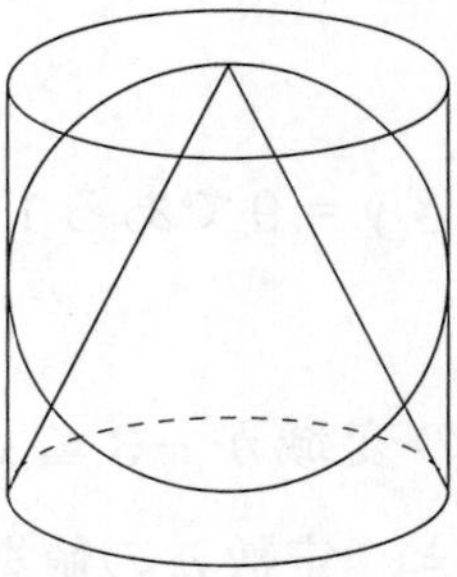

4 2次関数 $y=\frac{1}{2}x^2$ …①のグラフ上に2点 A，B があり，その x 座標はそれぞれ −4，2 です。このとき，次の各問いに答えなさい。

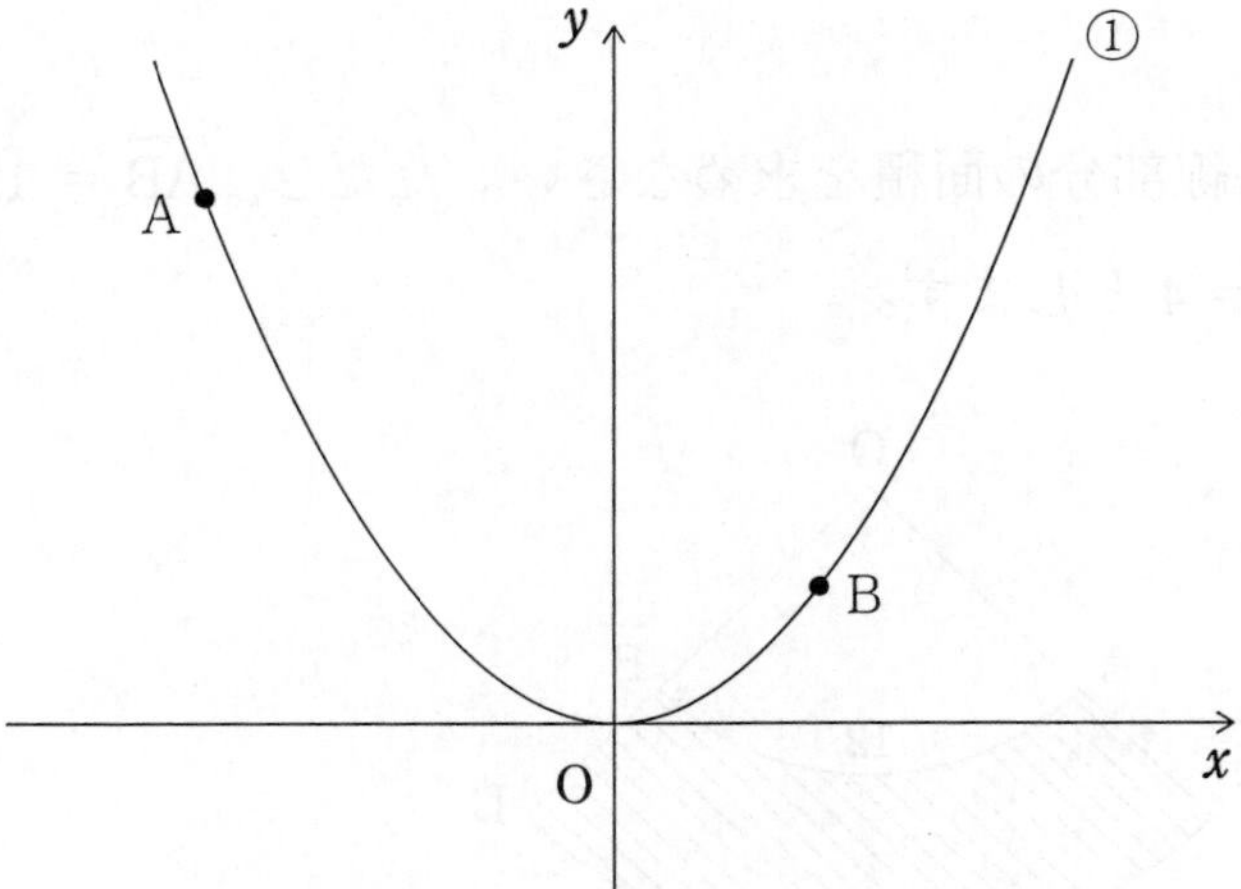

(1) 直線ABの式を求めなさい。

(2) 直線ABとy軸との交点をCとします。また，①のグラフ上の$x > 0$の部分に点Pをとります。△OCPの面積が△OABの面積と等しくなるとき，点Pの座標を求めなさい。

(3) ①のグラフ上の$0 < x < 2$の部分に点Qをとります。△ABQ：△OAB = 3：4となるとき，点Qの座標を求めなさい。

5 OA = 3，AB = 1，∠OAB = 90°である直角三角形OABの辺OBを共有し，OB：BC = 2：1，∠OBC = 90°である直角三角形OBCを考えます。ただし，点Cは辺OBに関して点Aと反対側にあるものとします。点Cから辺OAに垂線CHを引き，線分CHと辺OBの交点をPとします。このとき，次の各問いに答えなさい。

(1) △OABと相似な三角形をすべて答えなさい。

(2) 線分CHの長さを求めなさい。

(3) ∠AOCの大きさを求めなさい。

6 次の図のような正六角形ABCDEFがあり，はじめ点Pが頂点Aにあります。1から4までの数字が書かれた4面さいころと，1から6までの数字が書かれた6面さいころがあります。さいころを投げ，出た目の分だけ点Pは反時計回りに頂点の上を移動します。

このとき，次の各問いに答えなさい。ただし，さいころの目の出方は同様に確からしいものとします。

(1) 4面さいころを3回投げたあと，点Pが頂点Aにある確率を求めなさい。

(2) 6面さいころを3回投げたあと，点Pが頂点Aにある確率を求めなさい。

(3) 6面さいころを10回投げたあと，点Pが頂点Cにある確率を求めなさい。

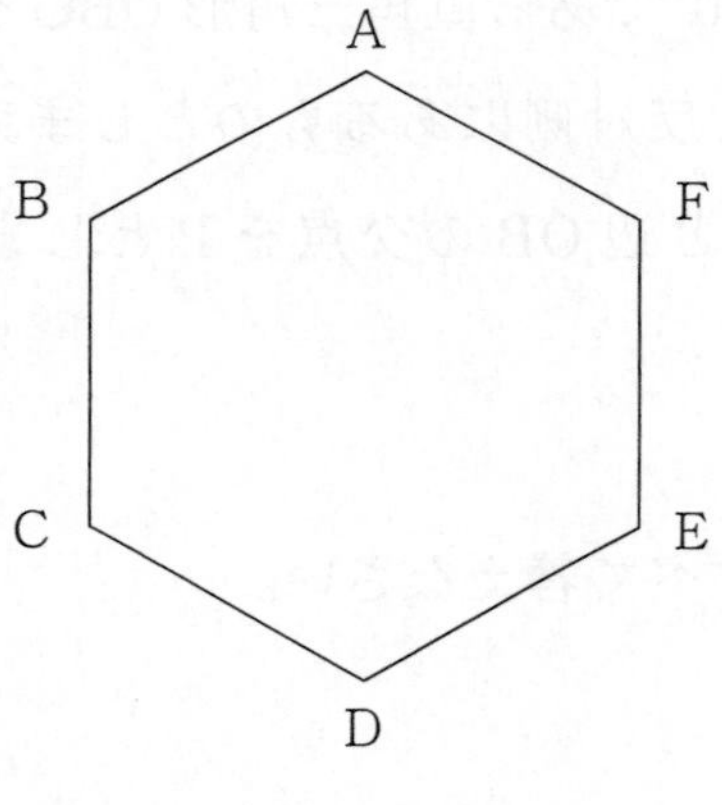

問四　次の傍線部について、カタカナは漢字に直し、漢字は読みをひらがなで答えなさい。

① 年の瀬になり車のオウライが激しくなった。

② 著者のリャクレキを紹介する。

③ シュウトウに準備された渡航。

④ 友人の活躍にショクハツされる。

⑤ 四戦目でようやく一矢ムクいた。

⑥ 地域の活性化に尽力した。

⑦ 如才ない対応ができる人。

三 次の各問いに答えなさい。

問一 慣用句を用いた次の文について、空欄にあてはまる漢字一字を答えなさい。

猫の□ほどの庭しかありません。

問二 次の文について、漢字の表記に誤りのないものを一つ選び、記号で答えなさい。

ア 打ち上げは衛星が規道に乗るまで成功とは言えない。
イ 圧感の演奏で聴衆から万雷の拍手が起こった。
ウ 業績不振の責任を他の部署に転嫁してはならない。
エ 不和雷同せずに自分の考えを貫くべきだ。

問三 次の漢字について、総画数が最も多いものを選び、記号で答えなさい。

ア 奮
イ 窮
ウ 縁
エ 網

問七　本文の特徴としてふさわしいものを二つ選び、記号で答えなさい。

ア　良沢の学者としての信念を押し通す姿勢を示すことによって、大きな成果を上げるためには常に大きな犠牲が伴うことを、心理的に弱っていく玄白の姿を通して訴えている。

イ　医学の発展を第一と考える玄白に対し、翻訳の質を重視する良沢とのせめぎ合いを通して、信念を持った人間同士のそれぞれの欲望を抑えた筆致で表現している。

ウ　玄白の「解体新書」出版に対する名誉欲にとらわれた貪欲さと策に溺れる姿を通して、人間が持つ弱さと浅はかさを読者に強く印象付け、現代人に対して警鐘を鳴らしている。

エ　玄白と良沢の心理状態を雪の様子などを描くことによっても表現し、二人の心理的距離の変化を少しずつ読者に感じさせるよう描写している。

オ　多くの漢語や故事成語を使うことによって江戸時代の雰囲気を的確に伝え、重苦しい二人の駆け引きを、歴史的な事実の一つとして客観的に伝えようとしている。

カ　一般に知られる玄白と良沢の関係を再構築することにより、「解体新書」誕生のドラマがより刺激的に読者の印象に残るよう、大胆な悲劇として描いている。

問八　波線部Ⅰ・Ⅱの語の本文中での意味として最もふさわしいものをそれぞれ選び、記号で答えなさい。

Ⅰ「辟易する」　ア　腹を立てる　イ　うぬぼれる　ウ　たじろぐ　エ　気負う

Ⅱ「方便」　ア　代償　イ　手段　ウ　近道　エ　経過

問四　傍線部④「玄白の感情を傷つけることをおそれた」とありますが、なぜですか。最もふさわしいものを選び、記号で答えなさい。

ア　ここまで一緒に仕事をしてきたのに、刊行直前で自分だけが脱落することになるから。
イ　現段階の翻訳の出来では刊行すべきでないという思いは玄白の考えと相容れないから。
ウ　冷徹な科学者として仕事をしてきた自分が神仏を理由とするのは理不尽だから。
エ　強引に進める玄白に遠慮してきたが、ついに我慢ができず我を出してしまったから。

問五　傍線部⑤「扱いにくい男だ」とかれは何度もつぶやいた」とありますが、このときの玄白の心情として最もふさわしいものを選び、記号で答えなさい。

ア　学究肌の良沢が翻訳の出来にこだわるのもわかるが、今はそれ以上に「解体新書」を世に出すことのほうが重要だ。そのことを理解せず、良沢が自分たちの仕事に疑問をいだくようなことを言うのは心外である。
イ　神経質な良沢にとって不完全な翻訳書を世に問うのがつらいということは理解できる。だが、良沢の名前が載らないとますます「解体新書」の信ぴょう性が疑われるかもしれないということには気づいて、協力してほしい。
ウ　もはや「解体新書」は翻訳の出来に関わらず多くの医家から出版を待望されている書物なのに、良沢はそれすら気にかけない。しかも出版を急ぐのは名声を得たいからだなどと誤解しているのは、あまりにも悲しい。
エ　良沢も学者なら世の中の役に立ちたいという願いは持っているはずなのに、完璧主義がじゃまをして前に進めないでいる。さらには名誉欲など全くない自分のことを誤解し、諭すようなことを言い出したのには驚きあきれる。

問六　空欄 ⑥ にあてはまる語を本文中より抜き出して答えなさい。

問一　空欄 ① にあてはまる語をひらがな三字で答えなさい。

問二　空欄 ② にあてはまる表現として最もふさわしいものを選び、記号で答えなさい。

ア　自分の名前を一切出さぬままに刊行する意図をもっている

イ　翻訳作業の最終盤に及んで刊行に反対する意図をもっている

ウ　玄白にも関係者として名を出さぬように求める意図をもっている

エ　自分の名のみをしるした訳書として刊行する意図をもっている

問三　傍線部③「二人の間に、沈黙がひろがった」とありますが、このときの玄白と良沢の様子を説明したものとして最もふさわしいものを選び、記号で答えなさい。

ア　玄白は、名声を得たいという欲を禁じて依頼を断る良沢の謙虚さに感服しており、良沢は、玄白がなぜここまで名を上げることにこだわるのか理解できないでいる。

イ　玄白は、うそをついてまで翻訳書との関わりを隠そうとする良沢の真意をはかりかねており、良沢は、名誉欲に目がくらんで出版を急ぐ玄白を軽蔑している。

ウ　玄白は、神に誓いを立てたことを理由に依頼を断った良沢の真意は何かと考えており、良沢は、不十分なまま翻訳の出版を急ぐ玄白と距離を置こうとしている。

エ　玄白は、暗に自分の行為を非難している良沢の本心を察して言葉を失っており、良沢は、玄白との仲がこれ以上悪くならないようにあえて言葉を飲み込んでいる。

は、庭に舞う雪片に眼をむけながら思った。

玄白は、雪の中を家にむかって歩いた。⑤扱いにくい男だ、とかれは何度もつぶやいた。

かれは、良沢が口にした天満宮への祈願を、序文をことわる口実だということに気づいていた。完全主義者である良沢が、「解体新書」の不十分な翻訳に不満をいだいていて、それが自分の氏名の掲載を固辞した原因だということも察していた。

「愚《おろか》しいことだ」

玄白は、腹立たしげにつぶやいた。

良沢を満足させるような翻訳をはたすには、さらに長い歳月を必要とするだろう。それよりも、たとえ不備な点は少々あっても「解体新書」を一日も早く世に出して、［⑥］たちに利益をあたえるのが自分たちの社会的義務だと思った。

たしかに玄白には、「解体新書」を刊行することによって名声を博したい気持はあった。ターヘル・アナトミアの翻訳事業は、オランダ医書を日本で初めて訳業に成功させた壮挙であり、たちまち玄白らの名は全国に喧伝《けんでん》されるにちがいない。その待望の日が、眼前にせまっているのだ。

そうした喜びにひたっていた玄白にとって、良沢の固辞は冷水を浴びせかけられたような衝撃だった。

――良沢殿は、医業よりもオランダ語研究を重視してⅡいる。それ故に完全な翻訳をねがっているのだ。しかし、私は、あくまで［⑥］だ。翻訳は、新しい医学知識を得るための方便にすぎず、人体がいかなる構造をもつものかを公けに発表することが［⑥］である自分の悲願なのだ。

かれは、雪の降る中を歩きながらつぶやきつづけていた。

（吉村　昭『冬の鷹』より）

※1　草稿…下書き

※2　聞達…世間の評判

※3　神明…神々

良沢は、玄白を玄関まで見送りに出た。雪片が風にふかれて落ちはじめていた。その中を玄白は、門の方へ去っていった。

良沢は、自室にもどると顔をしかめた。

太宰府天満宮に祈願したことは事実だが、「みだりに聞達の餌となすところあらば、神明これを殛せよ」と祈ったことはない。それは、玄白の乞いを辞退する口実につかったにすぎないが、売名のために学業をおこなうのではないという気持は自分のかたい信念であることに変りはない。

祈願の内容を口実にしたのは、④玄白の感情を傷つけることをおそれたからで、かたくなな良沢としては最大限の配慮であった。

彼は、ターヘル・アナトミアの翻訳書――「解体新書」の刊行に不賛成だった。少くとも時期尚早《しょうそう》と信じていた。翻訳は一応成ったが、良沢にとってその内容は決して満足すべきものではなかった。さらに長い歳月をついやして訳を練り、完訳をはたして後に初めて刊行すべきものだと思っていた。

しかし、玄白は、「草葉の陰《かげ》」と渾名《あだな》されてもⅠ辟易《へきえき》する風はなく、ひたすら出版することのみに心をかたむけていた。訳語の中には不明のものも多いのに、玄白は妥協を強いてこじつけに近い訳出をしてかえりみようとしない。学究肌の良沢には、そうした翻訳経過が大いに不服だった。

それに、玄白がしきりに刊行を急ぐ態度にも強い疑問をいだいていた。

玄白は、「解体新書」の刊行が医家の眼をひらかせる大業だという大義名分を口にしていたが、それならば、一層の努力をかたむけて完訳したものを世に問うべきだと良沢は思っていた。

なぜ玄白が、さらに訳を練る必要のある「解体新書」の刊行を急ぐのか。良沢は、その行為が玄白の名誉欲のあらわれとしか思えなかった。

玄白は、「解体新書」の刊行に先立って世に出した「解体約図」を、

「解体新書の報帖《ひきふだ》として……」

と、言った。開店披露《ひろう》や新商品の売出し宣伝の目的でまく報帖などという商人の使用する用語を、学術的な言葉の比喩《ひゆ》としてつかう玄白が、良沢には俗物のように思えてならなかった。

〈玄白殿は、名声を得る手段としてターヘル・アナトミアの翻訳事業に参加した。それ故にこそ刊行を急ぐのだ〉と、良沢

されることは堪えがたかった。

良沢は、眼をとざして黙思していたが、玄白の顔に眼をむけると、

「私の氏名は、翻訳書に一字たりとも記載していただきたくないのでござる」

と、きっぱりした口調で言った。

玄白は、唖然《あぜん》とした。自分の臆測がはずれたことを知ったと同時に、良沢がなんらかの理由で機嫌《きげん》をはなはだしくそこねていることにも気づいた。

「なぜでございます」

玄白は、おそるおそるたずねた。

「実は明和六年に長崎へ遊学の途次、筑紫の太宰府天満宮に参拝いたしましたが、その折社前で一つの祈願をいたしました」

良沢は、枝の枯れ研《と》がれた庭の樹木に眼をむけた。そして、重々しい口調で、

「私は、長崎へオランダ語修得に出かける心がまえとして、神に誓いを立てたのでござる。オランダ語の研鑽《けんさん》を深めることができますようにと祈るとともに、その修得は決して名をあげるためではない。もしもこの学業を※2聞達《ぶんたつ》の餌《え》となすところあらば※3神明これを殛《つみ》せよと祈願いたしたのでござる。以上のような理由で、私は翻訳書に名をのせていただくことを御辞退いたしたい」

と、言った。③<u>二人の間に、沈黙がひろがった。</u>

玄白は、畳に眼を落し、良沢は庭に眼をむけていた。

「それでは、いかようにお頼みしてもかなわぬことでございますか」

玄白の言葉に、良沢は、

「神明にそむくことはできませぬ故《ゆえ》……」

と、庭に眼をむけながら答えた。

玄白は、しばらく口をつぐんでいたが、

「とりあえず今日は辞去させていただきますが、淳庵殿らとも相談の上、いずれお願いにまいるかも知れませぬ」

と言って、頭をさげると腰をあげた。

のとして世評が徐々にたかまっていた。そして、多くの西洋医学に関心をいだく医家たちが、「解体約図」に翻訳代表者としてしるされている玄白のもとにむらがり集ってきたのだ。

そのような多忙の生活をおくりながらも、玄白は、出版を予定している「解体新書」の草稿※1の整理につとめていた。

かれは、出版についてその形態をどのようにすべきか思案していた。ターヘル・アナトミアの翻訳は、前野良沢の語学力なしには到底果《はた》し得ないものだった。と言うよりは、良沢の翻訳環境を玄白らが整えたにすぎないといった方が適切だった。

玄白は、最大の功績者であり翻訳の中心人物であった良沢の存在を、翻訳書である「解体新書」の中でどのような形をもって遇すべきか思いまどった。かれは、同藩の同志である中川淳庵にも相談し、「解体新書」の序文を良沢に執筆してもらうことに定《き》めた。そして、さっそく良沢の承諾を得ようとして、翌朝寒風のふく道を築地鉄砲洲中津藩中屋敷にある良沢の家に急いだ。

良沢は、在宅し書見中であった。

玄白は、対坐《たいざ》すると「解体約図」の反響がかなり大きく、奥州《おうしゅう》一関の建部清庵との文通もつたえた。

「ところで、解体新書の刊行について種々考慮した末、翻訳の盟主である貴殿に序文をしたためていただくのが最良の方法であると考えました。これは、淳庵殿の意見もきき定めたことでございます」

玄白は、おだやかな表情で言った。

良沢は、うなずきながらきいていたが、玄白の言葉がきれると、

「それは、御辞退申し上げたい」

と、即座に言った。思いがけぬ返事に、玄白は［　①　］にとられて良沢の顔を凝視した。

玄白は、良沢の意を解しかねた。自分としては、最高の礼をはらったつもりだったが、良沢は、それでも不満なのかと思った。

「それでは、どのようにいたすべきか、御教示下さい」

玄白は、白けた気分でたずねた。

もしかすると良沢は［　　　②　　　］のではないか、

と玄白は勘ぐった。たしかに翻訳は良沢の語学力によって推しすすめられたものだが、協力者としての玄白らの苦心を無視

目指しており、そのためには今後も民主主義を守っていかなければならないということ。

エ　芸術作品における理想と現実の一体化は、芸術の体験があくまで個人の内面にあるイデアを前提に行われることを意味しており、思想や表現の自由が保障された民主主義体制が今後も必要だということ。

問八　本文の内容に合致するものには　○　、合致しないものには　×　と答えなさい。

ア　「モナ・リザ」が傑作だと言えるのは、レオナルド・ダ・ヴィンチがモデルの女性の内面にイデアを求めていたからにほかならない。

イ　私たちが目にする百済観音の像は、作者の頭の中にある理想的な人間のすがたを形にした芸術作品であり、イデアより劣るとは言えない。

ウ　プラトンは、理想の世界は現実とは離れたところに存在するので、人間は理想の世界を完全に模倣することはできないと考えた。

エ　セバスチャン・バッハの「無伴奏チェロ組曲」は、演奏家それぞれが理想的な演奏を追求できることを前提条件として作曲された。

オ　ポール・セザンヌが何枚も描いた山の絵は、どれもが芸術家の理想を具現化したものであり、作品としての優劣を比較すべきではない。

二

次の文章を読み、後の問いに答えなさい。

玄白の家には、「解体約図」の刊行にともなって多くの客が訪れてくるようになった。

「解体約図」は、従来の中国医学を基礎とした人体組織を完全に否定するもので、新しい洋医学の内容を正確につたえるも

イ　芸術家は、完成した作品を前にして、追い求めた理想の美はこれだったのだと確認する。

ウ　追い求めた理想の美は、追求の途上では、分かるようで分からない曖昧なものとして頭のなかに、あるいは作品のむこうに、あったのだが、作品の完成とともに、ここという空間のうちに、あるいは、いまという時間のうちに、現実に存在するものとなっている。

問六　傍線部⑥「無の世界に打ち上げるイメージ」とはどのようなものですか。最もふさわしいものを選び、記号で答えなさい。

ア　ある芸術家が現実に形作った、普遍的な価値観。

イ　それぞれの芸術家の中にある、美のすがた。

ウ　芸術家の多くが克服すべき、今後の課題。

エ　すべての芸術家が理想とする、唯一絶対の美。

問七　傍線部⑦「芸術の楽しみが万人に開かれ、万人の生活を楽しくする可能性をもつ」とはどのようなことですか。最もふさわしいものを選び、記号で答えなさい。

ア　芸術作品における理想と現実の一体化は、芸術家それぞれが意志をもって理想を追求し実現する自由があることを教えてくれるものであり、享受する側もまた自由に芸術を鑑賞することが可能になるということ。

イ　芸術作品における理想と現実の一体化は、芸術家に理想追求の権利があることを訴えるものであり、完成した作品は享受する側に普遍的かつ画一的な美のありかたを教えてくれるということ。

ウ　芸術作品における理想と現実の一体化は、芸術家も芸術を享受する側も同じ理想を追求し現実のものとすることを

［B］にあてはまる表現をそれぞれ本文中より（　　）内に指定された字数で抜き出し、はじめの五字を答えなさい。

わたしたちは、芸術作品を［A（二十四字）］としてとらえ、［B（四十六字）］ことを喜び、楽しんでいる。

問三　空欄［③-A］・［③-B］・［③-C］にあてはまる語としてふさわしいものをそれぞれ選び、記号で答えなさい。

ア　ところで　　イ　たとえば　　ウ　しかし　　エ　あるいは　　オ　だからこそ

問四　傍線部④「それはもう絵を見ていないのと同じことだ」とありますが、なぜですか。最もふさわしいものを選び、記号で答えなさい。

ア　絵の価値は、絵から離れたところにあるイデアにではなく、あくまで目の前の絵それ自体にあるものだから。
イ　絵の価値は、それが描かれた背景や意図を十分にくまなければ、決して理解することのできないものだから。
ウ　絵の価値は、イデアと結びついてこそ高まるものであり、イデアの理解が不十分なままでは見る意味がないから。
エ　絵の価値は、時間をかけて向き合うほどに理解されるものであり、集中力を欠いた鑑賞は意味をなさないから。

問五　空欄［⑤］には次の三つの文が入ります。正しい順序に並べ、記号で答えなさい。

ア　逆にいえば、理想の美を定着できたと確認できるときが作品完成のときなのだ。

ことに変わりはない。それぞれが理想の山であり、どれもが本当の理想を実現したものなのだ。別のことばでいえば、作品に現実化される芸術の理想は唯一無二の存在ではありえないということだ。無のイメージとしてある曖昧な理想も、作品となって目の前にある理想も、それこそが芸術家を突き動かし導いた絶対の力としてあり、それぞれが正真正銘の理想なのだ。サント・ヴィクトワール山の場合は、一人の画家の理想追求の成果が何枚もの絵画作品として残っているが、たとえば富士山を主題とする葛飾北斎、富岡鉄斎、横山大観、林武、梅原龍三郎、等々の絵画作品についても、その一つ一つがそれぞれの画家の理想追求の現実的成果だというほかはない。画家たちの多彩な個性を反映した作品群を比較して、絵のよしあしや好き嫌いを語るのは自由だが、それぞれの作品が画家の理想を実現してそこにあるという前提は崩せないのである。同一の音楽作品を、たとえばセバスチャン・バッハの「無伴奏チェロ組曲」を、さまざまなチェリストが弾く演奏についても、同じようにいうことができる。

理想と現実が作品のうちで一体化しているという芸術の不思議なありかたは、芸術を享受する側にとって、⑦芸術の楽しみが万人に開かれ、万人の生活を楽しくする可能性をもつことを意味する。その意味で、民主主義こそが芸術にもっともふさわしい体制だということができる。

（長谷川　宏『高校生のための哲学入門』より）

問一　空欄 ①-A ・ ①-B ・ ①-C に共通してあてはまる語として最もふさわしいものを選び、記号で答えなさい。

ア　形にした　　イ　見つめた　　ウ　超えた　　エ　捨てた

問二　傍線部②「芸術作品を前にしたときのわたしたちの感覚」とありますが、筆者は、わたしたちが芸術作品をどのようなものとしてとらえ、どのような感覚で接していると述べていますか。それを説明した次の文の空欄 A ・

るとき、わたしたちは、現実を超えた理想的なものが、いま、ここに、現実のものとしてある、という矛盾を楽しんでいるのだ。

　しかし、矛盾は矛盾だ。理想的な美のすがたが目の前の空間に現実の一彫刻作品、一絵画作品としてあり、また、いまという時間に一音楽作品として現実にあるとすれば、その存在そのものがあらたな理想美の追求へと人びとを促す。とりわけ、芸術家が注文に応じて作品を制作するのではなく、自立した主体として自主的に作品を制作するようになった近代以降、理想美の追求は芸術家を動機づける根本的な衝動となる。理想の美の追求は、現実の作品が出来上がった時点でいったんは完結する。理想の美は現実の作品のうちに定着されてそこにあるのだから。

⑤

が、作品完成時の充実感と昂揚《こうよう》感のなかでこそ理想の美と現実の作品とがぴったり一致したと思えはしても、人間にとって理想と現実は隙間《すきま》なく一致するものではない。理想とは、現実を超えようとする意識が、いうならば⑥無の世界に打ち上げるイメージであって、芸術制作とは無のイメージを現実たらしめる活動にほかならないが、作品の完成によって無が有へ転じたとしても、芸術家は、現実を超えようとする理想追求の意識をなくしてしまうわけではない。理想の美が作品のうちに現実化されたとなれば、意識はその現実作品を超える美を求めざるをえない。理想が無のイメージとしてあるときには、それを現実化――作品化――することこそが芸術家の課題だったが、無のイメージが作品となって現実化したとなれば、その現実を超えようとする方向に芸術家の意識は動くのである。

　そのような意識に突き動かされて、たとえばセザンヌはサント・ヴィクトワール山の絵を一枚また一枚と描きつづけたにちがいない。そうして、理想のサント・ヴィクトワール山をカンバスに定着した作品が何枚も出来上がった。それらを比較して、山の描かれかた、風景の切りとりかた、画面の構成、色の使われかたなどを考えることはいかにも心楽しいことだが、どれが本当の理想の山かと問うことは無用だ。どの作品もセザンヌの理想を実現したものであって、何枚描かれようとそのが目の前の百済観音だ、とはどうしても考えられない。制作にかかる前に作者の頭のなかに像のイメージがあり、それが制作の導きとなった可能性は十分にあるが、出来上がった作品を見ると、頭のなかのイメージや、さらにそのむこうにあるとされるイデアのほうが、曖昧かつ不完全なものであって、それを明確な形に表現した現実の作品は、形なき理想らしきものを形のある理想へと高めたものと思えるのだ。［③-A］、見るほうは気息を整えて、静かにゆったりと作品に対峙《たいじ》したくもなるので、作品のむこうにイデアをうかがうのは、芸術とつきあう楽しみをわれから放棄する所業のように思える。

　絵の場合、話はもっと分かりやすい。

　［③-B］、レオナルド・ダ・ヴィンチの「モナ・リザ」の美しさは、モデルとなった女性の美しさをはるかに超えるものではなかろうか。絵のむこうにモデルとなった美しい女性を想定し、そのむこうに美しい女性のイデア（理想形）を想定することは可能だ。［③-C］、「モナ・リザ」の絵（この際、細部まで写しとられた大判のカラー写真を絵の代わりと考えてもいいことにしよう）を見ていて、美しいモデルや、モデルのむこうのイデア（理想形）に思いが行くようなら、④それはもう絵を見ていないのと同じことだ。イデアをいうなら、目の前に描かれてある女性の絵姿こそがイデアであり、それ以上のイデアなどどこにもありはしない。それが傑作の傑作たるゆえんだ。ダ・ヴィンチは絵の細部においても全体においても、女性の理想形を――永遠に女性的なるものを――追求しているといえるので、その理想形が縦77センチメートル、横53センチメートルのカンバス上に見事に定着されているのは、やはり不思議なことといわざるをえないのである。

　時代が下って、ポール・セザンヌが故郷の山を描いた「サント・ヴィクトワール山」についても同じことがいえる。同じ題名の絵が何枚もあって、その一枚一枚が、山の理想的な美しさの追求、あるいは、山とはなにかという問いへの解答、あるいは、山というものがこの世に存在するその存在の意味の解明、といったふうな試みだが、表現された山は、その一つ一つがこれこそが山だ、山とはこんなふうにあるものだ、と感じさせる。その意味で、そこに定着されてあるのは山の理想形といっていいのである。

　理想形が、絵ならば絵具を塗りかさねた布のカンバスとして、彫刻ならば大理石の塊やブロンズの塊や木の塊や粘土の塊として、音楽ならばリズムとメロディーとハーモニーを備えた音声として、目の前に、あるいは、耳に聞こえるように、ある。くりかえしいえば、それが芸術作品の基本的なありかたであって、作品を楽しむ側からいえば、目に見え、耳に聞こえる物との感覚的なつきあいを通して、形や色や音の理想的なすがたを感受できるのが喜びの源だといえる。芸術作品に接す

二〇二〇年度 山手学院高等学校

【国　語】（五〇分）〈満点：一〇〇点〉

※字数制限のあるものは、句読点および記号も一字とする。

一 次の文章を読み、後の問いに答えなさい。

建築や彫刻や絵画でも、また、音楽や舞踊や演劇でも、対象や場との感覚的な一体化のなかでわたしたちが見、聞き、感じとるものには、日常生活の雑駁《ざっぱく》、混沌《こんとん》、曖昧《あいまい》さを［①-A］統一性、純粋性が備わっている。右腕の肘から先をまっすぐ前へと差しだし、左手の指先で水瓶を柔らかくつまみ、腰を伸ばしてすっくと立つ百済観音は、これこそが人間の理想的な美しさだ――あるいは、人間を［①-B］菩薩《ぼさつ》の美しさだ――と思えるような、純一のすがたをしてわたしたちの前に立っている。樟材に鑿《のみ》を打ちこんで像を作りあげた仏師は、人間の理想のすがたを目に見える形にして示そうと心を砕いたにちがいない。その理想形がいま物として目の前にある。それが芸術の不思議なところだ。

理想的なものとは現実を［①-C］もののことだ。現実にはない、現実とはどこかちがうところにある、それが理想的なもののありようだ。古代ギリシャの哲学者プラトンは、そんなありかたをする理想的なものを「イデア」と名づけた。理想的な人間、理想的な馬、理想的なオリーブ、理想的な家、理想的な都市、理想的な政治……それらはこの現実世界のうちには存在せず、どこか別の世界にある。そして、現実の人間、馬、オリーブ、家、都市、政治その他は、人間のイデア、馬のイデア、オリーブのイデア、……を手本として、それに似るように作られている。が、それらが現実のものであるかぎり、イデアの完全さに達することはできない。それがプラトンのイデア論の骨子で、芸術作品も、人間が作りだした現実の存在である以上、イデア（理想的なもの）ではなく、イデアの不完全な模造品だ。

理屈としては筋が通っているが、②芸術作品を前にしたときのわたしたちの感覚とは大きくずれる考えかただ。観音菩薩のイデアが現実世界とは別のどこかに――たとえば作者の想像世界に――存在し、それを手本として作られた不完全な模造品

2020年度／山手学院高等学校

英語解答

1 問1 (エ)　問2 (ウ)　問3 (ア)
問4 a　問5 (ア)　問6 (イ)
問7 (ウ)　問8 (エ)　問9 (イ)
問10 (ウ)　問11 (エ)

2 問1 (ウ)　問2 (ア)　問3 (エ)

3 (1) (ア)　(2) (ウ)　(3) (イ)　(4) (エ)
(5) (ア)　(6) (エ)　(7) (イ)

4 (1) イ　(2) エ　(3) ウ

5 (1) cost　(2) present　(3) for
(4) times

6 (1) ① never　② without
(2) ① know　② arrival
(3) ① expensive　② price

7 (1) ＊1…(ウ)　＊2…(エ)
(2) ＊1…(コ)　＊2…(イ)
(3) ＊1…(ウ)　＊2…(キ)
(4) ＊1…(カ)　＊2…(ケ)

1〔長文読解総合―説明文〕

≪全訳≫❶「私は一晩中だって踊っていられたのに…」　私の母が大好きだったこの曲は，私の幼い心の中に，ロングドレスを着て白い手袋をはめて真珠のネックレスをつけ，洗練されたスーツを着てピカピカの靴を履いた紳士と踊りながらほほ笑む淑女のイメージをつくり上げた。私はそのときわずか3，4歳で，その歌は映画『マイ・フェア・レディ』の中の数ある歌の1つにすぎないことを知らなかった。❷この古典的なミュージカル映画の挿入歌の数々は，1950年代後半のラジオでほぼ毎日流れていた。その多くはダンスシーンのもので，俳優が1人で無伴奏のアカペラで歌うものもあれば，数百人の俳優がオーケストラに合わせて踊るものもあった。私は「雨に唄えば」の歌詞を，最初に聴いたときから60年近くたった今でも覚えている。それを最後に見てからは20年たつのだが。私は他の多くの歌の歌詞も覚えているが，ミュージカルの中の歌が私の記憶に残っているのは，その歌が歌に伴っていたダンスを思い出させるからだ。❸個人の家がテレビを所有する以前の日々，人々はよく映画館へ行った。上映されている映画がミュージカルのとき，笑う観客もいれば涙を流す観客もいたが，ほとんどの人が心の中に流れる歌とともに映画館を出て，それに合わせて踊る機会があったらと望んでいたかもしれない。❹『マイ・フェア・レディ』は私が生まれる数年前の1956年に初めて上演された。それ以前も，『ファンタジア』のようなアニメ映画も含み，1940年代のミュージカルや映画にはすばらしい音楽があった。何百人ものミュージシャンが音楽スタジオで働いていた。❺1920年代や30年代には，多くの若者たちがダンスホールに行き，毎週土曜日の夜には地元のバンドの音楽に合わせて踊っていた。そのようにして，お金をかけずに楽しく時間を過ごしたり他の若者たちと出会ったりしていた。1920年代，30年代に生まれた多くの若者たちのように，私の両親はダンスホールで出会った。2人ともそこで社交ダンスを教えていた。その時代の曲はたいてい短くて覚えやすく，曲に合わせて歌いやすかった。つまり踊るのに最高だったのだ。❻1950年代，60年代には，エルビス・プレスリーの映画を見た若者たちがロックンロールに合わせて踊っていた。彼は上手な俳優ではなかったが，彼の映画はその音楽とダンスのおかげでとても人気があった。❼だいたい10年おきに，ユニークなダンス映画が出てくる。1960年代には『ウエストサイド物語』があり，1970年代と1980年代には『グリース』と『フットルース』が続いた。ダンスホールはつぶれたが，新しいダンスの場が生まれた。レコード音楽が一般的になったが，根底にある発想は変わらなかった。人々は映画からダンスを学び，それを友人たちと試した。❽私たちが大好きな映画からまねをしたのは，歌とダンスだけではない。バスケットボールを描いたアニメのシリーズが何千もの若者たちをスポーツにひきつけた。テニス選手のテレビシリーズもそうだった。おそらく人々があるスポーツをするのは，誰かがそれをしているのをテレビや映画で見たからだろう。看護師の映画を見た学生は，将来看護の道に進むことを考えようとするだろう。旅番組を見た人は，見知らぬ場所を訪れたくなるだろう。❾映画とテレビはファッションにも大きな影響を与える。企業は俳優や女優がその製品を着たり使ったりすることを望む。若者が喫煙をしたり飲酒をしたりするのを映すメディアを許さない社会もある。あこがれの俳優たちがやっているのを見てタバコや酒に手を出す若者たちが増えることを恐れているのだ。❿1950年代以降の若者たちがダンス映画に影響されていたように，今の人々は彼らが見るテレビや映画によって新しい興味を持ったり職業を選んだりする。今や私たちには映画やラジオがあるだけでなく，私たちの両親や祖父母にはなかった新しい種類のメディアにもアクセスできる。情報により多くアクセスすることは，私たちがより良い選択をするのに役立つはずだが，常にそうだとは限らない。⓫歌やダンス，ファッションはいつも危険だというわけではない。たとえ新しいイヤホンを買ったり違う服を着たりしたとしても，それで病気になったり他人を傷つけたりするわけではない。しかし，ディズニーが1996年に映画『101匹わんちゃん』を上映すると，ペットショップで売られるダルメシアンの数がアメリカ，日本などの国々で増えた。ダルメシアンは活動的でたくさん運動することが必要だ。実際，彼らは都会に住むほとんどの人々がさせてやれるよりも多くの運動を必要とする。映画ではダルメシアンがとてもかわいく親しみやすかったので，多くの家族が彼らを子どもたちへのプレゼントとして購入した。実は，小さな子どものいる家族はダルメシアンをペットに選ぶべきではない。なぜなら，通常彼らは子どもたちを好まないからだ。⓬ときには，テレビコマーシャルでさえペットを探している人々に新しい「流行」をもたらすことがある。大きくて悲しげな目をした子犬を映した日本の広告シリーズは，とても小さな犬が一時大変な人気となった理由の１つだった。人々はハリー・ポッターの映画を見てから，「ふくろうカフェ」に行くようになった。それらの流行はおそらく偶然始まったものだが，飼い主が捨てた犬や，騒がしくまぶしいカフェで脚を鎖につながれたフクロウたちの助けにはなっていない。

問１＜適語選択＞空所⑴を含む文は‘It has been＋年月＋since 〜’「〜以来…(の年月)がたつ」の形の現在完了の文。since の後には過去形の動詞が入る。前に although「〜だけれども」があるので，「最初に聴いた」と対比されて「最後に見た」となる saw が適切。　see－saw－seen

問２＜適語選択＞第１〜７段落では，映画音楽が自分を含む人々にもたらした影響の大きさが説明されているので，「心の中に音楽が流れたまま映画館を出た」人々は多かったと判断できる。much は‘数えられない名詞’を受けるのでここでは不適切。

問３＜適語選択＞空所の前は「上手な俳優ではない」，後は「映画は人気があった」という内容なので，‘逆接’を表す接続詞 but が適切。

問４＜適語補充＞直後の certain は「特定の，とある」という‘限定’を表す形容詞で，続く名詞に冠詞をつける場合には，the ではなく a をつける。

問５＜指示語＞この this は，同じ文の前半の内容を指しているので，㋐「情報により多くアクセスすることは，私たちがより良い選択をするのに役立っている」が適切。

問６＜指示語＞because 以下は小さな子どものいる家庭がダルメシアンを避けるべき理由を説明しているので，子どもたちを嫌うのはダルメシアンだとわかる。

問７＜英問英答＞「筆者は何歳か」―㋒「55歳から70歳までの間」　「雨に唄えば」を初めて聴いてから60年近くたつこと(第２段落第３文)や，『マイ・フェア・レディ』が生まれる数年前の1956年に初めて上演された(第４段落第１文)ことから判断できる。

問８＜要旨把握＞『ファンタジア』は第４段落，『ウエストサイド物語』，『グリース』，『フットルース』は第７段落，『101匹わんちゃん』は第11段落参照。

問９＜内容真偽＞㋐「映画俳優は彼らにあこがれる人々に影響を及ぼす」…○　第９段落最終文参照。

(イ)「映画が人々に影響を及ぼすのは，すばらしいダンスの場面や優れた音楽があるときだけだ」…×　このような記述はない。　(ウ)「映画だけでなくテレビも，人々に物を買いたいと思わせることができる」…○　第９段落参照。　(エ)「優れた音楽とダンスのある映画は人々の記憶に残る」…○　第２段落後半参照。

問10＜英問英答＞「映画は常に良い影響を与えるか」―(ウ)「いいえ。人々はしばしば映画を見た後で間違った選択をする」　第11，12段落参照。映画によって人気となった動物たちが必ずしも適切に扱われていない例が挙げられている。

問11＜内容真偽＞(ア)「メディアは人々の音楽の楽しみ方を変えた。ダンスホールに行く人はもういない。今ではインターネットがあるので，もうダンス映画はない。人々はレコード音楽に合わせて踊るだけだ。映画会社はこれ以上ダンス映画を製作したがらない」…×　このような記述はない。　(イ)「筆者の両親は1900年代の前半に生まれた。当時の人々には音楽を聴く手段がなかったので，ダンスを覚えることはなかった。彼らはほぼ毎日のようにラジオでニュースを聞いた。人々は今では音楽とダンスを祖父母たちと同じくらい楽しんでいる」…×　第５段落参照。　(ウ)「人々は私たちの祖父母が若かった頃とあまり変わっていない。多くの変わらないものを楽しんでいる。人々はいつでもテレビが大好きだった。テレビコマーシャルは私たちの食べ物，職業，ファッションに対する考え方を変えた」…×　第３～５段落参照。筆者の祖父母の代には，テレビは一般的でなかったと考えられる。　(エ)「長年にわたり，ダンス映画に付随する音楽とダンスそれ自体が変化してきた。私たちの音楽の聴き方や，ダンスをしに行く場所もまた変化したが，今の人々は音楽やダンスを祖父母たちと同じように楽しんでいる」…○　第７段落参照。

2 〔長文読解―適文選択―エッセー〕

≪全訳≫夏のオリンピックを迎えるということ／❶今年，東京でオリンピックが開かれる。多くの国がオリンピックを開きたがる。東京が２度目のオリンピック開催地に選ばれたときは誰もが興奮し，競技場，プール，陸上トラックといったスポーツ施設や，選手，監督，トレーナーたちの住居を建てる計画が早々と立てられた。ボランティアたちは，看護師，通訳や運転手として働こうとすぐに応募した。タクシー会社はより大きな荷物を積むためにより大きな車を買った。レストランは今では，多くのさまざまな国や文化の観光客のために，ベジタリアン用などの特別な品をメニューに載せている。❷オリンピックのような大きなイベントを開催する都市には，明らかに利点がある。観光客は地元の経済にとって好ましいし，観光業も発展させる。政府は開発に支出する。東京には非常に優れた交通システムがあるが，それは観光客に使いやすいだろうか？　おそらく違うだろう。観光客は駅名や道案内を読めないかもしれない。駅のエレベーターでさえ，表示は日本語だけだ。❸どの都市も世界に精一杯のものを見せたいと思っている。中国は雨が降らないよう天気のパターンを変え，全ての都市で大規模な浄化を行った。ほとんどの都市では変化はもっと小さい。東京は駅名だけでなく番号をつけることで，鉄道システムを観光客によりわかりやすいものに変え始めた。❹多くの都市が，汚れやごみを取り除いて道路をきれいにするだけでなく，他のものを目につかないように片づける。これにはホームレスの人たちや動物たちも含まれる。おそらく，東京のホームレスは目につかないよう移動させられるだろう。特別な施設に行く人や，仕事を見つける人だっているだろうが，新しい場所に移されて仲間を失う人たちもいるだろう。❺ホームレスの人たちと暮らす，家がないまま放っておかれている動物ばかりではなく，東京にはのらネコがたくさんいる。移動させられる人々のように，こうしたネコは観光客が訪れる場所にはいられなくなるだろう。／エボニー・フェリス　横浜

問１≪全訳≫読者Ａ：私は本当にオリンピックを楽しみにしている。それは私たちにとって，すばらしいアスリートを見たり，世界中の人々に出会ったりするすばらしい機会だ。しかし，東京にとって

1つ問題になるのは交通渋滞だと思う。優れた鉄道システムがあるが，電車を乗り換えるのは少し難しいかもしれない。出口もたくさんある！　それが観光客を混乱させるに違いない。私は人々がなぜ車で旅行をしたがるかわかるが，誰にでも十分な駐車スペースがあるわけではなく，東京の駐車料金はとても高い。それに新しい駐車場をつくる土地が足りない。人々は車で駐車する場所を探しまわるが，どこにも見つからない。これがさらに交通渋滞をひどくする。だから(1)人々が電車を乗り換えやすくして，観光客が東京の電車を使いやすくする必要があると思う。

<解説>文章の後半では東京で車を使うことの問題点を説明し，車の使用がより交通渋滞をひどくすると述べているので，この読者は電車の利用をすすめていると考えられる。よって，人々が電車を使いやすくするための提案である(ウ)が適切。

問２≪全訳≫読者Ｂ：私はチケットの販売方法がより大きな問題だと思う。誰もがオンラインで応募しなくてはならなかった。応募には何時間もかかった。チケットを買うためには，どんなチケットであれ幸運にも買えたものにお金を払う覚悟がなくてはならなかった。私の知っている人のほとんどが全く買えなかった！　スポンサーなら大量のチケットがとても簡単に手に入る。(2)それは不公平だと思う。いくつかの懸念はあるが，それでも私はオリンピックにはすごく興奮している。待ちきれない！

<解説>この読者や読者の知人たちはチケットの入手に苦労したが，スポンサーなら容易に入手できると述べているので，不公平さを指摘する(ア)が適切。

問３≪全訳≫読者Ｃ：私にとって，混雑した道路やチケットの購入はあまり大きな問題ではない。みんな電車に乗ればいいし，テレビで試合を見ればいい。私が心配なのは，人や動物を正当な理由なしに移動させていることだ。ただ単に都市の見栄えを良くしたいだけなのだ。東京がそうすると新聞に書いてあるのを読んだことはないが，たとえ必要がなくてもそうするだろうと思う。私たちはオリンピックで興奮してしまい，大切な何かを忘れかけていると思う。(3)オリンピックが，そうした問題を私たち皆で考えるよい機会になればいいと私は思う。

<解説>この読者はホームレスの人々や動物が移動させられることを心配し，それに人々が関心を持たない状況を嘆いているので，人々にその問題を考えることを促す(エ)が適切。

3　〔適語(句)選択〕

(1)「(高度が)高く」という意味は副詞の high で表せる。副詞の highly は「大いに，非常に」という意味を表す。　「鳥が空高く飛んでいる」

(2)コンピュータは「修理される」ものなので，have to の後は受け身形の be repaired が適切。「このコンピュータは修理されなければなりませんか」

(3)put in 〜 で「〜(の中)に入れる」というまとまりなので，「物を入れるためのポケット」という場合には，in を最後に伴う to不定詞でポケットを修飾する(to不定詞の形容詞的用法)。(エ)は put の前に人を表す主語が必要。　「このスカートには物を入れるためのポケットがない」

(4)be afraid of 〜ing で「〜することを恐れる」。　make a mistake「間違える」　「外国語を学ぶときは間違いを恐れてはいけません」

(5)Ａ：そのミーティングはあとどのくらいで終わりますか？／Ｂ：30分だと思いますよ。//Ｂは‘in＋期間’「(今から)〜後に」で答えているので，「あとどのくらいで」と尋ねる how soon が適切。

(6)Ａ：12時半だね。お昼ご飯に連れていってあげるよ。／Ｂ：いいね！　スパゲッティが食べたいな。//昼食に連れていってもらうことを喜んでいると考えられるので，How nice！「いいね！」が適切。

(7)Ａは「太陽は昇っている」と考え，「〜している」を表す現在分詞の rising で sun を修飾する。

Bでは「太陽は見られる」と考え，「～される」を表す過去分詞の seen で sun を後ろから修飾する。 「その山の頂上から見える，昇る太陽はすばらしい」

4〔正誤問題〕

(1)ア…○ There is/are ～ の過去の文。snow は‘数えられない名詞’。「山にはまだたくさんの雪があった」 イ…× 否定文で「～もまた…ない」を表すのは，too ではなく either.
ウ…○ ここでの a は「～につき，～ごとに」を表す。「1週間に英語の授業が7回ある」
エ…○ 代名詞の each「おのおの，それぞれ」は単数扱い。「それぞれの計画に長所と短所がある」

(2)ア…○ 「君の本は私の本の2倍の大きさだ」 イ…○ 「こんなに寒い日には1杯のコーヒーに勝るものはない」 ウ…○ ‘比較級＋than any other＋単数名詞’「他のどの～より…」の形。「これは昨年のどんな事故よりもひどかった」 エ…× 「～の2倍の数のメンバー」は twice as many members as ～ という語順で表す。

(3)ア…○ 「飛行機が遅れたため，私たちは予定を変更しなければならなかった」 イ…○ 現在完了の have been to ～ には「～へ行ったことがある」という‘経験’を表す用法以外に，‘～へ行ってきたところだ’という‘完了’を表す用法がある。「私は彼女を見送りに空港へ行ってきたところだ」 ウ…× ‘場所’を表す前置詞 in が，文末か関係代名詞 which の前に必要。あるいは，which を関係副詞 where に置き換えてもよい。 エ…○ ‘疑問詞＋do you think＋主語＋動詞...’の間接疑問。「この入れ物は何でできていると思いますか」

5〔適語補充―共通語〕

(1)ア．at any cost「どんな犠牲を払っても」「何としても戦争をしてはならない」 イ．「費用」を表す名詞の cost。 「生活費はずっと上がり続けている」 ウ．「費用がかかる」を表す動詞 cost の過去形。 cost－cost－cost 「私たちの家を建てるのに3000万円かかった」

(2)ア．「出席している」を表す形容詞の present。 「ごめんなさい。私はそのミーティングに出ていませんでした」 イ．「(意見など)を発表する」を表す動詞の present。アクセントが[prizént]となることに注意。 「私はミーティングで意見を発表するよう頼まれた」 ウ．「現在，今」を表す名詞の present。 「申し訳ありませんが，現在空室がありません」

(3)ア．「～のために」という‘目的’を表す for。 「何のためにそこに行ったのですか」 イ．be ready for ～「～の用意ができている」 「母は今，夕食の支度をしている」 ウ．「～の金額で」という‘代価’を表す for。 「私はその靴に5000円払った」

(4)ア．「時勢」を意味する times。 「彼は時勢についていこうとしている」 イ．「回」を意味する times。 「彼はスピーチの間何回か手を振った」 ウ．「時代」を意味する times。 「ローマ時代に多くの建造物が建てられた」

6〔書き換え―適語補充〕

(1)ア)は「私はこの映画を見るといつも泣いてしまう」という文。これをイ)では「私はこの映画を見ると泣かずにはいられない」と読み換え，‘never ～ without …ing’「…することなしに～しない〔～すれば必ず…する〕」を使って表す。

(2)ア)は「あなたがいつ到着するか私に教えてください」という文。これをイ)では‘let＋目的語＋動詞の原形’を使って，「あなたの到着時間を私に知らせてください」という文にする。「到着」は動詞 arrive「到着する」の名詞形 arrival で表せる。

(3)high には「(価格が)高い」という意味があるので，②の空所に price「価格」と入れると，イ)は「今は石油の値段が上がっている」となり，意味が通る。ア)はこれを「石油は次第に高価になっている」と読み換え，①に expensive「高価な」を入れる。

7 〔対話文完成―整序結合〕

(1) A：コーヒーに砂糖はスプーン何杯入れますか？／B：なしで結構です。甘いコーヒーは好きではないので。∥Bの返答と語群から，Aは砂糖の量を尋ねていると考えられる。a spoonful of sugar で「スプーン１杯分の砂糖」という意味を表せるので，How many spoonfuls of sugar「スプーン何杯の砂糖」で文を始める。その後には‘do＋主語＋動詞…’の語順の疑問文の形を続ければよい。不要語は much。 How many spoonfuls of sugar do you want in your coffee？

(2) A：昨日は何をしましたか？／B：昨日はとても天気の良い日だったので，友達とピクニックに行きました。∥「とても～なので…」は‘so ～ that＋主語＋動詞…’で表せる。ここで単に so nice that ～ とすると，day と a が余ってしまうので，‘so＋形容詞＋a＋単数名詞’の形にする。文頭にある‘日時’を表す It を主語にして It was so nice a day that ～「とても天気の良い日だったので～」とすればよい。that 以下は go on a picnic「ピクニックに行く」と with my friends「友達と一緒に」を使って I went on a picnic with my friends とまとめる。不要語は together。 It was so nice a day that I went on a picnic with my friends.

(3) A：あの赤い屋根をしたのがあなたの家ですか？／B：いいえ。私たちの家は青い屋根の家の隣にあります。∥まず，所有代名詞の ours「私たちのもの」を主語とし，動詞 is を続け，house を受ける代名詞 one を使って Ours(＝Our house) is the one(＝house)とまとめて文の骨組みをつくる。「青い屋根の家」は「家」を指す that「あの物」を先行詞として用い，関係代名詞節の whose roof is blue「青い屋根をした」をその後に置く。next to ～「～の隣の」で，one と that を結べばよい。不要語は which。 Ours is the one next to that whose roof is blue.

(4) A：この英語のテストは私には難しそうね。／B：全然難しくないよ。君が15分以内で解けるくらい簡単だよ。∥「～が…できるほど〔…するほど〕十分―」は‘形容詞〔副詞〕＋enough for ～ to …’で表せる。enough の前に形容詞の easy，for の後に you を置く。to の後には動詞の solve「(問題)を解く」を置き，その後に‘within＋期間’「～以内で」の形を続ければよい。文頭の It は test を指し，solve の目的語となっている。不要語は so。 It is easy enough for you to solve within 15 minutes.

2020年度／山手学院高等学校

数学解答

1 (1) $\dfrac{3}{16}$　(2) $7\sqrt{6}$　(3) $\dfrac{13a-17b}{6}$

(4) $-\dfrac{1}{2x^2y^2}$

2 (1) $x=-1$　(2) $x=53,\ y=9$

(3) $x=2\pm\sqrt{11}$

3 (1) $(x-2y+3)(x-2y-5)$

(2) 11　(3) $y=-x+8$

(4) -2　(5) $9+5\sqrt{3}$　(6) $\dfrac{2}{5}$

(7) 56　(8) $9-3\sqrt{3}$

(9) $1:2:3$

4 (1) $y=-x+4$　(2) $(6,\ 18)$

(3) $(-1+\sqrt{3},\ 2-\sqrt{3})$

5 (1) △OHP，△CBP　(2) $\dfrac{5}{2}$

(3) 45°

6 (1) $\dfrac{11}{64}$　(2) $\dfrac{1}{6}$　(3) $\dfrac{1}{6}$

1〔独立小問集合題〕

(1)＜数の計算＞与式$=9-8-\left(\dfrac{9}{8}+\dfrac{3}{10}\times\dfrac{5}{3}\right)\times\dfrac{1}{2}=9-8-\left(\dfrac{9}{8}+\dfrac{1}{2}\right)\times\dfrac{1}{2}=9-8-\left(\dfrac{9}{8}+\dfrac{4}{8}\right)\times\dfrac{1}{2}=9-8-\dfrac{13}{8}\times\dfrac{1}{2}=9-8-\dfrac{13}{16}=1-\dfrac{13}{16}=\dfrac{16}{16}-\dfrac{13}{16}=\dfrac{3}{16}$

(2)＜平方根の計算＞与式$=(3\sqrt{3}-\sqrt{2})(\sqrt{3}+2\sqrt{2})-\dfrac{(\sqrt{3}-\sqrt{2})\times(\sqrt{3}-\sqrt{2})}{(\sqrt{3}+\sqrt{2})\times(\sqrt{3}-\sqrt{2})}=(9+6\sqrt{6}-\sqrt{6}-4)-\dfrac{3-2\sqrt{6}+2}{3-2}=5+5\sqrt{6}-(5-2\sqrt{6})=5+5\sqrt{6}-5+2\sqrt{6}=7\sqrt{6}$

(3)＜式の計算＞与式$=\dfrac{3\times3(a-b)-2\times2(2b-a)}{6}=\dfrac{9a-9b-8b+4a}{6}=\dfrac{13a-17b}{6}$

(4)＜式の計算＞与式$=\dfrac{x^7y^5}{18}\div\dfrac{1}{9}x^6y^4\times\left(-\dfrac{1}{x^3y^3}\right)=\dfrac{x^7y^5}{18}\times\dfrac{9}{x^6y^4}\times\left(-\dfrac{1}{x^3y^3}\right)=-\dfrac{x^7y^5\times9\times1}{18\times x^6y^4\times x^3y^3}=-\dfrac{1}{2x^2y^2}$

2〔独立小問集合題〕

(1)＜一次方程式＞両辺を12倍すると，$-4(2x-1)-3(-1+3x)=24$，$-8x+4+3-9x=24$，$-8x-9x=24-4-3$，$-17x=17$　$\therefore x=-1$

(2)＜連立方程式＞$\dfrac{2}{5}x-\dfrac{7}{3}y=\dfrac{1}{5}$……①，$-0.2x+\dfrac{6}{5}y=\dfrac{1}{5}$……②とする。①×15より，$6x-35y=3$……①′　②×5より，$-x+6y=1$……②′　①′+②′×6より，$-35y+36y=3+6$　$\therefore y=9$　これを②′に代入して，$-x+54=1$，$-x=-53$　$\therefore x=53$

(3)＜二次方程式＞両辺に-1をかけて，$x^2-4x=7$，両辺に4を加えて，$x^2-4x+4=7+4$，$(x-2)^2=11$，$x-2=\pm\sqrt{11}$　$\therefore x=2\pm\sqrt{11}$

≪別解≫$x^2-4x-7=0$として，解の公式より，$x=\dfrac{-(-4)\pm\sqrt{(-4)^2-4\times1\times(-7)}}{2\times1}=\dfrac{4\pm\sqrt{44}}{2}=\dfrac{4\pm2\sqrt{11}}{2}=2\pm\sqrt{11}$となる。

3〔独立小問集合題〕

(1)＜因数分解＞与式$=(x-2y)^2-2(x-2y)-15$と変形し，$x-2y=A$とおくと，与式$=A^2-2A-15=(A+3)(A-5)$となる。Aをもとに戻して，与式$=(x-2y+3)(x-2y-5)$となる。

(2)＜二次方程式の応用＞連続する3つの正の奇数のうち，真ん中の数をxとすると，最も小さい数は$x-2$，最も大きい数は$x+2$と表せる。最も小さい数と最も大きい数の積が真ん中の数の4倍より73大きいから，$(x-2)(x+2)=4x+73$が成り立つ。これを解くと，$x^2-4=4x+73$，$x^2-4x-77=0$,

$(x+7)(x-11)=0$ より，$x=-7$，11 となり，x は正の奇数で 3 以上だから，$x=11$ である。

(3)＜**関数—一次関数の式**＞$x=3$ のとき $y=5$，$x=-1$ のとき $y=9$ だから，一次関数の変化の割合は，$\dfrac{5-9}{3-(-1)}=-1$ となり，求める一次関数の式は $y=-x+b$ とおける。$x=3$ のとき $y=5$ だから，$5=-3+b$，$b=8$ となり，求める式は $y=-x+8$ である。

(4)＜**関数—比例定数**＞関数 $y=ax^2$ において，y の変域が $-18\leqq y\leqq 0$ より，$a<0$ である。よって，x の絶対値が大きいほど y の値は小さくなるから，x の変域が $-3\leqq x\leqq 2$ においては，x の絶対値が最大の $x=-3$ のとき，y は最小で $y=-18$ となる。したがって，$-18=a\times(-3)^2$ より，$a=-2$ となる。

(5)＜**式の値—方程式の解**＞二次方程式 $x^2-4x+1=0$ を解くと，$x^2-4x=-1$，$x^2-4x+4=-1+4$，$(x-2)^2=3$，$x-2=\pm\sqrt{3}$，$x=2\pm\sqrt{3}$ となる。大きい方の解は $x=2+\sqrt{3}$ だから，$a=2+\sqrt{3}$ である。よって，$3a^2-7a+2=3(2+\sqrt{3})^2-7(2+\sqrt{3})+2=3(4+4\sqrt{3}+3)-14-7\sqrt{3}+2=3(7+4\sqrt{3})-14-7\sqrt{3}+2=21+12\sqrt{3}-14-7\sqrt{3}+2=9+5\sqrt{3}$ となる。

(6)＜**確率**＞男女合わせて 6 人いるので，並べ方は，左端は 6 通りあり，そのそれぞれについて，左から 2 番目は左端に並んだ人以外の 5 通り，以下同様に，左から 3 番目は 4 通り，4 番目は 3 通り，5 番目は 2 通り，右端は 1 通りだから，全部で $6\times5\times4\times3\times2\times1=720$(通り)ある。また，男子は 4 人いるので，両端が男子になる場合，左端は 4 通り，右端は左端に並んだ男子以外の 3 通りとなり，両端以外は，残った男子 2 人と，女子 2 人の 4 人が並ぶから，左から 2 番目は 4 通り，3 番目は 3 通り，4 番目は 2 通り，5 番目は 1 通りとなる。よって，両端が男子になる並べ方は，$4\times3\times4\times3\times2\times1=288$(通り)あるから，求める確率は $\dfrac{288}{720}=\dfrac{2}{5}$ となる。

(7)＜**図形—面積**＞右図 1 で，おうぎ形 OAB とおうぎ形 OCD は，中心角が等しいから，半径の比は弧の長さの比と等しくなる。よって，OA：OC＝$\overset{\frown}{\mathrm{AB}}$：$\overset{\frown}{\mathrm{CD}}$＝12：16＝3：4 だから，OA：AC＝3：(4−3)＝3：1 となり，OA＝3AC＝3×4＝12，OC＝12＋4＝16 である。おうぎ形の中心角を x とすると，OA＝12，$\overset{\frown}{\mathrm{AB}}$＝12 より，$2\pi\times12\times\dfrac{x}{360^\circ}=12$ が成り立つから，$\dfrac{x}{360^\circ}=\dfrac{1}{2\pi}$ となる。したがって，〔おうぎ形 OCD〕$=\pi\times16^2\times\dfrac{x}{360^\circ}=\pi\times16^2\times\dfrac{1}{2\pi}=128$，〔おうぎ形 OAB〕$=\pi\times12^2\times\dfrac{x}{360^\circ}=\pi\times12^2\times\dfrac{1}{2\pi}=72$ となるので，求める面積は，$128-72=56$ である。

図 1

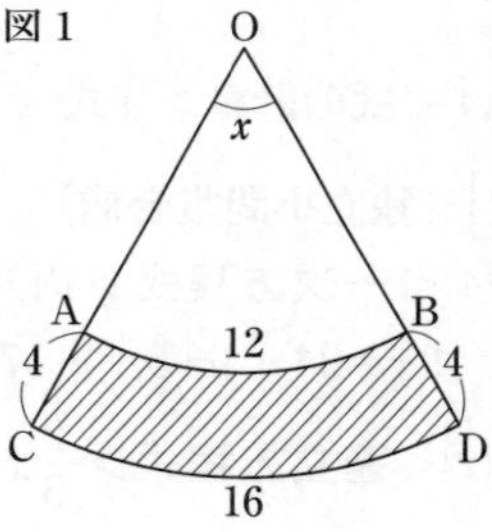

図 2

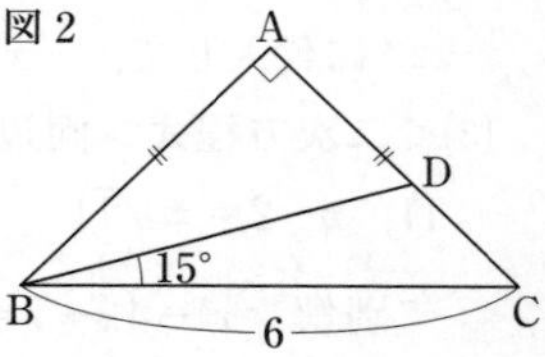

(8)＜**図形—面積**＞右図 2 で，△ABC は直角二等辺三角形だから，$\mathrm{AB}=\mathrm{AC}=\dfrac{1}{\sqrt{2}}\mathrm{BC}=\dfrac{1}{\sqrt{2}}\times6=3\sqrt{2}$ である。また，∠ABC＝45° だから，∠ABD＝∠ABC−∠CBD＝45°−15°＝30° となり，△ABD は 3 辺の比が $1:2:\sqrt{3}$ の直角三角形となる。よって，$\mathrm{AD}=\dfrac{1}{\sqrt{3}}\mathrm{AB}=\dfrac{1}{\sqrt{3}}\times3\sqrt{2}=\sqrt{6}$ だから，$\mathrm{CD}=\mathrm{AC}-\mathrm{AD}=3\sqrt{2}-\sqrt{6}$ となり，$\triangle\mathrm{BCD}=\dfrac{1}{2}\times\mathrm{CD}\times\mathrm{AB}=\dfrac{1}{2}\times(3\sqrt{2}-\sqrt{6})\times3\sqrt{2}=9-3\sqrt{3}$ である。

図 3

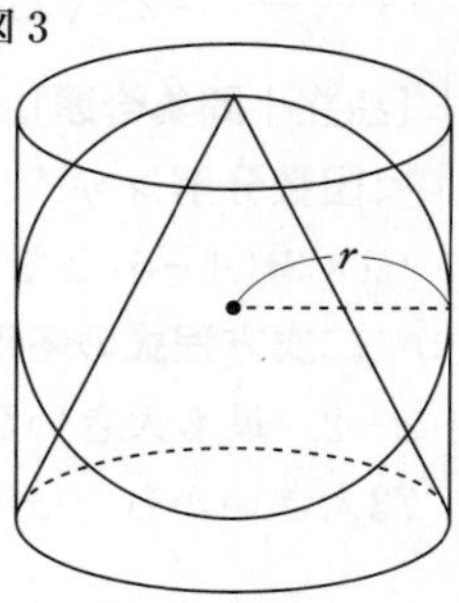

(9)＜**図形—体積比**＞右図 3 で，球の半径を r とすると，球の体積は $\dfrac{4}{3}\pi r^3$ と表せる。また，円柱の底面の半径は球の半径と等しく r であり，円柱

の高さは球の直径と等しいから，$2r$ である。よって，円柱の体積は，$\pi r^2\times 2r=2\pi r^3$ となる。さらに，円錐の底面の半径，高さは，それぞれ円柱の底面の半径，高さと同じだから，円錐の体積は，$\frac{1}{3}\times\pi r^2\times 2r=\frac{2}{3}\pi r^3$ となる。したがって，円錐と球と円柱の体積比は，$\frac{2}{3}\pi r^3:\frac{4}{3}\pi r^3:2\pi r^3=1:2:3$ となる。

4 〔関数―関数 $y=ax^2$ と直線〕

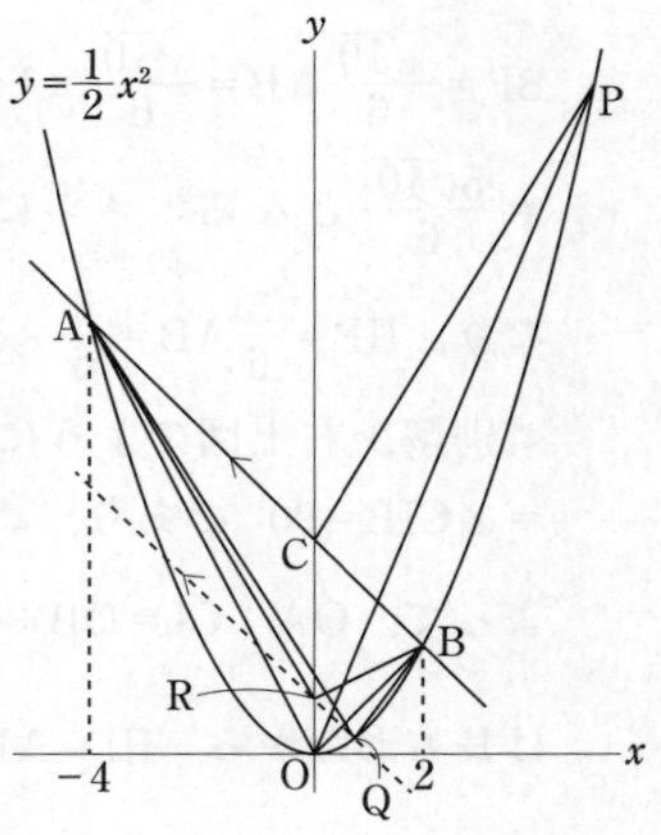

(1)＜直線の式＞右図で，2点A，Bは放物線 $y=\frac{1}{2}x^2$ 上にあり，x 座標はそれぞれ -4，2だから，$y=\frac{1}{2}\times(-4)^2=8$，$y=\frac{1}{2}\times 2^2=2$ より，A$(-4,\ 8)$，B$(2,\ 2)$ である。よって，直線ABの傾きは $\frac{2-8}{2-(-4)}=-1$ だから，その式は $y=-x+b$ とおける。B$(2,\ 2)$ を通るので，$2=-2+b$，$b=4$ となり，直線ABの式は $y=-x+4$ である。

(2)＜点の座標＞右図で，(1)より直線ABの切片が4だから，C$(0,\ 4)$ であり，OC$=4$ である。△AOC，△BOCは底辺をOCと見ると，2点A，Bの x 座標がそれぞれ -4，2より，高さはそれぞれ4，2となる。よって，△AOC$=\frac{1}{2}\times 4\times 4=8$，△BOC$=\frac{1}{2}\times 4\times 2=4$ より，△OAB$=$△AOC$+$△BOC$=8+4=12$ となるので，△OCP$=$△OABのとき，△OCP$=12$ である。点Pの x 座標を p とすると，△OCPは底辺をOCと見たときの高さが p となるので，△OCPの面積について，$\frac{1}{2}\times 4\times p=12$ が成り立つ。これを解くと，$p=6$ となり，点Pの x 座標は6である。点Pは放物線 $y=\frac{1}{2}x^2$ 上の点だから，$y=\frac{1}{2}\times 6^2=18$ より，P$(6,\ 18)$ となる。

(3)＜点の座標＞右上図で，△ABQ：△OAB$=3:4$ より，△ABQ$=\frac{3}{4}$△OAB$=\frac{3}{4}\times 12=9$ である。線分OC上に，△ABR$=9$ となる点Rをとると，△ABQ$=$△ABRだから，AB∥RQとなる。また，R$(0,\ t)$ とすると，CR$=4-t$ となり，CRを底辺と見ると，△ARCの高さは4，△BRCの高さは2だから，△ABR$=$△ARC$+$△BRC$=\frac{1}{2}\times(4-t)\times 4+\frac{1}{2}\times(4-t)\times 2=12-3t$ と表せる。よって，$12-3t=9$ が成り立ち，$t=1$ となるから，R$(0,\ 1)$ である。(1)より直線ABの傾きは -1 だから，直線RQの傾きも -1 であり，直線RQの式は $y=-x+1$ となる。したがって，点Qは放物線 $y=\frac{1}{2}x^2$ と直線 $y=-x+1$ との交点だから，2式から y を消去して，$\frac{1}{2}x^2=-x+1$，$x^2+2x-2=0$ より，$x=\frac{-2\pm\sqrt{2^2-4\times 1\times(-2)}}{2\times 1}=\frac{-2\pm\sqrt{12}}{2}=\frac{-2\pm 2\sqrt{3}}{2}=-1\pm\sqrt{3}$ となる。$0<x<2$ だから，点Qの x 座標は $x=-1+\sqrt{3}$ となり，$y=-(-1+\sqrt{3})+1=2-\sqrt{3}$ より，Q$(-1+\sqrt{3},\ 2-\sqrt{3})$ である。

5 〔平面図形―直角三角形〕

(1)＜相似な三角形＞次ページの図で，∠OAB$=$∠OHP$=90°$，∠AOB$=$∠HOPだから，△OAB∽△OHPである。また，∠OAB$=$∠CBP$=90°$ であり，BA∥CHとなるから，∠OBA$=$∠CPBである。よって，△OAB∽△CBPである。

(2)＜長さ―三平方の定理，相似＞次ページの図で，△OABは直角三角形だから，三平方の定理より，

$OB=\sqrt{OA^2+AB^2}=\sqrt{3^2+1^2}=\sqrt{10}$ である。OB：BC＝2：1だから，$BC=\frac{1}{2}OB=\frac{1}{2}\times\sqrt{10}=\frac{\sqrt{10}}{2}$ となる。また，(1)より，△OAB∽△CBPである。相似比は $OA:CB=3:\frac{\sqrt{10}}{2}=6:\sqrt{10}$ だから，$OB:CP=6:\sqrt{10}$ より，$CP=\frac{\sqrt{10}}{6}OB=\frac{\sqrt{10}}{6}\times\sqrt{10}=\frac{5}{3}$ となる。同様に，$AB:BP=6:\sqrt{10}$ より，$BP=\frac{\sqrt{10}}{6}AB=\frac{\sqrt{10}}{6}\times1=\frac{\sqrt{10}}{6}$ となるので，$OP=OB-BP=\sqrt{10}-\frac{\sqrt{10}}{6}=\frac{5\sqrt{10}}{6}$ となる。さらに，△OAB∽△OHPだから，$AB:HP=OB:OP=\sqrt{10}:\frac{5\sqrt{10}}{6}=6:5$ となり，$HP=\frac{5}{6}AB=\frac{5}{6}\times1=\frac{5}{6}$ となる。よって，$CH=CP+HP=\frac{5}{3}+\frac{5}{6}=\frac{5}{2}$ である。

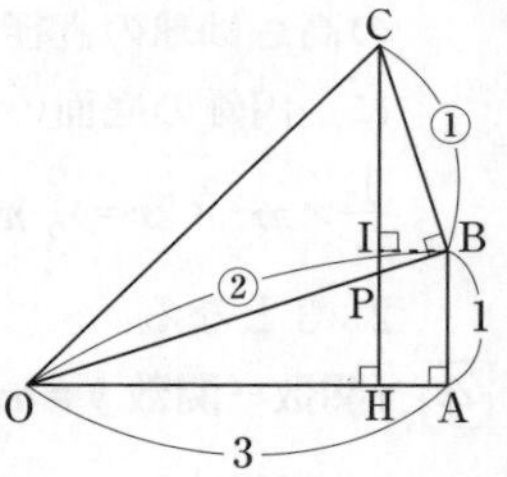

≪別解≫右上図のように，点BからCHに垂線BIを引くと，△OABと△CIBにおいて，∠OAB＝∠CIB＝90°であり，△OAB∽△CBPより，∠AOB＝∠ICBだから，△OAB∽△CIBとなる。よって，OA：CI＝OB：CB＝2：1だから，$CI=\frac{1}{2}OA=\frac{1}{2}\times3=\frac{3}{2}$ となる。また，四角形IHABは長方形だから，HI＝AB＝1となる。したがって，$CH=CI+HI=\frac{3}{2}+1=\frac{5}{2}$ である。

(3)＜角度―特別な直角三角形＞右上図で，OA：OH＝OB：OP＝6：5より，$OH=\frac{5}{6}OA=\frac{5}{6}\times3=\frac{5}{2}$ となる。(2)より $CH=\frac{5}{2}$ だから，△COHは，$OH=CH=\frac{5}{2}$，∠OHC＝90°であり，直角二等辺三角形となる。よって，∠AOC＝45°である。

6 〔確率―さいころ〕

(1)＜確率＞4面さいころの目は1～4の4通りあるので，4面さいころを3回投げたときの目の出方は全部で4×4×4＝64(通り)ある。また，3回投げたときの出た目の和は最大で4×3＝12だから，3回投げた後，点Pが頂点Aにあるのは，3回の目の和が6，12の場合となる。3回の目の和が6の場合は(1回目，2回目，3回目)＝(1，1，4)，(1，2，3)，(1，3，2)，(1，4，1)，(2，1，3)，(2，2，2)，(2，3，1)，(3，1，2)，(3，2，1)，(4，1，1)の10通り，3回の目の和が12の場合は(1回目，2回目，3回目)＝(4，4，4)の1通りあるから，3回投げた後，点Pが頂点Aにある目の出方は，10＋1＝11(通り)ある。よって，求める確率は $\frac{11}{64}$ となる。

(2)＜確率＞6面のさいころを3回投げたときの目の出方は全部で6×6×6＝216(通り)ある。1回目，点Pは，1が出れば頂点B，2が出れば頂点C，3が出れば頂点D，4が出れば頂点E，5が出れば頂点F，6が出れば頂点Aに移動するから，1回投げた後，点Pが頂点A，B，C，D，E，Fにある目の出方は1通りずつある。そのそれぞれの場合で，2回目に6，5，4，3，2，1が出ると，点Pは頂点Aに移動するから，2回投げた後，点Pが頂点Aにある目の出方は6通りある。同様に，2回投げた後，点Pが頂点B，C，D，E，Fにある目の出方もそれぞれ6通りある。よって，2回投げた後，点Pが頂点A，B，C，D，E，Fにある目の出方が6通りずつあり，それぞれ3回目に6，5，4，3，2，1が出ると，点Pは頂点Aに移動するから，3回投げた後，点Pが頂点Aにある目の出方は，6×6＝36(通り)ある。したがって，求める確率は $\frac{36}{216}=\frac{1}{6}$ となる。

(3)＜確率＞(2)と同様に考えると，10回投げたときの目の出方は 6^{10} 通りあり，10回投げた後，点Pが頂点Cにある目の出方は 6^9 通りだから，求める確率は $\frac{6^9}{6^{10}}=\frac{1}{6}$ となる。

2020年度／山手学院高等学校

国語解答

一 問一 ウ
問二 A 形なき理想 B 目に見え，
問三 ③－A…オ ③－B…イ
③－C…ウ
問四 ア 問五 ウ→イ→ア
問六 イ 問七 ア
問八 ア…× イ…○ ウ…○ エ…×
オ…○

二 問一 あっけ 問二 エ 問三 ウ
問四 イ 問五 ア 問六 医家
問七 イ，エ 問八 Ⅰ…ウ Ⅱ…イ

三 問一 額 問二 ウ 問三 ア
問四 ① 往来 ② 略歴 ③ 周到
④ 触発 ⑤ 報
⑥ じんりょく ⑦ じょさい

一〔論説文の読解―芸術・文学・言語学的分野―芸術〕出典；長谷川宏『高校生のための哲学入門』「芸術を楽しむ」。

≪本文の概要≫芸術は，理想形を現実に見える形にしたものである。理想的なものとは，現実を超えたもののことで，プラトンは，それをイデアと名づけた。プラトンによれば，イデアは現実の世界にはなく別の世界にあり，芸術作品を含む現実の世界の人間やものは，イデアの不完全な模造品とされる。しかし，私たちの感覚では，芸術作品を見るとき，むしろイデアの方が曖昧で不完全であり，それを明確な形に表現した現実の芸術作品は，形のない理想らしきものを形のある理想へと高めたものと思える。私たちは，現実を超えた理想的なものが今ここに現実のものとしてあるという矛盾を楽しんでいるのである。しかし，芸術家は，理想の美を追求し作品を完成させると，さらに，その現実作品を超える美を求める。作品に現実化される芸術の理想は，唯一無二ではなく，作品のどれもが，芸術家の理想を実現したものである。理想と現実が作品のうちで一体化していることは，芸術を享受する側にとって，芸術の楽しみが万人に開かれ，万人の生活を楽しくする可能性を持つことを意味するのである。

問一＜文章内容＞①－A．芸術作品の「統一性，純粋性」は，「日常生活の雑駁，混沌，曖昧さ」を脱した高みにある。 ①－B．百済観音は，「人間の理想的な美しさ」だと思えるような，人間以上の「菩薩の美しさ」を備えている。 ①－C．「理想的なもの」のありようとは，現実からはるかに離れた「現実にはない，現実とはどこかちがうところにある」ということである。

問二＜文章内容＞A．私たちが例えば百済観音像を見るとき，作者の「頭のなかのイメージ」や「さらにそのむこうにあるとされるイデア」を「明確な形に表現した」ものが，「現実の作品」だと考える。つまり，目の前の作品は，「形なき理想らしきものを形のある理想へと高めたもの」と考えるのである。 B．芸術作品の基本的なあり方は，理想が目の前に，あるいは耳に聞こえるようにあることである。それを「作品を楽しむ側」からいえば，「目に見え，耳に聞こえる物との感覚的なつきあいを通して，形や色や音の理想的なすがたを感受できる」のが，その「喜びの源」だといえる。

問三＜接続語＞③－A．「頭のなかのイメージや，さらにそのむこうにあるとされるイデア」を明確な形に表現した現実の作品は，「形なき理想らしきものを形のある理想へと高めたもの」だと思えるからこそ，「見るほうは気息を整えて，静かにゆったりと作品に対峙したく」なる。 ③－B．「現実の作品」が「形なき理想らしきものを形のある理想へと高めたもの」だと思えることの例として，「モナ・リザ」の絵の美しさは「モデルとなった女性の美しさをはるかに超えるもの」だと感じられる，ということが挙げられる。 ③－C．「絵のむこうにモデルとなった美しい女性を想定し，そのむこうに美しい女性のイデア（理想形）を想定することは可能」であるが，「モナ・リザ」の絵を見ていて「美しいモデルや，モデルのむこうのイデア（理想形）に思いが行く」なら，「それはもう絵を見ていないのと同じこと」である。

問四＜文章内容＞ダ・ヴィンチの「モナ・リザ」でいえば，イデアについては「目の前に描かれてある女性の絵姿こそがイデア」であり，それ以上のイデアなどどこにもない。それが，「傑作の傑作たるゆえん」である。セザンヌの「サント・ヴィクトワール山」でいうなら，作品に表現され，定着されたものが，「山の理想形」といえる。

問五＜文脈＞近代以降，「理想美の追求」は，「芸術家を動機づける根本的な衝動」となり，芸術家は，「理想の美」を追求して作品をつくるようになる。そして，「理想の美は現実の作品のうちに定着されてそこにある」ので，「理想の美の追求は，現実の作品が出来上がった時点でいったんは完結」する。つまり，「追い求めた理想の美」は，追求の途上では「曖昧なものとして頭のなかに，あるいは作品のむこうに，あった」が，作品完成の時点では「ここという空間のうちに，あるいは，いまという時間のうちに，現実に存在するもの」となっているのである（…ウ）。この完成した作品を見て，芸術家は，「追い求めた理想の美はこれだったのだと確認」する（…イ）。これを逆にいえば，「理想の美を定着できたと確認できるときが作品完成のとき」なのである（…ア）。

問六＜文章内容＞芸術家は，現実を超えた理想の美を追求する。その「理想の美」は，芸術家の「頭のなか」や「作品のむこう」にあり，それを芸術家が現実のものとしたものが，芸術作品である。

問七＜文章内容＞芸術は，「理想と現実が作品のうちで一体化」したものである。しかし，芸術家にとって，理想と現実が完全に一致することはなく，芸術家の意識はさらに「現実を超えようとする」方向に動いて，芸術家は，自由に理想を追求していくことができる。そういう作品を前にして，鑑賞者は，自由に作品を比較して楽しむこともできるし，作品の好き嫌いを語ることも自由である。

問八＜要旨＞プラトンは，「理想的なもの」は「現実とはどこかちがうところにある」もので，現実にあるものは「イデアの完全さに達することはできない」と考えた（ウ…○）。しかし，私たちが目にする百済観音の像は，仏師が「人間の理想のすがたを目に見える形にして示そうと心を砕いた」ときの「その理想形」であり，「観音菩薩のイデアが現実世界とは別のどこかに——たとえば作者の想像世界に——存在し，それを手本として作られた不完全な模造品」であるわけではない（イ…○）。「モナ・リザ」を前にして，「絵のむこうにモデルとなった美しい女性を想定し，そのむこうに美しい女性のイデア（理想形）を想定することは可能」であるが，「イデアをいうなら，目の前に描かれてある女性の絵姿こそがイデア」であり，「モナ・リザ」が傑作であるのは，ダ・ヴィンチが女性の理想形を追求して，その理想形をカンバス上に見事に定着させたからである（ア…×）。セザンヌの「サント・ヴィクトワール山」の何枚もの作品は，「どの作品もセザンヌの理想を実現したもの」で，「それぞれが理想の山であり，どれもが本当の理想を実現したもの」であるため，「どれが本当の理想の山かと問うことは無用」である（オ…○）。富士山を主題とするさまざまな画家たちの絵画作品についても，「それぞれの作品が画家の理想を実現してそこにあるという前提」は崩せないのであり，同様に，セバスチャン・バッハの「無伴奏チェロ組曲」を，「さまざまなチェリストが弾く演奏」は，それぞれの演奏家の理想の実現といえる（エ…×）。

二〔小説の読解〕出典；吉村昭『冬の鷹』。

問一＜慣用句＞玄白は，良沢に「解体新書」の序文執筆を頼もうとしたが，良沢は，辞退すると言った。良沢の辞退したいという返事は玄白にとっては全く意外なことで，玄白は驚き，あきれた。意外なことにぶつかって驚きあきれることを，「あっけにとられる」という。

問二＜文章内容＞玄白は，良沢に「解体新書」の序文の執筆を持ちかけたが，良沢は，辞退したいと言った。玄白は，良沢の真意がわからなかったが，「翻訳は良沢の語学力によって推しすすめられたもの」だからといって，「協力者としての玄白らの苦心を無視されること」は，堪えがたかった。玄白は，翻訳者として良沢の名前だけで刊行するのでなければ良沢は納得しないのかと思ったのである。

問三＜文章内容＞玄白は，良沢が序文執筆を辞退したいと言ったことに納得できず，その理由を尋ねた。すると，良沢が「神に誓いを立てた」と言い出したので，玄白はさらに良沢が本当のところ何を考えているのかと思案した。一方，良沢は，玄白が「こじつけに近い訳出」をしてでも「ひたすら出版することのみに心をかたむけていた」ことを受け入れることができず，かといってここで口論をするつもりもないので，何も言わずに押し黙ったのである。

問四＜文章内容＞「解体新書」の翻訳は「一応成った」ものの，良沢にとっては，その内容は決して満足できるものではなかった。一方，玄白は，これまでも「ひたすら出版することのみに」心をかたむけ，こじつけに近いような翻訳を認めるという姿勢だった。良沢は，玄白のそういう姿勢から，ここで自分の真意を語っても玄白の感情を傷つけるだけだと考え，「祈願」を口実にしたのである。

問五＜心情＞玄白は，良沢が「学究肌」の「完全主義者」で，「『解体新書』の不十分な翻訳に不満をいだいて」いることはわかっていた。しかし，玄白は，「翻訳は，新しい医学知識を得るための方便」だと考えており，「人体がいかなる構造をもつものかを公けに発表すること」を「悲願」としている。玄白は，「たとえ不備な点は少々あっても『解体新書』を一日も早く世に出して，医家たちに利益をあたえるのが自分たちの社会的義務」だと思っているため，自分の思いに同意しないどころか，むしろそれに水をさすような良沢の姿勢を，受け入れることができないのである。

問六＜文章内容＞「解体新書」に先立って刊行した「解体約図」は，「新しい洋医学の内容を正確につたえるもの」として世評が高まり，「多くの西洋医学に関心をいだく医家たち」は翻訳代表者である玄白のもとへやってきた。それもふまえて，自身も「医家」である玄白は，「解体新書」を刊行して「医家」たちに利益を与えたいと思い，「人体がいかなる構造をもつものかを公けに発表すること」が，「医家」としての玄白の悲願になっている。

問七＜表現＞医家として医学の発展や医学への貢献を重視する玄白と，完全な翻訳を目指そうとする良沢は，「解体新書」の刊行をめぐって対立する。しかし，作者は，その対立を激しい感情表現などで描くのではなく，「雪片が風にふかれて落ちはじめていた」「雪の中を家にむかって歩いた」といった雪の描写などを入れながら，淡々とした語り口で描き出している。

問八＜語句＞Ⅰ．勢いに押されて尻込みする，という意味。　Ⅱ．手段のこと。

三〔国語の知識〕

問一＜慣用句＞場所が狭いことをたとえて，「猫の額(ほど)」という。

問二＜漢字＞ア．「規道」は，「軌道」が正しい。　イ．「圧感」は，「圧巻」が正しい。　エ．「不和雷同」は，「付和雷同」が正しい。

問三＜漢字の知識＞「奮」は，十六画。「窮」と「縁」は，十五画。「網」は，十四画。

問四＜漢字＞①「往来」は，行ったり来たりすること。　②「略歴」は，大まかな経歴のこと。　③「周到」は，すみずみまで行き届いていること。　④「触発」は，何らかのきっかけを得て，行動しようという意欲が湧くこと。　⑤音読みは「報復」などの「ホウ」。「一矢報いる」は，わずかながらも仕返しをする，という意味。　⑥「尽力」は，力をつくすこと。「尽」の訓読みは「つ(きる)・つ(くす)」。　⑦「如才」は，手抜かりのこと。「如才ない」は，気が利いていて手抜かりがないこと。

2019年度 山手学院高等学校

【英　語】 (50分) 〈満点：100点〉

1 次の英文を読んで、後の問いに答えなさい。

Many people would agree that soccer is the most popular sport in the world. A Chinese game created in 200 BC called 'cuju', which means 'kick ball', is thought to be the oldest form of the game. Soccer has had over two thousand years to get 4 billion fans. (ア)

Soccer may be the world's most popular sport, but today, basketball is the world's (あ : fast) growing sport. With about 825 million fans, basketball is not as popular as soccer, cricket, field hockey, tennis, volleyball or table tennis. However, basketball has a much (い : short) history than any of those sports.

Basketball was created in America, but interestingly, it was not created by an American. The game was invented by a Canadian named Dr. James Naismith in 1891. He (う : grow) up in eastern Canada and was a very talented athlete who played Canadian football, lacrosse, rugby, soccer and ice hockey at university.

After graduating from university, he moved to America to teach P.E. (a) the YMCA in the northeastern part of America (え : know) as New England. New England is famous for its snow and cold winters. It was (b) cold during the winter that he could not (c) his students outside to train or exercise. His students became bored and restless because there were not many fun things to do inside.

Naismith's boss, Dr. Gulick, asked him to create a game that was easy to learn and could be played indoors. Additionally, it had to keep the track and field students active during the winter and it could not be too (お : danger).

He thought about the most popular team sports of the time. (イ) They all used balls, they all had goals and most players got injured while they were moving with the ball.

There were basically two types of balls; large or small. Games that used a small ball often had more equipment like bats, tennis rackets and hockey sticks. Naismith (か : feel) that having more equipment would make his new game more difficult to learn and it would also increase the risk of injury. He thought that a game that used a larger ball would be easier to learn because it did not (c) as much skill to throw and catch it. He decided that a soccer ball would be the safest choice.

He also noticed that most of the physical contact in those sports came when players were running with the ball. In the earliest version of basketball, players could not run with the ball. However, they were able to throw it to any teammate on the court. He thought that this would limit both physical contact and injuries.

All popular sports (a) the time had goals. Rugby and football have goal lines. Tennis and badminton have boundaries*. Additionally, soccer, lacrosse and hockey use nets that players can throw the ball into for points. (ウ)

He decided that the way to score points would be for players to throw the ball into a box. However, it would be too easy for players to defend the goal if the boxes were on the ground. Also, there was a greater risk of injury because defending players could use their hands and bodies to block the ball from going into the box. If he raised the goals high over the players' heads, the only way to score would be for players to throw the ball over a defender and into the box; fewer players would get hit in the face with the ball.

He could not get any boxes (b) he used peach 'baskets' for the goals and hung them 10 feet (about 3 meters) from the floor on the indoor balcony of the school's gym. That distance from the floor is still (き : use) today. He made other rules, but the ball, how it moved and how to score became the foundation or basic rules of 'basket ball'.

The game was a big success. (エ) The first basketball game was actually played with a soccer ball. There were nine players on a team and there was no dribbling. It was very different from today's game. Today's game is played with an orange basketball, five players on a team and lots of dribbling.

Thanks to the efforts of the YMCA, basketball became popular all over the United States and internationally. Universities started making teams to play against each other and members of the YMCA started teaching the game globally. Less than 40 years after its creation, basketball became a medal sport in the 1936 Olympics.

Shortly after, universities in the United States started showing their games on TV. That quickly helped basketball to spread within the United States and globally. However, being an indoor sport, needing little equipment and being easy to learn are the most important reasons for its popularity.

注：　boundary　　　コートの境界線

問1　(あ)～(き)の単語を、適切な形に直しなさい。

問2　(ア)～(エ)に入る適切なものをそれぞれ1つずつ選び、番号で答えなさい。

1. Without a way to score points, students would lose interest in the game.
2. That is more than half of the world's population.
3. It could be played indoors, it was easy to learn, it was good exercise for the track and field athletes, and most importantly it was fun.
4. He realized that rugby, hockey, lacrosse, soccer, baseball and football had a few things in common.

問3　(a)～(c)に入る語をそれぞれ1つずつ選び、番号で答えなさい。2か所の同じアルファベットの空欄には同じ語が入ります。

(a)

1. at　　2. for　　3. in　　4. on

(b)

1. because　　2. so　　3. too　　4. very

（c）

1. bring　　2. get　　3. put　　4. take

問4　本文と内容が一致しているものを1つ選び、番号で答えなさい。

1. The game of basketball is based on a Chinese game.
2. Soccer has twice as many fans as basketball.
3. There were 18 players in the first basketball game.
4. The game of basketball was created by a Canadian named Dr. Gulick in New England, America.

問5　本文と内容が一致していないものを1つ選び、番号で答えなさい。

1. The creator of the game thought that less equipment would make the game safer.
2. Originally, players could only move the ball by passing it to others.
3. Basketball became popular only because the games were shown on TV.
4. Baskets were hung from balconies to make defense harder and to reduce the number of injuries.

2　次の英文を読んで、後の問いに答えなさい。

Carol: What's the matter? You look upset. Is your computer giving you trouble?

Jane: No, not exactly. I want to create an account with this company, but I can't do it without a US address.

Carol: Sorry, but I don't know what you are talking about.

Jane: Oh, sorry. I saw that ARK* was doing DNA testing on their dogs. Most of their dogs are not pure breeds*, so they usually have to guess what type of dogs they are from the way they look. When they test the DNA, they can be more sure – they don't have to guess. They put the results of the tests on their website with the photos of the dogs. I bought a test kit online to have Yuzu tested, too. I've done the test and want to send it, but I have to create an account first. I was just trying to do that, but I need an American address and post code!

Carol: You mean you bought the kit in Japan, but you can't use your Japanese address? That seems crazy!

Jane: I know! It makes no sense!

Carol: So what are you going to do? Have you contacted them?

Jane: I want to send the kit as soon as I can, so for now, I've just used my friend Debbie's address. I will write to them, though. Most of their Japanese customers wouldn't have an American post code. It would be really confusing for them. The kit was expensive...

Carol: I hope they will fix it so people in Japan can use their Japanese addresses. By the way, how do you do the test? Is it a blood test?

Jane: No, it's really easy. You get a small brush, a bit like a toothbrush. You brush it along the inside of the dog's mouth. Yuzu didn't mind at all. Then you dry it for 15 minutes, put it into a special envelope and send it off to the United States.

Carol: What will the test tell you?

Jane: When I got Yuzu, I saw his mother. She looked like a Husky, but not a pure breed. I didn't see his dad. DNA tests tell you what breed your dog's parents, grandparents and great-grandparents were. It's so cool!

Carol: Well, it would be interesting to know, but is there any real reason you need to? What will the results do for you or Yuzu?

Jane: I mostly just wanted to know, but there are some good reasons for finding out. Have you ever heard of "breed-specific training"?

Carol: No, I haven't. What is it?

Jane: Let's say you can put dogs into groups. Some groups love using their noses. They enjoy finding smelly things hidden in the yard and will be easy to train with the smelly things as rewards*.

Carol: Do you mean like the working dogs at airports?

Jane:

A

Carol: Let me know when your results come.

Jane: Will do.

1 month later...

Jane: Hey, Carol, I got the DNA results! They're amazing!

Carol: Really? Is Yuzu a Husky as you thought?

Jane: Surprisingly, no!

Carol: So what is he?

Jane: His mother is mostly a cross between a Shiba and an Akita and his father is a

Malamute.

Carol: Wow! You know what his parents are! How far (　　) does the test show?

Jane: I even know what his great-grandparents were.

Carol: That's amazing. Will you change the way you train him?

Jane: A little. The results explain some of the funny things he does. Also, Shiba often have skin problems, so I need to keep an eye on that. Akita sometimes have health problems, too.

Carol: That's a really good reason for doing the test. So certain breeds have certain illnesses?

Jane: They do. It helps to know what Yuzu might get, so I can talk with my vet.

Carol: So DNA testing might help dog owners to recognize illness in their dogs?

Jane: Sometimes, yes. It also helps to find any problems early.

Carol: That's very important. But tell me, did you end up writing to the company about not being able to use a Japanese address?

Jane: Yes, and they were good enough to write back.

Carol: What did they say?

Jane: They said they sold their kits online, but had no idea their product was being sold as far away as Japan.

Carol: Are they going to start accepting Japanese addresses?

Jane: I hope so.

Carol: Are you going to get your cats tested so that you can train them better?

Jane: Why would I do that? They never listen to me anyway.

注： ARK　Animal Refuge Kansai（アーク：関西にある動物愛護団体）

pure breed　純血種

reward　ごほうび

問１　下線部 It makes no sense! を発言した時のJaneの気持ちを表しているものを１つ選び、番号で答えなさい。

1. You can order a kit from a Japanese site, but you can’t send it without a US address.
2. You can’t order a kit from a Japanese site and you can’t send it without a US address.
3. You can’t buy a DNA kit without a Japanese address.
4. You can’t buy a DNA kit without a US address.

問２　How do you do the DNA test?

1. You brush the tip of your dog’s tail.
2. You brush your dog’s fur.
3. You brush your dog’s teeth.
4. You brush the inside of your dog’s mouth.

問３　空欄[A]には次の４つの文が入ります。正しい順番に並んでいるものを１つ選び、番号で答えなさい。

ア.　You can keep him busy just by putting smelly things in an old sock and hiding it.

イ.　A busy dog is happier than a bored one.

ウ.　If your dog likes smells, he would be in the “scent hound” group.

エ.　That’s one example, I guess, but I’m really talking about just having fun with your dog.

1.　エ→ウ→ア→イ　　2.　ア→エ→ウ→イ

3.　エ→ア→ウ→イ　　4.　ア→ウ→イ→エ

問４　(　　)内に入る正しい語を１つ選び、番号で答えなさい。

1.　ahead
2.　back
3.　behind
4.　forward

問５　本文と内容が一致していないものを１つ選び、番号で答えなさい。

1.　Using a DNA test result can help you to choose a better way of training your dogs.
2.　The American company didn’t realize that Japanese customers were buying their kits online.
3.　Jane is not planning on training her cats.
4.　Dog owners can use “breed-specific training” to find illnesses in their dogs.

3 空欄に入る最も適切なものを1つ選び、番号で答えなさい。

1) "You attended this morning's meeting, ( ) you?"

1. didn't 2. hadn't 3. mustn't 4. couldn't

2) The earth ( ) around the sun.

1. goes 2. is going 3. has gone 4. went

3) "How often do the buses run?" "( ) twenty minutes."

1. All 2. Almost 3. Each 4. Every

4) We couldn't buy anything because ( ) of the shops were open.

1. all 2. none 3. no 4. nothing

5) Don't speak ( ) your mouth full.

1. to 2. with 3. in 4. over

6) Kenta has gone overseas. He'll be away ( ) Thursday.

1. by 2. to 3. by the time 4. until

4 会話が成り立つように、空欄に入る最も適切なものを1つ選び、番号で答えなさい。

1) A: It is only seven fifty. I have some time.

B: No, it's already eight. The clock is ten minutes ( ).

1. slow 2. late 3. fast 4. early

2) A: What is your ( ) subject at school?

B: It's science.

1. most favorite 2. more favorite 3. favorite 4. favoritest

3) A: What are you planning to do this summer?

B: I'm going to (　　) how to drive a car.

1. study　　2. work　　3. find　　4. learn

4) A: Can I have (　　) rice, please?

B: Sure.

1. some more　　2. some much　　3. any more　　4. any much

5) A: What's the score?

B: The Baystars are leading (　　) three points.

1. at　　2. to　　3. in　　4. by

5

各組の文がほぼ同じ意味を表すように【　　】内の語句を並べ替えたとき、①②にくる語句の番号を答えなさい。ただし、各問とも不要な語句が１つ含まれています。また、文頭にくる語句も小文字から始まっていることがあります。

1) There are more people living in Tokyo than in New York.

(　　)(　　)(　　)(　①　)(　　)(　　)(　②　)(　　)(　　).

【 1. Tokyo　2. New York　3. the population　4. of　5. larger　6. that　7. it　8. than　9. of　10. is 】

2) I might have to work late this Friday.

(　　)(　①　)(　　)(　　)(　　)(　②　)(　　)(　　) late this Friday.

【 1. able　2. have　3. work　4. it's　5. will　6. I　7. that　8. to　9. possible 】

3) Will you take me to Yokohama Stadium, please?

(　　)(　　)(　①　)(　　)(　　)(　②　)(　　), please?

【 1. Yokohama Stadium　2. mind　3. at　4. would　5. taking　6. you　7. to　8. me 】

4) Ben is looking for a restaurant. It is on the fifth floor of that building.

( ) ( ) (①) ( ) ( ) (②) on the fifth floor of that building.

【 1. is looking 2. is 3. the 4. restaurant 5. for 6. Ben 7. place 】

5) I have never heard such a sad story.

( ) ( ) ( ) (①) ( ) ( ) (②) ( ).

【 1. I've 2. story 3. that 4. is 5. the 6. ever 7. saddest 8. never 9. heard 】

6 次の会話が成り立つように、( ) に適語を１語ずつ入れなさい。

A: What are you (ア) tomorrow?

B: (イ) special. Why?

A: Do you want to (ウ) skating?

B: (エ) sounds great. What time?

A: How (オ) one o'clock?

B: OK. See you tomorrow.

7 AとBの関係がCとDの関係と等しくなるように、( ) に１語を入れなさい。

A	B	C	D
future	tomorrow	past	(1)
mother	father	aunt	(2)
Japan	Japanese	Germany	(3)
study	student	law	(4)
sun	star	earth	(5)

【数　学】（50分）〈満点：100点〉

注意 1. 答えに根号がふくまれるときは，根号の中は最も小さい自然数にすること。
また，分母に根号がふくまれるときは，分母に根号をふくまない形にすること。
2. 答えが分数になるとき，約分できる場合は約分すること。

1　次の計算をしなさい。

(1)　$(-3)^3+\dfrac{27}{2}\div 0.75^2-\dfrac{1}{3}$

(2)　$\dfrac{1}{2-\dfrac{1}{\sqrt{2}+1}}+1$

(3)　$\dfrac{-2(3b-2a)}{3}-\dfrac{3a-4b}{2}$

(4)　$(-2xy^2)^3\times\dfrac{3}{10}x^2y\div\left(-\dfrac{4}{5}x^2y\right)^2$

2　次の方程式を解きなさい。

(1)　$0.2x-3=\dfrac{x-6}{4}$

(2)　$\begin{cases}\dfrac{x}{3}-\dfrac{y-1}{2}=1\\[2mm]\dfrac{x}{0.2}-\dfrac{y-1}{0.3}=10\end{cases}$

(3)　$(3x-1)^2-2=0$

3 次の各問いに答えなさい。

(1) x^2y-4+x^2-4yを因数分解しなさい。

(2) yはxに反比例し，$x=-\dfrac{2}{5}$のとき，$y=-15$です。この関数のグラフ上にあって，x座標とy座標がともに整数である点は何個あるか求めなさい。

(3) 2次方程式$x^2-6x+a=0$の大きい方の解から小さい方の解を引くと$2\sqrt{3}$になるとき，aの値を求めなさい。

(4) aは5で割ると4余る整数，bは5で割ると1余る整数です。a^2+ab+b^2を5で割ったときの余りを求めなさい。

(5) nを自然数とするとき，$\dfrac{n+23}{3}$と$\dfrac{50-n}{7}$の値がともに自然数となるようなnの値をすべて求めなさい。

(6) 次の表はある高校の図書委員の一週間の読書時間を度数分布表に表し，相対度数とともにまとめたものです。読書時間の平均値を小数第1位まで求めなさい。

階級(時間)	度数(人)	相対度数
1以上3未満	2	
3 ～ 5	3	0.15
5 ～ 7		0.40
7 ～ 9	6	
9 ～ 11	1	
合計		1.00

(7)　次の図において，CD は∠ C の二等分線，DF は∠ CDB の二等分線，CA の延長と FD の延長との交点を E とします。$\angle B = 40^\circ$，$\angle E = 25^\circ$ のとき，∠ BCA の大きさを求めなさい。

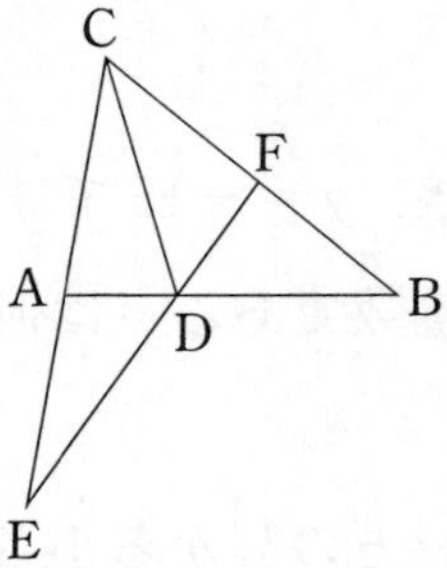

(8)　次の図において，半径が 1 cm の円の内部を，1 辺が 1 cm の正三角形 ABC が滑らないように矢印の方向に転がります。正三角形 ABC がはじめと同じ位置に戻るまでに，点 A が動いた道のりを求めなさい。ただし，円周率は π とします。

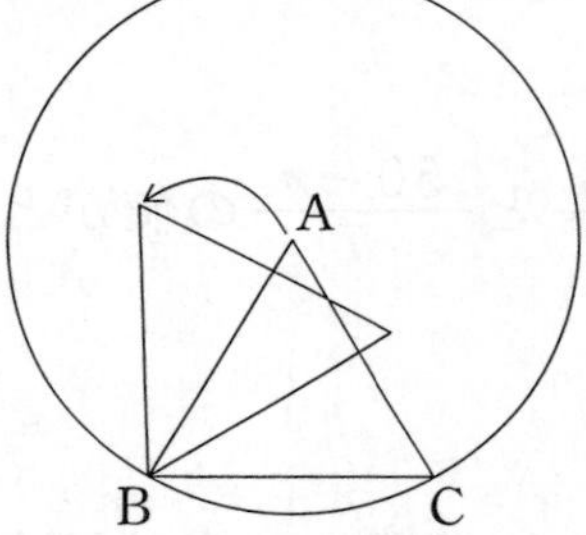

(9)　次の図は 2 つの立体の投影図です。立体Ⅰの底面は正三角形で，立体Ⅰは立体Ⅱにぴったり入ります。このとき，立体Ⅱの体積は立体Ⅰの体積の何倍になるか求めなさい。ただし，円周率は π とします。

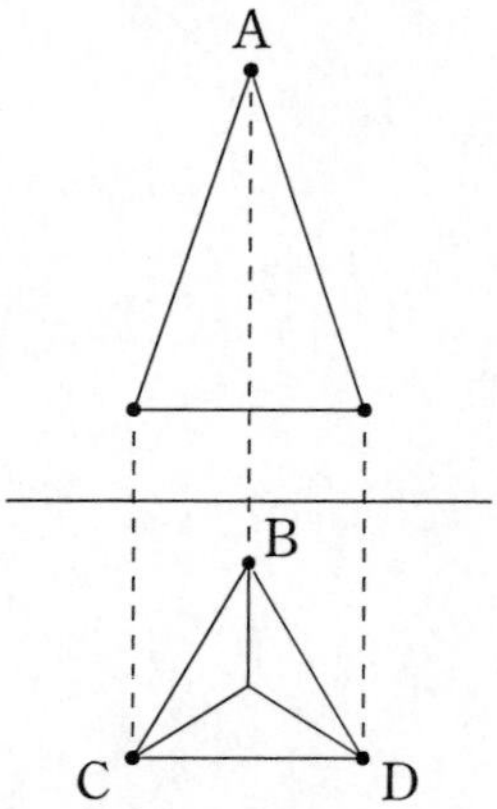

立体Ⅰ

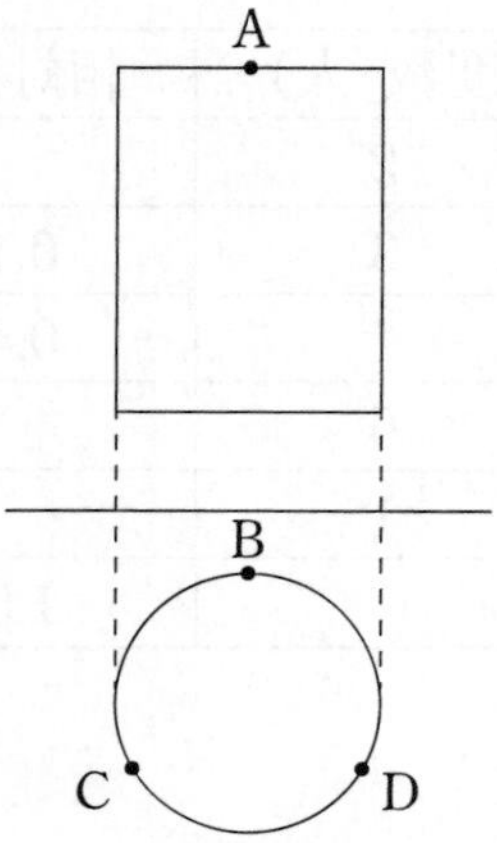

立体Ⅱ

4 次の図のように，放物線 $y = ax^2$（$a > 0$）のグラフ上に，x 座標がそれぞれ -1, 3 である点A，Bがあります。

このとき，次の各問いに答えなさい。

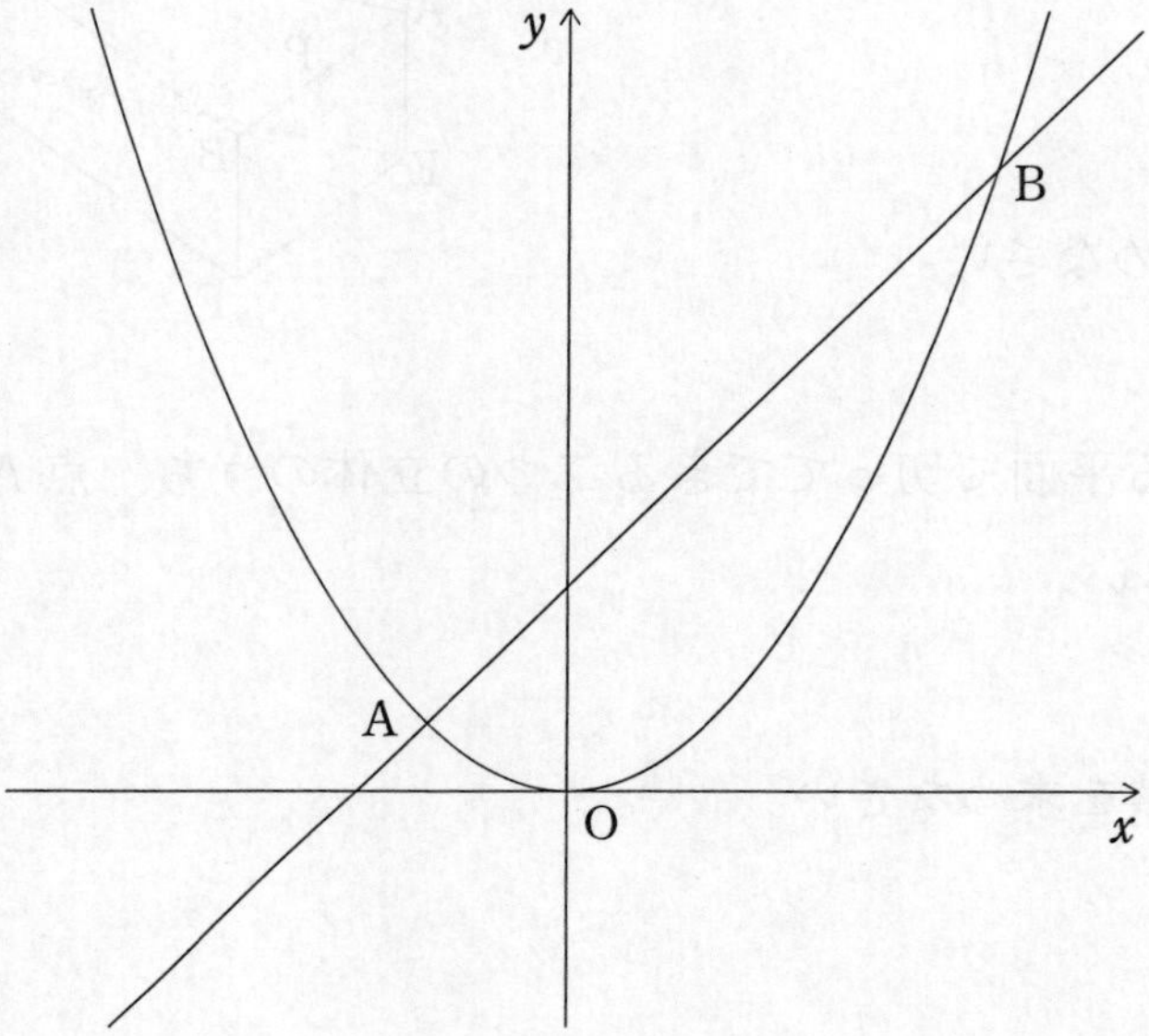

(1) 次の［ア］，［イ］にあてはまる数を書きなさい。

「a が $\frac{1}{3} \leqq a \leqq 3$ の値をとるとき，点Bの y 座標がとりうる値の範囲は［ア］$\leqq y \leqq$［イ］です。」

(2) 直線ABと x 軸との交点の x 座標を求めなさい。

(3) 放物線上に点Pをとり，△OABと△PABの面積が等しくなるとき，点Pの x 座標をすべて求めなさい。ただし，点Pは原点Oと異なる点とします。

5 次の図のような，底面が二等辺三角形で，側面はすべて長方形である三角柱があり，AB = 4，BC = CA = 6，BF = 2 です。辺 AB の中点を P とし，3 点 P，F，G を通る平面と辺 AC との交点を Q とします。

このとき，次の各問いに答えなさい。

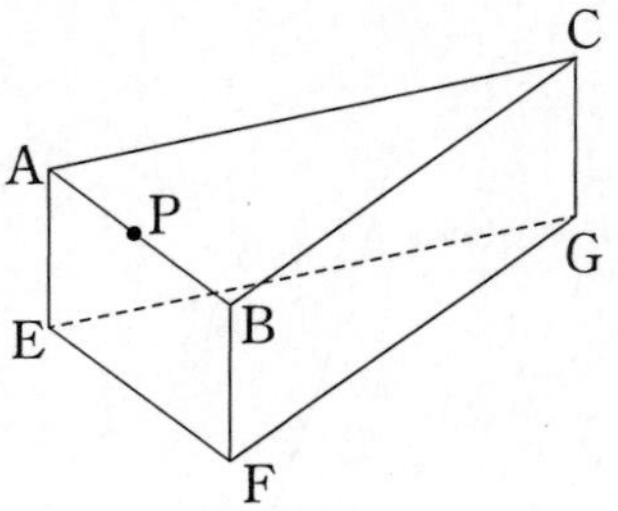

(1) △ABC の面積を求めなさい。

(2) 3 点 P，F，G を通る平面で切ってできる二つの立体のうち，点 A を含むものの体積を求めなさい。

(3) 四角形 PFGQ の面積を求めなさい。

6 大，中，小の3つのサイコロを同時に投げて，その出た目の数をそれぞれ a，b，c とします。次の図のように，円Oの円周上に $\overset{\frown}{\mathrm{BC}} : \overset{\frown}{\mathrm{CA}} : \overset{\frown}{\mathrm{AB}} = a : b : c$ となるように3点A，B，Cをとります。

このとき，次の各問いに答えなさい。

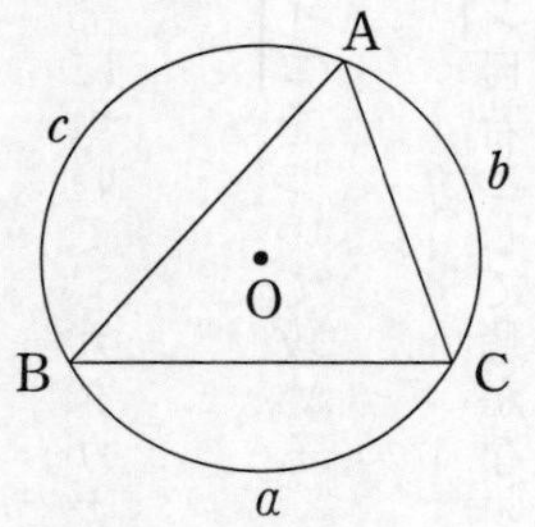

(1) $a = 3$，$b = 1$，$c = 2$ となるとき，∠AOBの大きさを求めなさい。

(2) $\angle \mathrm{BAC} = 45^\circ$ となる確率を求めなさい。

(3) △ABCが直角三角形となる確率を求めなさい。

問四　次の語について、文法的性質が他と異なるものを一つ選び、記号で答えなさい。

ア　現れる
イ　滅びる
ウ　降ろす
エ　助かる

問五　次の傍線部について、カタカナは漢字に直し、漢字は読みをひらがなで答えなさい。

①　敵のハイゴをついて攻める。
②　タイゼン自若として騒がない。
③　事態は深刻なヨウソウを帯び始めた。
④　緊張のオモモちで現れる。
⑤　厳かな雰囲気の教会。
⑥　嫌悪感を拭うことができない。

三 次の各問いに答えなさい。

問一 次の文について、漢字の表記に誤りのないものを一つ選び、記号で答えなさい。

ア 百貨店で著名な画家の懐古展が催される。

イ アンケートに映画感賞が趣味だと回答する。

ウ お互いに不幸な境隅にあることを嘆く。

エ 延々と脈絡のない話を聞かされて閉口する。

問二 次のことわざの組み合わせについて、反対の意味になっているものを一つ選び、記号で答えなさい。

ア 石の上にも三年――雨だれ石をうがつ

イ 棚からぼたもち――まかぬ種は生えぬ

ウ 転ばぬ先のつえ――先んずれば人を制す

エ かっぱの川流れ――猿も木から落ちる

問三 作家とその作品の組み合わせとして正しいものを一つ選び、記号で答えなさい。

ア 森鷗外――舞姫

イ 太宰治――破戒

ウ 川端康成――風立ちぬ

エ 三島由紀夫――羅生門

イ　かかる廃寺こそ究竟《くっきょう》の妖怪退治の場所だ。

ウ　どうせ此の辺は邪悪な妖精に満ちているのだろう。何処へ行ったって災難に遭うのだとすれば、此処を災難の場所として選んでもいいではないか。

問八　空欄［⑧］にあてはまる表現として最もふさわしいものを選び、記号で答えなさい。

ア　それぞれに感じ方が違うものであろう

イ　さも当然のごとく皆が味わっておろう

ウ　味わうためにはそれ相応の努力が求められよう

エ　かくも余す所無く味わっている奴がいよう

問九　本文における表現の特徴として最もふさわしいものを選び、記号で答えなさい。

ア　語り手の「俺」が三蔵法師を中心人物に据えて、常にそれを他の登場人物と比較対照し続けている。

イ　語り手の「俺」が悟空への敬意を淡々と述べながら、孫行者としての自己の成長を読者に語りかけている。

ウ　語り手の「俺」が他の登場人物たちの様子を論評しながら、そのことによって自己のありようを見つめ直している。

エ　語り手の「俺」がライバルとしての悟空や八戒を客観的に分析しながら、自分が三蔵にどう仕えるべきかを思案している。

イ　自分で選んだものがどんなに苦難を伴おうとも、それが自分にとって最も意志を全うできる自由な生き方と捉えること。

ウ　人は生きる限り他者に何かを与えることを続け、与えることにおいて人は幸福で能動的な生き方ができるということ。

エ　他者から得られるものは仏に与えられたものであり、それがどんなものであろうと、自分を完全なる悟りに導いてくれるものであるということ。

問六　傍線部⑥「金剛石と炭」とは誰と誰の比喩ですか。ふさわしいものを二つ選び、記号で答えなさい。（順不同）

ア　三蔵法師　イ　悟空　ウ　八戒

エ　俺　オ　妖怪　カ　一般的な人々

問七　傍線部⑦「三人はそれぞれに違った考えの下に一致しているのである」とありますが、続く空欄［⑦］には、三人それぞれの考え方を表した文章があてはまります。次の空欄［A］～［C］にあてはまるものとしてふさわしいものをそれぞれ選び、記号で答えなさい。

悟空は［A］

八戒は［B］

俺（悟浄）は［C］

ア　今更他処《よそ》を尋ねるのも億劫《おっくう》だし、早く家に入って食事もしたいし、眠くもあるし。

イ　降りかかる困難に対して、他者の力を借りて打開していこうとするのではなく、あくまでも自身の力だけで乗り越えられるように日ごろから自立心を養っておこうとするということ。

ウ　降りかかる困難に対して、それを解決する方法を書物の中に求めていくのではなく、あくまでも自身の知恵と力によって解決していく克己心を養っておこうとすること。

エ　降りかかる困難に対して、それに真っ向勝負で挑みかかるのではなく、その困難が通り過ぎるのをひたすら辛抱強く待ち続ける心を育てておくということ。

問三　傍線部③「師の自分より優っている此の点」とありますが、どのような点ですか。「～という点」につながるように本文中より三十四字の部分を抜き出し、はじめと終わりの三字を答えなさい。

問四　傍線部④「師の生命は死にはせぬのだ」とありますが、その理由を次のように説明した場合、空欄（A）と（B）にあてはまる、対義的な二字の熟語を、それぞれ本文中より抜き出して答えなさい。

三蔵法師の生命は（　A　）にあるのではなく、（　B　）に存しているから。

問五　傍線部⑤「所与を必然と考え、必然を完全と感じていることだ。更には、その必然を自由と看做していることだ」とありますが、どのようなことですか。最もふさわしいものを選び、記号で答えなさい。

ア　生まれながらの自分の資質などは天が決めた完全なものであり、自分を自分たらしめてくれるものであるということ。

※2　憐愍……あわれに思うこと

※3　対蹠的……全く正反対のこと

※4　金剛石……ダイヤモンド

※5　羹……肉や野菜のスープ、吸い物

※6　爾来……それから、それ以来

※7　呉下の旧阿蒙……なかなか進歩をしない者のこと

問一　傍線部①「悲劇的なもの」とありますが、どのようなものですか。最もふさわしいものを選び、記号で答えなさい。

ア　絶対に仏にはなれないことがわかっているにもかかわらず、仏の道を進むことをもとめてしまう人間の本能。

イ　いつか確実に死を迎えることが運命づけられているにもかかわらず、その中で真理を求めていかざるを得ないような人間の生。

ウ　自然の大きさにはどうしても太刀打ちできず、どんなにあらがっても負けることが決まり切っているのにあらがってしまう人間の宿命。

エ　妖怪たちとは最終的に相容れないことを薄々感じながらも、同じ道を進めるはずだと信じて疑わない人間の心。

問二　傍線部②「それを切り抜ける途を外に求めずして、内に求める」とありますが、どのようなことですか。最もふさわしいものを選び、記号で答えなさい。

ア　降りかかる困難に対して、それに抵抗し、実行的手段で解決しようとするのではなく、そのことによって自身の内面が混乱をきたさないように日常から修養を重ねておくということ。

言ったことがある。「我々が天竺《てんじく》へ行くのは何の為だ？　善業を修《ず》して来世に極楽に生まれんが為だろうか？　所で其の極楽とはどんな所だろう。蓮の葉の上に乗っかって唯ゆらゆら揺れているだけでは仕様が無いじゃないか。極楽にも、あの湯気の立つ※5羹《あつもの》をフウフウ吹きながら吸う楽しみやこりこり皮の焦げた香ばしい焼肉を頬張る楽しみがあるのだろうか？　そうでなくて、話に聞く仙人のように唯霞を吸って生きて行くだけだったら、ああ、厭《いや》だ、厭だ。そんな極楽なんか、真平《まっぴら》だ！　仮令《たとえ》、辛い事があっても、又それを忘れさせて呉れる・堪《こた》えられぬ怡《たの》しさのある此の世が一番いいよ。少なくとも俺にはね。」そう言ってから八戒は、自分が此の世で楽しいと思う事柄を一つ一つ数え立てた。夏の木陰の午睡。渓流の水浴。月夜の吹笛。春暁の朝寝。冬夜の炉辺歓談。……何と愉《たの》しげに、又、何と数多くの項目を彼は数え立てたことだろう！　殊《こと》に、若い女人の肉体の美しさと、四季それぞれの食物の味に言い及んだ時、彼の言葉は何時迄《いつまで》経っても尽きぬものの様に思われた。俺は魂消《たまげ》て了った。此の世に斯《か》くも多くの怡しき事があり、それを又、[⑧]などとは、考えもしなかったからである。成程、楽しむにも才能の要るものだなと俺は気が付き、※6爾来《じらい》、此の豚を軽蔑することを止めた。だが、八戒と語ることが繁《しげ》くなるにつれ、最近妙な事に気が付いて来た。それは、八戒の享楽主義の底に、時々、妙に不気味なものの影がちらりと覗《のぞ》くことだ。「師父に対する尊敬と、孫行者への畏怖《いふ》とが無かったら、俺はとっくに斯《こ》んな辛い旅なんか止めて了っていたろう」などと口では言っている癖に、実際は其の享楽家的な外貌の下に戦々兢々《きょうきょう》として薄氷を履《ふ》むような思いの潜んでいることを、俺は確かに見抜いたのだ。いわば、天竺への此の旅が、あの豚にとっても（俺にとってと同様）、幻滅と絶望との果てに、最後に縋《すが》り付いた唯一筋の糸に違いないと思われる節が確かにあるのだ。だが、今は八戒の享楽主義の秘密への考察に耽《ふけ》っている訳には行かぬ。兎に角、今の所、俺は孫行者からあらゆるものを学び取らねばならぬのだ。他の事を顧みている暇は無い。三蔵法師の知慧《ちえ》や八戒の生き方は、孫行者を卒業してからのことだ。まだまだ俺は悟空から殆《ほとん》ど何ものをも学び取っておりはせぬ。流沙河の水を出てから、一体どれ程進歩したか？　依然たる※7呉下《ごか》の旧阿蒙《きゅうあもう》ではないのか。此の旅行に於ける俺の役割にしたって、そうだ。平穏無事の時に悟空の行き過ぎを引き留め、毎日の八戒の怠惰を戒めること。それだけではないか。何も積極的な役割が無いのだ。俺みたいな者は、何時何処の世に生れても、結局は、調節者、忠告者、観測者にとどまるのだろうか。決して行動者には成れないのだろうか？

（中島　敦『悟浄歎異』より。一部改。また読みやすさに配慮して現代仮名遣いに改めた。）

※1　嚇怒……激怒、激しく怒ること

おかしいことに、悟空は、③師の自分より優っている此の点を理解していない。唯何となく師父から離れられないのだと思っている。機嫌の悪い時には、自分が三蔵法師に随っているのは、ただ緊箍咒《きんこじゅ》（悟空の頭に嵌《は》められている金の輪で、悟空が三蔵法師の命に従わぬ時には此の輪が肉に喰い入って彼の頭を緊《し》め付け、堪え難い痛みを起すのだ）のためだ、などと考えたりしている。そして「世話の焼ける先生だ。」などとブツブツ言いながら妖怪に捕えられた師父を救い出しに行くのだ。「危なくて見ちゃいられない。どうして先生はああなんだろうなあ！」と云《い》う時、悟空はそれを弱きものへの※2憐愍《れんびん》だと自惚《うぬぼ》れているらしいが、実は、悟空の師に対する気持ちの中に、生き物の凡《すべ》てが有《も》つ・優者に対する本能的な畏敬、美と貴さへの憧憬が多分に加わっていることを、彼は自《みずか》ら知らぬのである。

もっと可笑《をか》しいのは、師父自身が、自分の悟空に対する優越を御存じないことだ。妖怪の手から救い出される度毎に、師は涙を流して悟空に感謝される。「お前が助けて呉《く》れなかったら、わしの生命はなかったろうに！」と。だが、実際は、どんな妖怪に喰われようと④師の生命は死にはせぬのだ。

二人とも自分達の真の関係を知らずに、互いに敬愛し合って（勿論、時には一寸《ちよつと》したいさかいはあるにしても）いるのは、面白い眺めである。凡《およ》そ※3対蹠《たいせき》的な此の二人の間に、しかし、たった一つ共通点があることに、俺は気が付いた。それは、二人が其の生き方に於《おい》て、共に、⑤所与を必然と考え、必然を完全と感じていることだ。更には、その必然を自由と看做《みな》していることだ。※4金剛石と炭とは同じ物質から出来上っているのだそうだが、その⑥金剛石と炭よりももっと違い方の甚だしい此の二人の生き方が、共に斯《こ》うした現実の受け取り方の上に立っているのは面白い。そして、この「必然と自由の等置」こそ、彼等が天才であることの徴《しるし》でなくて何であろうか？

悟空、八戒、俺と我々三人は、全くおかしい位それぞれに違っている。日が暮れて宿が無く、路傍の廃寺に泊まることに相談が一決する時でも、⑦三人はそれぞれに違った考えの下に一致しているのである。（　⑦　）と考えるのだ。生きものが三人寄れば、皆この様に違うものであろうか？　生きものの生き方程面白いものは無い。

孫行者の華やかさに圧倒されて、すっかり影の薄らいだ感じだが、猪悟能《ちよごのう》八戒も亦《また》特色のある男には違いない。兎《と》に角《かく》、此の豚は恐しく此の生を、此の世を愛しておる。嗅覚・味覚・触覚の凡てを挙げて、此の世に執《しゆう》しておる。或る時八戒が俺に

二　次の文章を読み、後の問いに答えなさい。

三蔵法師は不思議な方である。実に弱い。驚く程弱い。変化の術も固《もと》より知らぬ。途《みち》で妖怪《ばけもの》に襲われれば、直《す》ぐに摑《つか》まって了《しま》う。弱いというよりも、まるで自己防衛の本能が無いのだ。此の意気地の無い三蔵法師に、我々三人が斉《ひと》しく惹《ひ》かれているというのは、一体どういう訳だろう？（こんな事を考えるのは俺だけだ。悟空も八戒も唯《ただ》何となく師父を敬愛しているだけなのだから。）私は思うに、我々は師父のあの弱さの中に見られる①或《あ》る悲劇的なものに惹かれるのではないか。之こそ、我々・妖怪からの成上《なりあが》り者には絶対に無い所のものなのだから。三蔵法師は、大きなものの中に於《お》ける自分の（或いは人間の、或いは生物の）位置を――その哀れさと貴さとをハッキリ悟っておられる。しかも其の悲劇性に堪《た》えて尚《なお》、正しく美しいものを勇敢に求めて行かれる。確かに之だ、我々に無くて師に在るものは。成程《なるほど》、我々は師よりも腕力がある。多少の変化の術も心得ている。併《しか》し、一旦己の位置の悲劇性を悟ったが最後、金輪際《こんりんざい》、正しく美しい生活を真面目に続けて行くことが出来ないに違いない。あの弱い師父の中にある・この貴い強さには、全く驚嘆の外は無い。内なる貴さが外の弱さに包まれている所に、師父の魅力があるのだと、俺は考える。

全く、悟空のあの実行的な天才に比べて、三蔵法師は、なんと実務的には鈍物であることか！　だが、之は二人の生きることの目的が違うのだから問題にはならぬ。外面的な困難にぶつかった時、師父は、②それを切り抜ける途を外に求めずして、内に求める。つまり自分の心をそれに耐え得るように構えるのである。いや、其の時慌てて構えずとも、外的な事故に依って内なるものが動揺を受けないように、平生《へいぜい》から構えが出来て了っている。何時何処《いつどこ》で窮死しても尚幸福であり得る心を、師は既に作り上げておられる。だから、外に途を求める必要が無いのだ。我々から見ると危くて仕方の無い肉体上の無防禦《むぼうぎょ》も、つまりは師の精神にとって別に大した影響は無いのである。悟空の方は、見た眼には頗《すこぶ》る鮮やかだが、しかし彼の天才を以ってしても尚打開できない様な事態が世には存在するかも知れぬ。併し、師の場合には其の心配は無い。師にとっては、何も打開する必要が無いのだから。

悟空には、※1嚇怒《かくど》はあっても苦悩は無い。歓喜はあっても憂愁《ゆうしゅう》は無い。彼が単純に斯《こ》の生を肯定できるのに何の不思議もない。三蔵法師の場合はどうか？　あの病身と、禦《ふせ》ぐことを知らない弱さと、常に妖怪共の迫害を受けている日々とを以てして、なほ師父は怡《たの》しげに生を肯《うべな》われる。之は大したことではないか！

問六　傍線部⑥「そんな単純な話ではありませんよ」とありますが、単純ではなくて、どのようだと主張しているのですか。最もふさわしいものを選び、記号で答えなさい。

ア　ハイコンテクスト社会かローコンテクスト社会かを決める手掛かりは非言語コミュニケーションの中の身振り手振りだけが決めるわけではない。

イ　ハイコンテクスト社会である日本では言語を使わなくてもコミュニケーションが可能であるため、非言語コミュニケーションを重要視して伝えてきた文化がある。

ウ　ローコンテクスト社会もハイコンテクスト社会も関わりなく、身振り手振りが大きいのは、その社会の性質的な問題であり、言語とは関係ない。

エ　ローコンテクスト社会であるからこそ、アメリカでは身振り手振りも重要なコミュニケーションツールとして意識的に捉え、努力して身につけようとする。

問七　空欄 ⑦ にあてはまる文章として最もふさわしいものを選び、記号で答えなさい。

ア　周囲に主張しようというつもりは無い。自分の内面と対話するのみである。

イ　怒りを他にぶつけようとする気持ちは無い。耐えるのみである。

ウ　ほとんど見た目上の変化は無い。絶句して佇《たたず》むのみである。

エ　黙って我慢しようとする習慣は無い。復讐あるのみである。

問八　本文からは次の一文が脱落しています。補うべき箇所として最もふさわしいものを本文中の空欄 A ～ D から選び、記号で答えなさい。

アクションによる表現は、社会人として大事な能力である。

問二　空欄［②］にあてはまる文として最もふさわしいものを選び、記号で答えなさい。

ア　夫が「おい」と言って顔を向けるだけで、妻は何も言わずに醤油の瓶を差し出すといった具合。

イ　夫がテレビを見ながら眠ってしまったので、妻がそっと毛布を掛けてやる、といった具合。

ウ　夫がいつもより青白い顔をしていたら、妻が、具合が悪いのではないか、と心配する具合。

エ　夫が「お茶」と言って湯呑を妻の方に差し出すと、妻がお茶を注ぐ、といった具合。

問三　傍線部③「この愚痴はかなり本質を突いている」とありますが、なぜ愚痴が生まれるのですか。その理由として最もふさわしいものを選び、記号で答えなさい。

ア　「ハイコンテクスト社会」よりも「ローコンテクスト社会」のほうが優れているから。

イ　若者が「ハイコンテクスト社会」を嫌うから。

ウ　日本は元々「ハイコンテクスト社会」であったから。

エ　年配者より若い世代のほうがハイコンテクストな関係を大切にしているから。

問四　空欄［④］にあてはまる語をひらがなで答えなさい。

問五　傍線部⑤「私なりに考えてみたい」とありますが、その答えとなる箇所を本文中より五十五字以上六十字以内で「～から」につながるように抜き出し、はじめと終わりの三字を答えなさい。

れない。

コミュニケーションに労力を割いてきたアメリカでは心理学も盛んだ。そうした土壌から、非言語コミュニケーションという専門分野が発達したのは当然のことである。こうなると非言語コミュニケーション関連の文献はアメリカのものばかりということになる。

そもそも、日本で非言語コミュニケーションを心理学的に研究しようとしても、難しいのではないか。たとえば、認知心理学では人間が外的な刺激を受け取ったときに、瞳孔の大きさの変化、瞼《まぶた》や眉の動きを計測しようとする。日本人は表情の変化が小さいので、機械で計測できるほどのはっきりした差は出にくいのではないか。

たとえば、家に帰ってみると、愛車が何者かによってバラバラに解体されていた、とする。アメリカ人なら、「オー・マイ・ゴット」と言うだろう。日本人なら「ああ、なんてこった」と思う。

アメリカ人は、そういうとき上を見上げ、眉毛が上がり、口も大きく広がり、まいったなという顔になり、両手を広げ、手の平が上を向く。しかし、「ああ、なんてこった」と思う日本人には、［　⑦　］これでは実験しても計測が難しい。

しかし研究が進んでいることと、実態とが同じではないのは言うまでもない。また、大げさな身振り手振りが常態化していることが、そのまま非言語コミュニケーションに長けていることを意味するわけではない。むしろハイコンテクスト社会のほうが、その構成員たちの非言語コミュニケーション能力は高い、という見方も成立する。「ハイコンテクスト」「ローコンテクスト」という分類は、そのことを示しているのだ。

（竹内一郎『やっぱり見た目が9割』より）

問一　傍線部①「アメリカ人はなぜアラブ人と理解し合えないのか」とありますが、その理由を次のようにまとめた場合、空欄AとBにあてはまる表現を本文中よりそれぞれ（　）内に指定された字数で抜き出し、はじめと終わりの三字を答えなさい。

アラブ諸国では【　A（三十五字以内）　】のに対して、
アメリカでは【　B（四十五字以内）　】を持つことが必要だから。

と遅れる」でいいが、取引先の人だと「十五分遅れます」ときちんと言わなくてはならない。

ホールの指摘が画期的だったのは、ハイコンテクストとローコンテクストに優劣をつけていない点である。私たちは、ついつい身振り手振りが大きい人のほうを「非言語コミュニケーションに長《た》けている」と感じてしまう。でも、⑥そんな単純な話ではありませんよ、とホール先生は教えてくれている。

実はこのあたり、私も勘違いしていた時期がある。[A]

非言語コミュニケーションの研究では、アメリカが世界の最先端を走っている。日本で、この分野の研究に多額の研究費を割いている大学は皆無だといっていい。

そのため、私は非言語コミュニケーションそのものの先進国もアメリカである、という思い込みを持ってしまったのだ。

[B]しかし、実際にはそうではない。

アメリカは多言語民族国家だから、言語の習得も大事だが、非言語コミュニケーションについても意識的でなければならない。私たちが外国を旅行するとき、言葉が通じなければ、身振り手振りで何とか意思を伝えようとするが、それが常態の国なのである。かくして、非言語コミュニケーションも含めた自己表現能力は重要な能力となる。

アメリカの名門私立大学の多くには演劇学科が設置されている。日本の地方国立大学に相当する州立大学も同様のようだ。そんなに皆がスターを目指しているのか。そうではない。もちろん俳優を目指す人もいるのだが、実はビジネスマンになる人がほとんどである。といっても夢がかなわなかったからではない。[C]そう考えているから、日本人が法学部や経済学部に進む感覚で演劇学科に入ってくる。

日本では法学部に入っても司法試験を受験する人はそう多くはない。建前としては、法律を通じて社会の仕組みを学び、社会人として優れた教養を身に付けるという目的の人がほとんどである。

アメリカの大学で演劇を専攻する学生たちの目的も、それと同じようなものだ。演技（アクション）はコミュニケーションの重要なツールであり、社会人として求められる能力だと考えているのである。

日本の場合、演劇を専攻できる大学は十校程度しかない。[D]それだけしかアクション教育・研究に税金を使っていないのに、国内のコミュニケーションが成り立っているということは、アメリカ人からみると奇跡的な状態かもしコンテクスト社会」ができたのかを⑤私なりに考えてみたい。

徳川家康が江戸幕府を開いたのは一六〇三年のこと。以降、諸大名は参勤交代で、本国と江戸を行き来する時代が二百年以上も続いた。中央集権体制ではあるが、それぞれの国は独立しているので、連邦政府ともいえる。どの殿様にも江戸詰めがあり、お互いの価値観を認め合わなくてはやっていけない。したがって方言は残っても、十七世紀の段階で共通語が安定していく。また、参勤交代があったために、江戸で栄えた文化が、日本中に流通していった。

ほぼ同じ日本語を全国で共有できていたので、基本的にコミュニケーションのうえで、言葉は障害にならなかった。このことは、かなり特異であったと思う。

同じ時代、欧米の先進国は植民地争奪戦の真っ只中にあった。言語・価値観のまったく異なる民族を従わせなくてはならない。言葉の障害だけでも膨大にあり、言語によるコミュニケーションに力を割かなくてはならなかった。

日本は東洋の端っこにある島国だったために、二百六十年もの間、戦争をすることなく、文化をゆったりと発酵させていった。言葉を尽くさなくても、アイ・コンタクトで通じ合う。表情やアクションも、細やかでなおかつ高度化していったのではないか。もちろん、他にもいろいろな要因があるのだろうが、私は江戸時代が「ハイコンテクスト社会」の形成に大きな影響を与えたのではないか、と考えている。

私たちは「空気を読む」という言葉をよく使う。「空気を読む」とは、どういう行為なのか――。その場にいる数人が、お互いの眼や表情の変化、小さなアクションの変化を、細やかに感じ、お互いの意思を通じ合わせて、「その場の世論」のようなものを形成していく技術のことである。これこそハイコンテクスト社会である。

空気それ自体に文字が書いてあるわけでもなく、バーコードが付いていることもない。物理的に「空気を読む」ことはできない。その場にいる人々の、細やかな表情の変化、こぶしの動きなどが総合的な「流れ」となって、〝空気〟をつくっていく。

とはいえ、日本人同士でも、就職試験の面接や初対面の相手などコンテクストが異なる人とコミュニケーションしなくてはならない。学生時代の友人や職場の仲間とは「ハイコンテクスト」コミュニケーションでよいが、外国人や社外の人とは「ローコンテクスト」コミュニケーション、と使い分ける意識が必要だろう。

日本人的な言い方をすれば、「公」と「私」の使い分けができる人間になろう、ということになる。友人が相手なら「ちょっり決めたがる社会と言ってもよい。いや、日本人でも若い人は、「『ちょっと』って何分のことかはっきり言ってくれないとわかりません」と言うかもしれない。こういう時に、年配者は「マニュアル世代は困る」と愚痴をこぼす。マニュアルとは言語情報のことだから、③この愚痴はかなり本質を突いていることになる。

アメリカのような多民族国家はまさに「ローコンテクスト社会」である。話される言語にしても、共通語は英語であるが、もともと英語以外にフランス語、ドイツ語、スペイン語を話す人たちが集まり、アフリカの諸地域から夥《おびただ》しい種類のアフリカ系言語を話す黒人が加わってきたという経緯がある。後には、アジア諸国からも多数の人たちが押し寄せて「アメリカ人」になっていった。言葉以外にも、習慣や価値観、人生観、宗教観が異なる。可能な限り論理的に話し、語義の明確な言葉を連ねて、誤解の少ないコミュニケーション力を持った人が優秀な人ということになる。ディベート力が大事で、交渉力はビジネスマンの重要な能力となる。

ホールのいう「ローコンテクスト社会」には、ドイツ、フランス、イギリスなども含まれる。これらの国は、民族は一つだが、隣の民族と戦《いくさ》を繰り返してきたために、「言うべきはきちんと言わなくてはならない」国ばかりである。また、「個」を重んじる社会でもある。

一方、アラブ諸国や日本は「団体行動」を重んじ、「個」は軽い。仲間うちだと言葉で限定しなくても、何となく通じ合える部分が大きい（ホールがアラブ諸国を研究しているとき、ルース・ベネディクトの『菊と刀』が発表された。優れた日本人論が出てきたことで、ホールは日本への興味を膨らませていったと思われる）。

ホールの指摘で嬉《うれ》しいのは、世界中でもっとも「ハイコンテクストな社会」を日本としていることである。親日家でもあるホールは、日本人のコミュニケーションの特徴ともいえる「［　④　］の呼吸」「ツーカーの仲」などを、一九六〇年代の段階で日本人の美風として評価している。

その時代は、この種の日本人的なコミュニケーション、たとえば「ジャパニーズ・スマイル」は欧米のビジネスマンには、むしろ悪しき習慣とされていた。日本人は自分の意見をはっきり言うことはなく、曖昧な微笑でどっちつかずの態度をとる、と。日本のビジネスマンも、アメリカ流の交渉力、ディベート力を身に付けて、国際人にならなくてはならないという意見は今でも根強い。

そんな時代にホールは、日本人のコミュニケーションの形を肯定的にとらえているのである。ではなぜ、世界一の「ハイ

二〇一九年度 山手学院高等学校

【国　語】（五〇分）〈満点：一〇〇点〉

※字数制限のあるものは、句読点および記号も一字とする。

一　次の文章を読み、後の問いに答えなさい。

アメリカの文化人類学者エドワード・ホールは一九六〇年代に刊行した『沈黙のことば』（南雲堂）や『かくれた次元』（みすず書房）で、世界の文化別にコミュニケーションのスタイルを比較している。ホールは生涯をかけて、「他民族とはなぜ理解し合えないのか」を空間認識や人間相互の距離から考察した文化人類学者である。おそらく①アメリカ人はなぜアラブ人と理解し合えないのか、が彼の研究テーマの一つだったはずである。それは今もって解決されていない。

彼はコミュニケーションのスタイルによって、社会を大きく二つに分けている。「ハイコンテクスト社会」と「ローコンテクスト社会」である。

コンテクストという少し耳慣れない言葉は、「コミュニケーションのベースにある空間感覚やお互いの距離感、それをつなぐ言語」と考えればよい。

「ハイコンテクスト」コミュニケーションとは、コンテクストを共有する度合が高いこと。論理的な言葉で客観的にいちいち説明しなくても、相手の意図を察し合い、お互いの意図を通じ合わせる文化のことである。

わかりやすく言えば、何十年も連れ添った夫婦は「ハイコンテクスト文化」を共有していると言えるだろう。たとえば［　②　］ほとんど言葉以外の情報でお互いを察しあっている。

一方、「ローコンテクスト社会」は、言葉で厳密に限定し合う社会のことである。たとえば「ちょっと待ってくれる？」と言われた場合、日本人なら前後関係で「およそ、このくらいの時間」と思うが、それでは納得せずに何分待つのか、きっち

英語解答

1 問1 (あ) fastest (い) shorter
(う) grew (え) known
(お) dangerous (か) felt
(き) used
問2 ア…2 イ…4 ウ…1 エ…3
問3 (a)…1 (b)…2 (c)…4
問4 3 問5 3

2 問1 1 問2 4 問3 1
問4 2 問5 4

3 1) 1 2) 1 3) 4 4) 2
5) 2 6) 4

4 1) 1 2) 3 3) 4 4) 1
5) 4

5 1) ①…10 ②…6
2) ①…9 ②…2
3) ①…2 ②…7
4) ①…6 ②…2
5) ①…7 ②…6

6 ア doing イ Nothing ウ go
エ That オ about

7 (1) yesterday (2) uncle
(3) German (4) lawyer
(5) planet

1 〔長文読解総合—説明文〕

≪全訳≫❶多くの人たちが，サッカーは世界で最も人気のあるスポーツだということに同意するだろう。紀元前200年につくられ，「ボールを蹴る」という意味の「蹴鞠《チュウジュ》」と呼ばれた中国の競技が，サッカーの最古の形だと考えられている。サッカーは2000年以上を経て40億人ものファンを獲得してきた。ア それは世界人口の半分以上である。❷サッカーは世界で最も人気のあるスポーツかもしれないが，今日，バスケットボールが世界で最も急成長しているスポーツである。約8億2500万人のファンがいるが，バスケットボールはサッカー，クリケット，ホッケー，テニス，バレーボール，卓球ほど人気はない。しかし，バスケットボールはそれらのどのスポーツよりもはるかに歴史が短い。❸バスケットボールはアメリカでつくられたが，おもしろいことに，アメリカ人によってつくられたのではない。その競技は1891年にジェームズ・ネイスミス博士というカナダ人によって考案された。彼はカナダ東部で育ち，大学でカナディアンフットボール，ラクロス，ラグビー，サッカー，アイスホッケーをするとても才能のあるスポーツ選手だった。❹大学卒業後，彼はニューイングランドとして知られるアメリカ北東地域にあるYMCAで体育を教えるためにアメリカに渡った。ニューイングランドは雪や寒い冬で有名である。冬の間はとても寒かったので，彼は練習や運動をするために学生たちを外に連れ出すことができなかった。彼の生徒たちは屋内ですべき楽しいことが多くはなかったので，退屈して落ち着きがなくなった。❺ネイスミスの上司であるギューリック博士は彼に，習得しやすく屋内でできる競技をつくってほしいと頼んだ。さらに，陸上競技の学生たちを冬の間活動的にしておくものでなければならず，またあまり危険なものであってはならなかった。❻彼は当時の最も人気のあった団体競技について考えた。イ 彼はラグビー，ホッケー，ラクロス，サッカー，野球，フットボールには2，3の共通点があると気づいた。それらは全てボールを使い，ゴールがあり，ほとんどの選手がボールとともに移動する間にけがをした。❼基本的に，大きいか小さいかの2種類のボールがあった。小さいボールを使う競技はバットやテニスラケット，ホッケースティックのようなより多くの道具を用いることが多かった。ネイスミスは，もっと道具を増やすと彼の新しい競技がより習得しにくくなり，けがの危険も高めるだろうと感じた。彼は，大きめのボールを使う競技の方が，投げたり捕ったりする技術をそれほど多く必要としないのでより習得しやすいと思った。彼はサッカーボールが最も安全な選択だろうと決めた。❽彼はまた，それらのスポーツの身体的接触のほとんどが，選手がボールとともに走っているときに起こることに気づいた。最も初期の形のバスケットボールでは，選手はボールを持って走ることはできなかった。しかし，彼らはそれをコート上のどのチームメイトにも投げることができた。彼はこれが身体的接触とけがの両方を制限するだろうと思った。❾当時人気のあったスポーツ全てにゴールがあった。ラグビーとフットボールにはゴールラインがある。テニスやバドミントンにはコートの境界線がある。そのうえ，サッカー，ラクロス，ホッケーは選手が得点のためにボールを投げ入れることのできるネットを使う。ウ点を取る方法がないと，学生たちはその競技に興味を失うだろう。❿点を取る方法は，選手がボールを箱の中に投げ入れることにしようと彼は決定した。しかし，箱が地面にあったら，選手がゴールを守るのはあまりに簡単だろう。さらに，守っている選手はボールが箱の中に入るのを食い止めるのに手や体を使うことができるので，けがをする危険性がより大きいだろう。もしゴールを選手たちの頭上高くに上げれば，得点をあげる唯一の方法は選手がボールをディフェンダー越しに箱の中に投げ入れることになる。選手たちが顔面にボールをぶつけることはほぼなくなるだろう。⓫彼は全く箱が手に入らなかったので，ゴールに桃の「バスケット」を使って，それらを学校の体育館の屋内バルコニー，床から10フィート(約3メートル)の所に掛けた。床からのその距離は現在も採用されている。彼は他のルールもつくったが，ボールの運び方と得点の仕方は「バスケット・ボール」の基礎すなわち基本ルールとなった。⓬その競技は大成功だった。エそれは屋内ですることができ，習得しやすく，陸上競技のスポーツ選手にとってよい運動であり，最も重要なことに，楽しかった。最初のバスケットボール競技は実際にはサッカーボールを使って行われた。1チームに9人の選手がいて，ドリブルはしなかった。それは今日の競技とはとても異なっていた。今日の競技ではオレンジ色のバスケットボールを使い，1チームに5人の選手がいて，ドリブルを多用する。⓭YMCAの尽力のおかげで，バスケットボールはアメリカ合衆国中で，そして国際的に普及した。大学どうしで対戦するためのチームをつくり始め，YMCAのメンバーはその競技を世界的に教え始めた。つくられてから40年もしないうちに，バスケットボールは1936年のオリンピックで正式種目になった。⓮ほどなくして，アメリカ合衆国の大学は自分たちの試合をテレビで放送し始めた。それはすぐにバスケットボールがアメリカ合衆国内に，また世界的に広まる手助けをした。しかし，屋内スポーツであること，ほとんど道具が必要でないこと，習得しやすいことが，その人気の最も重要な理由である。

問1＜語形変化＞(あ)butの前後の文が対比されていることに着目する。前の文でthe world's most popular「世界で最も人気のある」と最上級が用いられているので，これと対応するようにfastも最上級にする。 (い)後にthanが用いられているので，比較級にする。直前のmuchは，比較級を強調している。 (う)過去のことを述べている文なので，過去形にする。 grow－grew－grown (え)「ニューイングランドとして知られるアメリカ北東地域」という意味だと推測できるので，受け身の意味を持つ過去分詞の形容詞的用法を用いる。 know－knew－known (お)前のbe動詞とともに用いる形として，dangerous「危険な」という形容詞が適する。 (か)過去のことを述べている文なので，過去形にする。 feel－felt－felt (き)主語はThat distance from the floor。isに着目して，受け身形の'be動詞＋過去分詞'で「使われている」とする。

問2＜適文選択＞ア．サッカーには40億人ものファンがいるという文に続くので，2が適切。Thatは40億人を指し，それが「世界人口の半分以上」に当たる。 イ．直後に，競技の共通点が3つ述べられているので，複数の競技を例示した4が適切。直後の文のTheyは，rugby, hockey, lacrosse, soccer, baseball and footballを指す。 ウ．第9段落では，人気のあるスポーツにはゴールがあることが述べられている。前文では，サッカー，ラクロス，ホッケーでは得点のためにネットを使うと述べられているので，点を取る方法が話題となっている１が適切。第10段落第１文にthe way to score pointsとあり，話がつながる。　エ．前文では「バスケット・ボール」が大成功だったと述べられているので，その理由となる３が適切。It はthe game を指す。

問３＜適語選択＞(a)第４段落第１文のatは‘場所’を表す。また，第９段落第１文では，at the timeで「当時」という意味。　(b) soは，第４段落第３文では‘so ～ that …’「とても～なので…」の形で，第11段落第１文では前の文の結果を述べて「そこで」という意味で用いられている。(c)第４段落第３文のtakeは「～を連れていく」，第７段落第４文のtakeは「～を必要とする」。

問４＜内容真偽＞１．「バスケットボール競技は中国の競技に基づいている」…×　第１段落第２文参照。バスケットボールではなくサッカー。　２．「サッカーにはバスケットボールの２倍多くのファンがいる」…×　第１段落第３文と第２段落第２文参照。サッカーのファンは40億人，バスケットボールのファンは約８億2500万人。　３．「最初のバスケットボール競技では18人の選手がいた」…○　第12段落第４文参照。１チームに９人の選手がいた。　４．「バスケットボール競技はアメリカのニューイングランドでギューリック博士という名前のカナダ人によってつくられた」…×　第５段落第１文参照。つくったのはネイスミス博士で，ギューリック博士は彼の上司。

問５＜内容真偽＞１．「競技の考案者は道具がより少ないことで競技がより安全になるだろうと思った」…○　第７段落第３文参照。ネイスミスはより多くの道具がけがの危険性を高めると思った。　２．「もとは，選手は他者にパスすることでだけボールを移動させることができた」…○　第８段落第２，３文参照。　３．「バスケットボールは試合がテレビで放送されたという理由だけで人気が出た」…×　最終段落参照。バスケットボールの特徴そのものが人気の重要な理由である。　４．「バスケットは，ディフェンスをより難しくしてけがの数を減らすためにバルコニーから下げられた」…○　第10段落第３，４文と第11段落第１文参照。

2〔長文読解総合―対話文〕

≪全訳≫❶キャロル(Ｃ)：どうしたの？　動揺しているみたいね。コンピュータで何か困ってるの？❷ジェーン(Ｊ)：いいえ，そういうわけではないの。この会社のアカウントをつくりたいんだけど，アメリカの住所がないとできないのよ。❸Ｃ：ごめんなさい，言ってることがわからないわ。❹Ｊ：あら，ごめんなさい。アークが犬のDNA検査をしていることを知ったの。アークの犬のほとんどは純血種じゃないから，たいてい見た目からどんな種類の犬なのか推測しなければならないのよ。DNAを検査するともっとはっきりさせられるから，推測しなくて済むわ。彼らのウェブサイトには犬の写真と一緒に検査の結果が載ってる。私も，ユズを検査してもらうためにオンラインで検査キットを買ったの。検査をしたから送りたいんだけど，まずアカウントをつくらなくてはいけないのよ。つくろうとしてたんだけど，アメリカの住所と郵便番号が必要なの！❺Ｃ：日本でキットを買ったのに，日本の住所が使えないってこと？　それは変ね！❻Ｊ：わかってる！　全く意味がわからないわ！❼Ｃ：じゃあ，どうするつもり？　連絡した？❽Ｊ：できるだけ早くキットを送りたいから，ひとまず友達のデビーの住所を使ったわ。メールを出すけどね。日本のお客さんのほとんどはアメリカの郵便番号を持っていないでしょう。そうした人たちにしてみたら本当に困っちゃうでしょうね。キットは高かったし…❾Ｃ：日本にいる人たちが日本の住所を使えるように調整してくれるといいわね。ところで，どうやってその検査をしたの？　血液検査？❿Ｊ：ううん，本当に簡単よ。ちょっとした歯ブラシみたいな小さいブラシを受け取るの。犬の口の中にそのブラシをかけるのよ。ユズは全く気にしなかったわ。それから15分間乾かして，特別な封筒に入れてアメリカに送るの。⓫Ｃ：検査結果はどうなるかしら？⓬Ｊ：ユズをもらったとき，母犬に会ったの。ハスキー犬のようだったけど，純血種っぽくはなかったな。ユズのお父さんには会ってない。DNA検査で犬の両親，祖父母，曾祖父母がどんな犬種なのかがわかるのよ。本当にすごいわ！13 C：そうね，知るのは興味深いことでしょうけど，知らなければならない本当の理由があるの？　あなたやユズにとって結果は何になるの？14 J：ただ知りたいっていうのがほとんどだったけど，調査するもっともな理由があるの。「犬種を特定した訓練」って聞いたことある？15 C：いいえ，ないわ。どういうこと？16 J：仮に犬をいくつかのグループに分けるとしましょう。中には自分たちの鼻を使うのが大好きなグループがあるわ。庭に隠された強いにおいのするものを楽しんで見つけるから，強いにおいのするものをごほうびとしてあげると訓練するのが簡単になるでしょう。17 C：空港の使役犬みたいなこと？18 J：／→エ．それは一例だと思うけど，私は実際にはただ犬と楽しい時間を過ごすことを言っているの。／→ウ．もし犬がにおいを好きだったら，「嗅覚ハウンド」のグループに入るでしょう。／→ア．古い靴下に強いにおいのするものを入れて隠しておくだけで犬を忙しくさせておくことができる。／→イ．忙しい犬は退屈している犬より幸せよ。19 C：結果が出たら教えてね。20 J：そうするわ。21 1か月後…22 J：ねぇ，キャロル，DNAの結果が出たわ！　驚いたわ！23 C：本当？　ユズは思ったとおりハスキーなの？24 J：驚いたことに，違うのよ！25 C：それじゃ何なの？26 J：お母さんはほぼ柴犬と秋田犬の雑種で，お父さんはマラミュート犬なの。27 C：すごい！　両親の犬種がわかったのね！　検査はどのくらいまでさかのぼって示してくれるの？28 J：曾祖父母が何だったかさえわかったわ。29 C：それはすごいわね。訓練のやり方を変えるつもり？30 J：少しね。結果はユズのするおかしなことをいくつか説明しているのよ。あと，柴犬は皮膚に問題があることが多いから，それにいつも注意しておかなくちゃ。秋田犬も健康上の問題があることがあるって。31 C：それは検査をする本当にいい理由ね。じゃあ，ある種の血統がある種の病気を持っているってこと？32 J：そうね。検査はユズが抱えるかもしれないことを知る助けになるから，獣医さんに相談することができるわ。33 C：それじゃあ，DNA検査は飼い主が自分の犬の病気を認識する助けになるかもしれないのね？34 J：ときには，そうね。問題を早いうちに見つける助けにもなるし。35 C：それはとても重要なことね。で，結局日本の住所を使えないことについて会社にメールは書いたの？36 J：ええ，親切に返事もくれたわ。37 C：何ていってた？38 J：キットをオンラインで販売したけれど，商品が日本ほど離れた所で売られているという考えが全くなかったそうよ。39 C：日本の住所を受け入れ始めるかしら？40 J：そうだといいわね。41 C：よりよく訓練できるようにあなたの猫たちを検査するつもり？42 J：そんなことすると思う？　とにかく私の言うことなんてちっとも聞かないんだから。

問１＜文脈把握＞下線部は「全く意味がわからないわ！」という意味。第４段落でジェーンは，オンラインで買ったキットを使い検査をしたのだが，送るためにはアカウントをつくらねばならず，その際にアメリカの住所と郵便番号が必要だと言っていることから，１の「日本のサイトからキットを注文できるが，アメリカの住所がないとそれを送ることはできない」が適切。

問２＜英問英答＞「どのようにDNA検査をするのか」―４．「自分の犬の口の中にブラシをかける」第10段落第３文参照。

問３＜文整序＞「犬種を特定した訓練」が話題になっている。直前の「空港の使役犬みたいなこと？」という質問に続くので，それは単なる一例で，犬と楽しい時間を過ごすことを言っているというエが最初にくる。その後は，犬がにおいを好きならば「嗅覚ハウンド」のグループに入るというウ，強いにおいのするものを隠しておけば犬を忙しくさせておくことができるというアの順に続く。him は your dog を指す。最後に，忙しい犬は退屈している犬より幸せだというイがくると話がまとまる。

問４＜適語選択＞２人はユズの両親の犬種について話している。直後に，ジェーンが検査によって曽祖父母の犬種もわかったと述べているので，How far back「どのくらいまでさかのぼって」とするのが適切。behind は定刻より「遅れて」という意味。

問５＜内容真偽＞１．「DNA 検査の結果を使うことはあなたが自分の犬を訓練するよりよい方法を選ぶ手助けをすることができる」…○　第14，16段落参照。　２．「アメリカの会社は日本の顧客が自分たちのキットをオンラインで買っていることに気づいていなかった」…○　第38段落参照。　３．「ジェーンは自分の猫を訓練することを計画していない」…○　第41，42段落参照。　４．「飼い主は自分の犬の病気を見つけるために『犬種を特定した訓練』を使うことができる」…×　第33，34段落参照。犬の病気は，「犬種を特定した訓練」ではなく DNA 検査で認識できる。

3〔適語(句)選択〕

1) attended という一般動詞の過去形が使われているので，付加疑問は ‘didn't＋主語(ここでは you)’ となる。　「あなたは今朝の会合に出席したのですよね？」

2) 不変的な事実を述べるときは現在形を用いる。　「地球は太陽の周りを回っている」

3) ‘every＋基数＋複数名詞’ で「～おきに」。　「どのくらいの頻度でバスは出ていますか？」―「20分おきです」

4)「私たちは何も買うことができなかった」とあるので，「～のどれも…でない」の意味を表す none of ～ が適切。「どの店も開いてなかったので，私たちは何も買うことができなかった」

5) ‘with＋名詞＋形容詞’ で「～が…したままで」という意味を表せる。　「口に物を入れたまましゃべるな」

6) be away は「いない」という意味。「～までずっと」という ‘継続’ は until で表せる。by は「～までに」という ‘期限’ を表すので，ここでは不適切。　「ケンタは海外に行ってしまった。彼は木曜日までいないだろう」

4〔対話文完成―適語(句)選択〕

1) Ａ：まだ７時50分だ。いくらか時間があるね。／Ｂ：いや，もう８時だよ。その時計は10分遅れてるんだ。∥７時50分ではなく，もう８時なのだから，時計の進み・動きが「遅い」ことを表す slow が適切。late は１日のうちで時間帯が遅いことを表す。

2) Ａ：学校で一番好きな科目は何？／Ｂ：科学だよ。∥favorite は「一番好きな，大のお気に入りの」という意味で，それ自体が最上級的な意味を持つので，比較級や最上級はない。

3) Ａ：この夏は何をする予定なの？／Ｂ：車の運転の仕方を習うつもりさ。∥勉強・練習・経験を通じ，結果として何かを「習得する，身につける」という意味を表す learn が適切。study は勉学や研究について用いるのが一般的である。

4) Ａ：もっとご飯をもらえますか？／Ｂ：もちろん。∥Can I have ～？で「～をもらえますか？」。「もっと，もう少し」という意味を表す some more が適切。疑問文では some ではなく any を使うのが一般的だが，‘許可’ や ‘依頼’ の文などで肯定の答えが期待される場合は some を用いる。

5) Ａ：得点はどう？／Ｂ：ベイスターズが３点リードしている。∥‘by＋数字(＋名詞)’ で ‘差異’ を表せる。

5〔書き換え―整序結合〕

1)「東京の方がニューヨークよりも多くの人たちが住んでいる」→「東京の人口はニューヨークの人口より多い」　The population of Tokyo「東京の人口」とまとめ，これを主語にする。次に is larger than ～ を続け，比較級の文にする。比較級の文では同類のものを比べるので，‘～’ は

that of New York。このthatはthe populationの繰り返しを避けるための代名詞。不要語はit。The population of Tokyo is larger than that of New York.

2)「私は今週の金曜日遅くまで働かなくてはならないかもしれない」→「私は今週の金曜日遅くまで働かなくてはならない可能性がある」　「～かもしれない」を「～の可能性がある」と読み換え，It's possible that ～「～という可能性がある」で始める。これはItがthat以下を指している形式主語の構文である。‘～’には文がくるので，Iで始めて，次にwill have to work「働かなくてはならないだろう」とまとめる。不要語はable。　It's possible that I will have to work late this Friday.

3)「私を横浜スタジアムまで連れていっていただけますか？」　Would you mind ～ing？「～していただけますか？」は‘依頼’の表現。mindの後には動名詞(～ing)が続く。‘take ～ to …’で「～を…に連れていく」。不要語はat。　Would you mind taking me to Yokohama Stadium, please？

4)「ベンはレストランを探している。それはあの建物の5階にある」→「ベンが探しているレストランはあの建物の5階にある」　上の文は2文だが，下の文は1文であることに着目する。The restaurant is on the fifth floor of that building「そのレストランはあの建物の5階にある」が文の骨組み。restaurantの直後に，Ben is looking for「ベンが探している」という関係詞節を置く(目的格の関係代名詞は省略)。不要語はplace。　The restaurant Ben is looking for is on the fifth floor of that building.

5)「私は今までそんなに悲しい話を聞いたことがない」→「それは私が今まで聞いた中で最も悲しい話だ」　「今までそんなに～な話を聞いたことがない」を「それは今まで聞いた中で最も～な話だ」と読み換える。That isで始めて，次にthe saddest story「最も悲しい話」とまとめる。これを先行詞として，I've ever heard「私が今までに聞いた」という関係詞節を続ける(目的格の関係代名詞は省略)。不要語はnever。　That is the saddest story I've ever heard.

6〔対話文完成―適語補充〕

A：明日は何をするの？／B：特に何もしないよ。なんで？／A：スケートに行きたい？／B：それはいいね。何時？／A：1時はどう？／B：わかった。また明日。//ア．続く内容から，何をするのか尋ねているのだとわかる。現在進行形で，近い未来のはっきりとした予定を表せる。　イ．「何も特別なことはしない」とすると話がつながる。Nothingを修飾する形容詞(ここではspecial)はその後に置く。　ウ．go ～ingで「～しに行く」。　エ．「スケートに行く」という具体的な物事・アイデアについて「それはいいね」と意見を述べているので，Thatが適切。　オ．How about ～？は，「～はいかがですか？」と相手の意見を求めるときに用いる表現。

7〔単語の関連知識〕

(1) future「未来」に対応するのが今日から1日後のtomorrow「明日」なので，past「過去」に対応するのは今日の1日前のyesterday「昨日」となる。

(2) mother「母」とfather「父」は対になる女性と男性の関係。aunt「おば」と対になる男性はuncle「おじ」。

(3) Japan「日本」とJapanese「日本語，日本人」は対になる国名と言語・国民の関係。Germany「ドイツ」と対になる言語・国民はGerman「ドイツ語，ドイツ人」。

(4) student「生徒」はstudy「勉強」をする人。law「法律」を扱う人はlawyer「弁護士，法律家」。

(5) sun「太陽」はstar「恒星」の1つ。earth「地球」はplanet「惑星」の1つ。

2019年度／山手学院高等学校

数学解答

1 (1) $-\dfrac{10}{3}$ (2) $\dfrac{10+\sqrt{2}}{7}$ (3) $-\dfrac{a}{6}$
(4) $-\dfrac{15xy^5}{4}$
(7) $60°$ (8) $\dfrac{4}{3}\pi$ cm
(9) $\dfrac{4\sqrt{3}}{3}\pi$ 倍

2 (1) $x=-30$ (2) $x=\dfrac{6}{5}$, $y=-\dfrac{1}{5}$
(3) $x=\dfrac{1\pm\sqrt{2}}{3}$

3 (1) $(x+2)(x-2)(y+1)$
(2) 8個 (3) 6 (4) 1
(5) 1, 22, 43 (6) 6.1時間

4 (1) ア…3 イ…27 (2) $-\dfrac{3}{2}$
(3) 2, $1\pm\sqrt{7}$

5 (1) $8\sqrt{2}$ (2) $\dfrac{28\sqrt{2}}{3}$ (3) $3\sqrt{17}$

6 (1) $120°$ (2) $\dfrac{1}{18}$ (3) $\dfrac{5}{24}$

1 〔独立小問集合題〕

(1)＜数の計算＞与式 $=-27+\dfrac{27}{2}\div\left(\dfrac{3}{4}\right)^2-\dfrac{1}{3}=-27+\dfrac{27}{2}\div\dfrac{9}{16}-\dfrac{1}{3}=-27+\dfrac{27}{2}\times\dfrac{16}{9}-\dfrac{1}{3}=-27+24-\dfrac{1}{3}=-3-\dfrac{1}{3}=-\dfrac{9}{3}-\dfrac{1}{3}=-\dfrac{10}{3}$

(2)＜平方根の計算＞$\dfrac{1}{\sqrt{2}+1}$ の分母・分子に $\sqrt{2}-1$ をかけて，$\dfrac{1\times(\sqrt{2}-1)}{(\sqrt{2}+1)(\sqrt{2}-1)}=\dfrac{\sqrt{2}-1}{2-1}=\sqrt{2}-1$ となるから，$2-\dfrac{1}{\sqrt{2}+1}=2-(\sqrt{2}-1)=2-\sqrt{2}+1=3-\sqrt{2}$ である。よって，与式 $=\dfrac{1}{3-\sqrt{2}}+1$ となり，$\dfrac{1}{3-\sqrt{2}}$ の分母・分子に $3+\sqrt{2}$ をかけて，与式 $=\dfrac{1\times(3+\sqrt{2})}{(3-\sqrt{2})(3+\sqrt{2})}+1=\dfrac{3+\sqrt{2}}{9-2}+1=\dfrac{3+\sqrt{2}+7}{7}=\dfrac{10+\sqrt{2}}{7}$ となる。

(3)＜式の計算＞与式 $=\dfrac{-4(3b-2a)-3(3a-4b)}{6}=\dfrac{-12b+8a-9a+12b}{6}=-\dfrac{a}{6}$

(4)＜式の計算＞与式 $=(-8x^3y^6)\times\dfrac{3x^2y}{10}\div\dfrac{16x^4y^2}{25}=-\dfrac{8x^3y^6\times3x^2y\times25}{10\times16x^4y^2}=-\dfrac{15xy^5}{4}$

2 〔独立小問集合題〕

(1)＜一次方程式＞$\dfrac{1}{5}x-3=\dfrac{x-6}{4}$ として，両辺を 20 倍すると，$4x-60=5(x-6)$，$4x-60=5x-30$，$4x-5x=-30+60$，$-x=30$　$\therefore x=-30$

(2)＜連立方程式＞$\dfrac{x}{3}-\dfrac{y-1}{2}=1$……①，$\dfrac{x}{0.2}-\dfrac{y-1}{0.3}=10$……②とする。①×6 より，$2x-3(y-1)=6$，$2x-3y+3=6$，$2x-3y=3$……①′　②×0.6 より，$3x-2(y-1)=6$，$3x-2y+2=6$，$3x-2y=4$……②′　①′×2－②′×3 より，$4x-9x=6-12$，$-5x=-6$　$\therefore x=\dfrac{6}{5}$　これを①′に代入して，$\dfrac{12}{5}-3y=3$，$-3y=\dfrac{3}{5}$　$\therefore y=-\dfrac{1}{5}$

(3)＜二次方程式＞$(3x-1)^2=2$，$3x-1=\pm\sqrt{2}$，$3x=1\pm\sqrt{2}$　$\therefore x=\dfrac{1\pm\sqrt{2}}{3}$

3 〔独立小問集合題〕

(1)＜因数分解＞与式 $=x^2y+x^2-4y-4=x^2(y+1)-4(y+1)$ と変形し，$y+1=A$ とおくと，与式 $=x^2A-4A=(x^2-4)A=(x+2)(x-2)A=(x+2)(x-2)(y+1)$ である。

(2)＜関数―座標＞y が x に反比例するので，この関数の式を $y=\dfrac{a}{x}$ とおくと，$a=xy$ であり，$x=-\dfrac{2}{5}$ のとき，$y=-15$ だから，$a=-\dfrac{2}{5}\times(-15)=6$ となる。よって，この関数の式は $y=\dfrac{6}{x}$ となるから，条

件を満たす点は(1，6)，(2，3)，(3，2)，(6，1)，(−1，−6)，(−2，−3)，(−3，−2)，(−6，−1)の8個ある。

(3)＜二次方程式の応用＞この方程式を解くと，解の公式より，$x=\dfrac{-(-6)\pm\sqrt{(-6)^2-4\times1\times a}}{2\times1}=\dfrac{6\pm2\sqrt{9-a}}{2}=3\pm\sqrt{-a+9}$ となる。よって，大きい方の解から小さい方の解をひくと，$(3+\sqrt{-a+9})-(3-\sqrt{-a+9})=3+\sqrt{-a+9}-3+\sqrt{-a+9}=2\sqrt{-a+9}$ と表せる。これが $2\sqrt{3}$ だから，$2\sqrt{-a+9}=2\sqrt{3}$ より，$\sqrt{-a+9}=\sqrt{3}$，$-a+9=3$，$a=6$ となる。

(4)＜式の利用＞a は5でわると4余り，b は5でわると1余るから，$a=5m+4$，$b=5n+1$(m，n は整数)と表せる。これを a^2+ab+b^2 に代入すると，$a^2+ab+b^2=(5m+4)^2+(5m+4)(5n+1)+(5n+1)^2=25m^2+40m+16+25mn+5m+20n+4+25n^2+10n+1=25m^2+25mn+25n^2+45m+30n+21=5(5m^2+5mn+5n^2+9m+6n+4)+1$ となる。m，n が整数より，$5m^2+5mn+5n^2+9m+6n+4$ も整数となるから，a^2+ab+b^2 を5でわったときの余りは1となる。

(5)＜整数の性質＞$\dfrac{n+23}{3}$が自然数となるのは $n+23$ が3の倍数の場合である。n が自然数のとき，$n+23$ が3の倍数となるのは，$n+23=24$，27，30，……のときだから，$n=1$，4，7，……より，n は3でわると1余る自然数である。また，$\dfrac{50-n}{7}$が自然数となるのは $50-n$ が7の倍数の場合である。n が自然数のとき，$50-n$ が7の倍数となるのは，$50-n=49$，42，35，28，21，14，7のときだから，$n=1$，8，15，22，29，36，43となる。これらのうち，3でわると1余る自然数は1，22，43だから，条件を満たす自然数 n の値は1，22，43である。

(6)＜資料の活用—平均値＞表より，3時間以上5時間未満の人が3人で，その相対度数が0.15だから，全体の人数は，$3\div0.15=20$(人)である。これより，5時間以上7時間未満の人は，$20\times0.40=8$(人)である。また，それぞれの階級の階級値は小さい順に2時間，4時間，6時間，8時間，10時間だから，読書時間の総和は，$2\times2+4\times3+6\times8+8\times6+10\times1=4+12+48+48+10=122$(時間)となる。よって，平均値は $122\div20=6.1$(時間)である。

図1

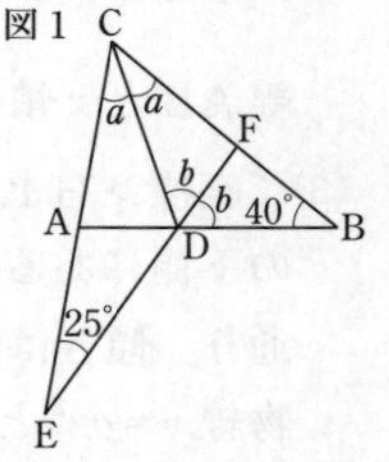

(7)＜図形—角度＞右図1のように，$\angle ACD=\angle BCD=a$，$\angle CDF=\angle BDF=b$ とおくと，△CDBで内角の和より，$a+2b+40^\circ=180^\circ$，$a+2b=140^\circ$……①が成り立つ。また，△CDEで内角と外角の関係より，$b=a+25^\circ$……②が成り立つ。②を①に代入すると，$a+2(a+25^\circ)=140^\circ$，$a+2a+50^\circ=140^\circ$，$3a=90^\circ$ より，$a=30^\circ$ となる。よって，$\angle BCA=2a=2\times30^\circ=60^\circ$ である。

図2

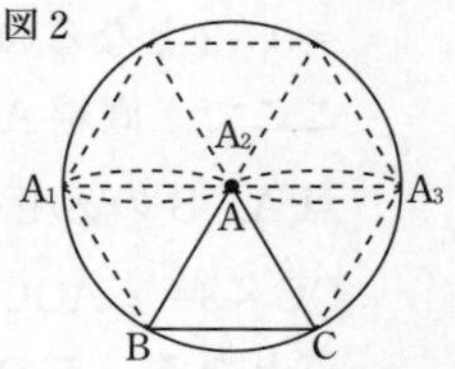

(8)＜図形—長さ＞右図2で，円の半径と正三角形ABCの1辺の長さが等しいので，点Aは円の中心と一致している。まず，△ABCが1回目に転がるとき，図2のように，点Bを中心に点Aが円周上の点A_1にくるまで回転する。このとき，点Aは半径1cm，中心角60°のおうぎ形の$\overset{\frown}{AA_1}$上を動くので，動いた道のりは $2\pi\times1\times\dfrac{60^\circ}{360^\circ}=\dfrac{\pi}{3}$(cm)である。以降，△ABCは5回転がるとはじめと同じ位置に戻り，点Aは$A_1\to A_2\to A_3\to A$と移動する。点Aはいずれも半径1，中心角60°のおうぎ形の$\overset{\frown}{A_1A_2}$，$\overset{\frown}{A_2A_3}$，$\overset{\frown}{A_3A}$上を動くから，求める道のりは，$\dfrac{\pi}{3}\times4=\dfrac{4}{3}\pi$(cm)である。

(9)＜図形—体積＞問題の投影図より，立体Ⅰは正三角錐，立体Ⅱは円柱である。また，立体Ⅰは立体Ⅱにぴったり入ることから，立体Ⅰと立体Ⅱの高さは等しく，立体Ⅰの底面の正三角形の3つの頂点をB，C，D，立体Ⅱの底面の円の中心をOとすると，次ページの図3のように，点B，C，Dは円Oの周上にある。図3で，円Oの半径を r とし，点Bから辺CDに垂線BHを引き，その延長と

$\overset{\frown}{\mathrm{CD}}$の交点をIとする。△BCDは正三角形で，垂線BHは中心Oを通り，$\angle \mathrm{CBH}=\frac{1}{2}\angle \mathrm{CBD}=\frac{1}{2}\times 60^\circ=30^\circ$となるから，円周角と中心角の関係より，$\angle \mathrm{COI}=2\angle \mathrm{CBI}=2\times 30^\circ=60^\circ$である。これより，△COHと△BCHはともに3辺の比が$1:2:\sqrt{3}$の直角三角形だから，$\mathrm{CH}=\frac{\sqrt{3}}{2}\mathrm{OC}=\frac{\sqrt{3}}{2}r$となり，$\mathrm{BH}=\sqrt{3}\,\mathrm{CH}=\sqrt{3}\times\frac{\sqrt{3}}{2}r=\frac{3}{2}r$，$\mathrm{BC}=2\mathrm{CH}=2\times\frac{\sqrt{3}}{2}r=\sqrt{3}r$である。よって，立体Ⅰ，立体Ⅱの高さを$h$とすると，それぞれの体積は，立体Ⅰが$\frac{1}{3}\times\triangle \mathrm{BCD}\times h=\frac{1}{3}\times\frac{1}{2}\times\sqrt{3}r\times\frac{3}{2}r\times h=\frac{\sqrt{3}}{4}r^2h$，立体Ⅱが〔円O〕$\times h=\pi r^2\times h=\pi r^2h$となる。したがって，立体Ⅱの体積は立体Ⅰの体積の，$\pi r^2h\div\frac{\sqrt{3}}{4}r^2h=\frac{4\sqrt{3}}{3}\pi$(倍)である。

図3

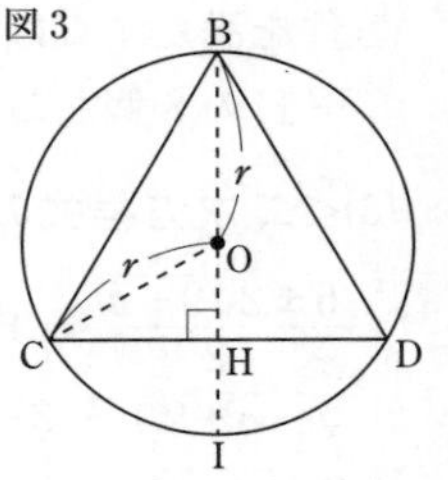

4 〔関数—関数 $y=ax^2$ と直線〕

(1)＜y座標の範囲＞放物線$y=ax^2(a>0)$で，比例定数aの値が大きくなるとき，この放物線上で，x座標が3である点Bのy座標の値も大きくなる。よって，点Bのy座標は，$a=\frac{1}{3}$のとき，$y=\frac{1}{3}\times 3^2=3$，$a=3$のとき，$y=3\times 3^2=27$となる。したがって，$\frac{1}{3}\leqq a\leqq 3$のとき，点Bの$y$座標がとりうる値の範囲は$3\leqq y\leqq 27$である。

(2)＜座標＞右図で，点A，Bは放物線$y=ax^2$上にあり，x座標はそれぞれ-1，3だから，$y=a\times(-1)^2=a$，$y=a\times 3^2=9a$より，A$(-1,\ a)$，B$(3,\ 9a)$である。よって，直線ABの傾きは$\frac{9a-a}{3-(-1)}=2a$だから，その式を$y=2ax+b$とおくと，A$(-1,\ a)$を通るので，$a=2a\times(-1)+b$，$a=-2a+b$，$b=3a$より，直線ABの式は$y=2ax+3a$となる。これに$y=0$を代入すると，$0=2ax+3a$，$2ax=-3a$，$a\neq 0$より，$x=-\frac{3}{2}$となるから，直線ABとx軸の交点のx座標は$-\frac{3}{2}$である。

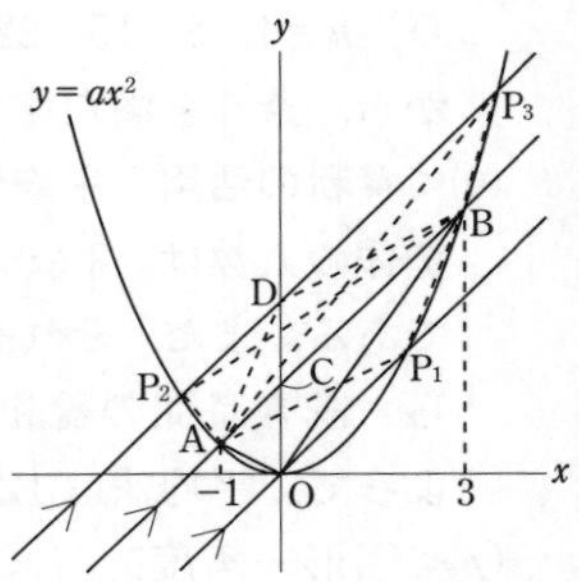

(3)＜座標＞右上図で，点Pは直線ABの下側に1つ，上側に2つあると考えられる。まず，直線ABの下側にある点を$\mathrm{P_1}$とすると，$\triangle \mathrm{OAB}=\triangle \mathrm{P_1AB}$のとき，$\mathrm{OP_1}/\!/\mathrm{AB}$となる。直線$\mathrm{OP_1}$は原点Oを通り，傾きは直線ABの傾きと同じで$2a$となるから，その式は$y=2ax$である。よって，点$\mathrm{P_1}$は放物線$y=ax^2$と直線$y=2ax$の交点で，2式から$y$を消去して，$ax^2=2ax$，$ax(x-2)=0$，$a\neq 0$より，$x=0$，2となるので，点$\mathrm{P_1}$の$x$座標は2である。次に，直線ABの上側にある点Pを$\mathrm{P_2}$，$\mathrm{P_3}$とする。ここで，直線ABと$y$軸の交点をCとし，さらに$y$軸上にOC＝CDとなるような点Dをとると，点A，Bのx座標より，$\triangle \mathrm{DAB}=\triangle \mathrm{ACD}+\triangle \mathrm{BCD}=\frac{1}{2}\times\mathrm{CD}\times 1+\frac{1}{2}\times\mathrm{CD}\times 3=\frac{1}{2}\times\mathrm{OC}\times 1+\frac{1}{2}\times\mathrm{OC}\times 3=\triangle \mathrm{AOC}+\triangle \mathrm{BOC}=\triangle \mathrm{OAB}$となるので，点Pは点Dを通りABに平行な直線と放物線の交点となる。この直線の傾きは直線ABと等しく$2a$，切片は$\mathrm{OD}=\mathrm{OC}+\mathrm{CD}=3a+3a=6a$だから，直線DPの式は$y=2ax+6a$となる。よって，放物線$y=ax^2$と直線$y=2ax+6a$の交点が$\mathrm{P_2}$，$\mathrm{P_3}$となり，$x$座標は2式から$y$を消去して，$ax^2=2ax+6a$，$ax^2-2ax-6a=0$，$a(x^2-2x-6)=0$，$a\neq 0$より，$x^2-2x-6=0$　これを解くと，$x=\frac{-(-2)\pm\sqrt{(-2)^2-4\times 1\times(-6)}}{2\times 1}=\frac{2\pm\sqrt{28}}{2}=\frac{2\pm 2\sqrt{7}}{2}=1\pm\sqrt{7}$となる。以上より，条件を満たす点Pの$x$座標は2，$1\pm\sqrt{7}$である。

5 〔空間図形—三角柱〕

(1)＜面積—三平方の定理＞次ページの図1で，△ABCはBC＝CAの二等辺三角形で，点Pは底辺AB

の中点だから，CP⊥ABとなる。$AP=\frac{1}{2}AB=\frac{1}{2}\times4=2$より，△APCで三平方の定理を利用すると，$CP=\sqrt{CA^2-AP^2}=\sqrt{6^2-2^2}=\sqrt{32}=4\sqrt{2}$となる。よって，$\triangle ABC=\frac{1}{2}\times AB\times CP=\frac{1}{2}\times4\times4\sqrt{2}=8\sqrt{2}$である。

図1

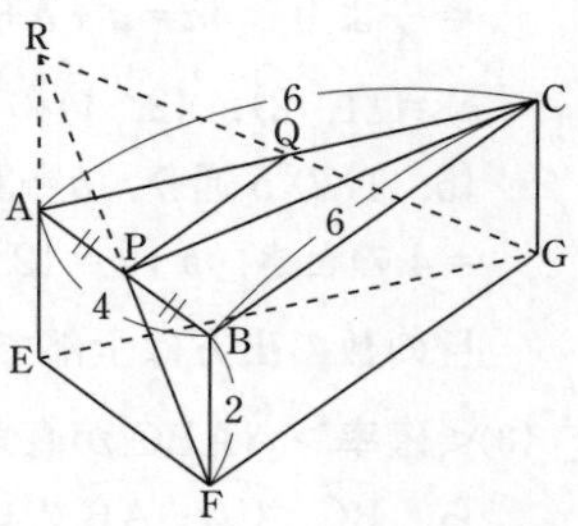

(2)＜体積—平行線と線分の比，相似＞直線FP，EA，GQの交点をRとすると，求める立体の体積は〔三角錐R-EFG〕−〔三角錐R-APQ〕となる。AP∥EFより，△RPA∽△RFEで，$AP=\frac{1}{2}AB$，EF=ABだから，RA：RE=AP：EF=$\frac{1}{2}$AB：AB=1：2となり，RA：AE=1：(2−1)=1：1より，RA=AE=2，RE=2+2=4である。また，$\triangle EFG=\triangle ABC=8\sqrt{2}$だから，〔三角錐R-EFG〕$=\frac{1}{3}\times\triangle EFG\times RE=\frac{1}{3}\times8\sqrt{2}\times4=\frac{32\sqrt{2}}{3}$である。ここで，〔面APQ〕∥〔面EFG〕より，三角錐R-APQと三角錐R-EFGは相似であり，その相似比は，AP：EF=1：2となる。相似な図形の体積の比は相似比の3乗に等しいから，〔三角錐R-APQ〕：〔三角錐R-EFG〕$=1^3:2^3=1:8$より，〔三角錐R-APQ〕$=\frac{1}{8}\times$〔三角錐R-EFG〕$=\frac{1}{8}\times\frac{32\sqrt{2}}{3}=\frac{4\sqrt{2}}{3}$である。よって，求める体積は，〔三角錐R-EFG〕−〔三角錐R-APQ〕$=\frac{32\sqrt{2}}{3}-\frac{4\sqrt{2}}{3}=\frac{28\sqrt{2}}{3}$となる。

(3)＜面積—三平方の定理＞右上図1で，三角柱の面ABCと面EFGは平行であり，平行な2つの平面に1つの平面が交わってできる2本の直線は平行になるから，PQ∥FGである。これとBC∥FGより，PQ∥BCなので，AQ：QC=AP：PB=1：1となり，$AQ=QC=\frac{1}{2}AC=\frac{1}{2}\times6=3$であり，さらに，PQ∥BCより，△ABC∽△APQとなるから，△APQも二等辺三角形で，PQ=AQ=3となる。よって，△QCGで三平方の定理より，$QG=\sqrt{QC^2+CG^2}=\sqrt{3^2+2^2}=\sqrt{13}$となり，△PBFでも同様に，$PF=\sqrt{PB^2+BF^2}=\sqrt{2^2+2^2}=2\sqrt{2}$となる。ここで，右図2のように，四角形PFGQの点P，QからFGに垂線PH，QIを引き，FH$=x$とおくと，△PFHで三平方の定理より，$PH^2=PF^2-FH^2=(2\sqrt{2})^2-x^2=8-x^2$となる。また，$IG=FG-FH-HI=6-x-3=3-x$と表せるので，△QIGで同様に，$QI^2=QG^2-IG^2=(\sqrt{13})^2-(3-x)^2=13-(3-x)^2$となる。PH=QIより$PH^2=QI^2$だから，$8-x^2=13-(3-x)^2$が成り立つ。これを解くと，$8-x^2=13-(9-6x+x^2)$より，$x=\frac{2}{3}$となるので，$PH^2=8-x^2=8-\left(\frac{2}{3}\right)^2=\frac{68}{9}$より，$PH=\sqrt{\frac{68}{9}}=\frac{2\sqrt{17}}{3}$である。したがって，〔四角形PFGQ〕$=\frac{1}{2}\times(PQ+FG)\times PH=\frac{1}{2}\times(3+6)\times\frac{2\sqrt{17}}{3}=3\sqrt{17}$となる。

図2

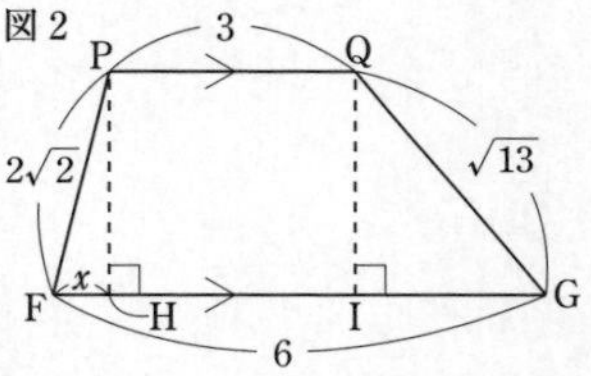

6 〔確率—サイコロ〕

≪基本方針の決定≫(3)　直角三角形の斜辺は円の直径になることから，a，b，cに成り立つ関係を考える。

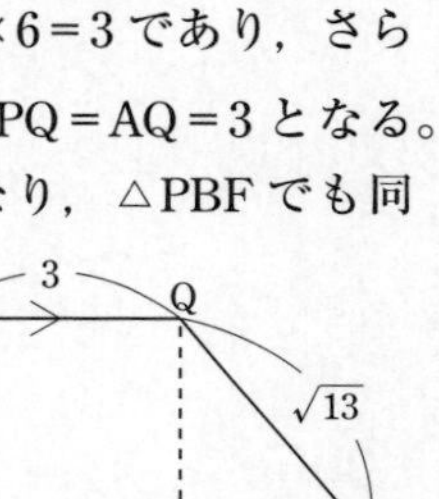

(1)＜角度＞右図で，$a=3$，$b=1$，$c=2$のとき，$\overset{\frown}{BC}:\overset{\frown}{CA}:\overset{\frown}{AB}=3:1:2$だから，$\overset{\frown}{AB}$の長さは円周の$\frac{2}{3+1+2}=\frac{1}{3}$となる。よって，$\angle AOB=360^\circ\times\frac{1}{3}=120^\circ$である。

(2)＜確率＞$\angle BAC=45^\circ$のとき，円周角と中心角の関係より，$\angle BOC=2\angle BAC=2\times45^\circ=90^\circ$となるので，$\overset{\frown}{BC}$の長さは円周の$\frac{90^\circ}{360^\circ}=\frac{1}{4}$である。よって，$\frac{a}{a+b+c}$

$=\dfrac{1}{4}$より，$4a=a+b+c$，$3a=b+c$ となる。$3a=b+c$ となる場合は，$a=1$ のとき，$b+c=3$ で，$(b,\ c)=(1,\ 2)$，$(2,\ 1)$ の2通り，$a=2$ のとき，$b+c=6$ で，$(b,\ c)=(1,\ 5)$，$(2,\ 4)$，$(3,\ 3)$，$(4,\ 2)$，$(5,\ 1)$ の5通り，$a=3$ のとき，$b+c=9$ で，$(b,\ c)=(3,\ 6)$，$(4,\ 5)$，$(5,\ 4)$，$(6,\ 3)$ の4通り，$a=4$ のとき，$b+c=12$ で，$(b,\ c)=(6,\ 6)$ の1通りとなり，$2+5+4+1=12$(通り)ある。a，b，c の目の数の出方は全部で $6\times6\times6=216$(通り)あるから，求める確率は $\dfrac{12}{216}=\dfrac{1}{18}$ となる。

(3)＜確率＞△ABC が直角三角形となるのは線分 BC，CA，AB のいずれかが円の直径になるときだから，$\overset{\frown}{\mathrm{BC}}$，$\overset{\frown}{\mathrm{CA}}$，$\overset{\frown}{\mathrm{AB}}$ のいずれかが円周の半分になるときである。まず，$\overset{\frown}{\mathrm{BC}}$ が円周の半分になるとき，$\overset{\frown}{\mathrm{BC}}=\overset{\frown}{\mathrm{CA}}+\overset{\frown}{\mathrm{AB}}$ になるから，$a=b+c$ となる。このような場合は，$a=1$ のときはなく，$a=2$ のとき，$(b,\ c)=(1,\ 1)$ の1通り，$a=3$ のとき，$(b,\ c)=(1,\ 2)$，$(2,\ 1)$ の2通り，$a=4$ のとき，$(b,\ c)=(1,\ 3)$，$(2,\ 2)$，$(3,\ 1)$ の3通り，$a=5$ のとき，$(b,\ c)=(1,\ 4)$，$(2,\ 3)$，$(3,\ 2)$，$(4,\ 1)$ の4通り，$a=6$ のとき，$(b,\ c)=(1,\ 5)$，$(2,\ 4)$，$(3,\ 3)$，$(4,\ 2)$，$(5,\ 1)$ の5通りあるので，$1+2+3+4+5=15$(通り)ある。また，$\overset{\frown}{\mathrm{CA}}$，$\overset{\frown}{\mathrm{AB}}$ が円周の半分になるのはそれぞれ，$b=a+c$，$c=a+b$ のときで，どちらの場合も $a=b+c$ の場合と同様に15通りある。よって，△ABC が直角三角形となる場合は $15\times3=45$(通り)あるから，求める確率は $\dfrac{45}{216}=\dfrac{5}{24}$ となる。

2019年度／山手学院高等学校

国語解答

一 問一 A 説明し～わせる〔仲間う～大きい〕
B 可能な～ョン力〔ション〕
問二 ア 問三 ウ 問四 あうん
問五 日本は～いった〔から。〕
問六 エ 問七 ウ 問八 C

二 問一 イ 問二 ア
問三 何時何～られる〔という点〕
問四 A 肉体 B 精神 問五 ア
問六 ア，イ
問七 A…イ B…ア C…ウ
問八 エ 問九 ウ

三 問一 エ 問二 イ 問三 ア
問四 ウ
問五 ① 背後 ② 泰然 ③ 様相
④ 面持 ⑤ おごそ
⑥ けんお

一〔論説文の読解―社会学的分野―コミュニケーション〕出典；竹内一郎『やっぱり見た目が９割』。

≪本文の概要≫エドワード・ホールは，世界の文化別にコミュニケーションのスタイルを比較した文化人類学者である。ホールは，コミュニケーションのスタイルによって，社会を「ハイコンテクスト社会」と「ローコンテクスト社会」の二つに分けた。「ハイコンテクスト社会」とは，人々が，論理的な言葉で客観的に説明しなくても，相手の意図を察し合い，お互いの意図を通じ合わせることのできる社会のことである。日本は，ハイコンテクスト社会である。一方，「ローコンテクスト社会」とは，人々が論理的に話し，語義の明確な言葉でコミュニケーションをとる社会のことである。アメリカのような多民族国家は，ローコンテクスト社会である。アメリカは，人々の言葉，習慣，価値観，宗教観が異なるために，論理的な話し方で誤解を少なくする必要があり，非言語コミュニケーションも含めた自己表現能力が重要になる。ハイコンテクストとローコンテクストに，優劣はない。日本人にもローコンテクストコミュニケーションが必要な場面はあるし，日本人の表情の変化が小さいからといって，日本人の非言語コミュニケーション能力が低いことを意味するわけでもないのである。

問一＜文章内容＞ハイコンテクスト社会であるアラブ諸国では，「説明しなくても，相手の意図を察し合い，お互いの意図を通じ合わせる」ことができる。また，アラブ諸国は，「仲間うちだと言葉で限定しなくても，何となく通じ合える部分が大きい」のである（…Ａ）。ローコンテクスト社会であるアメリカでは，多民族国家であるため，「可能な限り論理的に話し，語義の明確な言葉を連ねて，誤解の少ないコミュニケーション力」を持つことが必要である（…Ｂ）。アラブ諸国とアメリカでは，コミュニケーションのスタイルが全く違うために，お互いに理解し合えないのである。

問二＜文章内容＞夫が，「醤油《しょうゆ》」という具体的な言葉を使わなくても，「おい」と言って顔を向けることで，醤油を取ってほしいという意図を妻に伝えて，妻も夫の意図を察して醤油を差し出すということが起こりうるのは，長年連れ添った夫婦の間では，言葉での説明がなくてもお互いの意図を通じ合わせられる「ハイコンテクスト」コミュニケーションが成立しているからである。

問三＜文章内容＞「ちょっと」が何分のことなのか，はっきり言ってほしいという若者は，「マニュアル世代」である。マニュアルは，言葉で厳密に説明する「ローコンテクスト」なものである。日本は元来「ハイコンテクスト社会」であり，「ハイコンテクスト」コミュニケーションに慣れている年配者は，ローコンテクストコミュニケーションをとる若者について，「マニュアル世代は困る」と愚痴を言うのである。

問四＜慣用句＞「あうんの呼吸」は，何かを一緒に行うときに，互いに間合いをつかみ，息を合わせて行うこと。「ツーカーの仲」は，つうと言えばかあと答える間柄のことであり，互いによくわかっていて，一言言っただけで相手の言おうとしていることがわかる関係のこと。

問五＜主題＞日本の江戸時代に当たる頃，欧米の先進国は，「植民地争奪戦の真っ只中に」あり，「言語・価値観のまったく異なる民族を従わせなくてはならない」状況であったから，「言語によるコミュニケーション」に力を割く必要があった。一方，欧米から地理的に遠く離れた日本では，参勤交代により「ほぼ同じ日本語を全国で共有できていたので，基本的にコミュニケーションのうえで，言葉は障害にならなかった」のである。「日本は東洋の端っこにある島国だったために，二百六十年もの間，戦争をすることなく，文化をゆったりと発酵させていった」結果として，ハイコンテクスト社会になったと考えられる。

問六＜文章内容＞アメリカの名門私立大学や州立大学には演劇学科が設置されているが，学生が演劇を専攻するのは，身振り手振りで意思を伝えるのが常態のアメリカでは，非言語コミュニケーションは「社会人として求められる能力」で，努力して身につけるものだと考えられているからである。身振り手振りなら誰でもできるという単純な話ではないのである。

問七＜文章内容＞愛車が何者かにバラバラに解体されたという衝撃的な場面において，アメリカ人なら，言葉，身振り手振りで衝撃を表現する。一方，「表情の変化が小さい」日本人は，衝撃を受けてはいるのだが，見た目には衝撃を受けたことがほとんどわからないのである。

問八＜文脈＞アメリカの演劇学科の学生は，そこを出て俳優になる「夢がかなわなかったから」ビジネスマンになるのではなく，アクションによる表現を「社会人として大事な能力である」と考えているから，演劇を学んだうえでビジネスマンになるのである。

二 〔小説の読解〕出典；中島敦『悟浄歎異—沙門悟浄の手記—』。

問一＜文章内容＞三蔵法師は，「妖怪に襲われれば，直ぐに摑まって了う」ほど弱く，妖怪でもないので，その命は永遠ではない。それでも三蔵法師には，「正しく美しいものを勇敢に求め」るという貴い強さがある。その強さが，自分たち妖怪からの成り上がり者にはないからこそ，悟空も八戒も悟浄も，三蔵法師に引かれるのである。

問二＜文章内容＞三蔵法師は，困難にぶつかった場合に，腕力によって困難を切り抜けるのではなく，自分の「内なるものが動揺を受けないように」ふだんから心を構えているのである。

問三＜文章内容＞三蔵法師は，力が弱くて変化の術も知らないために弱く見えるが，困難にぶつかった場合に「内なるものが動揺を受けないように」構えができており，「何時何処で窮死しても尚幸福であり得る心」をすでにつくりあげているため，力で「打開する必要が無い」のである。つまり，三蔵法師に打開できない事態が存在しないという点で，三蔵法師は，力に頼る悟空より優れているのである。

問四＜文章内容＞三蔵法師の肉体的な力は，驚くほど弱い。だが，外的な事故，つまり肉体が傷つくようなことによって，三蔵法師の心は「動揺を受けない」のである。肉体が無防御であっても，三蔵法師の「精神にとって別に大した影響は無い」のである。だから，三蔵法師が妖怪に食べられたとしても，三蔵法師の肉体が傷つくだけであり，三蔵法師の精神は死なないのである。

問五＜文章内容＞「所与」は，与えられること。三蔵法師の内なる強さや悟空の力の強さは，悟浄にはない才能である。三蔵法師や悟空にとっては，天から内なる強さや力の強さという才能を与えられていることは全く偶然ではなく，また彼らも，自分たちが十分な才能が与えられていると感じている。

問六＜表現＞金剛石と炭とは，同じ物質からできているという共通点があるが，外見は全く異なり，金剛石が透明で輝いているのに対して，炭は真っ黒である。三蔵法師と悟空にも，「所与を必然と考え，必然を完全」と感じ，「その必然を自由」と見なすという共通点があるが，その力が，内なる力なのか，腕力なのかという違いがあり，三蔵法師と悟空の生き方も全く異なっている。金剛石と炭との対比において，「美と貴さ」を持つ三蔵法師が金剛石であり，悟空が炭である。

問七＜文章内容＞自分の力を使うことを楽しんでいる悟空は，妖怪が現れたら妖怪退治ができると考えて，喜んで廃寺に泊まるのであり（A…イ），食べることが大好きな八戒は，他に泊まる所を探し回るよりも早く食事がしたいから，廃寺に泊まろうと考える（B…ア）。冷静な悟浄は，どこへ行っても妖怪が現れるかもしれないのだから，廃寺で妖怪が現れても同じことだと考えて，廃寺に泊まることに賛成しているのである（C…ウ）。

問八＜文章内容＞八戒が一つ一つ数え立てた楽しいことは，悟浄にとっては，驚くほど数が多く，またその多くの楽しみの一つ一つを，八戒が十分に味わっていることも，悟浄にとっては，驚くべきことだったのである。

問九＜表現＞三蔵法師は，内なる強さを持っている。悟空は，苦悩も憂いもなく力を発揮できる。八戒は，楽しむ才能を持っている。悟浄は，それぞれの美点をとらえたうえで，さらに冷静に観察した結果，三蔵法師と悟空との関係や，八戒の享楽主義だけではない生き方に気がついている。三蔵法師，悟空，八戒の魅力的な点は，悟浄にはないものである。振り返って自分はどうかと悟浄は思いを巡らせ，自らも積極的な役割を担い，行動を起こす力を持ちたいと考えている。

三〔国語の知識〕

問一＜漢字＞アは「回顧展」，イは「映画鑑賞」，ウは「境遇」が正しい。

問二＜ことわざ＞ア．「石の上にも三年」は，冷たい石の上でも，三年も座り続けていれば暖まってくることから，忍耐の大切なことのたとえ。「雨だれ石をうがつ」は，雨のしずくでも長い時間をかければ，石に穴を開けることから，小さな努力でも続ければ成功につながることのたとえ。　イ．「棚からぼたもち」は，苦労せず，思いがけない幸運を得ること。「まかぬ種は生えぬ」は，何もしないのによい結果を期待しても何も得るものはない，という意味。　ウ．「転ばぬ先のつえ」は，転ばないように転ぶ前につえを持つべきだということ。「先んずれば人を制す」は，何事も人より先に行えば，他の人よりも有利な立場に立つことができる，という意味。　エ．「かっぱの川流れ」は，泳ぎの得意なかっぱでも，川に流されることがあるということ。「猿も木から落ちる」は，木登りの得意な猿でも，木から落ちることもある，という意味。

問三＜文学史＞『破戒』は，明治時代に発表された島崎藤村の小説。『風立ちぬ』は，昭和初期に発表された堀辰雄の小説。『羅生門』は，大正時代に発表された芥川龍之介の小説。

問四＜品詞＞「現れる」「滅びる」「助かる」は，自動詞。「降ろす」は，他動詞。他動詞は，動作の対象となる目的語を持つ。

問五＜漢字＞①「背後」は，後ろ，背中の方のこと。　②「泰然自若」は，落ち着いて，全く動じない様子。　③「様相」は，ありさま，姿のこと。　④「面持ち」は，表情のこと。　⑤音読みは「威厳」などの「ゲン」と「荘厳」などの「ゴン」。　⑥「嫌悪」は，憎み嫌うこと。

Memo

高校を受験する生徒とご父母のための…

2025年度用 高校合格資料集

■首都圏有名書店にて今秋発売予定！

※表紙は昨年のものです。

内容目次

1 まず試験日はいつ？
推薦ワクは？競争率は？

2 この学校のことは
どこに行けば分かるの？

3 かけもち受験のテクニックは？

4 合格するために大事なことが二つ！

5 もしもだよ！
試験に落ちたらどうしよう？

6 勉強しても成績があがらない

7 最後の試験は面接だよ！

定価1430円（税込）

2025年度用

高校スーパー過去問

■編集人 声の教育社・編集部
■発行所 株式会社 声の教育社
〒162-0814 東京都新宿区新小川町8-15
☎03-5261-5061㈹ FAX03-5261-5062
https://www.koenokyoikusha.co.jp

カコを追いかけ
ミライをつかめ

山手学院高等学校

別冊解答用紙

丁寧に抜きとって、別冊としてご使用ください。

注意

○ 解答用紙は、収録の都合により縮小したものや、小社独自に作成したものもあります。
○ 学校配点は学校発表のもの、推定配点は小社で作成したものです。
○ 無断転載を禁じます。
○ 解答用紙を拡大コピーする場合、表示した拡大率に対応する用紙サイズは以下のとおりです。
101%～102%＝B5　103%～118%＝A4　119%～144%＝B4　145%～167%＝A3
（タイトルと配点表は含みません）

２０２４年度　　山手学院高等学校

英語解答用紙

番号		氏名		評点	／100

1

問１

(1)	(2)	(3)	(4)	(5)

問２

A	B	C	D	E

問３	問４	問５	問６	問７	問８

2

問１

(1)	(2)	(3)	(4)	(5)

問２	問３	問４	問５

3

(1)	(2)	(3)	(4)	(5)

4

(1)	(2)	(3)	(4)

5

(1)		(2)		(3)		(4)	
①	②	①	②	①	②	①	②

6

(1)	(2)	(3)	(4)	(5)

7

(1)		(2)	
①	②	①	②
(3)		(4)	
①	②	①	②

（注）この解答用紙は実物を縮小してあります。Ａ３用紙に154％拡大コピーすると、ほぼ実物大で使用できます。（タイトルと配点表は含みません）

推定配点		計
	1　問１～問３　各２点×11　問４　３点　問５　２点 問６～問８　各３点×３ 2　問１，問２　各２点×６　問３　３点　問４　２点　問５　３点 3～7　各２点×22	100点

２０２４年度　山手学院高等学校

数学解答用紙

番号		氏名		評点	／100

1	(1)		(2)	
	(3)		(4)	
2	(1)	$x =$	(2)	$x =$ 　　　, $y =$
	(3)	$x =$		
3	(1)		(2)	$a =$
	(3)	$a =$	(4)	
	(5)	通り	(6)	$n =$
	(7)	人	(8)	$x =$ 　　　, $y =$
	(9)	$x =$		
4	(1)	B（　　　，　　　）	(2)	
	(3)			
5	(1)		(2)	
	(3)			
6	(1)		(2)	
	(3)			

（注）この解答用紙は実物を縮小してあります。Ａ３用紙に156％拡大コピーすると、ほぼ実物大で使用できます。（タイトルと配点表は含みません）

推定配点		計
	1～6　各４点×25	100点

二〇二四年度　山手学院高等学校

国語解答用紙

番号		氏名		評点	/100

一

問一　問二　問三　問四　問五　問六

問七　(1)　(2)

(3) ①　②　③　(4)

(5)　(6)　(7)　(8)

問八　問九

二

問一　問二 (1)　(2)　問三

問四　①　②　③　④　⑤　⑥

（注）この解答用紙は実物を縮小してあります。B4用紙に135%拡大コピーすると、ほぼ実物大で使用できます。（タイトルと配点表は含みません）

推定配点		計
	一 問一 5点　問二 3点　問三、問四 各5点×2　問五 2点 問六 4点　問七 (1) 5点　(2) 4点　(3) ① 4点　② 5点　③ 4点 (4) 4点　(5)～(8) 各5点×4　問八、問九 各5点×2 二 各2点×10	100点

2023年度　山手学院高等学校

英語解答用紙

番号		氏名	

評点	／100

1

1

(1)	(2)	(3)	(4)	(5)
(6)	**(7)**	**(8)**	**(9)**	**(10)**

2 ［　］　3 ［　］　4 ［　］　5 ［　］

2

1

(1)	(2)	(3)	(4)	(5)
(6)	**(7)**	**(8)**	**(9)**	**(10)**

2

A	B	C	D	E

3 ［　］　4 ［　］　5 ［　］

3

(1)	(2)	(3)	(4)	(5)

4

(1)	(2)	(3)	(4)	(5)

5

1	2	3	4	5

6

1	2	3	4	5

7

[1]	[2]	[3]	[4]	[5]

（注）この解答用紙は実物を縮小してあります。Ａ３用紙に149％拡大コピーすると、ほぼ実物大で使用できます。（タイトルと配点表は含みません）

推定配点		計
	1　1　各１点×10　２～５　各３点×４ 2　1　各１点×10　２，３　各２点×６　４，５　各３点×２ 3～7　各２点×25	100点

２０２３年度　　山手学院高等学校

数学解答用紙

番号		氏名		評点	／100

1	(1)		(2)	
	(3)		(4)	
2	(1)	$x=$	(2)	$x=$　　，$y=$
	(3)	$x=$		
3	(1)		(2)	$X=$
	(3)	個	(4)	$a=$
	(5)	中央値　　，最頻値	(6)	通り
	(7)	$k=$	(8)	$x=$
	(9)	cm^2		
4	(1)	C（　　，　　）	(2)	
	(3)			
5	(1)	cm	(2)	
	(3)	cm		
6	(1)		(2)	
	(3)			

（注）この解答用紙は実物を縮小してあります。Ａ３用紙に156％拡大コピーすると、ほぼ実物大で使用できます。（タイトルと配点表は含みません）

推定配点		計
	1～6　各４点×25	100点

二〇二三年度　山手学院高等学校

国語解答用紙

番号　　氏名　　評点 /100

一
問一 （12字の解答欄）
問二 　～　
問三
問四 　～　
問五
問六
問七 A　B

二
問一
問二
問三
問四
問五
問六
問七
問八

三
問一 (1)　(2)
問二
問三 ①　②　③　④　⑤　⑥ け

(注) この解答用紙は実物を縮小してあります。B４用紙に130%拡大コピーすると、ほぼ実物大で使用できます。(タイトルと配点表は含みません)

推定配点		計
	一 問一、問二 各6点×2　問三 5点　問四 6点　問五 2点 問六 6点　問七 各3点×2 二 問一 5点　問二 2点　問三～問八 各6点×6 三 各2点×10	100点

２０２２年度　山手学院高等学校

英語解答用紙

番号		氏名		評点	／100

1

問１

(1)	(2)	(3)	(4)	(5)

問２　問３　問４　問５　問６　問７

2

問１

(1)	(2)	(3)	(4)	(5)

問２　問３　問４　問５　問６

3

(1)	(2)	(3)	(4)

4

(1)		(2)	
①	②	①	②

(3)		(4)	
①	②	①	②

5

(1)		(2)		(3)	
A	B	A	B	A	B

6

(1)	(2)	(3)	(4)

7

(1)	(2)	(3)	(4)	(5)

（注）この解答用紙は実物を縮小してあります。A３用紙に152％拡大コピーすると、ほぼ実物大で使用できます。（タイトルと配点表は含みません）

推定配点		計
	[1] 問１　各２点×５　問２　３点　問３　４点　問４　３点 問５～問７　各４点×３ [2] 問１　各２点×５　問２，問３　各３点×２　問４～問６　各４点×３ [3]～[7]　各２点×20	100点

２０２２年度　山手学院高等学校

数学解答用紙

番号		氏名		評点	／100

1	(1)		(2)	
	(3)		(4)	
2	(1)	$x=$	(2)	$x=$　　　，$y=$
	(3)	$x=$		
3	(1)		(2)	ページ
	(3)		(4)	個
	(5)		(6)	
	(7)	通り	(8)	度
	(9)			
4	(1)		(2)	P（　　　，　　　）
	(3)	$x=$		
5	(1)		(2)	
	(3)			
6	(1)		(2)	
	(3)			

（注）この解答用紙は実物を縮小してあります。A３用紙に156％拡大コピーすると、ほぼ実物大で使用できます。（タイトルと配点表は含みません）

推定配点		計
	1～6　各４点×25	100点

二〇二二年度　山手学院高等学校

国語解答用紙

番号　　氏名　　評点 /100

一

問一　問二

問三（17字。10字目と17字目に番号あり）

問四 (1)　(2)　問五　問六　問七

問八　はじめ ～ 終わり

問九　問十

二

問一　問二　問三 ①　②　問四　問五

問六　問七　問八　問九

問十 1　2　3　4　5　問十一

三

問一　問二 (1)　(2)　問三

問四 ①　②　③　い　④　⑤　⑥

(注) この解答用紙は実物を縮小してあります。B４用紙に141%拡大コピーすると、ほぼ実物大で使用できます。（タイトルと配点表は含みません）

推定配点		計
	一 問一　2点　問二、問三　各3点×2　問四　(1)　2点　(2)　3点　問五～問九　各3点×5　問十　4点 二 問一、問二　各3点×2　問三　①　2点　②　3点　問四～問八　各3点×5　問九　4点　問十、問十一　各3点×6 三 各2点×10	100点

２０２１年度　山手学院高等学校

英語解答用紙

番号		氏名		評点	／100

1

問１　(1)　(2)　(3)　(4)　(5)

問２　はじめ　→　→　→　おわり　問３　問４

問５　問６　問７

2

問１　問２　問３　問４

3

(1)　(2)　(3)　(4)　(5)

4

(1)		(2)		(3)	
A	B	A	B	A	B

5

(1)　(2)　(3)

6

(1)	(2)	(3)	(4)	(5)

7

(1)	(2)	(3)	(4)	(5)

（注）この解答用紙は実物を縮小してあります。Ｂ４用紙に135％拡大コピーすると、ほぼ実物大で使用できます。（タイトルと配点表は含みません）

推定配点		計
	1　問１　各３点×５　問２～問４　各４点×３　問５～問７　各５点×３ 2　各４点×４　3～7　各２点×21	100点

２０２１年度　山手学院高等学校

数学解答用紙

番号		氏名		評点	／100

1	(1)		(2)	
	(3)		(4)	
2	(1)	$x=$	(2)	$x=$　　　，$y=$
	(3)	$x=$		
3	(1)		(2)	
	(3)	$c=$	(4)	$a=$
	(5)	$a=$　　　，$b=$	(6)	通り
	(7)	A（　　　，　　　）	(8)	度
	(9)			
4	(1)		(2)	
	(3)			
5	(1)		(2)	
	(3)	：　　：		
6	(1)	個	(2)	個
	(3)	個		

（注）この解答用紙は実物を縮小してあります。Ａ３用紙に161％拡大コピーすると、ほぼ実物大で使用できます。（タイトルと配点表は含みません）

推定配点		計
	1～6　各４点×25	100点

二〇二一年度　山手学院高等学校

国語解答用紙

番号		氏名		評点	/100

一

問一　ア　イ　ウ　エ　オ

問二

問三

問四

問五　A　B

問六

問七

問八

問九

問十　ア　イ　ウ　エ

二

問一

問二

問三

問四

問五

問六

問七

問八　Ⅰ　Ⅱ

問九　ア　イ　ウ　エ　オ

三

問一　①　②

問二

問三　①　②　③

問四　①　②　れた　③　④

（注）この解答用紙は実物を縮小してあります。A３用紙に156%拡大コピーすると、ほぼ実物大で使用できます。（タイトルと配点表は含みません）

推定配点		
	一　問一　各2点×5　問二～問四　各3点×3　問五　各2点×2 問六～問九　各3点×4　問十　各2点×4 二　問一～問八　各3点×9　問九　各2点×5 三　各2点×10	計 100点

2020年度　山手学院高等学校

英語解答用紙

番号		氏名		評点	／100

1

問1　問2　問3　問4

問5　問6　問7　問8

問9　問10　問11

2

問1　問2　問3

3

(1)	(2)	(3)	(4)	(5)	(6)	(7)

4

(1)	(2)	(3)

5

(1)	(2)	(3)	(4)

6

(1)		(2)	
①	②	①	②

(3)	
①	②

7

(1)		(2)		(3)		(4)	
＊1	＊2	＊1	＊2	＊1	＊2	＊1	＊2

（注）この解答用紙は実物を縮小してあります。B4用紙に143％拡大コピーすると、ほぼ実物大で使用できます。（タイトルと配点表は含みません）

推定配点		計
	1　問1～問10　各4点×10　問11　6点 2　各4点×3　3～7　各2点×21	100点

２０２０年度　山手学院高等学校

数学解答用紙

番号		氏名		評点	／100

1	(1)		(2)	
	(3)		(4)	
2	(1)	$x =$	(2)	$x =$　　　,　$y =$
	(3)	$x =$		
3	(1)		(2)	
	(3)		(4)	$a =$
	(5)		(6)	
	(7)		(8)	
	(9)	: 　　:		
4	(1)		(2)	P（　　　,　　　）
	(3)	Q（　　　,　　　）		
5	(1)		(2)	
	(3)	度		
6	(1)		(2)	
	(3)			

（注）この解答用紙は実物を縮小してあります。A３用紙に161％拡大コピーすると、ほぼ実物大で使用できます。（タイトルと配点表は含みません）

推定配点		計
	1～6　各４点×25	100点

二〇二〇年度　山手学院高等学校

国語解答用紙

番号　　氏名　　評点 ／100

一

問一

問二　A　B

問三　A　B　C

問四

問五　→　→

問六

問七

問八　ア　イ　ウ　エ　オ

二

問一

問二

問三

問四

問五

問六

問七

問八　Ⅰ　Ⅱ

三

問一

問二

問三

問四　①　②　③　④　⑤　いた　⑥　⑦

（注）この解答用紙は実物を縮小してあります。Ｂ４用紙に141％拡大コピーすると、ほぼ実物大で使用できます。（タイトルと配点表は含みません）

推定配点		計
	一 問一　3点　問二　各2点×2　問三～問五　各3点×5　問六、問七　各4点×2　問八　各2点×5 二 各4点×10 三 各2点×10	100点

2019年度　　山手学院高等学校

英語解答用紙

番号		氏名	

評点	／100

1

問1

あ	い	う	え

お	か	き

問2

ア	イ	ウ	エ

問3

a	b	c

問4　問5

2

問1　問2　問3　問4　問5

3

1	2	3	4	5	6

4

1	2	3	4	5

5

1		2		3		4		5	
①	②	①	②	①	②	①	②	①	②

6

ア	イ	ウ	エ	オ

7

(1)	(2)	(3)	(4)	(5)

（注）この解答用紙は実物を縮小してあります。Ｂ４用紙に143％拡大コピーすると、ほぼ実物大で使用できます。（タイトルと配点表は含みません）

推定配点		計
	1　問１～問４　各２点×15　問５　３点 2　各３点×５　　3～7　各２点×26	100点

2019年度　山手学院高等学校

数学解答用紙

番号		氏名		評点	／100

1	(1)		(2)	
	(3)		(4)	
2	(1)	$x=$	(2)	$x=$ ，$y=$
	(3)	$x=$		
3	(1)		(2)	個
	(3)	$a=$	(4)	
	(5)	$n=$	(6)	時間
	(7)	度	(8)	cm
	(9)	倍		
4	(1)	ア　　イ	(2)	$x=$
	(3)	$x=$		
5	(1)		(2)	
	(3)			
6	(1)	度	(2)	
	(3)			

（注）この解答用紙は実物を縮小してあります。A３用紙に161％拡大コピーすると、ほぼ実物大で使用できます。（タイトルと配点表は含みません）

推定配点		計
	1～6　各４点×25	100点

二〇一九年度　山手学院高等学校

国語解答用紙

番号　　氏名　　評点　/100

一

問一　A　～　　B　～

問二　問三　問四

問五　～　から。

問六　問七　問八

二

問一　問二

問三　～　という点

問四　A　B

問五

問六（順不同）

問七　A　B　C

問八　問九

三

問一　問二　問三　問四

問五　①　②　③　④　ち　⑤　かな　⑥

（注）この解答用紙は実物を縮小してあります。A３用紙に154%拡大コピーすると、ほぼ実物大で使用できます。（タイトルと配点表は含みません）

推定配点		計
	一、二　各4点×20〔二問七は完答〕 三　各2点×10	100点

Memo

スーパー過去問をお買い上げいただいた方に

声教からのお知らせ

どうしても使ってほしい3冊!!

声の教育社では，高校入試のスタンダード（定番）として，高校受験案内／学校別スーパー過去問／都立・公立高校スーパー過去問をご用意しています。知っておきたい学校情報や，解いておきたい珠玉の頻出問題が満載です!!

充実のラインアップ!!
受験案内＋公立過去問＋私立過去問

東京都高校受験案内：定価2310円（税込）
東京都立高校スーパー過去問：定価1100円（税込）
3～10年間スーパー過去問：定価2200～2530円（税込）

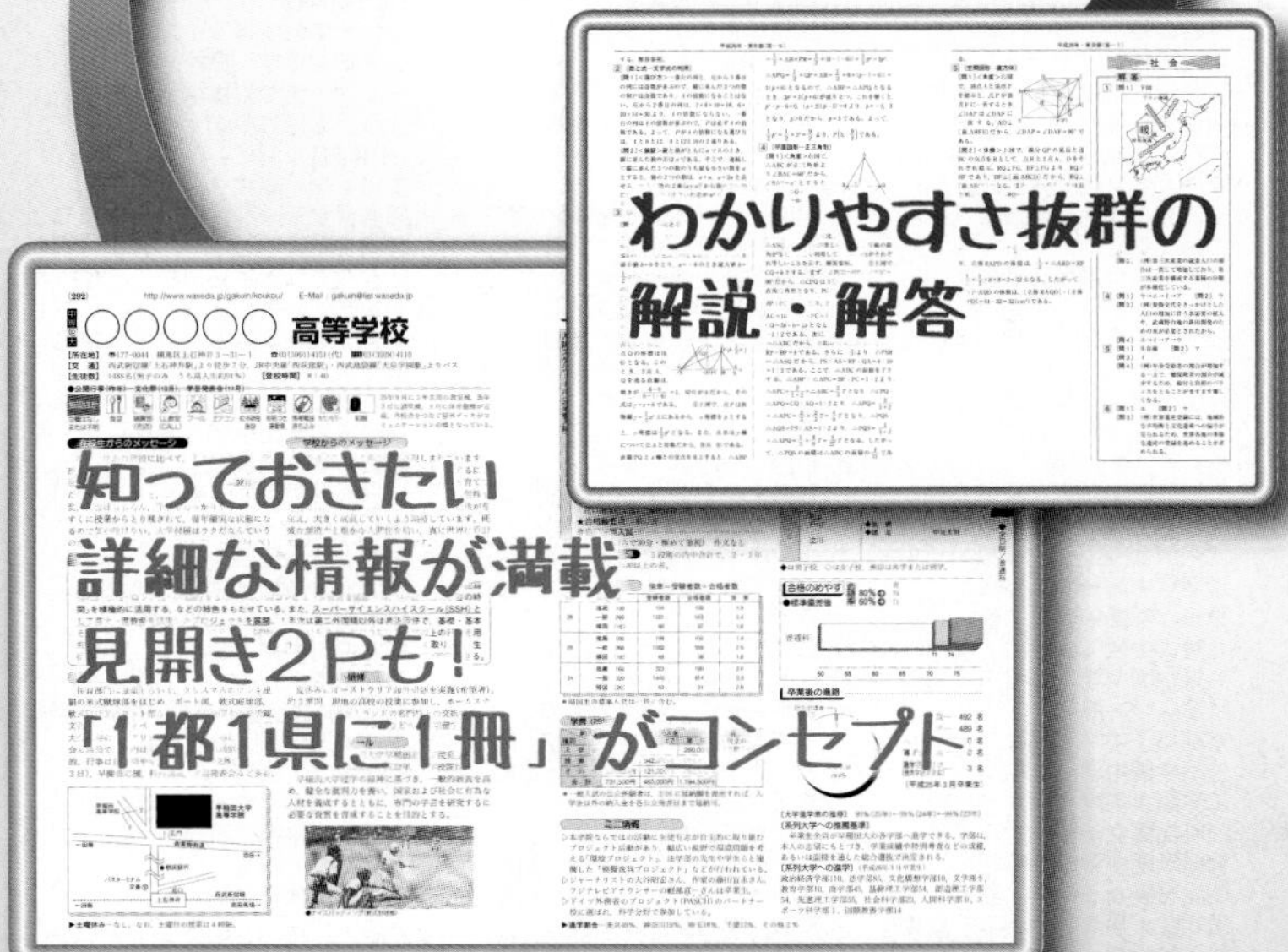

各県高校受験案内：定価2310円（税込）（茨城県は定価1650
各県公立高校スーパー過去問：定価1100円（税込）
3～10年間スーパー過去問：定価2200～2530円（税

声の教育社
〒162-0814　東京都新宿区新小川町8-15
TEL 03（5261）5061　FAX 03（5261）5062
https://www.koenokyoikusha.co.jp

高校後見返し